Miriam Klema

Der westliche Verfassungsstaat in der Krise

Der westliche Verfassungsstaat in der Krise

Zukunftsperspektiven zwischen Dystopie und Utopie

von

Dr. Miriam Klema, BA

facultas

Schriften zum Internationalen und Vergleichenden Öffentlichen Recht
Harald Eberhard / Anna Gamper / Konrad Lachmayer / Gerhard Thallinger (Hrsg)

Band 32

Zitiervorschlag: *Klema*, Der westliche Verfassungsstaat in der Krise (2026), Seite …

Diese Publikation wurde mit finanzieller Unterstützung aus den Fördermitteln des Vizerektorats für Forschung der Universität Innsbruck gedruckt.

universität
innsbruck

Bibliografische Information Der Deutschen Nationalbibliothek

Die Deutsche Nationalbibliothek verzeichnet diese Publikation in der Deutschen Nationalbibliografie; detaillierte bibliografische Daten sind im Internet über http://dnb.d-nb.de abrufbar.

Die in diesem Werk verwendeten Personenbezeichnungen beziehen sich – sofern nicht anders kenntlich gemacht – auf alle Geschlechter.

facultas Verlag, Stolberggasse 26, 1050 Wien, Österreich
www.facultas.at, office@facultas.at

Satz: Fa. EXAKTA GmbH, 1180 Wien
Printed in EU

ISBN 978-3-7089-2689-6

Vorwort

Bei der vorliegenden Arbeit handelt es sich um die überarbeitete Fassung einer im Sommer 2025 an der Rechtswissenschaftlichen Fakultät der Universität Innsbruck approbierten Dissertation. Sie versteht sich als Beitrag zur Bewältigung der gegenwärtig zu beobachtenden Demokratie- und Rechtsstaatlichkeitskrise.

Mein Dank ergeht an die Herausgeberin und die Herausgeber der Schriften zum Internationalen und Vergleichenden Öffentlichen Recht für die Möglichkeit der Publikation in der Schriftenreihe. Zudem bedanke ich mich bei Frau Mag.ª *Katharina Echerer* für die sachkundige Unterstützung bei der Erstellung des Manuskripts. Danken möchte ich auch dem Vizerektorat für Forschung der Universität Innsbruck, dessen Fördermittel zur Drucklegung dieses Werks wesentlich beigetragen haben.

Mein besonderer Dank gilt Frau Univ.-Prof. Dr.in *Anna Gamper*, die mich während des gesamten Entstehungsprozesses dieses Buchs mit wertvollen Ratschlägen unterstützt hat.

Innsbruck, im Dezember 2025

Miriam Klema

Inhaltsverzeichnis

Literaturverzeichnis

Von Achenbach Jelena, No Case for Legal Interventionism: Defending Democracy Through Protecting Pluralism and Parliamentarism, VerfBlog 12.12.2018 <verfassungsblog.de/no-case-for-legal-interventionism-defending-democracy-through-protecting-pluralism-and-parliamentarism/> (03.03.2025).

Achleitner Ranjana Andrea, Der Digital Services Act als risikobasierte Regulierung. Zu den Auswirkungen des risikobasierten Ansatzes des DSA auf Desinformation und den Grundrechtsschutz, MR-Int 2022, 114.

Adamovich Ludwig, Demokratie und Rechtsstaat, in Bundesministerium für Justiz (Hg), Dimensionen und Perspektiven des Rechts – FS Wilhelm Rosenzweig (1988) 27.

Adamovich Ludwig, Volk und Verfassung, in Akyürek et al (Hg), Staat und Recht in europäischer Perspektive – FS Heinz Schäffer (2006) 1.

Adamovich Ludwig, Der Rechtsstaat zwischen zwei „Welten“, in Verfassungsgerichtshof (Hg), Ludwig Adamovich: Ausgewählte Werke (2012) 247.

Adensamer Angelika, Überschießende Kriminalisierung als Gefahr für die Demokratie, juridikum 2017, 149.

Akdeniz Yaman/Altiparmak Kerem, Silencing Effect on Dissent and Freedom of Expression in Turkey, in Andreotti (Hg), Journalism at Risk (2015) 145.

Alber Elisabeth, Die Governance der Zukunft: Lernender Föderalismus und deliberative Demokratie, in Biwald et al (Hg), Nachhaltig wirken (2019) 192.

Albert Richard, Constitutional Handcuffs, Arizona State Law Journal 42 (2010), 663.

Albert Richard, Amending Constitutional Amendment Rules, ICON 13 (2015), 655.

Albert Richard, The Theory and Doctrine of Unconstitutional Constitutional Amendment in Canada, Queen's Law Journal 41 (2015), 143.

Albert Richard, Introduction: The State of the Art in Constitutional Amendment, in ders/Contiades/Fotiadou (Hg), The Foundations and Traditions of Constitutional Amendment (2017) 1.

Albert Richard/Roznai Yaniv (Hg), Constitutionalism Under Extreme Conditions (2020).

Albert Richard/Roznai Yaniv, Emergency Unamendability: Limitations on Constitutional Amendment in Extreme Conditions, Maryland Law Review 81 (2021), 243.

Anckar Carsten, Determinants of Disproportionality and Wasted Votes, Electoral Studies 16 (1997), 501.

Angiolillo Fabio et al, Democracy Report 2025: 25 Years of Autocratization – Democracy Trumped?, V-Dem Institute 2025 <v-dem.net/documents/61/v-dem-dr__2025_lowres_v2.pdf> (03.06.2025).

Arato Andrew, Elections, Coalitions, and Constitutionalism in Hungary: Special Report, East European Constitutional Review 3 (1994), 26.

Arato Andrew, Post-Sovereign Constitution-Making in Hungary: After Success, Partial Failure, Now What?, South African Journal on Human Rights 26 (2010), 19.

Aristoteles, Politik.

Von Arnauld Andreas, Rechtssicherheit (2006).

Von Arnim Hans Herbert, Demokratie vor neuen Herausforderungen, ZRP 28 (1995), 340.

Arnswald Ulrich, Einleitung: Zum Utopie-Begriff und seiner Bedeutung in der politischen Philosophie, in ders/Schütt (Hg), Thomas Morus' Utopia und das Genre der Utopie in der Politischen Philosophie (2010) 1.

Arslantaş Düzgün/Arslantaş Şenol/Kaiser André, Does the Electoral System Foster a Predominant Party System? Evidence from Turkey, Swiss Political Science Review 26 (2020), 125.

Ashauer Christoph, Die Menschenrechte im Notstand. Eine Untersuchung zu den Voraussetzungen der Derogation nach Artikel 15 EMRK unter besonderer Berücksichtigung der Figur des überpositiven Notstandes, Archiv des Völkerrechts 45 (2007), 400.

Atwood Margaret, The Handmaid's Tale (1985).

Atwood Margaret, Curious Pursuits: Occasional Writing 1970–2005 (2006).

Atwood Margaret, The Testaments (2019).

Balkin Jack M., Republicanism and the Constitution of Opportunity, Texas Law Review 94 (2016), 1427.

Balkin Jack M., Constitutional Crisis and Constitutional Rot, in Graber/Levinson/Tushnet (Hg), Constitutional Democracy in Crisis? (2018) 13.

Balkin Jack M./Levinson Sanford, Understanding the Constitutional Revolution, Virginia Law Review 87 (2001), 1045.

Bánkuti Miklós/Halmai Gábor/Scheppele Kim Lane, Hungary's Illiberal Turn: Disabling the Constitution, Journal of Democracy 23 (2012), 138.

Barrios-Suvelza Franz Xavier, The Concept of Coup d'État Under Stifling Stress: Legal Theory's Political-Science-Based Response, ICON 2023, 1.

Barroso Luís Roberto, Technological Revolution, Democratic Recession, and Climate Change: The Limits of Law in a Changing World, ICON 18 (2020), 334.

Bartole Sergio, Internal Ordering in the Unitary State, in Rosenfeld/Sajó (Hg), The Oxford Handbook of Comparative Constitutional Law (2012) 609.

Baumbach Trine, Chilling Effect as a European Court of Human Rights' Concept in Media Law Cases, BJCLCJ 6 (2018), 92.

Beck Susanne, Die Suggestion einzig richtiger Entscheidungen im Recht – notwendig oder vermeidbar?, in Schuhr (Hg), Rechtssicherheit durch Rechtswissenschaft (2014) 11.

Bedock Camille/Sauger Nicolas, Electoral Systems with a Majority Bonus as Unconventional Mixed Systems, Representation 50 (2014), 99.

Benda Ernst, Der Rechtsstaat in der Krise, in Hohnstock (Hg), Der Rechtsstaat in der Krise (1972) 9.

Bentham Jeremy, A Fragment on Government (1776).

Berger Christian/Fattinger Victoria, Politische Ökonomie der Vielfachkrise, juridikum 2021, 404.

Berka Walter/Binder Christina/Kneihs Benjamin, Die Grundrechte[2] (2019).

Bermeo Nancy, On Democratic Backsliding, Journal of Democracy 27 (2016), 5.

Bertolini Elisa, Financial Crisis as a New *Genus* of Constitutional Emergency?, in Albert/Roznai (Hg), Constitutionalism Under Extreme Conditions (2020) 197.

Von Beyme Klaus, Die verfassungsgebende Gewalt des Volkes (1968).

Von Beyme Klaus, Rechtspopulismus (2018).

Bezemek Christoph, Die Unabhängigkeit der Medien vom Staat, in Berka/Grabenwarter/Holoubek (Hg), Unabhängigkeit der Medien (2011) 23.

Biagi Francesco, Constitutional Repair in Poland: The Venice Commission's Opinion on the Draft Law Amending the Law on the National Council of the Judiciary, IACL-IADC Blog 31.10.2024 <blog-iacl-aidc.org/2024-posts/2024/10/31/constitutional-repair-in-poland-the-venice-commissions-opinion-on-the-draft-law-amending-the-law-on-the-national-council-of-the-judiciary> (05.03.2025).

Bickel Alexander M., The Least Dangerous Branch (1962).

Biesterfeld Wolfgang, Die literarische Utopie[2] (1982).

Blattner Charlotte, Warum das KlimaSeniorinnen-Urteil nicht undemokratisch ist, VerfBlog 25.06.2024 <https://verfassungsblog.de/egmr-klimaseniorinnen-gewaltenteilung/> (28.05.2025).

Bleckmann Albert, Vom subjektiven zum objektiven Rechtsstaatsprinzip, JöR 36 (1987), 1.

Bobek Michal et al (Hg), Transition 2.0: Re-establishing Constitutional Democracy in EU Member States (2023).

Böckenförde Ernst-Wolfgang, Gesetz und gesetzgebende Gewalt (1958).

Böckenförde Ernst-Wolfgang, Entstehung und Wandel des Rechtsstaatsbegriffs, in Ehmke (Hg), FS Adolf Arndt (1969) 53.

Böckenförde Ernst-Wolfgang, Demokratie und Repräsentation, in ders (Hg), Staat, Verfassung, Demokratie[2] (1992) 379.

Böckenförde Ernst-Wolfgang, Die verfassungsgebende Gewalt des Volkes – Ein Grenzbegriff des Verfassungsrechts, in ders (Hg), Staat, Verfassung, Demokratie[2] (1992) 90.

Böckenförde Ernst-Wolfgang, Ist Demokratie eine notwendige Forderung der Menschenrechte?, in Gosepath/Lohmann (Hg), Philosophie der Menschenrechte (1998) 233.

Böckenförde Ernst-Wolfgang, Anmerkungen zum Begriff Verfassungswandel, in ders (Hg), Staat, Nation, Europa (1999) 141.

Böckenförde Ernst-Wolfgang, Verfassungsgerichtsbarkeit: Strukturfragen, Organisation, Legitimation, in ders (Hg), Staat, Nation, Europa (1999) 157.

Böckenförde Ernst-Wolfgang, Demokratie als Verfassungsprinzip, in Isensee/Kirchhof (Hg), Handbuch des Staatsrechts der Bundesrepublik Deutschland, Bd II: Verfassungsstaat[3] (2004) 429.

Böckenförde Ernst-Wolfgang, Demokratische Willensbildung und Repräsentation, in Isensee/Kirchhof (Hg), Handbuch des Staatsrechts der Bundesrepublik Deutschland, Bd III: Demokratie – Bundesorgane[3] (2005) 31.

Böckenförde Ernst-Wolfgang, Die Entstehung des Staates als Vorgang der Säkularisation, in ders (Hg), Recht, Staat, Freiheit (2006) 92.

Böckenförde Ernst-Wolfgang, Grundrechtstheorie und Grundrechtsinterpretation, in Augsberg/Unger (Hg), Basistexte: Grundrechtstheorie (2012) 15.

Bodnar Adam, Protection of Human Rights after the Constitutional Crisis in Poland, JöR 66 (2018), 639.

Bodnar Adam, Poland After Elections in 2023: Transition 2.0 in the Judiciary, in Bobek et al (Hg), Transition 2.0: Re-establishing Constitutional Democracy in EU Member States (2023) 299.

Von Bogdandy Armin/Spieker Luke Dimitrios, EU Values as Constraints and Facilitators in Democratic Transitions, in Bobek et al (Hg), Transition 2.0: Reestablishing Constitutional Democracy in EU Member States (2023) 113.

Bos Ellen/Pállinger Zoltán Tibor, Das ungarische Wahlsystem, AUB.Log – Wissenschaft und Forschung, Andrássy Universität Budapest 10.03.2022 <andrassy uni.eu/nachrichten/das-ungarische-wahlsystem.html> (21.02.2025).

Bradley Anthony W./Pinelli Cesare, Parliamentarism, in Rosenfeld/Sajó (Hg), The Oxford Handbook of Comparative Constitutional Law (2012) 650.

Braun-Binder Nadja, Instrumente der direkten Demokratie im Mehrebenensystem: Erfahrungen aus Deutschland und der Schweiz unter Berücksichtigung des Verfahrens im Vorfeld (Vorbereitungs- und Informationsszenarien), in Bußjäger/Balthasar/Sonntag (Hg), Direkte Demokratie im Diskurs (2014) 61.

Braver Joshua, Court-Packing: An American Tradition?, Boston College Law Review 61 (2020), 2747.

Brewer-Carías Allan R., The Principle of Separation of Powers and Authoritarian Government in Venezuela, Duquesne Law Review 47 (2009), 813.

Brinks Daniel M./Blass Abby, The DNA of Constitutional Justice in Latin America (2018).

Brudermüller Gerd/Demko Daniela/Seelmann Kurt (Hg), Kosmopolitismus in einer globalisierten Welt (2019).

Brugger Winfried, Menschenrechte im modernen Staat, AöR 114 (1989), 537.

Brunet Sylvia, The Hyper-Executive State of Emergency in France, in Kettemann/Lachmayer (Hg), Pandemocracy in Europe: Power, Parliaments and People in Times of COVID-19 (2022) 201.

Bublitz Luise, Verfassungstreue und Resilienz, in Schuppert/Repohl (Hg), Resilienz (2023) 91.

Buchstein Hubertus, Wählen, Losen und politische Gerechtigkeit – Plädoyer für einen „demokratisch-deliberativen pouvoir neutre“, ZPol 22 (2012), 395.

Bugarič Bojan, Central Europe's Descent Into Autocracy: A Constitutional Analysis of Authoritarian Populism, ICON 17 (2019), 597.

Bugarič Bojan/Ginsburg Tom, The Assault on Postcommunist Courts, Journal of Democracy 27 (2016), 69.

Burkhardt Fabian, Institutionalizing Personalism: The Russian Presidency after Constitutional Changes, Russian Politics 6 (2021), 50.

Bußjäger Peter, Jenseits von Spielregel- und Werteverfassung: Verfassungsfunktionen auf dem Prüfstand, in ders/Gamper/Kahl (Hg), 100 Jahre Bundes-Verfassungsgesetz (2020) 1.

Bußjäger Peter/Schramek Christoph, Die Praxis der direkten und deliberativen Demokratie in Österreich, in Alber/Zwilling (Hg), Von Government zu Governance (2021) 103.

Buyse Antoine, Squeezing Civic Space: Restrictions on Civil Society Organizations and the Linkages With Human Rights, The International Journal of Human Rights 22 (2018), 966.

Bydlinski Peter, Grundzüge der juristischen Methodenlehre[4] (2023).

Callenbach Ernest, Ökotopia (1990).

Cengiz İlyas Fırat, Theoretical Framework to Interfere Free Speech and Turkish Constitutional Law Practice, Law and Justice Review 2023, 59.

Charvát Jakub, The Politics of Electoral Reform in Central Europe since 1989 (2023).

Chaudhry Suparna, The Assault on Civil Society: Explaining State Crackdown on NGOs, International Organization 76 (2022), 549.

Chilton Adam S./Versteeg Mila, Courts' Limited Ability to Protect Constitutional Rights, The University of Chicago Law Review 86 (2018), 293.

Choudhry Sujit, Resisting Democratic Backsliding: An Essay on Weimar, Self-Enforcing Constitutions, and the Frankfurt School, Global Constitutionalism 7 (2018), 54.

Choudhry Sujit, Will Democracy Die in Darkness? Calling Autocracy by Its Name, in Graber/Levinson/Tushnet (Hg), Constitutional Democracy in Crisis? (2018) 571.

Chronowski Nóra et al, Hungary: Constitutional (R)evolution or Regression?, in Albi/Bardutzky (Hg), National Constitutions in European and Global Governance: Democracy, Rights, the Rule of Law (2019) 1439.

Chronowski Nóra/Varju Márton, Two Eras of Hungarian Constitutionalism: From the Rule of Law to Rule by Law, Hague Journal on the Rule of Law 8 (2016), 271.

Claeys Gregory, The Origins of Dystopia: Wells, Huxley and Orwell, in ders (Hg), The Cambridge Companion to Utopian Literature (2010) 107.

Claeys Gregory, Dystopia (2017).

Clark Marilyn/Grech Anna, Journalists under Pressure (2017).

Comella Victor Ferreres, Constitutional Crisis in Spain, in Graber/Levinson/Tushnet (Hg), Constitutional Democracy in Crisis? (2018) 227.

Constant Benjamin, Grundprinzipien der Politik, die auf alle repräsentativen Regierungssyteme und insbesondere auf die gegenwärtige Verfassung Frankreichs angewandt werden können (1815), in Blaeschke/Gall (Hg), Werke in vier Bänden: Politische Schriften, Bd 4 (1972) 9.

Contiades Xenophon/Fotiadou Alkmene, On Resilience of Constitutions: What Makes Constitutions Resistant to External Shocks?, ICL Journal 9 (2015), 3.

Contiades Xenophon/Fotiadou Alkmene, Constitutional Resilience and Unamendability, European Journal of Law Reform 21 (2019), 243.

Corrales Javier, The Authoritarian Resurgence: Autocratic Legalism in Venezuela, Journal of Democracy 26 (2015), 37.

Crocker Thomas P., Dystopian Constitutionalism, University of Pennsylvania Journal of Constitutional Law 18 (2015), 593.

Csuk Antonia/Poechhacker Nikolaus, Objektive Maschinen? Zum Potenzial der Objektivitätssteigerung bei rechtlichen Entscheidungen durch KI, juridikum 2024, 235.

Culloty Eileen/Suiter Jane, Media Control and Post-Truth Communication, in Sajó/Uitz/Holmes (Hg), Routledge Handbook of Illiberalism (2021) 365.

D'Atena Antonio, Das demokratische Prinzip im System der Verfassungsprinzipien, JöR 47 (1999), 1.

D'Atena Antonio, Die Verflechtung von Konstitutionalismus und Grundrechten, in Akyürek et al (Hg), Staat und Recht in europäischer Perspektive – FS Heinz Schäffer (2006) 153.

Daly Tom Gerald, Democratic Decay: Conceptualising an Emerging Research Field, Hague Journal on the Rule of Law 11 (2019), 9.

Daly Tom Gerald, „Good" Court-Packing? The Paradoxes of Constitutional Repair in Contexts of Democratic Decay, German Law Journal 23 (2022), 1071.

Damm Sven Mirko, Menschenwürde, Freiheit, komplexe Gleichheit: Dimensionen grundrechtlichen Gleichheitsschutzes (2011).

Dawood Yasmin, Democratic Dysfunction and Constitutional Design, Boston University Law Review 94 (2014), 913.

De la Torre Carlos/Ortiz Lemos Andrés, Populist Polarization and the Slow Death of Democracy in Ecuador, Democratization 23 (2016), 221.

Denninger Erhard, Verfassungstreue und Schutz der Verfassung, VVDStRL 37 (1979), 7.

Denninger Erhard, „Streitbare Demokratie" und Schutz der Verfassung, in Benda/Maihofer/Vogel (Hg), Handbuch des Verfassungsrechts der Bundesrepublik Deutschland[2] (1994) 675.

Di Fabio Udo, Das Recht offener Staaten (1998).

Di Fabio Udo, Gewaltenteilung, in Isensee/Kirchhof (Hg), Handbuch des Staatsrechts der Bundesrepublik Deutschland, Bd II: Verfassungsstaat[3] (2004) 613.

Di Salvo Philip, Dealing with the Black Box: European Journalists and the Threats of Spyware, Digital Journalism 2024, 1.

Diederichsen Uwe, Innere Grenzen des Rechtsstaats, Der Staat 34 (1995), 33.

Dinas Elias, The Electoral System, in Featherstone/Sotiropoulos (Hg), The Oxford Handbook of Modern Greek Politics (2020) 203.

Dixon Rosalind, Constitutional Amendment Rules: A Comparative Perspective, in Ginsburg/Dixon (Hg), Comparative Constitutional Law (2011) 96.

Dixon Rosalind, Constitutional Design Deferred, in Landau/Lerner (Hg), Comparative Constitution Making (2019) 165.

Dixon Rosalind/Landau David, Transnational Constitutionalism and a Limited Doctrine of Unconstitutional Constitutional Amendment, ICON 13 (2015), 606.

Dixon Rosalind/Landau David, Toward Restorative Constitutionalism?, VerfBlog 10.12.2021 <verfassungsblog.de/toward-restorative-constitutionalism/> (12.06.2025).

Dixon Rosalind/Landau David, Healing Liberal Democracies: The Role of Restorative Constitutionalism, Ethics & International Affairs 36 (2022), 427.

Dolezal Martin et al (Hg), Sehnsucht nach dem starken Mann? (2019).

Dollinger Jonathan, Beobachtungen aus dem Ausland: USA und Kanada, JRP 31 (2023), 50.

Doyle Oran, Constraints on Constitutional Amendment Powers, in Albert/Contiades/Fotiadou (Hg), The Foundations and Traditions of Constitutional Amendment (2017) 73.

Dreier Ralf, Der Rechtsstaat im Spannungsverhältnis zwischen Gesetz und Recht, JuristenZeitung 40 (1985), 353.

Drinóczi Tímea, Hungarian Constitutional Court: The Limits of EU Law in the Hungarian Legal System, ICL Journal 11 (2017), 139.

Drinóczi Tímea/Bień-Kacała Agnieszka, Illiberal Constitutionalism: The Case of Hungary and Poland, German Law Journal 20 (2019), 1140.

Duller Melina C. et al, Weltstaat: Zwischen Utopie und Untergang, in Senn/Kraxberger (Hg), Eine Welt der Ordnungen – Weltpolitische Ordnungsformen des 20. und 21. Jahrhunderts (2022).

Eberhard Harald, § 1 DSG (und Art. 8 GRC), in Korinek et al (Hg), Österreichisches Bundesverfassungsrecht (2016).

Eicker Jannis/Inkermann Nilda, Solidarische Lebensweisen als reale Utopie für die kritische politische Bildung, in Chehata et al (Hg), Handbuch Kritische politische Bildung (2023) 142.

Eisenberger Iris/Merli Franz, Automatisierung, Algorithmen und künstliche Intelligenz in der öffentlichen Verwaltung. Eine Positionsbestimmung, JRP 31 (2023), 25.

Elias Norbert, Thomas Morus' Staatskritik, in Voßkamp (Hg), Utopieforschung, Bd II (1982) 101.

Elkins Zachary/Ginsburg Tom/Melton James, The Endurance of National Constitutions (2009).

Epstein Lee/Knight Jack, Efficacious Judging on Apex Courts, in Delaney/Dixon (Hg), Comparative Judicial Review (2018) 272.

Erkens Harald, Staat extrem: Der Ausweichsitz als Anschauungsobjekt rechtlicher Resilienz im Ausnahmezustand, in Jäger/Daun/Freudenberg (Hg), Politisches Krisenmanagement, Bd II: Reaktion – Partizipation – Resilienz (2018) 79.

Esen Berk/Gumuscu Sebnem, The Perils of „Turkish Presidentialism", Review of Middle East Studies 52 (2018), 43.

Fatovic Clement, Emergencies and the Rule of Law, Oxford Research Encyclopedia of Politics 23.05.2019 <oxfordre.com/politics/view/10.1093/acrefore/9780190228637.001.0001/acrefore-9780190228637-e-93> (29.05.2025).

Favaro Tamara, Artificial Intelligence in Italian Public Administration. Challenges, Case Studies and Regulatory Perspectives, JRP 31 (2023), 60.

Feinberg Myriam, Introduction: Terrorism and Warfare – Extreme Conditions or the New Normal?, in Albert/Roznai (Hg), Constitutionalism Under Extreme Conditions (2020) 103.

Figl Alexander/Müller Markus, Verfassungsschutz neu: Ist der Nachrichtendienst (weiterhin) Kriminalpolizei?, JSt 9 (2022), 135.

Filipek Paweł, Defective Judicial Appointments and their Rectification under European Standards, in Bobek et al (Hg), Transition 2.0: Re-establishing Constitutional Democracy in EU Member States (2023) 425.

Finke Jasper/Krämer Rike U., Das europäische Beihilfenrecht – Krise und Recht oder Krise des Rechts?, in Jaeger (Hg), Beihilferecht (2012) 339.

Fleiner Thomas/Basta Fleiner Lidija R., Allgemeine Staatslehre[3] (2004).

Folz Hans-Ernst, Staatsnotstand und Notstandsrecht (1962).

Forsthuber Friedrich, Demokratie – Menschenrechte – Rechtsstaat, ZVG 6 (2019), 498.

Franke Siegfried F., „Drawing of Lots“ Instead of „Voting“ – The Only Way to Restore Democracy?, in ders (Hg), Die gefährdete Demokratie (2017) 79.

Frankenberg Günter, Democracy, in Rosenfeld/Sajó (Hg), The Oxford Handbook of Comparative Constitutional Law (2012) 250.

Freedom House, Freedom in the World 2023: Marking 50 Years in the Struggle for Democracy <freedomhouse.org/sites/default/files/2023-03/FIW_World_2023_DigtalPDF.pdf> (13.05.2025).

Freedom House, Nations in Transit 2024: Hungary <freedomhouse.org/country/hungary/nations-transit/2024> (09.06.2025).

Freedom House, Freedom in the World 2025: The Uphill Battle to Safeguard Rights <freedomhouse.org/report/freedom-world/2025/uphill-battle-to-safeguard-rights> (03.06.2025).

Fuchs Michael, Die Vermessung der Rechtsstaatlichkeit, EuGRZ 45 (2018), 237.

Gallagher Michael/Mitchell Paul, Dimensions of Variation in Electoral Systems, in Herron/Pekkanen/Shugart (Hg), The Oxford Handbook of Electoral Systems (2018) 23.

Gamper Anna, Demokratie und Repräsentation im Verfassungsstaat, in Poier (Hg), Demokratie im Umbruch (2009) 19.

Gamper Anna, Regeln der Verfassungsinterpretation (2012).

Gamper Anna, Relativer Grundrechtsschutz, in Feik/Winkler (Hg), FS Walter Berka (2013) 59.

Gamper Anna, Verfassungsgerichtsbarkeit und Gewaltenverbindung (2016).

Gamper Anna, Sezessionismus und Verfassungstreue, JRP 26 (2018), 119.

Gamper Anna, Hierarchiefragen der Verfassungsänderung, in Jabloner et al (Hg), Scharfsinn im Recht (2019) 161.

Gamper Anna, Änderung und Schranken der Verfassung, in Bußjäger/Gamper/Kahl (Hg), 100 Jahre Bundes-Verfassungsgesetz (2020) 49.

Gamper Anna, An „Instrument of Government“ or „Instrument of Courts“? The Impact of Political Systems on Constitutional Interpretation and the Case of Populism, in Gárdos-Orosz/Szente (Hg), Populist Challenges to Constitutional Interpretation in Europe and Beyond (2021) 43.

Gamper Anna, Dangerous or Endangered Constitutional Courts? A View from among and within the Branches of Power, ZöR 76 (2021), 331.

Gamper Anna, Die liechtensteinische Verfassung im globalen und europäischen Verfassungsvergleich, ZöR 76 (2021), 1167.

Gamper Anna, Gewaltenteilung, in Eberhard et al (Hg), 100 Jahre Republik Österreich (2021) 355.

Gamper Anna, Staat und Verfassung[5] (2021).

Gamper Anna, Concepts and Principles of Electoral Law in Europe, in Gardner (Hg), Comparative Election Law (2022) 15.

Gamper Anna, Wie krisenfest ist unsere Verfassung?, in ÖJT (Hg), Wie krisenfest ist unsere Verfassung? Diskussionsveranstaltung vom 15. September 2021 (2022) 7.

Gamper Anna, EGMR: Evolution oder Revolution?, AJP/PJA 2025, 109.

Gamper Anna, Tertium non datur? Bürgerbeteiligung zwischen repräsentativer und direkter Demokratie, in Wallenstorfer (Hg), Demokratie. Idealkonstrukt oder Auslaufmodell? (2025) 97.

Gamper Anna, Instrumente der Verfassungsresilienz, ZöR 80 (2025), 281.

Garcia Holgado Benjamin/Sánchez Urribarri Raúl, Court-Packing and Democratic Decay: A Necessary Relationship?, Global Constitutionalism 12 (2023), 350.

Gardbaum Stephen, Are Strong Constitutional Courts Always a Good Thing for New Democracies?, Columbia Journal of Transnational Law 53 (2015), 385.

Gärditz Klaus Ferdinand, Verfassungsidenität und Schutz der Verfassung, in Stern/Sodan/Möstl (Hg), Das Staatsrecht der Bundesrepublik Deutschland im europäischen Staatenverbund, Bd I: Grundlagen und Grundbegriffe des Staatsrechts, Strukturprinzipien der Verfassung[2] (2022) 435.

Gardner James A., Electoral Systems and Conceptions of Politics, in ders (Hg), Comparative Election Law (2022) 140.

Gardner James A., Democratic Backsliding in Federal States, in Wejnert (Hg), The Global Rise of Autocracy (2025) 295.

Gärner Christoph, Bekämpfung von Fake News, in Grabenwarter/Holoubek/Leitl-Staudinger (Hg), Regulierung von Kommunikationsplattformen (2022) 89.

Ginsburg Tom, Constitutional Endurance, in ders/Dixon (Hg), Comparative Constitutional Law (2011) 112.

Ginsburg Tom, International Courts and Democratic Backsliding, Berkeley Journal of International Law 37 (2019), 265.

Ginsburg Tom/Huq Aziz/Versteeg Mila, The Coming Demise of Liberal Constitutionalism?, University of Chicago Law Review 85 (2018), 239.

Ginsburg Tom/Huq Aziz Z., Defining and Tracking the Trajectory of Liberal Constitutional Democracy, in Graber/Levinson/Tushnet (Hg), Constitutional Democracy in Crisis? (2018) 29.

Ginsburg Tom/Huq Aziz Z., How to Save a Constitutional Democracy (2018).

Ginsburg Tom/Melton James/Elkins Zachary, On the Evasion of Executive Term Limits, William & Mary Law Review 52 (2011), 1807.

Gnüg Hiltrud, Utopie und utopischer Roman (2015).

Goeze Annika/Strobel Korinna, Krisenrhetorik, in Ueding (Hg), Historisches Wörterbuch der Rhetorik, Bd X: Nachträge A-Z (2012) 511.

Gorbatschow Michail, Perestroika (1987).

Göztepe Ece, The Permanency of the State of Emergency in Turkey, Zeitschrift für Politikwissenschaft 28 (2018), 521.

Grabenwarter Christoph, Constitutional Resilience, VerfBlog 06.12.2018 <verfassungsblog.de/constitutional-resilience/> (18.05.2025).

Graber Mark A., What's in Crisis? The Postwar Constitutional Paradigm, Transformative Constitutionalism, and the Fate of Constitutional Democracy, in ders/Levinson/Tushnet (Hg), Constitutional Democracy in Crisis? (2018) 665.

Graber Mark A./Levinson Sanford/Tushnet Mark V., Constitutional Democracy in Crisis? Introduction, in dies (Hg), Constitutional Democracy in Crisis? (2018) 1.

Gramsci Antonio, Heft 3 (1930), in Haug (Hg), Gefängnishefte, Bd II: 2.–3. Heft (1991) 327.

Graver Hans Petter, Judging for Utopia: Climate Change and Judicial Action, European Review of Private Law 28 (2020), 885.

Greene Alan, Permanent States of Emergency and the Rule of Law (2018).

Grimm Dieter, Types of Constitutions, in Rosenfeld/Sajó (Hg), The Oxford Handbook of Comparative Constitutional Law (2012) 98.

Gross Oren, Chaos and Rules: Should Responses to Violent Crises Always Be Constitutional?, Yale Law Journal 112 (2003), 1011.

Gross Oren, The Normal Exception, in Graber/Levinson/Tushnet (Hg), Constitutional Democracy in Crisis? (2018) 585.

Gross Oren, Emergency's Challenges, in Albert/Roznai (Hg), Constitutionalism Under Extreme Conditions (2020) 427.

Grote Rainer, Rule of Law, Rechtsstaat and „Etat de droit", in Starck (Hg), Constitutionalism, Universalism and Democracy (1999) 269.

Grunwald Henning/Pfister Manfred, Krisis! Krisenszenarien, Diagnosen und Diskursstrategien, in dies (Hg), Krisis! (2007) 7.

Grzymala-Busse Anna et al, Global Populisms and Their Challenges, Freeman Spogli Institure for International Studies, Stanford University March 2020 <drive.google.com/file/d/1a49v1_nTm97uQ7GWPQE_KWpIueTfL_k5/view> (12.06.2025).

Gschwindt Daniela/Potocnik-Manzouri Corinna, Artikel 3 – Künstliche Intelligenz, juridikum 2022 (2022), 502.

Gstöttner Susanne/Reiss Antonia, In der Satzung die Macht verteilt: Gedanken zur innerparteilichen Demokratie der österreichischen Parteien, juridikum 2024, 293.

Guérin-Bargues Cécile, The French Case or the Hidden Dangers of a Long-Term State of Emergency, in Auriel/Beaud/Wellman (Hg), The Rule of Crisis (2018) 213.

Gutmann Jerg/Voigt Stefan, Militant Constitutionalism: A Promising Concept to Make Constitutional Backsliding Less Likely?, Public Choice 195 (2023), 377.

Gyulavari Tamás/Hos Nikolett, Retirement of Hungarian Judges, Age Discrimination and Judicial Independence: A Tale of Two Courts, Industrial Law Journal 42 (2013), 289.

Haab Robert, Krisenrecht: Rektoratsrede gehalten am 20. November 1936 (1936).

Haack Stefan, Wahlpflicht und Demokratie, KritV 94 (2011), 80.

Häberle Peter, 1789 als Teil der Geschichte, Gegenwart und Zukunft des Verfassungsstaates, in ders (Hg), Rechtsvergleichung im Kraftfeld des Verfassungsstaates (1992) 685.

Häberle Peter, Zeit und Verfassung, in ders (Hg), Verfassung als öffentlicher Prozeß² (1996) 59.

Habermas Jürgen, Legitimationsprobleme im Spätkapitalismus (1973).

Habermas Jürgen, Hat die Konstitutionalisierung des Völkerrechts noch eine Chance, in ders (Hg), Der gespaltene Westen (2004) 113.

Habermas Jürgen, Eine politische Verfassung für die pluralistische Weltgesellschaft?, Kritische Justiz 38 (2005), 222.

Haggard Stephan/Kaufman Robert, Backsliding: Democratic Regress in the Contemporary World (2021).

Haggard Stephan/Kaufman Robert, Backsliding: Democratic Regress in the Contemporary World – Appendix (2021).

Haguenau-Moizard Catherine, The French Antiterrorist Bill: A Permanent State of Emergency, VerfBlog 09.08.2017 <verfassungsblog.de/the-french-antiterrorist-bill-a-permanent-state-of-emergency/> (26.03.2025).

Haller Herbert, Die Prüfung von Gesetzen (1979).

Haller Walter/Kölz Alfred/Gächter Thomas, Allgemeines Staatsrecht^{6} (2020).

Halmai Gábor, The Hungarian Constitutional Court and Constitutional Identity, VerfBlog 10.01.2017 <verfassungsblog.de/the-hungarian-constitutional-court-and-constitutional-identity/> (12.06.2025).

Halmai Gábor, A Coup Against Constitutional Democracy, in Graber/Levinson/Tushnet (Hg), Constitutional Democracy in Crisis? (2018) 243.

Halmai Gábor, The Making of „Illiberal Constitutionalism“ With or Without a New Constitution: The Case of Hungary and Poland, in Landau/Lerner (Hg), Comparative Constitution Making (2019) 302.

Halmai Gábor, Coping Strategies of the Hungarian Constitutional Court since 2010, VerfBlog 27.09.2022 <verfassungsblog.de/coping-strategies-of-the-hungarian-constitutional-court-since-2010/> (23.04.2025).

Halmai Gábor, Can the Rule of Law Be Restored by Violating Its Principles? The Current Polish Debate, VerfBlog 03.01.2025 <verfassungsblog.de/can-the-rule-of-law-be-restored-by-violating-its-principles/> (07.03.2025).

Halmai Gábor/Bugarič Bojan, Autocracy and Resistance in Hungary since 2010, SSRN 19.06.2023 <ssrn.com/abstract=4484312> (09.06.2025).

Hamilton Alexander, Nr. 78, in Zehnpfennig (Hg), Die Federalist Papers (2007) 454.

Handley Lisa, Electoral Systems and Redistricting, in Herron/Pekkanen/Shugart (Hg), The Oxford Handbook of Electoral Systems (2018) 513.

Hausteiner Eva Marlene, Mehr Dystopie wagen?, ZPTh 11 (2020), 31.

Heckel Johannes, Diktatur, Notverordnungsrecht, Verfassungsnotstand: mit besonderer Rücksicht auf das Budgetrecht, AöR 61 (1932), 257.

Hellrigl Manfred, Bürgerräte in Vorarlberg, in Bußjäger/Balthasar/Sonntag (Hg), Direkte Demokratie im Diskurs (2014) 163.

Hengstschläger Johannes, Diskussionsbemerkung, in Walter (Hg), Adolf J. Merkl: Werk und Wirksamkeit (1990) 89.

Hernandez José Ignacio, An Antidote To Constitutional Authoritarian Populism?, VerfBlog 14.11.2024 <verfassungsblog.de/presidential-reelection-dominican-republic/> (12.06.2025).

Hesse Gerhard, Anmerkungen zur Krisenfestigkeit der österreichischen Bundesverfassung, in Müller (Hg), Krise der liberalen Demokratie? (2019) 141.

Hien Melanie, Ungarns Regierung geht weiter gegen NGOs vor, ZOiS Spotlight 24/2021 23.06.2021 <zois-berlin.de/publikationen/ungarns-regierung-geht-weiter-gegen-ngos-vor> (10.06.2025).

Hillgruber Christian, Die Herrschaft der Mehrheit, AöR 127 (2002), 460.

Hirschl Ran, Towards Juristocracy: The Origins and Consequences of the New Constitutionalism (2004).

Hirschl Ran/Shachar Ayelet, Competing Orders? The Challenge of Religion to Modern Constitutionalism, The University of Chicago Law Review 85 (2018), 425.

Hobbes Thomas, Leviathan (1651).

Höffe Otfried, Demokratie im Zeitalter der Globalisierung (1999).

Höffe Otfried, Globalität statt Globalismus: Über eine subsidiäre und föderale Weltrepublik, in Lutz-Bachmann/Bohman (Hg), Weltstaat oder Staatenwelt? Für und wider die Idee einer Weltrepublik (2002) 8.

Hollaus Birgit, Das Urteil des EGMR im Fall KlimaSeniorinnen und seine Implikationen für den europäischen Grundrechtsschutz, JBl 146 (2024), 485.

Holzinger Gerhart/Frank Stefan Leo, Die Verfassungsgerichtsbarkeit – Essenz und Wandlung, in Jabloner (Hg), FS 150 Jahre Wiener Juristische Gesellschaft (2017) 169.

Horn Hans-Detlef, Gewaltenteilige Demokratie, demokratische Gewaltenteilung, AöR 127 (2002), 427.

Huertas Julian, Protecting Individual Rights to Counteract Democratic Backsliding: Human Rights Law as a Partial Response to Autocratic Populism, Proceedings of the ASIL Annual Meeting 116 (2022), 136.

Huq Aziz/Ginsburg Tom, How to Lose a Constitutional Democracy, UCLA Law Review 65 (2018), 78.

Hutcheson Derek S./McAllister Ian, Consolidating the Putin Regime: The 2020 Referendum on Russia's Constitutional Amendments, Russian Politics 6 (2021), 355.

International IDEA, The Global State of Democracy 2024: Strengthening the Legitimacy of Elections in a Time of Radical Uncertainty 2024 <idea.int/gsod/2024/> (09.06.2025).

Invernizzi Accetti Carlo/Zuckerman Ian, What's Wrong with Militant Democracy?, Political Studies 65 (2017), 182.

Isensee Josef, Staat und Verfassung, in ders/Kirchhof (Hg), Handbuch des Staatsrechts der Bundesrepublik Deutschland, Bd II: Verfassungsstaat[3] (2004) 3.

Issacharoff Samuel, Fragile Democracies, Harvard Law Review 120 (2007), 1405.

Issacharoff Samuel, Fragile Democracies (2015).

Izdebski Krzysztof, The Winding Road To The Mountaintop: A Year Of Restoring The Rule Of Law In Poland, VerfBlog 18.12.2024 <verfassungsblog.de/the-winding-road-to-the-mountaintop/> (26.05.2025).

Jacobsohn Gary Jeffrey, Theorizing the Constitutional Revolution, Journal of Law and Courts 2 (2014), 1.

Jäger Thomas, Strategische Führung in Krisen, in ders/Daun/Freudenberg (Hg), Politisches Krisenmanagement, Bd I: Wissen – Wahrnehmung – Kommunikation (2016) 3.

Jakab András, Was kann Verfassungsrecht gegen die Erosion von Demokratie und Rechtsstaatlichkeit tun?, ZöR 74 (2019), 369.

Jakab András, Begriffe und Funktionen der Verfassung, in ders (Hg), Methoden und theoretische Grundfragen des österreichischen Verfassungsrechts (2021) 339.

Jakab András, Constitutional Resilience, in Grote/Lachenmann/Wolfrum (Hg), Max Planck Encyclopedia of Comparative Constitutional Law (2022).

Jakab András, How to Return from a Hybrid Regime into a Constitutional Democracy: Hypothetical Constitutional Scenarios for Hungary and a Few Potential Lessons for Poland, in Bobek et al (Hg), Transition 2.0: Re-establishing Constitutional Democracy in EU Member States (2023) 145.

Jakab András, Wie man von einem hybriden Regime zu einem demokratischen Rechtsstaat zurückkehrt, ZöR 78 (2023), 555.

Jakab András/Sonnevend Pál, Kontinuität mit Mängeln: Das neue ungarische Grundgesetz, ZaöRV 72 (2012), 79.

Jänicke Martin, Krisenbegriff und Krisenforschung, in ders (Hg), Herrschaft und Krise (1973) 10.

Jellinek Georg, System der subjektiven öffentlichen Rechte[2] (1905).

Jellinek Georg, Allgemeine Staatslehre[3] (1914).

Jenkins Garry W., Nongovernmental Organizations and the Forces Against Them: Lessons of the Anti-NGO Movement, Brooklyn Journal of International Law 37 (2012), 459.

Jesse Eckhard/Panreck Isabelle-Christine, Populismus und Extremismus: Terminologische Abgrenzung – das Beispiel der AfD, Zeitschrift für Politik 64 (2017), 59.

Jiménez Maryhen/Castiglione Dario, Reversing Authoritarianism in the EU: Transformative Politics and the Role of Opposition, in Bobek et al (Hg), Transition 2.0: Re-establishing Constitutional Democracy in EU Member States (2023) 59.

Kádár András, 3.5 Year Long „State of Danger" in Hungary – Not Reasonable, but Extremely Convenient for the Government, Hungarian Helsinki Committee 27.11.2023 <helsinki.hu/en/3-5-year-long-state-of-danger-in-hungary-not-reasonable-but-extremely-convenient-for-the-government/> (10.06.2025).

Kägi Werner, Die Verfassung als rechtliche Grundordnung des Staates (1945).

Kägi Werner, Rechtsstaat und Demokratie, in Imboden et al (Hg), Demokratie und Rechtsstaat – FS Zaccaria Giacometti (1953) 107.

Kägi Werner, Von der klassischen Dreiteilung zur umfassenden Gewaltenteilung, in Verfassungsrecht und Verfassungswirklichkeit – FS Hans Huber (1961) 151.

Kaiser Anna-Bettina, Ausnahmeverfassungsrecht (2020).

Kaiser Anna-Bettina, Die Organisation politischer Willensbildung: Parteien, VVDStRL 81 (2022), 118.

Kaiser Lena, A New Chapter in the European Rule of Law Saga? On the European Commission's Attempt to Mobilise Art. 2 TEU as a Stand-Alone Provision, VerfBlog 04.03.2023 <verfassungsblog.de/a-new-chapter-in-the-european-rule-of-law-saga/> (12.03.2025).

Kaldani Tamar/Prokopets Zeev, Pegasus Spyware and its Implications on Human Rights, Information Society Department DGI(2022)04, Council of Europe 2022 <rm.coe.int/pegasus-spyware-report-en/1680a6f5d8> (21.05.2025).

Kant Immanuel, Über den Gemeinspruch, Berlinische Monatsschrift 1793, 201.

Kaschka Jonas, Die Risikominderungspflicht nach Art 35 DSA im Lichte der Kommunikationsfreiheit von Nutzern, in Berger et al (Hg), Recht innovativ – Das öffentliche Recht im (digitalen) Wandel (2025) 3.

Kaufman Robert R./Kelemen R. Daniel/Kolcak Burcu, Federalism and Democratic Backsliding in Comparative Perspective, Perspectives on Politics 2024, 1.

Kazai Viktor Z., Autocratic (Il)legalism, VerfBlog 21.02.2024 <verfassungsblog.de/autocratic-illegalism/> (25.02.2025).

Kelsen Hans, Österreichisches Staatsrecht (1923).

Kelsen Hans, Allgemeine Staatslehre (1925).

Kelsen Hans, Vom Wesen und Wert der Demokratie² (1929).

Kelsen Hans, Wesen und Entwicklung der Staatsgerichtsbarkeit, VVDStRL 5 (1929), 30.

Kelsen Hans, Wer soll der Hüter der Verfassung sein?, Die Justiz 6 (1930/31), 576.

Kelsen Hans, Reine Rechtslehre (1934).

Kempen Bernhard, Grundrechtsverpflichtete, in Merten/Papier/Badura (Hg), Handbuch der Grundrechte in Deutschland und Europa, Bd II: Grundrechte in Deutschland: Allgemeine Lehren I (2006) 1293.

Kettemann Matthias C./Lachmayer Konrad (Hg), Pandemocracy in Europe: Power, Parliaments and People in Times of COVID-19 (2022).

Keulen Margarete, Radical Imagination (1991).

Khaitan Tarunabh, Executive Aggrandizement in Established Democracies: A Crisis of Liberal Democratic Constitutionalism, ICON 17 (2019), 342.

Khakzadeh-Leiler Lamiss, Recht und Krise, in Aigner et al (Hg), Recht und Krise (2016) 1.

Kienast Julia, „Krise", juridikum 2021, 357.

King Desmond/Smith Rogers M., Populism, Racism, and the Rule of Law in Constitutional Democracies Today, in Graber/Levinson/Tushnet (Hg), Constitutional Democracy in Crisis? (2018) 459.

Kirchmair Lando, Verfassungswidriges Verfassungsrecht, unabänderliches Verfassungsrecht und Justizrevolution, ZöR 78 (2023), 627.

Kirste Stephan, Das Fundament der Menschenrechte, Der Staat 52 (2013), 119.

Klatt Matthias, Democracy in 2030, in Bezemek (Hg), Constitutionalism 2030 (2022) 13.

Klaushofer Reinhard, Die menschenrechtliche Dimension Künstlicher Intelligenz, ZöR 74 (2019), 399.

Klebelsberg Florian, Staatsnotstand und Notstandsverfassung (2025).

Klecatsky Hans, Was verlangt der Rechtsstaat heute?, in ders (Hg), Der Rechtsstaat zwischen heute und morgen (1967) 13.

Klein Eckart, Funktionsstörungen in der Staatsorganisation, in Isensee/Kirchhof (Hg), Handbuch des Staatsrechts der Bundesrepublik Deutschland, Bd XII: Normativität und Schutz der Verfassung[3] (2014) 907.

Klein Eckart, Innerer Notstand, in Isensee/Kirchhof (Hg), Handbuch des Staatsrechts der Bundesrepublik Deutschland, Bd XII: Normativität und Schutz der Verfassung[3] (2014) 935.

Klein Hans Hugo, Die Grundrechte im demokratischen Staat (1972).

Klein Hans Hugo, Verfassungstreue und Schutz der Verfassung, VVDStRL 37 (1979), 53.

Klema Miriam, Das Streben nach dem idealen Staat: Die Utopien von Platon, Morus und Le Guin im Lichte des westlichen Verfassungsstaates. Unveröffentliche Diplomarbeit zur Erlangung des akademischen Grades eines Mag. iur. an der rechtswissenschaftlichen Fakultät der Leopold-Franzens-Universität Innsbruck, Diplomarbeit (2021).

Kmiec Keenan D., The Origin and Current Meanings of „Judicial Activism“, California Law Review 92 (2004), 1441.

Koja Friedrich, Der Staatsnotstand als Rechtsbegriff (1979).

Koja Friedrich, Allgemeine Staatslehre (1993).

Koncewicz Tomasz Tadeusz, Farewell to the Separation of Powers: On the Judicial Purge and the Capture in the Heart of Europe, VerfBlog 19.07.2017 <https://verfassungsblog.de/farewell-to-the-separation-of-powers-on-the-judicial-purge-and-the-capture-in-the-heart-of-europe/> (06.06.2025).

Konrath Christoph, Demokratie und Rechtsstaat. Zur Bewertung von Vorschlägen zum Ausbau direkter Demokratie, in Bußjäger/Balthasar/Sonntag (Hg), Direkte Demokratie im Diskurs (2014) 127.

Kosař David/Šipulová Katarína, How to Fight Court-Packing?, Constitutional Studies 6 (2020), 133.

Kosař David/Šipulová Katarína, Comparative Court-Packing, ICON 21 (2023), 80.

Kosař David/Šipulová Katarína, Court-Unpacking: A Preliminary Inquiry, in Bobek et al (Hg), Transition 2.0: Re-establishing Constitutional Democracy in EU Member States (2023) 323.

Koselleck Reinhart, Krise, in Brunner/Conze/Koselleck (Hg), Geschichtliche Grundbegriffe, Bd III: H-Me (1982) 617.

Kotzur Markus, Die Demokratiedebatte in der deutschen Verfassungsrechtslehre, in Bauer/Sommermann/Huber (Hg), Demokratie in Europa (2005) 351.

Kouba Karel/Pumr Jan, The Democratic Cost of Consecutive Re-election and Presidential Term-Limit Evasion in Latin America, Government and Opposition 58 (2023), 360.

Kovács Kriszta/Tóth Gábor Attila, Hungary's Constitutional Transformation, European Constitutional Law Review 7 (2011), 183.

Kraul Torsten, Einführung, in ders (Hg), Das neue Recht der digitalen Dienste (2023) 29.

Kriele Martin, Zur Geschichte der Grund- und Menschenrechte, in Achterberg (Hg), Öffentliches Recht und Politik – FS Ulrich Scupin (1973) 187.

Kriener Florian, Ecodefence v Russia, EJIL:Talk! 21.06.2022 <ejiltalk.org/ecodefence-v-russia-the-ecthrs-stance-on-foreign-funding-of-civil-society/> (22.05. 2025).

Krygier Martin, Rule of Law, in Rosenfeld/Sajó (Hg), The Oxford Handbook of Comparative Constitutional Law (2012) 233.

Krygier Martin, The Potential for Resilience of Institutions to Sustain The Rule of Law, Hague Journal on the Rule of Law 12 (2020), 205.

Küchenhoff Günther/Küchenhoff Erich, Allgemeine Staatslehre[7] (1971).

Kucsko-Stadlmayer Gabriele, Die allgemeinen Strukturen der Grundrechte, in Merten/Papier/Kucsko-Stadlmayer (Hg), Handbuch der Grundrechte in Deutschland und Europa, Bd VII/1: Grundrechte in Österreich[2] (2014) 77.

Kudlich Hans/Oğlakcıoğlu Mustafa Temmuz, Rechtsprechung im Spannungsfeld zwischen kurz- und langfristiger Rechtssicherheit, in Schuhr (Hg), Rechtssicherheit durch Rechtswissenschaft (2014) 171.

Kühn Zdeněk, Centralized Judicial Review and the Problem of its „Over-Centralization", in Bobek et al (Hg), Transition 2.0: Re-establishing Constitutional Democracy in EU Member States (2023) 277.

Kumm Mattias et al, Editorial: The End of „the West" and the Future of Global Constitutionalism, Global Constitutionalism 6 (2017), 1.

Kurt Gülsah, Turkey under the State of Emergency: Towards a New Regime and a New Legal Order?, in Müller (Hg), Krise der liberalen Demokratie? (2019) 209.

Kurtul Aytekin Kaan, *Lèse-majestè* and Journalism in Turkey and Europe, in Grøndahl Larsen/Fadnes/Krøvel (Hg), Journalist Safety and Self-Censorship (2020) 65.

Lachmayer Konrad, Disempowering Courts. The Interrelationship of Courts and Politics in Contemporary Legal Orders or the Manifold Ways of Attacking Judicial Independence, in Belov (Hg), Courts, Politics and Constitutional Law (2020) 31.

Lachmayer Konrad, Verfassungsrechtliche Dimensionen der Vielfachkrise, juridikum 2021, 367.

Lachmayer Konrad, Künstliche Intelligenz, Pluralität und Demokratie, in Janisch et al (Hg), Am Glasfaserpuls – FS Dietmar Jahnel (2025) 443.

Landau David, Abusive Constitutionalism, UC Davis Law Review 47 (2013), 189.

Landau David, Democratic Erosion and Constitution-Making Moments: The Role of International Law, UC Irvine Journal of International, Transnational and Comparative Law 2017, 87.

Landau David, Constitution-Making and Authoritarianism in Venezuela, in Graber/Levinson/Tushnet (Hg), Constitutional Democracy in Crisis? (2018) 161.

Landau David, Populist Constitutions, University of Chicago Law Review 85 (2018).

Landau David, Presidential Term Limits in Latin America: A Critical Analysis of the Migration of the Unconstitutional Constitutional Amendment Doctrine, The Law & Ethics of Human Rights 12 (2018), 225.

Landau David/Dixon Rosalind, Constraining Constitutional Change, Wake Forest Law Review 50 (2015), 859.

Landau David/Dixon Rosalind, Tiered Constitutional Design, George Washington Law Review 86 (2018), 438.

Landau David/Dixon Rosalind, Abusive Judicial Review: Courts Against Democracy, UC Davis Law Review 53 (2020), 1313.

Landau David/Dixon Rosalind, Designing and Protecting Presidential Term Limits, in Gardner (Hg), Comparative Election Law (2022) 344.

Landau David/Roznai Yaniv/Dixon Rosalind, Term Limits and the Unconstitutional Constitutional Amendment Doctrine, in Baturo/Elgie (Hg), The Politics of Presidential Term Limits (2019) 53.

Lang Anthony F./Wiener Antje (Hg), Handbook on Global Constitutionalism[2] (2023).

Lange Ulrich, Teilung und Trennung der Gewalten bei Montesquieu, Der Staat 19 (1980), 213.

Lassalle Ferdinand, Arbeiterprogramm, Rede über den besonderen Zusammenhang der gegenwärtigen Geschichtsperiode mit der Idee des Arbeiterstandes, gehalten am 12. April 1862, in Jenaczek (Hg), Ferdinand Lassalle: Reden und Schriften (1970) 22.

Law David S./Versteeg Mila, Sham Constitutions, California Law Review 101 (2013), 863.

Lawrence Jessica C., The EU in Crisis: Crisis Discourse as a Technique of Government, in Bulterman/van Genugten (Hg), Netherlands Yearbook of International Law 2013 (2014) 187.

Layh Susanna, Finstere neue Welten (2014).

Le Guin Ursula K., The Dispossessed (1974).

Leloup Mathieu/Kochenov Dimitry Vladimirovich/Dimitrovs Aleksejs, Non-Regression: Opening the Door to Solving the „Copenhagen Dilemma“? All the Eyes on Case C-896/19 Repubblika v Il-Prim Ministru, RECONNECT Working Paper No. 15 (2021), 1.

Levinson Sanford/Balkin Jack M., Constitutional Crises, University of Pennsylvania Law Review 157 (2009), 707.

Levitsky Steven/Ziblatt Daniel, How Democracies Die (2018).

Lienbacher Georg, Autokratieresistenz der österreichischen Bundesverfassung, ZöR 75 (2020), 67.

Lijphart Arend, Electoral Systems and Party Systems (1994).

Lijphart Arend, Patterns of Democracy (1999).

Lincoln Abraham, The Gettysburg Address, in (ohne Hg) Famous Speeches of Abraham Lincoln (1935) 147.

Linz Juan J., The Perils of Presidentialism, Journal of Democracy 1 (1990), 51.

Locke John, Two Treatises of Government (1690).

Loewenstein Karl, Militant Democracy and Fundamental Rights, I, The American Political Science Review 31 (1937), 417.

Loewenstein Karl, Militant Democracy and Fundamental Rights, II, The American Political Science Review 31 (1937), 638.

Loewenstein Karl, Verfassungslehre[3] (1975).

Loughlin Martin, The Contemporary Crisis of Constitutional Democracy, Oxford Journal of Legal Studies 39 (2019), 435.

Loughlin Martin, Constitutional Interpretation: What Can Europeans Learn from US Debates?, in Gárdos-Orosz/Szente (Hg), Populist Challenges to Constitutional Interpretation in Europe and Beyond (2021) 274.

Loughlin Martin, Against Constitutionalism (2022).

Loughlin Martin, The Rule of Law: A Slogan in Search of a Concept, Hague Journal on the Rule of Law 16 (2024), 509.

Von Lucke Jörn, Wohin führt uns eigentlich das Internet der Dinge?, in Schweighofer/Kummer/Saarenpää (Hg), Internet of Things: IRIS 2019 (2019) 19.

Lueger Priska, Recht auf Umweltschutz und Recht der Umwelt auf Schutz, juridikum 2020, 260.

Luf Gerhard, Anmerkungen zum Verhältnis von Menschenrechten und Demokratie, in Ennöckl et al (Hg), FS Bernhard Raschauer (2013) 369.

Lührmann Anna/Rooney Bryan, Autocratization by Decree: States of Emergency and Democratic Decline, Comparative Politics 53 (2021), 617.

Lurie Guy, Introduction: Emergency, Exception and Normalcy, in Albert/Roznai (Hg), Constitutionalism Under Extreme Conditions (2020) 17.

Lutz-Bachmann Matthias/Bohman James (Hg), Weltstaat oder Staatenwelt? Für und wider die Idee einer Weltrepublik (2002).

Mader Amadeus M., Die Utopie einer digitalen Richterschaft, juridikum 2020, 180.

Mader Oliver, Rechtsstaatlichkeit und Haushalt: Der Stand des Werteschutzes in der EU nach dem Streit über die Rechtsstaatsverordnung, EuZW 2021, 133.

Madison James, Nr. 47, in Zehnpfennig (Hg), Die Federalist Papers (2007) 301.

Maeda Ko, Two Modes of Democratic Breakdown: A Competing Risks Analysis of Democratic Durability, The Journal of Politics 72 (2010), 1129.

Maier Hans, Überlegungen zu einer Geschichte der Menschenrechte, in Badura (Hg), Wege und Verfahren des Verfassungslebens – FS Peter Lerche (1993) 43.

Marcic René, Die Sache und der Name des Rechtsstaates, in Imboden (Hg), Gedanke und Gestalt des demokratischen Rechtsstaates (1965) 54.

Mariniello Triestino, Prolonged Emergency and Derogation of Human Rights: Why the European Court Should Raise Its Immunity System, German Law Journal 20 (2019), 46.

Markel Ernst, Einige Gedanken zur Stellung des Richters, in Matscher/Pernthaler/Raffeiner (Hg), Ein Leben für Recht und Gerechtigkeit – FS Hans R. Klecatsky (2010) 419.

Mayer Heinz, Das Fehlerkenntnis eines Höchstgerichts – ein „Nichtakt"?, in Jabloner et al (Hg), GS Robert Walter (2013) 473.

Mayer Heinz/Kucsko-Stadlmayer Gabriele/Stöger Karl, Grundriss des österreichischen Bundesverfassungsrechts[11] (2015).

McGonagle Tarlach, Freedom of Expression and Defamation (2016).

Meier Horst, Politische Einheit im Dissens (2022).

Melton James/Ginsburg Tom, Does De Jure Judicial Independence Really Matter?, Journal of Law and Courts 2 (2014), 187.

Merkel Wolfgang, Die Herausforderungen der Demokratie, in ders (Hg), Demokratie und Krise (2014) 7.

Merkel Wolfgang, Ist die Krise der Demokratie eine Erfindung?, in Müller (Hg), Krise der liberalen Demokratie? (2019) 21.

Merkl Adolf Julius, Idee und Gestalt des Rechtsstaates, in ders et al (Hg), FS Hans Kelsen (1971) 126.

Merkl Adolf Julius, Das doppelte Rechtsantlitz, in Mayer-Maly/Schambeck/Grussmann (Hg), Adolf Julius Merkl – Gesammelte Schriften, Bd I/1: Grundlagen des Rechts (1993) 227.

Merkl Adolf Julius, Die Lehre von der Rechtskraft, in Mayer-Maly/Schambeck/Grussmann (Hg), Adolf Julius Merkl – Gesammelte Schriften, Bd I/1: Grundlagen des Rechts (1993) 365.

Merli Franz, Langsame Demokratie, in Jabloner et al (Hg), GS Robert Walter (2013) 487.

Merli Franz, Illiberal Direct Democracy, ICL Journal 14 (2020), 199.

Merten Detlef, Rechtsstaat und Gewaltmonopol (1975).

Merten Detlef, Rule of Law am Scheideweg von der nationalen zur internationalen Ebene, ZöR 58 (2003), 1.

Merten Detlef, Der Begriff der Grundrechte in seiner geschichtlichen Entwicklung bis zur Frankfurter Reichsverfassung, in Akyürek et al (Hg), Staat und Recht in europäischer Perspektive – FS Heinz Schäffer (2006) 485.

Mészáros Gábor, Exceptional Governmental Measures without Constitutional Restraints, Hungarian Helsinki Committee 2023 <helsinki.hu/en/wp-content/uploads/sites/2/2023/01/Meszaros_special_legal_order_02112022.pdf> (10.06.2025).

Michels Robert, Zur Soziologie des Parteiwesens in der modernen Demokratie[2] (1925).

Mickonytė Aistė, Rechtsstaatlichkeit auf dem Prüfstand: Aktuelle Entwicklungen in der Judikatur des EuGH und EGMR, in Sild (Hg), Potentiale und Grenzen europäischer Integration (2022) 275.

Mikos Lothar, Film- und Fernsehanalyse[3] (2015).

Mizock Adam, The Legality of the Fifty-Two Year State of Emergency in Israel, UC Davis Journal of International Law and Policy 7 (2001), 223.

Möllers Christoph, Gewaltengliederung (2005).

Montesquieu Charles Louis de Secondat, De l'Esprit des Lois (1748).

Morel Laurence, Referendum, in Rosenfeld/Sajó (Hg), The Oxford Handbook of Comparative Constitutional Law (2012) 501.

Morel Laurence, The Democratic Criticism of Referendums, in dies/Qvortrup (Hg), The Routledge Handbook to Referendums and Direct Democracy (2018) 149.

Morus Thomas, Utopia (1516).

Müller Jan-Werner, Militant Democracy, in Rosenfeld/Sajó (Hg), The Oxford Handbook of Comparative Constitutional Law (2012) 1253.

Müller Jan-Werner, Protecting Popular Self-Government from the People? New Normative Perspectives on Militant Democracy, Annual Review of Political Science 19 (2016), 249.

Müller Jan-Werner, Was ist Populismus? (2016).

Müller Jan-Werner, Freiheit, Gleichheit, Ungewissheit: Wie schafft man Demokratie? (2021).

Müller-Mall Sabine, Spuren des Juridischen in Serie(n), in Besand (Hg), Von Game of Thrones bis House of Cards (2018) 99.

Nägele Carl Alexander, Non-Governmental Organizations as Foreign Agents – Foreign Funding of NGOs in Domestic and International Law (2024).

Navot Suzie, Emergency as a State of Mind – The Case of Israel, in Auriel/Beaud/Wellman (Hg), The Rule of Crisis (2018) 185.

Navot Suzie/Lurie Guy, „When in doubt, detain!“: Administrative Detentions and Emergency as a Permanent State of Mind in Israel, VerfBlog 10.05.2022 <verfassungsblog.de/os7-detain/> (16.05.2025).

Newton Kenneth/Merz Nicolas, Regieren die Medien?, in Merkel (Hg), Demokratie und Krise (2014) 439.

Ní Aoláin Fionnuala/Gross Oren, Law in Times of Crisis: Emergency Powers in Theory and Practice (2006).

Nord Marina et al, Democracy Report 2024: Democracy Winning and Losing at the Ballot, V-Dem Institute 2024 <v-dem.net/documents/43/v-dem_dr2024_lowres.pdf> (23.05.2025).

Norris Pippa, Choosing Electoral Systems: Proportional, Majoritarian and Mixed Systems, International Political Science Review 18 (1997), 297.

Von Notz Anna, How to Abolish Democracy: Electoral System, Party Regulation and Opposition Rights in Hungary and Poland, VerfBlog 10.12.2018 <verfassungsblog.de/how-to-abolish-democracy-electoral-system-party-regulation-and-opposition-rights-in-hungary-and-poland/> (01.03.2025).

Nowak Manfred, Politische Grundrechte (1988).

Ó Fathaigh Rónán, Article 10 and the Chilling Effect (2019).

Öhlinger Theo, Der Rechtsstaat, in Schmid et al (Hg), Auf dem Weg zum hypermodernen Rechtsstaat? (2011) 1.

Öhlinger Theo/Eberhard Harald, Verfassungsrecht[13] (2022).

Orwell George, Animal Farm (1945).

Orwell George, Nineteen Eighty-Four (1949).

Oster Jan, Media Freedom as a Fundamental Right (2015).

Pabel Katharina, Der grundrechtliche Schutz des Whistle-blowing, in Feik/Winkler (Hg), FS Walter Berka (2013) 161.

Palmstorfer Nina, Die öffentliche Aufgabe der Massenmedien: Demokratiepolitische Aspekte, in Berka/Grabenwarter/Holoubek (Hg), Qualitätssicherung im Rundfunk und in den Online-Medien (2015) 41.

Pap András László/Śledzińska-Simon Anna, The Rise of Illiberal Democracy and the Remedies of Multi-Level Constitutionalism, Hungarian Journal of Legal Studies 60 (2019), 65.

Papier Hans-Jürgen, Gewaltentrennung im Rechtsstaat, in Merten (Hg), Gewaltentrennung im Rechtsstaat (1989) 95.

Partlett William, Russia's 2020 Constitutional Amendments: A Comparative Analysis, Cambridge Yearbook of European Legal Studies 23 (2021), 311.

Passarelli Gianluca, Electoral Sytems in Context: Italy, in Herron/Pekkanen/Shugart (Hg), The Oxford Handbook of Electoral Systems (2018) 851.

Payandeh Mehrdad, Die Organisation politischer Willensbildung: Parlamente, VVDStRL 81 (2022), 171.

Pech Laurent/Scheppele Kim Lane, Illiberalism Within: Rule of Law Backsliding in the EU, Cambridge Yearbook of European Legal Studies 19 (2017), 3.

Pell Stephanie K./Soghoian Christopher, Can You See Me Now? Toward Reasonable Standards for Law Enforcement Access to Location Data That Congress Could Enact, Berkeley Technology Law Journal 27 (2012), 117.

Percival Robert, The Climate Crisis and Constitutional Democracies, in Graber/Levinson/Tushnet (Hg), Constitutional Democracy in Crisis? (2018) 607.

Pernthaler Peter, Allgemeine Staatslehre und Verfassungslehre[2] (1996).

Pernthaler Peter, Sind Demokratie und Rechtsstaat wirklich „an der Wurzel eins"?, in Funk (Hg), Der Rechtsstaat vor neuen Herausforderungen – FS Ludwig Adamovich (2002) 631.

Pernthaler Peter, Wesensmerkmale des Verfassungsstaates („Konstitutionalismus"), in Morsak (Hg), FS Kurt Ebert (2002) 221.

Pernthaler Peter, Sein und Sollen in den Menschenrechten, in Feik/Winkler (Hg), FS Walter Berka (2013) 179.

Peterlini Oskar, Italien – Aufbruch zur Mehrheitsdemokratie? Verfassungsreformen, Wahlgesetze und Verfassungsgerichtsurteile, Zeitschrift für Parlamentsfragen 48 (2017), 838.

Peters Anne, Global Constitutionalism, in Gibbons (Hg), The Encyclopedia of Political Thought (2014) 1484.

Petersen Niels, Verantwortung der Staatsrechtslehre im Spannungsfeld von Recht und Politik, VVDStRL 84 (2025), 443.

Petrov Jan, Countering Democratic Decay Judicially: Is Resistance Futile?, ICL Journal 18 (2024), 595.

Peukert Alexander, Zu Risiken und Nebenwirkungen des Gesetzes über digitale Dienste (Digital Services Act), KritV 105 (2022), 57.

Peukert Alexander, Desinformationsregulierung in der EU – Überblick und offene Fragen, JuristenZeitung 78 (2023), 278.

Pfeffer Janosch/Sahl Jan Christian, Bürgerräte und die parlamentarische Demokratie, ZRP 2021, 153.

Pfersmann Otto, Unconstitutional Constitutional Amendments: A Normativist Approach, ZöR 67 (2012), 81.

Pfersmann Otto, Der Zwischenzustand in Frankreich oder die Banalisierung des verfassungsrechtlichen Zustandspluralismus, in Müller (Hg), Krise der liberalen Demokratie? (2019) 191.

Piska Christian/Winkler Benedikt, Klimaschutzjudikatur des EGMR – Rechtsfortbildung am Limit, ecolex 2024, 1066.

Platon, Der Staat.

Platon Sébastien, From One State of Emergency to Another: Emergency Powers in France, VerfBlog 09.04.2020 <https://verfassungsblog.de/from-one-state-of-emergency-to-another-emergency-powers-in-france/> (26.03.2025).

Poier Klaus, Politische Parteien, Wahlrecht und Demokratie: Innerparteiliche Demokratie und Bedeutungsverlust der politischen Parteien, in ÖJK/Müller (Hg), Demokratie – Zustand und Perspektiven – GS Rudolf Machacek (2015) 104.

Pöschl Magdalena, Stellschrauben des demokratischen Rechtsstaates, juridikum 2022, 347.

Posner Eric A./Vermeule Adrian, Accommodating Emergencies, Stanford Law Review 56 (2003), 605.

Posner Eric A./Vermeule Adrian, The Executive Unbound (2011).

Posner Richard A., The Rise and Fall of Judicial Self-Restraint, California Law Review 100 (2012), 519.

Possard Marlon/Kollegger Martina, Das Phänomen der Reichsbürgerinnen und Reichsbürger: Zwischen rechtsphilosophischen und soziologischen Erklärungsansätzen und technischen Möglichkeiten der Risikominimierung, SIAK-Journal 21 (2024), 47.

Přibáň Jiří, The Liberation of Illiberal Democracy: On Limits of Democratization after the Authoritarian Backlash, in Bobek et al (Hg), Transition 2.0: Re-establishing Constitutional Democracy in EU Member States (2023) 33.

Prisching Manfred, Die Unabhängigkeit der Medien in der Spätmoderne, in Berka/Grabenwarter/Holoubek (Hg), Unabhängigkeit der Medien (2011) 1.

Radbruch Gustav, Vorschule der Rechtsphilosophie[2] (1959).

Radziewicz Piotr, Judicial Change to the Law-in-Action of Constitutional Review of Statutes in Poland, Utrecht Law Review 18 (2022), 29.

Ramraj Victor V./Guruswamy Menaka, Emergency Powers, in Tushnet/Fleiner/Saunders (Hg), Routledge Handbook of Constitutional Law (2013) 85.

Ranacher Christian, Wie krisenfest ist unsere Verfassung?, in ÖJT (Hg), Wie krisenfest ist unsere Verfassung? Diskussionsveranstaltung vom 15. September 2021 (2022) 41.

Ranchordás Sofia, Sunset Clauses and Experimental Regulations: Blessing or Curse for Legal Certainty?, Statute Law Review 36 (2015), 28.

Reindl-Krauskopf Susanne/Schulev-Steindl Eva, Reaktionsfähigkeit des österreichischen Rechts im Krisenfall, in Müller (Hg), Krise der liberalen Demokratie? (2019) 229.

Reindl-Krauskopf Susanne et al, Resilienz des Rechts in Krisenzeiten 2016 <bmi.gv.at/Downloads/files/RESILENZ_DES_RECHTS_IN_KRISENZEITEN.pdf> (22.04.2025).

Reiter-Zatloukal Ilse, Widerstandsrecht oder ziviler Ungehorsam?, juridikum 2012, 292.

Richards Neil M., The Dangers of Surveillance, Harvard Law Review 126 (2013), 1934.

Risse Mathias, Artificial Intelligence and the Past, Present, and Future of Democracy, in Voeneky et al (Hg), The Cambridge Handbook of Responsible Artificial Intelligence: Interdisciplinary Perspectives (2022) 85.

Robertson David, The Counter-Majoritarian Thesis, in Jacobsohn/Schor (Hg), Comparative Constitutional Theory (2018) 189.

Rohac Dalibor, Transitions, Populism, and Democratic Decline: Evidence From Hungary and the Czech Republic, European Politics and Society 24 (2023), 169.

Rost Detlef H., Handbuch Intelligenz (2013).

Rousseau Jean-Jacques, Du contrat social ou Principes du droit politique (1762).

Roznai Yaniv, Unconstitutional Constitutional Amendments – The Migration and Success of a Constitutional Idea, American Journal of Comparative Law 61 (2013), 657.

Roznai Yaniv, Towards a Theory of Unamendability, NYU School of Law, Public Law & Legal Theory Research Paper Series No. 15-12 (2015), 1.

Roznai Yaniv, Rigid (Entrenched) / Flexible Constitutions, in Grote/Lachenmann/ Wolfrum (Hg), Max Planck Encyclopedia of Comparative Constitutional Law (2018).

Roznai Yaniv, The Rule of Law in 2030, in Bezemek (Hg), Constitutionalism 2030 (2022) 31.

Roznai Yaniv/Albert Richard, Introduction: Modern Pressures on Constitutionalism, in Albert/Roznai (Hg), Constitutionalism Under Extreme Conditions (2020) 1.

Rundel Paulina, Klimakrise vor Gericht: (In-)Flexibilität des EGMR bei Klimaklagen, NR 2024, 256.

Saage Richard, Politische Utopie, in Nohlen/Schultze (Hg), Lexikon der Politik (1995) 478.

Saage Richard, Politische Utopien, in Holtmann (Hg), Politik-Lexikon[3] (2000) 542.

Saage Richard, Utopisches Denken im historischen Prozess (2006).

Sadurski Wojciech, Constitutional Crisis in Poland, in Graber/Levinson/Tushnet (Hg), Constitutional Democracy in Crisis? (2018) 257.

Sadurski Wojciech, How Democracy Dies (in Poland): A Case Study of Anti-Constitutional Populist Backsliding, Sydney Law School Research Paper No. 18/01 17.01.2018 <ssrn.com/abstract=3103491> (12.06.2025).

Sadurski Wojciech, Polish Constitutional Tribunal Under PiS: From an Activist Court, to a Paralysed Tribunal, to a Governmental Enabler, Hague Journal on the Rule of Law 11 (2019), 63.

Sajó András, Ruling by Cheating: Governance in Illiberal Democracy (2021).

Sajó András, Militant Rule of Law, VerfBlog 20.12.2023 <verfassungsblog.de /militant-rule-of-law/> (12.03.2025).

Sajó András, Militant Rule of Law and Not-so-Bad Law, Hague Journal on the Rule of Law 16 (2024), 525.

Salzberger Eli M., Counter-Terrorism Law and the Rule of Law Under Extreme Conditions: Theoretical Insights and Israeli Law and Jurisprudence, in Müller (Hg), Krise der liberalen Demokratie? (2019) 163.

Sánchez Urribarri Raúl, Courts between Democracy and Hybrid Authoritarianism: Evidence from the Venezuelan Supreme Court, Law & Social Inquiry 36 (2011), 854.

Sánchez Urribarri Raúl, Populism, Constitutional Democracy, and High Courts – Lessons from the Venezuelan Case, in Krygier/Czarnota/Sadurski (Hg), Anti-Constitutional Populism (2022) 185.

Sands Peter, Utopias and Dystopias, in Wolf (Hg), The Routledge Companion to Imaginary Worlds (2018) 177.

Sanjaume-Calvet Marc, Democracy and Secessionsim: Constitutional Firewalls and an Emerging Acommodational Paradigm, in Gardner (Hg), Comparative Election Law (2022) 115.

Šarčević Edin, Der Rechtsstaat (1996).

Saunders Cheryl, Theoretical Underpinnings of Separation of Powers, in Jacobsohn/Schor (Hg), Comparative Constitutional Theory (2018) 66.

Schaefer Jan Philipp, Resilienz der Verfassung, AöR 146 (2021), 401.

Schäffer Heinz, Das Volk als Grund der Verfassung: Gedanken zum *pouvoir constituant*, in Thaler/Thaler-Stolzlechner (Hg), Verfassungsrevision (2008) 53.

Schalk Dietrun, Souveränität und Staatlichkeit in Zeiten der Klimakrise, juridikum 2020, 170.

Schambeck Herbert, Vom Sinnwandel des Rechtsstaates (1970).

Schambeck Herbert, Zur Idee und den heutigen Formen der Gewaltenteilung im Staat, in Hengstschläger (Hg), Der Staat und seine Ordnung (2002) 141.

Schambeck Herbert, Betrachtungen über die wehrhafte Demokratie – ein Beitrag zum Verständnis der Parteienstaatlichkeit, in Janko et al (Hg), Beiträge zum Verfassungs- und Europarecht (2014) 117.

Schambeck Herbert, Die Grundrechte im demokratischen Verfassungsstaat, in Janko et al (Hg), Beiträge zum Verfassungs- und Europarecht (2014) 277.

Schambeck Herbert, Entwicklungstendenzen des demokratischen Verfassungsstaates zwischen Recht und Politik, in Janko et al (Hg), Beiträge zum Verfassungs- und Europarecht (2014) 247.

Schambeck Herbert, Grundwerte und Grundprinzipien europäischer Verfassungen, in Janko et al (Hg), Beiträge zum Verfassungs- und Europarecht (2014) 391.

Schambeck Herbert, Verfassung, Politik und Demokratie, in Janko et al (Hg), Beiträge zum Verfassungs- und Europarecht (2014) 5.

Schedler Andreas, Authoritarianism's Last Line of Defense, Journal of Democracy 21 (2009), 69.

Scheppele Kim Lane, Aspirational and Aversive Constitutionalism: The Case for Studying Cross-Constitutional Influence Through Negative Models, ICON 1 (2003), 296.

Scheppele Kim Lane, Hungary, An Election in Question, Part 3, Paul Krugman New York Times Blog 28.02.2014 <archive.nytimes.com/krugman.blogs.nytimes.com/2014/02/28/hungary-an-election-in-question-part-3/> (01.03.2025).

Scheppele Kim Lane, Autocratic Legalism, University of Chicago Law Review 85 (2018), 545.

Scheppele Kim Lane, The Party's Over, in Graber/Levinson/Tushnet (Hg), Constitutional Democracy in Crisis? (2018) 495.

Scheppele Kim Lane, Autocracy under Cover of the Transnational Legal Order, in Shaffer/Ginsburg/Halliday (Hg), Constitution-Making and Transnational Legal Order (2019) 188.

Scheppele Kim Lane, Escaping Orbán's Constitutional Prison: How European Law Can Free a New Hungarian Parliament, VerfBlog 21.12.2021 <verfassungsblog.de/escaping-orbans-constitutional-prison/> (10.03.2025).

Scheppele Kim Lane, How Viktor Orbán Wins, Journal of Democracy 33 (2022), 45.

Scheppele Kim Lane, Asymmetric Rupture: Stabilizing Democratic Transitions 2.0 with Transnational Law, in Bobek et al (Hg), Transition 2.0: Re-establishing Constitutional Democracy in EU Member States (2023) 249.

Scheppele Kim Lane, Blinded by Legality: The Venice Commission's Change of Heart on Restoring the Rule of Law in Poland, VerfBlog 23.12.2024 <verfassungsblog.de/blinded-by-legality/> (07.03.2025).

Scheppele Kim Lane, Restoring Democracy through International Law, American University International Law Review 39 (2024), 587.

Scheppele Kim Lane/Kochenov Dimitry Vladimirovich/Grabowska-Moroz Barbara, EU Values Are Law, after All: Enforcing EU Values through Systemic Infringement Actions by the European Commission and the Member States of the European Union, Yearbook of European Law 39 (2021), 3.

Scheppele Kim Lane/Mészáros Gábor/Bárd Petra, In Hungary, the Law Changes Every Day but It Doesn't Get Better, VerfBlog 28.11.2022 <verfassungsblog.de/in-hungary-the-law-changes-every-day-but-it-doesnt-get-better/> (10.06. 2025).

Schliesky Utz, Die wehrhafte Demokratie des Grundgesetzes, in Isensee/Kirchhof (Hg), Handbuch des Staatsrechts der Bundesrepublik Deutschland, Bd XII: Normativität und Schutz der Verfassung[3] (2014) 847.

Schmidt Manfred G., Radikale Theorie der Volkssouveränität: Jean-Jacques Rousseau, in ders (Hg), Demokratietheorien (2019) 67.

Schmidt-Aßmann Eberhard, Der Rechtsstaat, in Isensee/Kirchhof (Hg), Handbuch des Staatsrechts der Bundesrepublik Deutschland, Bd II: Verfassungsstaat[3] (2004) 541.

Schmitt Carl, Verfassungslehre (1928).

Schneeberger David, Machine Learning in der Verwaltung (2024).

Scholtes Julian, Constitutionalising the End of History? Pitfalls of a Non-Regression Principle for Article 2 TEU, European Constitutional Law Review 19 (2023), 59.

Seiler Hansjörg, Gewaltenteilung (1994).

Selçuk Orçun, Strong Presidents and Weak Institutions: Populism in Turkey, Venezuela and Ecuador, Southeast European and Black Sea Studies 16 (2016), 571.

Sieyès Emmanuel Joseph, Was ist der Dritte Stand? (1789), in Schmitt/Reichhardt (Hg), Politische Schriften 1788-1790[2] (1981) 117.

Sitaraman Ganesh, Economic Inequality and Constitutional Democracy, in Graber/Levinson/Tushnet (Hg), Constitutional Democracy in Crisis? (2018) 533.

Śledzińska-Simon Anna, The Rise and Fall of Judicial Self-Government in Poland: On Judicial Reform Reversing Democratic Transition, German Law Journal 19 (2018), 1839.

Smilov Daniel, The Judiciary: The Least Dangerous Branch, in Rosenfeld/Sajó (Hg), The Oxford Handbook of Comparative Constitutional Law (2012) 859.

Smith Graham/Setälä Maija, Mini-Publics and Deliberative Democracy, in Bächtiger et al (Hg), The Oxford Handbook of Deliberative Democracy (2018) 299.

Sólyom László, The Rise and Decline of Constitutional Culture in Hungary, in von Bogdandy/Sonnevend (Hg), Constitutional Crisis in the European Constitutional Area (2015) 14.

Sonntag Niklas/Happacher Esther, Zur Frage der Wahlpflicht in Österreich und Italien, in Gamper (Hg), Entwicklungen des Wahlrechts am europäischen Fallbeispiel (2010) 195.

Starn Randolph, Historische Aspekte des Krisenbegriffs, in Jänicke (Hg), Politische Systemkrisen (1973) 52.

Stefanini Marthe Fatin-Rouge, Referendums, Minorities and Individual Freedoms, in Morel/Qvortrup (Hg), The Routledge Handbook to Referendums and Direct Democracy (2018) 371.

Steg Joris, Was heißt eigentlich Krise, Soziologie 2020, 423.

Steiger Heinhard, Brauchen wir eine Weltrepublik?, Der Staat 42 (2003), 249.

Stenner Karen/Haidt Jonathan, Authoritarianism Is Not a Momentary Madness, but an Eternal Dynamic Within Liberal Democracies, in Sunstein (Hg), Can It Happen Here? Authoritarianism in America (2018) 175.

Stern Klaus, Das Staatsrecht der Republik Deutschland, Bd II: Staatsorgane, Staatsfunktionen, Finanz- und Haushaltsverfassung, Notstandsverfassung (1980).

Stern Klaus, Das Staatsrecht der Bundesrepublik Deutschlands, Bd I: Grundbegriffe und Grundlagen des Staatsrechts, Strukturprinzipien der Verfassung[2] (1984).

Stern Klaus, Grundideen europäisch-amerikanischer Verfassungsstaatlichkeit (1984).

Stern Klaus, Die Idee der Menschen- und Grundrechte, in Merten/Papier (Hg), Handbuch der Grundrechte in Deutschland und Europa, Bd I: Entwicklung und Grundlagen (2004) 3.

Stern Klaus, Idee der Menschenrechte und Positivität der Grundrechte, in Isensee/Kirchhof (Hg), Handbuch des Staatsrechts der Bundesrepublik Deutschland, Bd IX: Allgemeine Grundrechtslehren[3] (2011) 3.

Stone Adrienne, Unconstitutional Constitutional Amendments: Between Contradiction and Necessity, ICL Journal 12 (2018), 357.

Stone Christopher D., Should Trees Have Standing? Towards Legal Rights for Natural Objects, Southern California Law Review 45 (1972), 450.

Stone Sweet Alec, Constitutional Courts, in Rosenfeld/Sajó (Hg), The Oxford Handbook of Comparative Constitutional Law (2012) 816.

Suteu Silvia, Friends or Foes: Is Unamendability the Answer to Democratic Backsliding?, Hague Journal on the Rule of Law 16 (2024), 315.

Szente Zoltán, The Myth of Populist Constitutionalism in Hungary and Poland: Populist or Authoritarian Constitutionalism?, ICON 2023, 1.

Szwed Marcin, Fixing the Problem of Unlawfully Appointed Judges in Poland in the Light of the ECHR, Hague Journal on the Rule of Law 15 (2023), 353.

Szwed Marcin, Rebuilding the Rule of Law: Three Guiding Principles, VerfBlog 29.04.2024 <verfassungsblog.de/rebuilding-the-rule-of-law/> (07.03.2025).

Szwed Marcin, One Year After Wałęsa v. Poland: Challenges in Implementing ECtHR Rule of Law Judgments, VerfBlog 20.12.2024 <verfassungsblog.de/one-year-after-walesa-v-poland/> (26.05.2025).

Tamanaha Brian Z., On the Rule of Law (2004).

Teršek Andraž, Political Alternatives for Constitutional Democracy: Between Utopia, Pandemic and Dystopia, Open Political Science 4 (2021), 45.

Thaler Michael, Strukturtheoretische Überlegungen zu den Grenzen einer Totalrevision der Bundesverfassung, ZöR 78 (2023), 539.

Thiel Thorsten, Die Schönheit der Chance: Utopien und das Internet, juridikum 2014, 459.

Tierney Stephen, Democratic Credentials and Deficits of Referendums, in Morel/Qvortrup (Hg), The Routledge Handbook to Referendums and Direct Democracy (2018) 192.

Tierney Stephen, Federalism and Constitutional Theory, in Jacobsohn/Schor (Hg), Comparative Constitutional Theory (2018) 45.

Tocqueville Alexis de, Über die Demokratie in Amerika: Erster Teil (1835).

Tóka Gábor, Constitutional Principles and Electoral Democracy in Hungary, in Bos/Pócza (Hg), Verfassunggebung in konsolidierten Demokratien (2014) 311.

Tóth Gábor Attila, Legal Preconditions for Majoritarian Democracy: The Case of Hungary, ZfP 68 (2021), 307.

Townend Judith, Freedom of Expression and the Chilling Effect, in Tumber/Waisbord (Hg), The Routledge Companion to Media and Human Rights (2017) 73.

Turkut Emre, On 9/11 and Three Natures of a Permanent State of Emergency, VerfBlog 09.05.2022 <verfassungsblog.de/os7-three-natures/> (26.03.2025).

Tushnet Mark V., Constitutional Hardball, The John Marshall Law Review 37 (2004), 523.

Tushnet Mark V., The Relation Between Political Constitutionalism and Weak-Form Judicial Review, German Law Journal 14 (2013), 2249.

Tushnet Mark V., Authoritarian Constitutionalism, Cornell Law Review 100 (2015), 391.

Tushnet Mark V., Institutions Protecting Democracy: A Preliminary Inquiry, Law & Ethics of Human Rights 12 (2018), 181.

Tushnet Mark V., The New Fourth Branch (2021).

Uitz Renáta, Can You Tell When an Illiberal Democracy Is in the Making? An Appeal to Comparative Constitutional Scholarship from Hungary, ICON 13 (2015), 279.

Uitz Renáta, Academic Freedom in an Illiberal Democracy: From Rule of Law through Rule by Law to Rule by Men in Hungary, Verfblog 13.10.2017. <verfassungsblog.de/academic-freedom-in-an-illiberal-democracy-from-rule-of-law-through-rule-by-law-to-rule-by-men-in-hungary/> (30.05.2025).

Ulrich Martin, Der Schutz der Gerichtsbarkeit, RZ 2017, 141.

Ungericht Bernhard, Die große Transformation, pm 2024, 108.

Van der Meer Tom/Rijpkema Bastiaan, Militant Democracy and the *Minority to Majority Effect*: On the Importance of Electoral System Design, European Constitutional Law Review 18 (2022), 511.

Van Reybrouck David, Gegen Wahlen (2016).

Varol Ozan O., Stealth Authoritarianism, Iowa Law Review 100 (2015), 1673.

Varol Ozan O., Stealth Authoritarianism in Turkey, in Graber/Levinson/Tushnet (Hg), Constitutional Democracy in Crisis? (2018) 339.

Varol Ozan O./Dalla Pellegrina Lucia/Garoupa Nuno, An Empirical Analysis of Judicial Transformation in Turkey, The American Journal of Comparative Law 65 (2017), 187.

Vašek Markus, Die Gesetzesprüfungskompetenz des VfGH und ihr rechtlicher Schutz, JBl 137 (2015), 213.

Vasse'i Ramak Molavi, Erwartungen an den Rechtsstaat in der digitalen Transformation, JRP 28 (2020), 38.

Vauchez Stéphanie Hennette, Taming the Exception? Lessons from the Routinization of States of Emergency in France, ICON 20 (2022), 1793.

Verdroß Alfred, Die Würde des Menschen und ihr völkerrechtlicher Schutz (1975).

Versteeg Mila et al, The Law and Politics of Presidential Term Limit Evasion, Columbia Law Review 120 (2020), 173.

Vieira Fátima, The Concept of Utopia, in Claeys (Hg), The Cambridge Companion to Utopian Literature (2010) 3.

Villarreal Pedro A., Public Health Emergencies and Constitutionalism Before COVID-19: Between the National and the International, in Albert/Roznai (Hg), Constitutionalism Under Extreme Conditions (2020) 217.

Vincze Attila, Die Interpretationsregeln des ungarischen Grundgesetzes: zwischen Konvention, Tradition und Voluntarismus, ZaöRV 80 (2020), 973.

Vogl Mathias, Die Neuorganisation des Verfassungsschutzes in Österreich, JBl 143 (2021), 754.

Voigt Stefan, Direkte Demokratie: Ausprägungen, Wirkungen, Gründe – ein Überblick zum Stand der Forschung, in Benn-Ibler/Lewisch (Hg), Direkte Demokratie (2019) 13.

Voigt Stefan, Mind the Gap: Analyzing the Divergence between Constitutional Text and Constitutional Reality, ICON 19 (2021), 1778.

Volkmann Uwe, Verfassungsänderung und Verfassungswandel, JuristenZeitung 73 (2018), 265.

Voßkuhle Andreas, Gibt es und wozu nutzt eine Lehre vom Verfassungswandel?, Der Staat 43 (2004), 450.

Voßkuhle Andreas, Auf dem Weg zur Online-Demokratie – Bringt Digitalisierung mehr Demokratie?, in Adamovich et al (Hg), FS Gerhart Holzinger (2017) 767.

Voßkuhle Andreas, Demokratie und Populismus, Der Staat 57 (2018), 119.

Wagner Ben et al, Der AMS-Algorithmus, juridikum 2020, 191.

Wagrandl Ulrich, Transnational Militant Democracy, Global Constitutionalism 7 (2018), 143.

Wagrandl Ulrich, Wehrhafte Demokratie in Österreich (2019).

Waldmann Bernhard, Die Verfassung zwischen Stabilität und ständiger Fortentwicklung, ZöR 76 (2021), 1195.

Walsh Frank, The Legal Death of the Latin American Democracy: Bolivarian Populism's Model for Centralizing Power, Eliminating Political Opposition, and Undermining the Rule of Law, Law and Business Review of the Americas 16 (2010), 241.

Walter Robert, Die Ausschaltung des Verfassungsgerichtshofes im Jahre 1933, in Verfassungsgerichtshof der Republik Österreich (Hg), Verfassungstag 1997 (1998) 17.

Waschkuhn Arno, Politische Utopien (2003).

Weber Albrecht, Rechtsstaatsprinzip als gemeineuropäisches Verfassungsprinzip, ZöR 63 (2008), 267.

Weber Teresa, KlimaSeniorinnen: Changing Legal Opportunity Structures in the Face of the Climate Crisis, ALJ 2024, 101.

Wegener Bernhard, Menschenrecht auf Klimaschutz als „lebensrettende Behandlung"?, VerfBlog 18.04.2024 <https://verfassungsblog.de/menschenrecht-auf-klimaschutz-als-lebensrettende-behandlung/> (28.05.2025).

Weill Sharon, Terror in Courts – French Counter-Terrorism: Administrative and Penal Avenues, PSIA, Sciences-Po, Paris Mai 2018 <sciencespo.fr/psia/sites/sciencespo.fr.psia/files/Terror%20in%20Courts_2.pdf> (12.05.2025).

Werni Florian, Vom Nutzen und Nachteil verfassungsrechtlicher „Prinzipien“ für das Religionsrecht, ZöR 76 (2021), 995.

Whittington Keith E., Yet Another Constitutional Crisis?, William & Mary Law Review 43 (2002), 2093.

Wiederin Ewald, *Münchhausen* in der Praxis des Staatsrechts, in Jabloner et al (Hg), GS Robert Walter (2013) 865.

Wiederin Ewald, Das Recht des Staatsnotstands in Österreich, in Grafl/Klob/Reindl-Krauskopf (Hg), Freiheit versus Sicherheit: 5. ALES-Tagung 2016 (2017) 115.

Wiederin Ewald, Welchen Rechtsrahmen braucht die Demokratie?, in Müller (Hg), Krise der liberalen Demokratie? (2019) 61.

Wihl Tim, Der Idealstatus der Menschenrechte, Der Staat 48 (2009), 193.

Wilkinson Michael, The Rise and Fall of World Constitutionalism, VerfBlog 07.10.2021 <verfassungsblog.de/the-rise-and-fall-of-world-constitutionalism/> (03.06.2025).

Yap Po Jen, The Conundrum of Unconstitutional Constitutional Amendments, Global Constitutionalism 4 (2015), 114.

Yorke Christopher C., Utopia, Myth, and Narrative, Philosophical Studies 25 (2007), 285.

Zakaria Fareed, The Rise of Illiberal Democracies, Foreign Affairs 76 (1997), 22.

Zehnpfennig Barbara (Hg), Die Federalist Papers (2007).

Zippelius Reinhold, Demokratie als Ideal und Wirklichkeit, in Fischer/Jakob (Hg), Dimensionen des Rechts – FS René Marcic (1974) 921.

Zippelius Reinhold, Problemfelder der Machtkontrolle, in Merten (Hg), Gewaltentrennung im Rechtsstaat (1989) 27.

Zippelius Reinhold, Die Entstehung des demokratischen Rechtsstaates aus dem Geiste der Aufklärung, JuristenZeitung 54 (1999), 1125.

Zwitter Andrej, The Rule of Law in Times of Crisis: A Legal Theory on the State of Emergency in the Liberal Democracy, ARSP 98 (2012), 95.

Verzeichnis der Fernsehserien

Davies Russel T., Years and Years (2019).

Miller Bruce, The Handmaid’s Tale, Staffel 1 (2017).

1. Einleitung: Krise und Zukunft des westlichen Verfassungsstaates

1.1 Problemstellung

Internationale Indizes zeichnen ein beunruhigendes Bild: Seit Jahren überwiegt die Zahl der Staaten, in denen sich Demokratie und Rechtsstaatlichkeit verschlechtern, gegenüber jenen, in denen eine Verbesserung zu verzeichnen ist.[1] 2024 war zudem das erste Jahr seit über zwei Jahrzehnten, in dem es global betrachtet aus realverfassungsrechtlicher Sicht wieder mehr Autokratien als Demokratien gab.[2] In der Verfassungsrechtswissenschaft spiegelt sich diese Entwicklung unter anderem in Auseinandersetzungen über das Schicksal der liberalen Demokratie[3] bzw darüber wider, ob ein Niedergang „des Westens" bevorstehe.[4] Auch wenn sich die Ursache dieser Entwicklung bislang nicht eindeutig klären lässt,[5] ist es doch ein bekanntes Phänomen, dass in Zeiten tiefgreifender Krisen – wie sie heute in Form globaler Gesundheits-, Sicherheits- und Umweltkrisen diagnostiziert werden –[6] häufig der Wunsch nach entschlossenem, starkem politischem Handeln wächst.[7]

---

1 *Freedom House*, Freedom in the World 2025: The Uphill Battle to Safeguard Rights <freedomhouse.org/report/freedom-world/2025/uphill-battle-to-safeguard-rights> (03.06.2025); *World Jusice Project*, Rule of Law Index Insights 2024 <worldjusticeproject.org/rule-of-law-index/insights> (03.06.2025).

2 *Angiolillo* et al, Democracy Report 2025: 25 Years of Autocratization – Democracy Trumped?, V-Dem Institute 2025 <v-dem.net/documents/61/v-dem-dr__2025_lowres_v2.pdf> (03.06.2025) 12.

3 *Graber*, What's in Crisis? The Postwar Constitutional Paradigm, Transformative Constitutionalism, and the Fate of Constitutional Democracy, in ders/Levinson/Tushnet (Hg), Constitutional Democracy in Crisis? (2018) 665; *Huq/Ginsburg*, How to Lose a Constitutional Democracy, UCLA Law Review 65 (2018), 78; *Wilkinson*, The Rise and Fall of World Constitutionalism, VerfBlog 07.10.2021 <verfassungsblog.de/the-rise-and-fall-of-world-constitutionalism/> (03.06.2025).

4 *Kumm* et al, Editorial: The End of „the West" and the Future of Global Constitutionalism, Global Constitutionalism 6 (2017), 1 ff.

5 *Ginsburg/Huq*, Defining and Tracking the Trajectory of Liberal Constitutional Democracy, in Graber/Levinson/Tushnet (Hg), Constitutional Democracy in Crisis? (2018) 29 (46); *dies*, How to Save a Constitutional Democracy (2018) 34. Vgl dazu noch unter 3.3.2.

6 *Berger/Fattinger*, Politische Ökonomie der Vielfachkrise, juridikum 2021, 404; *Lachmayer*, Verfassungsrechtliche Dimensionen der Vielfachkrise, juridikum 2021, 367.

7 *Dolezal* et al (Hg), Sehnsucht nach dem starken Mann? (2019); *Stenner/Haidt*, Authoritarianism Is Not a Momentary Madness, but an Eternal Dynamic Within Liberal Democracies, in Sunstein (Hg), Can It Happen Here? Authoritarianism in America (2018) 175.

1.2 Forschungsfragen und Aufbau

Vor diesem Hintergrund drängen sich folgende Fragen auf: Befindet sich der westliche Verfassungsstaat in einer Krise? Wie zukunftsfähig sind Demokratie, Gewaltenteilung, Rechtsstaatlichkeit und Grundrechte als dessen grundlegende Prinzipien?[8] Ein neuer Blick auf die Thematik soll gewonnen werden, indem fiktive *worst-case*-Szenarien in Form von Dystopien in die Untersuchung miteinfließen: Welche Lehren lassen sich aus diesen hinsichtlich Zustand und Zukunft des westlichen Verfassungsstaates ziehen?

Als erstes muss dafür ein theoretisches Fundament geschaffen werden: Um zu klären, was unter einer Krise des westlichen Verfassungsstaates zu verstehen ist, bedarf es zuerst einer Herausarbeitung der wesentlichen Elemente dieses Staatsmodells. Nach einer detaillierten Analyse des Bedeutungsgehalts von Demokratie, Gewaltenteilung, Rechtsstaatlichkeit und Grundrechten sowie der Darstellung, wie das Zusammenspiel zwischen diesen Prinzipien im westlichen Verfassungsstaat idealerweise funktioniert, kann eine Annäherung an den Krisenbegriff erfolgen. Dieser wird sowohl im Allgemeinen als auch im (verfassungs-)rechtlichen Kontext untersucht, bevor er in die einzelnen Elemente des westlichen Verfassungsstaates transponiert wird. Am Ende des ersten Hauptkapitels ist schließlich noch auf den Begriff und das Konzept der Dystopie einzugehen und zu klären, welchen Mehrwert die Beschäftigung mit Dystopien für die Verfassungstheorie bringen kann.

Während Utopien das Bild einer idealen Gesellschaft kreieren, nehmen Dystopien, die auch als Anti-Utopien bezeichnet werden, eine Warnfunktion ein: Als eine Unterform der Utopie, zu deren Wesensmerkmalen es gehört, Kritik an bestehenden Verhältnissen zu üben, zeigen sie eine bedrohliche Zukunft.[9] Das zweite Hauptkapitel beschäftigt sich daher mit der Frage, vor welchen mit dem westlichen Verfassungsstaat in Zusammenhang stehenden Entwicklungen ausgewählte Dystopien warnen. Anhand einer inhaltlichen Analyse zweier dystopischer Fernsehserien – „The Handmaid's Tale", der Serienadaption[10] des 1985 erschienenen Romans von *Margaret Atwood*,[11] sowie der 2019 ausgestrahlten BBC-Serie „Years and Years"[12] – sollen jene Elemente herausgearbeitet werden, die in Bezug auf die verfassungsstaatlichen Werte Demokratie, Gewaltenteilung, Rechtsstaatlichkeit und Grundrechte als bedrohliche Zukunftsvisionen erscheinen. Dabei ist zu berücksichtigen, dass die Serienanalyse nur einen Ausschnitt der Strukturmerkmale des westlichen Verfassungsstaates erfasst und diese zudem oftmals nur auf einer

8 Zum in dieser Arbeit vertetenen Verständnis von Prinzipien als die gesamte Verfassung prägenden Wertentscheidungen vgl unten bei Fn 27.

9 *Waschkuhn*, Politische Utopien (2003) 5.

10 *Miller*, The Handmaid's Tale, Staffel 1 (2017).

11 *Atwood*, The Handmaid's Tale (1985).

12 *Davies*, Years and Years (2019).

höheren Abstraktionsebene wiedergefunden werden können. Wie *Mikos* festhält, sind „Film- und Fernsehtexte [...] über den Inhalt und die Repräsentation mit gesellschaftlichen Diskursen verbunden“,[13] wodurch sich aus ihnen auch Rückschlüsse auf reale Entwicklungen ziehen lassen.

Vor dem Hintergrund dieser fiktionalen Dystopien rücken im dritten Hauptkapitel daher reale Herausforderungen des westlichen Verfassungsstaates in den Fokus. In Einklang mit den in Teil I dargelegten Kriterien wird untersucht, welche Ausprägungen einer Krise der Demokratie, der Gewaltenteilung, der Rechtsstaatlichkeit oder der Grundrechte in verschiedenen westlichen Verfassungsstaaten aktuell zu beobachten sind. Im Zentrum stehen dabei stets (verfassungs-)rechtliche Entwicklungen, während faktische Vorgänge größtenteils unberücksichtigt bleiben.

Da Dystopien nicht nur eine Warn-, sondern auch eine Lehrfunktion erfüllen, sollen im abschließenden vierten Teil mögliche Reaktions- und Schutzmechanismen aufgezeigt werden, die notwendig sind, um den westlichen Verfassungsstaat auch in Zukunft zu erhalten. Dieses Kapitel widmet sich also der Frage, welche verfassungsrechtlichen Rahmenbedingungen erforderlich sind, um den in Teil III beschriebenen negativen Entwicklungen bzw einer weiteren Verschlechterung in Richtung der geschilderten dystopischen Szenarien entgegenzuwirken. Einerseits wird untersucht, wie die einzelnen Säulen des westlichen Verfassungsstaates resilienter ausgestaltet werden können, um sie besser vor Angriffen zu schützen; andererseits wird beleuchtet, wie bereits eingetretene Beeinträchtigungen rückgängig gemacht werden können. Schließlich wird noch der Frage nachgegangen, ob ein Verfall des westlichen Verfassungsstaates – und damit gewissermaßen eine vollständige Verwirklichung der Dystopien – unausweichlich ist.

Die Ausrichtung an den Säulen des westlichen Verfassungsstaates Demokratie, Gewaltenteilung, Rechtsstaatlichkeit und Grundrechte zieht sich somit wie ein roter Faden durch die gesamte Arbeit. Einzig in Teil II wird bei den Kapitelüberschriften begrifflich von diesen Kategorien abgewichen, um den Serieninhalt analytisch besser erfassen zu können.[14]

1.3 Methodik

Die Arbeit ist im Kern verfassungstheoretisch ausgerichtet. Ergänzend kommt eine rechtsvergleichende Betrachtung zum Einsatz, um krisenhafte Entwicklungen in verschiedenen westlichen Verfassungsstaaten zu analysieren, miteinander in Beziehung zu setzen und übergreifende Tendenzen hervorzuheben.

Einen besonderen Akzent setzt die Arbeit durch die Auseinandersetzung mit dystopischen Szenarien als kulturwissenschaftliches Phänomen. Die bewusste

---

[13] *Mikos*, Film- und Fernsehanalyse[3] (2015) 97.
[14] Vgl dazu noch unten bei 5.

Einbeziehung dieser interdisziplinären Perspektive soll die Gefährdung des Verfassungsstaates in zugespitzter Form sichtbar machen und dadurch neue Blickwinkel auf rechtliche Entwicklungen eröffnen. Schließlich werden die Ergebnisse im rechtspolitischen Sinne fruchtbar gemacht, indem Schutzmechanismen und Reformmöglichkeiten aufgezeigt werden, die auf eine Stärkung der Resilienz verfassungsstaatlicher Strukturen abzielen.

1.4 Ziel der Arbeit

Die kritische Beschäftigung mit Gefährdungen von Demokratie, Gewaltenteilung, Rechtsstaatlichkeit und Grundrechten stärkt das Bewusstsein dafür, wie wichtig es ist, bestehende Errungenschaften nicht als selbstverständlich hinzunehmen. Ziel der Arbeit ist es daher nicht nur, den oftmals unscharf verwendeten Begriff der „Krise" im Kontext des westlichen Verfassungsstaates genau zu beleuchten und zu klären, ob gegenwärtig tatsächlich eine solche Krise vorliegt, sondern auch, einen Beitrag zu seinem künftigen Fortbestehen zu leisten.

Teil I: Theoretische Grundlagen

2. Ausgangspunkt westlicher Verfassungsstaat

2.1 Allgemeines

Bevor auf jedes einzelne Element des westlichen Verfassungsstaates im Speziellen eingegangen wird, soll dargelegt werden, was dessen Kerngehalt ausmacht, wie er sich geschichtlich entwickelt hat und worin seine Bedeutung heute liegt. Alleine dem Wortlaut nach steht der Begriff „Verfassungsstaat" für alle Staaten mit einer Verfassung; nicht darunter fallen würden lediglich Gemeinwesen, die ohne ein solches Regelwerk auskommen und somit letztlich Anarchien sind.[15] Blickt man aber auf die Entstehungsgeschichte des Verfassungsstaates – also auf die Verknüpfung des modernen Staates mit einer die Grundlagen der staatlichen Ordnung regelnden und auch die obersten Staatsorgane bindenden Verfassung – so wird schnell klar, dass in der Realität diese wertneutrale Definition nie im Vordergrund stand. Der Verfassungsstaat ist ideengeschichtlich in der Ausprägung des westlichen Verfassungsstaates entstanden[16] und unterscheidet sich von bloß auf das Element der Verfasstheit abstellenden Verfassungsstaaten dadurch, dass er bei der Festlegung der staatlichen Grundordnung den Werten Demokratie, Gewaltenteilung, Rechtsstaatlichkeit und Grundrechtsschutz folgt. Es kommt auf diese inhaltlichen Kriterien an; meistens weisen die Verfassungen dieses Typus aber auch gewisse formelle Merkmale wie einen höheren Rang gegenüber anderen staatlichen Normen, ein erschwertes Erzeugungs- bzw Änderungsverfahren und die ausdrückliche Bezeichnung als Verfassungsrecht auf.[17] Wie das Wort „Typus" schon nahelegt, handelt es sich beim westlichen Verfassungsstaat um einen Idealbegriff,

---

[15] *Gamper*, Staat und Verfassung[5] (2021) 33; *Isensee*, Staat und Verfassung, in ders/Kirchhof (Hg), Handbuch des Staatsrechts der Bundesrepublik Deutschland, Bd II: Verfassungsstaat[3] (2004) 3 (4, 91); *Küchenhoff/Küchenhoff*, Allgemeine Staatslehre[7] (1971) 217 f.

[16] Deshalb wird in der Literatur der Begriff „Verfassungsstaat" oftmals mit dem Typus des westlichen Verfassungsstaates gleichgesetzt: *Isensee*, Staat 86, 91; *Küchenhoff/Küchenhoff*, Staatslehre 217 f; *Pernthaler*, Wesensmerkmale des Verfassungsstaates („Konstitutionalismus"), in Morsak (Hg), FS Kurt Ebert (2002) 221; *Schmitt*, Verfassungslehre (1928) 37 f.

[17] *Gamper*, Staat 35 ff; *Häberle*, 1789 als Teil der Geschichte, Gegenwart und Zukunft des Verfassungsstaates, in ders (Hg), Rechtsvergleichung im Kraftfeld des Verfassungsstaates (1992) 685 (692, 710 ff); *Haller/Kölz/Gächter*, Allgemeines Staatsrecht[6] (2020) 110 ff; *Isensee*, Staat 5; *Koja*, Allgemeine Staatslehre (1993) 105 ff; *Küchenhoff/Küchenhoff*, Staatslehre 81; *Pernthaler*, Allgemeine Staatslehre und Verfassungslehre[2] (1996) 171 ff; *Schambeck*, Verfassung, Politik und Demokratie, in Janko et al (Hg),

der in der Realität viele verschiedene Ausformungen findet; gemeinsam ist den einzelnen Spielformen jeweils das explizite oder implizite Bekenntnis zu den oben genannten Grundwerten.[18]

Zum Durchbruch gelangte der westliche[19] Verfassungsstaat Ende des 18. Jahrhunderts mit der Amerikanischen und der Französischen Revolution, die die ersten Verfassungen im heutigen Sinn hervorbrachten.[20] Die Ideen, auf denen der Verfassungsstaat aufbaut, reichen freilich weiter zurück: Bereits in der Antike waren viele Konzepte zumindest dem Ansatz nach bekannt, aus denen sich später die verfassungsstaatlichen Grundwerte entwickelten, so etwa die Regierungsform der Demokratie, die Idee des Gesetzesstaates und die Aufteilung der Staatsfunktionen.[21] Im Mittelalter und der Frühen Neuzeit sind speziell die Diskurse im englischen Staatsrecht bemerkenswert, die mit der *Magna Carta Libertatum* bereits 1215 ein Dokument mit rechtsstaatlichen und grundrechtlichen Garantien hervorbrachten, bevor im 17. Jahrhundert noch weitere Rechteverbürgungen wie die *Petition of Rights* (1628), der *Habeas Corpus Act* (1679) oder die *Bill of Rights* (1689) folgten.[22] Ebenfalls aus England stammen die beiden Staatstheoretiker *Thomas Hobbes* und *John Locke*, die entscheidend zur Theorie des Gesellschaftsvertrages beigetragen haben. Während *Hobbes* damit noch den absoluten Staat vor dem Hintergrund des englischen Bürgerkriegs zu legitimieren versucht, entwickelt sich diese Theorie – geprägt durch die Aufklärung und naturrechtliche Ideen – unter anderem bei *Locke* zur Herleitung der verfassungsmäßig beschränkten Staatsgewalt, indem er davon ausgeht, dass jedem Menschen auch nach der Übertragung der eigenen Gewalt auf den Staat gewisse unveräußerliche Rechte verbleiben, und die Kompetenzen des Staates nur so weit reichen, wie sie im Einklang mit dem Übertragungszweck stehen.[23]

Beiträge zum Verfassungs- und Europarecht (2014) 5 f; *Stern*, Grundideen europäisch-amerikanischer Verfassungsstaatlichkeit (1984) 8.

18 *Gamper*, Staat 37, 39; *Häberle*, Teil 693, 704 f; *Schmitt*, Verfassungslehre 36 ff.

19 Auch als demokratischer/liberaler/abendländischer Verfassungsstaat bezeichnet.

20 Vgl die amerikanische Bundesverfassung von 1787 – früher bereits einige Gliedstaatsverfassungen, wie etwa jene von Virginia 1776 – und die französische Verfassung von 1791. *D'Atena*, Die Verflechtung von Konstitutionalismus und Grundrechten, in Akyürek et al (Hg), Staat und Recht in europäischer Perspektive – FS Heinz Schäffer (2006) 153 f; *Gamper*, Staat 32 f; *Isensee*, Staat 5.

21 Zur geschichtlichen Entwicklung der einzelnen Säulen des westlichen Verfassungsstaates s sogleich unten bei Kapitel 2.2–2.5. Vgl auch *Häberle*, Teil 714, 719 der etwa auf *Aristoteles* oder *Cicero* hinsichtlich deren Gemeinwohl- und Gerechtigkeitskonzeptionen verweist.

22 *Frankenberg*, Democracy, in Rosenfeld/Sajó (Hg), The Oxford Handbook of Comparative Constitutional Law (2012) 250 (251).

23 *Gamper*, Staat 32, 38, 132; *Jellinek*, Allgemeine Staatslehre³ (1914) 512 f; *Pernthaler*, Staatslehre 70. *Hobbes*, Leviathan (1651); *Kant*, Über den Gemeinspruch, Berlinische Monatsschrift 1793, 201; *Locke*, Two Treatises of Government (1690); *Rousseau*, Du

Unbestritten ist also, dass, obwohl die USA und Frankreich mit ihren frühen verfassungsrechtlichen Dokumenten Ende des 18. Jahrhunderts die Zeit des modernen Verfassungsstaates eingeleitet haben, es mehr als eine Wurzel – mehr als einen Zeitpunkt bzw einen Ort der Entstehung – für den Typus des westlichen Verfassungsstaates gibt.[24] Mit den Verfassungsgebungen in den USA und in Frankreich setzte jedoch eine Welle des Konstitutionalismus ein, wodurch der Verfassungsstaat auch in Europa, und von dort aus in der ganzen Welt, Verbreitung fand.[25] *Stern* hält den die gesamte Entwicklung des westlichen Verfassungsstaates prägenden Gedanken, Herrschaftsgewalt zu beschränken, treffend fest:

„Von der griechischen Antike bis zur Gegenwart erweist sich die Historie des Verfassungsstaates als eine Geschichte der Verrechtlichung der – um nicht mißverstanden zu werden – unentbehrlichen Macht des Staates, die für den Menschen ein freiheitliches, aber rechtlich geordnetes und staatsbürgerlich gesichertes Leben in der Gemeinschaft gewährleisten will."[26]

Ziel einer Verfassung, die den Grundprinzipien der Demokratie, Gewaltenteilung, Rechtsstaatlichkeit und Grundrechte entspricht,[27] ist die Begrenzung der Staatsgewalt und die Schaffung individueller Freiräume.[28] Deutlich wird dies auch im Hinblick auf den Zweck, dem der Verfassungsstaat seiner Konzeption nach dient, nämlich der Verwirklichung des Gemeinwohls. Wie bereits oben angesprochen, darf in Übereinstimmung mit der Gesellschaftsvertragstheorie Herrschaftsgewalt nur so weit ausgeübt werden, wie es das Gemeinwohl erfordert.[29] Hinzu kommt,

contrat social ou Principes du droit politique (1762). Zum Gesellschaftsvertrag vgl auch noch unten bei 2.2.1, 2.2.5 und 2.5.3.

24 *D'Atena*, Verflechtung 153 f, 159; *Jellinek*, Staatslehre 508. *Häberle*, Teil umschreibt diesen Umstand mit mehreren Metaphern, so spricht er einmal von den „viele[n] ‚Väter[n] und Mütter[n]'" des Verfassungsstaates (703), bezeichnet diesen das andere Mal als „gefaßte (Gemeinschafts)Leistung *vieler* ‚Räume und Zeiten'" (704) und dann wieder als „‚komplizierte' Quer- und Längssumme von Gerechtigkeitsideen und Gemeinwohlinhalten" (719).

25 *Gamper*, Staat 32 f; *Jellinek*, Staatslehre 521 ff.

26 *Stern*, Grundideen 9.

27 Dabei kommt es nicht darauf an, ob diese Prinzipien in einer Verfassung explizit verankert und mit erhöhtem Bestandsschutz versehen sind, sondern ob eine Verfassung in ihrer Gesamtheit an diesen Werten ausgerichtet ist. Wenn im Folgenden also von den Prinzipien der Demokratie, Gewaltenteilung, Rechtsstaatlichkeit und Grundrechte die Rede ist, sind darunter nicht einzelne Normen, sondern grundlegende Wertentscheidungen einer Verfassung zu verstehen. Zu diesem Verständnis von „Prinzipien" als leitende Grundsätze vgl *Bydlinski*, Grundzüge der juristischen Methodenlehre[4] (2023) 100 ff; *Werni*, Vom Nutzen und Nachteil verfassungsrechtlicher „Prinzipien" für das Religionsrecht, ZöR 76 (2021), 995 (1000 f).

28 *Fleiner/Basta Fleiner*, Allgemeine Staatslehre[3] (2004) 276; *Häberle*, Teil 692; *Isensee*, Staat 94.

29 Vgl *Locke*, Treatises 2. Buch § 135, der die Grenzen der gesetzgebenden Gewalt als „limited to the public good of the society" bezeichnet. Der Staat habe „no other end but

dass auch die Art und Weise der Ausübung gemeinwohlorientiert erfolgen, also auf das größtmögliche Wohlbefinden möglichst vieler abzielen muss. Das darf nicht dahingehend missverstanden werden, dass der Mehrheitswille über allem steht – gerade ein Interessensausgleich mit der Minderheit zeichnet den Gemeinwohlbegriff aus. In diesem Zusammenhang sieht man allerdings auch seine Verbindung zu den einzelnen verfassungsstaatlichen Prinzipien: So ermöglicht etwa die demokratische Regierungsform einen Wechsel zwischen Mehrheit und Minderheit, und die Grundrechte bilden eine wichtige Schranke, wenn es darum geht, Mehrheitsentscheidungen durchzusetzen. Obwohl alle Staaten des Typus westlicher Verfassungsstaat theoretisch das Gemeinwohl als Staatszweck eint, darf doch nicht übersehen werden, dass für die einzelnen positiven Verfassungen immer noch große Spielräume bestehen und die Maßnahmen für dessen konkrete Umsetzung daher dementsprechend unterschiedlich aussehen.[30] Dem Verfassungsstaat kommt außerdem eine innerstaatliche Friedensfunktion zu, die sich aus den einzelnen Prinzipien und der Gemeinwohlorientierung ergibt: Durch die Gewährleistung eines angemessenen Interessensausgleichs zwischen den verschiedenen gesellschaftlichen Kräften einerseits und die Zurverfügungstellung geeigneter rechtsstaatlicher Verfahren andererseits wird das Risiko der gewaltsamen Lösung von Konflikten sowohl zwischen Privatpersonen als auch in Bezug auf den Staatsapparat minimiert.[31]

Heute stellt der westliche Verfassungsstaat den am weitesten verbreiteten Typus unter den verfassten Staaten dar.[32] Frühe darunterfallende Verfassungen der westlichen Hemisphäre beeinflussten stark verfassungsgebende Prozesse auf der ganzen Welt.[33] Doch nicht alle Staaten, die sich auf dem Papier zu den Grundwerten Demokratie, Gewaltenteilung, Rechtsstaatlichkeit und Grundrechte bekennen, können ohne Weiteres zu diesem Typus gezählt werden. Finden die verfassungsrechtlichen Verbürgungen keinen bzw nur sehr geringen Ausdruck im politischen Alltag, handelt es sich nur mehr formal-, nicht aber realverfassungsrechtlich um

preservation, and therefore can never have a right to destroy, enslave, or designedly to impoverish the subjects".

30 *Gamper*, Staat 55, 169 ff; *Isensee*, Staat 95, 100; *Schambeck*, Zur Idee und den heutigen Formen der Gewaltenteilung im Staat, in Hengstschläger (Hg), Der Staat und seine Ordnung (2002) 141 (161); *Schambeck*, Grundwerte und Grundprinzipien europäischer Verfassungen, in Janko et al (Hg), Beiträge zum Verfassungs- und Europarecht (2014) 391 (392 f).

31 *Fleiner/Basta Fleiner*, Staatslehre 125 f; *Gamper*, Staat 127 f, 173; *Isensee*, Staat 100; *Pernthaler*, Staatslehre 174 f; *Schambeck*, Grundwerte 393. Vgl bereits *Hobbes*, Leviathan 17. Kapitel, der die friedensstiftende Funktion des (absoluten) Staates als dessen wichtigste Aufgabe gesehen hat.

32 *Gamper*, Die liechtensteinische Verfassung im globalen und europäischen Verfassungsvergleich, ZöR 76 (2021), 1167 (1170).

33 *Dies*, Staat 37; *Häberle*, Teil 689; *Küchenhoff/Küchenhoff*, Staatslehre 217 f; *Schambeck*, Grundwerte 403.

einen westlichen Verfassungsstaat.[34] Damit der Verfassungsstaat nicht nur verbal, sondern auch im gelebten politischen Alltag Wirklichkeit wird, sind gewisse Voraussetzungen nötig: einerseits die Existenz einer offenen, pluralen Gesellschaft sowohl im wirtschaftlichen als auch im geistigen und sozio-kulturellen Sinn, andererseits auch ein gewisses Bewusstsein der Normunterworfenen über ihre Rechte und über die Bedeutung der Verfassung. Nur so ist es möglich, dass sich Bürgerinnen und Bürger selbst eine Meinung bilden, Dinge kritisch hinterfragen und Staatsorgane gegebenenfalls zur Verantwortung ziehen; nur so können sie selbst einen Beitrag zur Sicherung ihrer eigenen individuellen Freiheit leisten. Das sind freilich komplexe Bedingungen, deren Erfüllung bzw Aufrechterhaltung von vielen Faktoren abhängt.[35] Bevor nun auf die einzelnen Grundprinzipien des westlichen Verfassungsstaates im Detail eingegangen wird, folgt noch ein bekanntes Zitat des deutschen Staatsrechtlers *Ernst-Wolfgang Böckenförde*, das auch für die restliche Arbeit im Hinblick auf die Untersuchung der Krisenhaftigkeit des Verfassungsstaates und mögliche Auswege von Bedeutung ist:

„*Der freiheitliche, säkularisierte Staat lebt von Voraussetzungen, die er selbst nicht garantieren kann.* Das ist das große Wagnis, das er, um der Freiheit willen, eingegangen ist. Als freiheitlicher Staat kann er einerseits nur bestehen, wenn sich die Freiheit, die er seinen Bürgern gewährt, von innen her, aus der moralischen Substanz des einzelnen und der Homogenität der Gesellschaft, reguliert. Andererseits kann er diese inneren Regulierungskräfte nicht von sich aus, das heißt mit den Mitteln des Rechtszwanges und autoritativen Gebots, zu garantieren suchen, ohne seine Freiheitlichkeit aufzugeben und [...] in jenen Totalitätsanspruch zurückzufallen, aus dem er [...] herausgeführt hat."[36]

---

[34] *Loewenstein* hat den Begriff „semantische Verfassung" für jene Fälle eingeführt, in denen der Text einer Verfassung nicht den realen politischen Gegebenheiten entspricht: *Loewenstein*, Verfassungslehre[3] (1975) 152 ff. Auch autoritär geführte Staaten wollen oftmals den Anschein erwecken, gewisse Prinzipien des westlichen Verfassungsstaates zu respektieren: Vgl zB die offizielle Bezeichnung Nordkoreas als „Democratic People's Republic of Korea", Art 1 kubanische Verfassung: „Cuba is a democratic, independent and sovereign socialist State [...]" oder Art 4 chinesische Verfassung, der einen umfassenden Minderheitenschutz normiert. S dazu auch *Voigt*, Mind the Gap: Analyzing the Divergence between Constitutional Text and Constitutional Reality, ICON 19 (2021), 1778.

[35] *Häberle*, Teil 693; *Isensee*, Staat 87; *Schambeck*, Entwicklungstendenzen des demokratischen Verfassungsstaates zwischen Recht und Politik, in Janko et al (Hg), Beiträge zum Verfassungs- und Europarecht (2014) 247 (257 ff, 265).

[36] *Böckenförde*, Die Entstehung des Staates als Vorgang der Säkularisation, in ders (Hg), Recht, Staat, Freiheit (2006) 92 (112 f).

2.2 Demokratie

2.2.1 Volkssouveränität als vorgelagertes Konzept

Bevor auf die Demokratie im engeren Sinne eingegangen werden kann, ist es notwendig, sich mit einem ihr vorgelagerten Konzept zu beschäftigen – der Volkssouveränität. Als ein wesentliches Merkmal des westlichen Verfassungsstaates bringt das Konzept der Volkssouveränität zum Ausdruck, dass die allem anderen übergeordnete Macht dem Volk zukommt, und grenzt sich somit von anderen Vorstellungen diesbezüglich ab. Sie steht insbesondere der Idee der Fürstensouveränität gegenüber, die davon ausgeht, dass sich die oberste Staatsgewalt bei einem einzelnen Monarchen bzw einer einzelnen Monarchin bündelt.[37] Bevor auf die historischen Hintergründe dieser Doktrin eingegangen wird, ist noch zu klären, wer oder was hinter dem „Volk" steckt, das Träger der staatlichen Souveränität sein soll, und wieso dies eine unabdingbare Voraussetzung des westlichen Verfassungsstaates darstellt. Wenn vom Volk in diesem Zusammenhang die Rede ist, handelt es sich nicht um eine konkrete „empirische" Einheit, die auf Staatsbürgerschaft oder Ethnie abstellt, vielmehr beschreibt es eine politische Gemeinschaft, die sich selbst als solche wahrnimmt, einen dementsprechenden Willen formuliert und danach handelt.[38] Die wichtigste Konsequenz, die aus der Annahme vom souveränen Volk folgt, liegt in dessen Fähigkeit, sich selbst eine Verfassung zu geben – dem Volk kommt also die ausschließliche verfassungsgebende Gewalt zu. Eine auf dieser Basis durch das Volk erlassene Verfassung soll dieser die nötige Legitimität und Anerkennung verleihen.[39] Den Ursprung dieser besonderen Legitimität zeigt *Rousseau* mit seiner Theorie vom Gesellschaftsvertrag auf: Der Staat ist das Produkt eines Zusammenschlusses freier, sich im Naturzustand befindender Menschen, bei dem sie all ihre Rechte an das Gemeinwesen übertragen, gleichzeitig aber auch dieselben Rechte über alle anderen erhalten. An der staatlichen Souveränität hat folglich jedes Individuum teil und befindet sich somit in einer doppelten Rolle – einmal als Träger der Souveränität und einmal als einfaches

---

37 *Gamper*, Staat 211 f; *Haller/Kölz/Gächter*, Staatsrecht 19; *Pernthaler*, Staatslehre 171 f.

38 *Böckenförde*, Die verfassungsgebende Gewalt des Volkes – Ein Grenzbegriff des Verfassungsrechts, in ders (Hg), Staat, Verfassung, Demokratie² (1992) 90 (96, 108). S ebenso *Schmitt*, Verfassungslehre 83, der das Volk als „keine feste, organisierte Instanz" beschreibt und *Kelsen*, Vom Wesen und Wert der Demokratie² (1929) 15, der auf den inhomogenen Charakter des Volkes hinweist.

39 *Von Beyme*, Die verfassungsgebende Gewalt des Volkes (1968) 5; *Stern*, Das Staatsrecht der Bundesrepublik Deutschlands, Bd I: Grundbegriffe und Grundlagen des Staatsrechts, Strukturprinzipien der Verfassung² (1984) 144 ff; *Schäffer*, Das Volk als Grund der Verfassung: Gedanken zum *pouvoir constituant*, in Thaler/Thaler-Stolzlechner (Hg), Verfassungsrevision (2008) 53 ff.

Mitglied des Staates. Durch diese Theorie, die das Volk zum Souverän macht, wird die Herkunft der staatlichen Macht erklärt und gerechtfertigt.[40]

Verbreitung fand die Idee, dass die Staatsgewalt vom Volk ausgeht, zur Zeit der Amerikanischen und der Französischen Revolution in der zweiten Hälfte des 18. Jahrhunderts, in deren Folge die ersten modernen, auf dem Prinzip der Volkssouveränität basierenden, Verfassungen erlassen wurden. Der Volkssouveränität liegen insbesondere die Ideen der Aufklärung zugrunde, die von der Gleichheit und Freiheit jeder einzelnen Person ausgehen.[41] Einen entscheidenden Beitrag dazu lieferte *Emmanuel Joseph Sieyès* mit seiner 1789 erschienenen Publikation „Qu'est-ce que le tiers-état?", in der er allein der Nation – wie er das politisch selbstbewusste Volk bezeichnet – das Recht der Verfassungsgebung zuspricht.[42] Er ist es auch, der erstmals deutlich zwischen einer verfassungsgebenden und einer verfassten Gewalt unterscheidet und diese Kategorien bis heute prägt: Laut ihm sei die Verfassung „das Werk der verfassungsgebenden Gewalt, nicht aber der von der Verfassung gesetzten Gewalt" – oft auch, wie von *Sieyès* selbst auf Französisch, als *pouvoir constiuant* und *pouvoir constitué* bezeichnet.[43]

Ein zentrales Charakteristikum der verfassungsgebenden Gewalt ist bereits ihrem Wortlaut zu entnehmen: Da es sich bei ihr um jene Macht handelt, die dazu legitimiert ist, eine Staatsverfassung einzusetzen, muss sie selbst aus logischen Gründen vor der Verfassung liegen. In der Literatur wird sie deshalb als vorverfassungsmäßige, extrakonstitutionelle, präpositive oder einfach als verfassungsgesetzlich nicht formierte Größe beschrieben.[44] Dabei tritt klar ihr originärer, ursprünglicher Charakter zutage.[45] Sie ist der Grund für die Existenz der gesetzten Verfassung und der aus ihr hervorgehenden – konstituierten – Gewalten; sie ist konstituierend. Eine Folge der vorverfassungsrechtlichen Qualität der verfassungsgebenden Gewalt ist die Unmöglichkeit, diese zu normieren. Es gibt keinen Weg festzulegen, wie sie tätig werden soll, da es keine ihr vorgeordneten Kräfte gibt. Die verfassungsgebende Gewalt ist schließlich selbst der Ursprung der Verfassung, die dann wiederum alle weiteren Grundlagen der staatlichen Ordnung

---

[40] *Rousseau*, Contrat 1. Buch, 6. und 7. Kapitel. S dazu auch *Gamper*, Staat 211 f; *Haller/Kölz/Gächter*, Staatsrecht 70; *Pernthaler*, Staatslehre 172.

[41] *Gamper*, Staat 32, 37 ff; *Jellinek*, Staatslehre 506 f, 515 ff; *Pernthaler*, Staatslehre 171 ff.

[42] *Sieyès*, Was ist der Dritte Stand? (1789), in Schmitt/Reichhardt (Hg), Politische Schriften 1788–1790[2] (1981) 117 (164).

[43] *Sieyès*, Stand 167; vgl im Original: „Dans chaque partie la constitution n'est pas l'ouvrage du pouvoir constitué, mais du pouvoir constituant." S ebenso *Stern*, Staatsrecht I 146.

[44] *Schäffer*, Volk 53, 60; *Stern*, Staatsrecht I 146, 151; *ders*, Das Staatsrecht der Republik Deutschland, Bd II: Staatsorgane, Staatsfunktionen, Finanz- und Haushaltsverfassung, Notstandsverfassung (1980) 20 ff.

[45] *Böckenförde*, Gewalt 99; *Schmitt*, Verfassungslehre 79; *Sieyès*, Stand 166 ff.

regelt. Laut *Sieyès* gibt es einzig das Naturrecht, entsprechend dem sich die Nation zusammenfindet und nach dem sie sich bei Erzeugung der Verfassung richtet.[46] Auch wenn in der historisch ersten Verfassung Regelungen zur Änderung der Verfassung vorgesehen werden, handelt es sich dabei nicht um eine Normierung des *pouvoir constituant*, sondern zählt als Teil des *pouvoir constitué*. Letzteres wird von *Stern* als ein Akt der Selbstbindung der verfassungsgebenden Gewalt bezeichnet, was jedoch niemals die Erlassung einer neuen originären Verfassung verhindern kann, wie weiter unten noch näher erläutert wird.[47]

Aufgrund der Lehre von der Volkssouveränität kommt die verfassungsgebende Gewalt dem Volk zu; das Volk ist somit Verfassungserzeuger.[48] *Schäffer* kritisiert diese Vorstellung als „Illusion einer geordneten und legitimierten Verfassungsgebung"[49] und verweist dabei auf die geschichtliche Realität. Wie *Schäffer* betont auch *Böckenförde* die faktische Dimension des *pouvoir constituant* und bezeichnet sie als „diejenige (politische) Kraft und Autorität, die in der Lage ist, die Verfassung in ihrem normativen Geltungsanspruch hervorzubringen, zu tragen und aufzuheben".[50] Vor dem Hintergrund ihrer positivrechtlichen Ungebundenheit stellt sich die vielfach diskutierte Frage nach dem tatsächlichen Auftreten bzw Tätigwerden der verfassungsgebenden Gewalt. Wie *Stern* festhält, verlangt die Volkssouveränität jedoch nicht zwingend, dass der Akt der Verfassungsgebung durch das ganze Volk selbst vorgenommen wird, es genügt, wenn das Ergebnis auf das Volk zurückzuführen ist.[51] Damit weist er auf die Möglichkeit einer repräsentativen Ausübung des *pouvoir constituant* hin, was jedoch nur mittels Fiktion den wahren Volkswillen widerspiegelt. In modernen Demokratien wird hierbei vorrangig eine politische Elite[52] tätig – sei es in Form einer gewählten verfassungsgebenden Versammlung, sei es in Form eines Verfassungskonvents, an dessen Ende der Bevölkerung ein Entwurf zur Abstimmung vorgelegt wird.[53] *Schmitt* will jedenfalls alles als Äußerungsform des *pouvoir constituant* zählen, wodurch der Wille des Volkes zum Ausdruck kommt, grundlegend über die Zukunft des politischen Zusammenlebens zu entscheiden.[54]

---

[46] *Böckenförde*, Gewalt 99; *Schäffer*, Volk 60 f; *ders*, Verfassungslehre 79 ff; *Sieyès*, Stand 166 ff.

[47] Vgl unten bei Fn 58 f. *Stern*, Staatsrecht I 152 f.

[48] *Schmitt*, Verfassungslehre 79; *Stern*, Staatsrecht I 146, 151.

[49] *Schäffer*, Volk 68.

[50] *Böckenförde*, Gewalt 94. *Schäffer*, Volk 54, 60 f.

[51] *Stern*, Staatsrecht II 23; *ders*, Staatsrecht I 148.

[52] S zur Demokratie und dem „ehernen Gesetz" der Oligarchie *Michels*, Zur Soziologie des Parteiwesens in der modernen Demokratie^2 (1925) 479 ff.

[53] Erstere Variante beschreibt eine rein repräsentativ ausgeübte verfassungsgebende Gewalt, zweitere enthält auch ein Element der direkten Demokratie. *Von Beyme*, Gewalt 7 f; *Schäffer*, Volk 54; *Schmitt*, Verfassungslehre 84 ff; *Stern*, Staatsrecht II 20 ff.

[54] *Schmitt*, Verfassungslehre 82.

„Un peuple a toujours le droit de revoir, de réformer et de changer sa Constitution.“ So steht es in Art 28 Satz 1 der französischen Verfassung von 1793.[55] Tatsächlich stellt sich die Frage, was mit der verfassungsgebenden Gewalt des Volkes nach Erlassung einer Verfassung, und damit sozusagen nach Erfüllung ihres Zwecks, geschieht. Nach herrschender Lehre[56] wird entsprechend der obigen französischen Verfassungsbestimmung, wonach ein Volk immer das Recht habe, seine Verfassung zu ändern, der *pouvoir constituant* nicht mit einem einmaligen Tätigwerden konsumiert. *Schmitt* bezeichnet dieses Phänomen als „Permanenz“ der verfassungsgebenden Gewalt: Sie ist unveräußerlich und bleibt neben der geschaffenen Verfassung immer bestehen.[57] Dies inkludiert naturgemäß auch die Legitimation zur Aufhebung einer einmal erlassenen Verfassung, die unabhängig von verfassungsgesetzlichen Bestimmungen zur Änderung der Verfassung ist.[58] Eine vollständige Beseitigung, tiefgreifende Änderung oder Aushöhlung der bestehenden Verfassung durch die verfassungsgebende Gewalt sind als jederzeit mögliche – aber dennoch in Widerspruch zur geltenden Verfassung stehende – revolutionäre Akte zu verstehen, die mit der Erlassung einer neuen historisch ersten Verfassung enden.[59] *Böckenförde* sieht insbesondere in der Unterscheidung zwischen dem *pouvoir constituant* und dem *pouvoir constitué* sowie in den in einer Demokratie üblichen Verfahren zur Ermittlung des Volkswillens, beispielsweise Verfassungskonvente, eine Möglichkeit, die Äußerungen der verfassungsgebenden Gewalt zu kanalisieren.[60]

Zu guter Letzt ist noch auf die Erscheinung des Prinzips der Volkssouveränität in konkreten Verfassungen einzugehen. Eine positivrechtliche Festschreibung findet sich nicht in allen dem Typus des westlichen Verfassungsstaates verpflichteten Verfassungen; in einigen Fällen ist die theoretische Annahme vom Volk als Träger der verfassungsgebenden und der verfassten Gewalt nur implizit erkennbar. Findet man sie hingegen im expliziten Verfassungstext, so meist zu Beginn in der Präambel oder in den ersten Artikeln.[61] Die Präambeln der US-amerikanischen, französischen und der deutschen Verfassungen[62] können als Beispiele von Ersterem

---

[55] Abrufbar unter https://www.conseil-constitutionnel.fr/les-constitutions-dans-l-histoire/constitution-du-24-juin-1793 (07.06.2025).

[56] *Böckenförde*, Gewalt 99 f; *Schmitt*, Verfassungslehre 91; *Stern*, Staatsrecht I 152 f.

[57] *Schmitt*, Verfassungslehre 91. Einschränkender *Stern*, Staatsrecht I 152 f, der in *Schmitts* Position eine Legalisierung jeder Revolution sieht.

[58] Vgl bereits oben bei Fn 47.

[59] *Böckenförde*, Gewalt 100; *Stern*, Staatsrecht I 152 f.

[60] *Böckenförde*, Gewalt 100 ff.

[61] *Gamper*, Demokratie und Repräsentation im Verfassungsstaat, in Poier (Hg), Demokratie im Umbruch (2009) 19 (21 f). Für Beispiele aus den EU-Mitgliedstaaten vgl ibidem bei Fn 13 und 14.

[62] Präambel US-amerikanische Verfassung: „We the People of the United States [...] establish this Constitution for the United States of America.“ Päambel französische Verfassung: „Le peuple français proclame solennellement son attachement aux Droits

dienen, während Italien und Österreich das Prinzip jeweils in Art 1 ihrer Verfassungen[63] verankert haben.[64] Die aus dem Prinzip der Volkssouveränität fließende Implikation von der verfassungsgebenden Kraft des Volkes wurde im Vorangegangenen bereits beleuchtet; die zweite Seite, dass dem souveränen Volk im westlichen Verfassungsstaat auch die Ausübung der verfassten Staatsgewalt zukommen muss, wird im Folgenden behandelt.

2.2.2 Demokratie als Regierungsform

Aufbauend auf dem Konzept der Volkssouveränität handelt es sich bei der Demokratie um eine Regierungsform, die sich schon ihrer Wortherkunft[65] nach dadurch auszeichnet, dass dem Volk die Staatsgewalt zukommt und durch dieses ausgeübt wird, während die Herrschaftsmacht in Oligarchien einer bestimmten Personengruppe und in Monokratien überhaupt nur einer Person vorbehalten ist.[66] Aus der Idee vom souveränen Volk folgt nicht nur dessen Recht auf Erlassung einer Verfassung, sondern sie verlangt auch, dass alle durch die Verfassung eingesetzten Gewalten im Volk wurzeln. Es handelt sich daher um die Festlegung einer bestimmten Art der politischen Ordnung im Verfassungsstaat.[67] Oft zitiert in diesem Zusammenhang ist die Beschreibung der Demokratie durch *Abraham Lincoln* als „government of the people, by the people, for the people".[68] Deutlich zum Ausdruck kommt hier die von *Schmitt* als charakteristische Eigenschaft der Demokratie bezeichnete „Identität von Herrscher und Beherrschten, Regierenden und Regierten, Befehlenden und Gehorchenden".[69] Konkret bedeutet dies, dass die im Volk versammelten Personen einerseits die Rolle der Normunterworfenen einnehmen, andererseits aber auch für die Ausübung der Herrschaftsgewalt – wobei das öffentliche Interesse im Sinne einer Regierung *für* das Volk beachtet werden muss – verantwortlich sind.[70] In der Kongruenz von Regierenden und Regierten äußert

de l'Homme et aux principes de la souveraineté nationale [...]." Präambel deutsches GG: „[...] hat sich das Deutsche Volk kraft seiner verfassungsgebenden Gewalt dieses Grundgesetz gegeben." Vgl ebenso Art 20 Abs 2 GG: „Alle Staatsgewalt geht vom Volke aus."

63 Art 1 B-VG: „Österreich ist eine demokratische Republik. Ihr Recht geht vom Volk aus." Art 1 Abs 2 italienische Verfassung: „La sovranità appartiene al popolo, che la esercita nelle forme e nei limiti della Costituzione."

64 *Gamper*, Staat 213.

65 Demokratie bedeutet wörtlich Volksherrschaft und setzt sich aus dem altgriechischen *demos* (Volk) und *kratein* (herrschen) zusammen.

66 *Gamper*, Staat 157 ff.

67 *Böckenförde*, Demokratie als Verfassungsprinzip, in Isensee/Kirchhof (Hg), Handbuch des Staatsrechts der Bundesrepublik Deutschland, Bd II: Verfassungsstaat[3] (2004) 429 (433 f); *Gamper*, Staat 39, 46, 161, 211 f.

68 *Lincoln*, The Gettysburg Address, in (ohne Hg) Famous Speeches of Abraham Lincoln, (1935) 147.

69 *Schmitt*, Verfassungslehre 234.

70 *Von Arnim*, Demokratie vor neuen Herausforderungen, ZRP 28 (1995), 340 (341).

sich das in der Demokratie wichtige Prinzip der Gleichheit: Es impliziert, dass die Herrschenden qualitativ nichts von den Normunterworfenen unterscheidet. Die Regierenden werden vom Volk mit der Herrschaftsmacht betraut, werden dadurch aber nicht souverän und bleiben Teil des Volkes.[71]

2.2.3 Demokratische Selbstbestimmung

Jedes gesellschaftliche Zusammenleben macht Regeln und somit eine Form von Herrschaft notwendig. Dies wird jedoch im Sinne der Aufrechterhaltung der eigenen Freiheit – eine weitere ideengeschichtlich gewachsene Forderung[72] – zumutbar, wenn man, wie *Kelsen* es ausdrückt, von sich selbst beherrscht ist.[73] Auf dieser Prämisse beruhen auch jene Theorien über die staatsbegründenden Gesellschaftsverträge, die vom freiwilligen Eintritt in die staatliche Gemeinschaft und damit in ein Herrschaftssystem ausgehen.[74] So schreibt etwa *Rousseau*, es gehe darum, eine Gesellschaftsform zu finden, „die mit ihrer ganzen gemeinsamen Kraft die Person und das Vermögen jedes einzelnen Mitglieds verteidigt und schützt und durch die doch jeder, indem er sich mit allen vereinigt, nur sich selbst gehorcht und genauso frei bleibt wie zuvor".[75] Die Regierungsform der Demokratie soll dieses Problem lösen, indem die anarchische Freiheit des Naturzustandes in eine politische Freiheit, die sich im Wege der Selbstbestimmung durch die Mitwirkung an der staatlichen Willensbildung äußert, umgewandelt wird.[76]

Damit wurden bereits zwei Grundanforderungen der Demokratie angesprochen, die jeweils anders ausgerichtet sind, aber miteinander verbunden werden müssen: die Gewährleistung der Gleichheit bei Aufrechterhaltung der größtmöglichen Freiheit aller.[77] Dieser angestrebte Ausgleich erstreckt sich auf viele Bereiche des westlichen Verfassungsstaates; beim Demokratieprinzip hat er speziell auch in der

---

71 *Schmitt*, Verfassungslehre 235: „Infolgedessen darf die Macht oder Autorität derer, die herrschen oder regieren, nicht auf irgendwelchen höheren, dem Volke unzugänglichen Qualitäten beruhen, sondern nur auf dem Willen, dem Auftrag und dem Vertrauen derer, die beherrscht oder regiert werden und die sich auf solche Weise in Wahrheit *selbst* regieren." Vgl auch *Böckenförde*, Demokratie als Verfassungsprinzip 457 ff.

72 *Haller/Kölz/Gächter*, Staatsrecht 69.

73 *Kelsen*, Wesen und Wert 4: „Müssen wir aber beherrscht werden, dann wollen wir nur von uns selbst beherrscht sein." Vgl auch *Di Fabio*, Das Recht offener Staaten (1998) 43: „Demokratie ist der Versuch, die Exklusivität des staatlichen Machtmonopols durch Inklusion der Machtunterworfenen wenn nicht aufzuheben, so doch erträglich zu machen."

74 *Böckenförde*, Demokratie als Verfassungsprinzip 453; *Hillgruber*, Die Herrschaft der Mehrheit, AöR 127 (2002), 460 (461).

75 *Rousseau*, Contrat 1. Buch, 6. Kapitel.

76 *Böckenförde*, Demokratie als Verfassungsprinzip 452 f; *Hillgruber*, AöR 127 (2002), 461; *Kelsen*, Wesen und Wert 5 f.

77 *Kelsen*, Wesen und Wert 3 f.

Argumentation für die Geltung der Mehrheitsentscheidung Bedeutung.[78] Insbesondere erfährt die eigene Selbstbestimmung ihre Grenzen durch die den anderen Mitbürgerinnen und -bürgern in gleicher Weise zustehende Selbstbestimmung.[79]

2.2.4 Repräsentative oder direkte Demokratie

In der Demokratie kommt also dem Volk die Aufgabe der Ausübung der Staatsgewalt zu, was eine Rückführung aller Akte und Entscheidungen auf den Volkswillen bedingt. Diese notwendige demokratische Legitimation kann verschieden aussehen; vor allem fordert das Demokratieprinzip weder ausschließlich eine unmittelbare noch eine repräsentative Demokratie.[80] Diese Kategorien beziehen sich dabei auf verschiedene Möglichkeiten der Partizipation des Volkes an der staatlichen Willensbildung, die von der Erzeugung der Rechtsordnung unmittelbar durch die einzelnen Staatsangehörigen bis hin zur Entscheidung durch vom Volk gewählte Vertreterinnen und Vertreter reichen kann.[81] Der Begriff der *Selbst*regierung des Volkes legt auf den ersten Blick nahe, dass nur die direkte Form der „wahren", vollständigen Demokratie entspreche. Ideengeschichtlich nimmt vor allem *Rousseau* diese Position ein, indem er in seiner Demokratietheorie eine Vertretung des Volkswillens als unmöglich ausschließt und jedem Gesetz, das nicht vom Volk selbst beschlossen wurde, seine Gültigkeit abspricht. In einer repräsentativen Demokratie sei das Volk nur während der Wahl selbst frei, danach „ist es Sklave, ist es nichts".[82] Anderer Ansicht ist hierbei *Montesquieu*, der die Repräsentation als ein Instrument sieht, Unzulänglichkeiten des Volkes bei der Entscheidungsfindung auszugleichen.[83]

Fakt ist, dass in den gegenwärtigen Verfassungsstaaten die repräsentative Form der Demokratie zur Norm wurde, was zu einem großen Teil auch der Größe der Staaten, der komplexen zu treffenden Entscheidungen und der daraus folgenden Unrealisierbarkeit einer direkten Demokratie geschuldet ist. Selbst *Rousseau* gesteht ein, dass eine Verwirklichung der realen Volksherrschaft nur in sehr kleinen Gemeinwesen möglich ist.[84] Der zeitliche und finanzielle Aufwand, sowie die

---

[78] S dazu noch unten ab Fn 93.

[79] *Böckenförde*, Demokratie als Verfassungsprinzip 454.

[80] *Ders*, Demokratie als Verfassungsprinzip 436 ff; *Gamper*, Staat 162 ff; *Kotzur*, Die Demokratiedebatte in der deutschen Verfassungsrechtslehre, in Bauer/Sommermann/Huber (Hg), Demokratie in Europa (2005) 351 (378).

[81] *Gamper*, Staat 214; *Koja*, Staatslehre 82 f.

[82] *Rousseau*, Contrat 3. Buch, 15. Kapitel. *Rousseau* selbst erkennt an, dass sein Demokratiemodell ein Ideal ist, das sich in der Realität aufgrund der vielen Voraussetzungen kaum verwirklichen lässt (ibidem 3. Buch, 4. Kapitel). Ebenso seien seine Politikempfehlungen in der Praxis viel gemäßigter gewesen: *Schmidt*, Radikale Theorie der Volkssouveränität: Jean-Jacques Rousseau, in ders (Hg), Demokratietheorien (2019) 67 (77).

[83] *Montesquieu*, De l'Esprit des Lois (1748) 11. Buch, 6. Kapitel.

[84] *Rousseau*, Contrat 3. Buch, 15. Kapitel.

Schwierigkeit, zu differenzierten Lösungen aufgrund vereinfachter Fragestellungen zu gelangen, sind wesentliche Gründe dafür. Das Volk als Ganzes ist als solches nicht handlungsfähig, es muss sich organisieren: Eine Bündelung der Interessen ist notwendig, um verschiedene Standpunkte zu artikulieren und um irgendwann zu einer Entscheidung zu gelangen. Darüber hinaus bringt die repräsentative Form eine Möglichkeit der demokratischen Kontrolle der Entscheidungen, indem das Parlament einerseits dem Volk politisch verantwortlich ist und andererseits gegenüber der Exekutive Kontrollrechte besitzt.[85] Repräsentative Demokratie ist also nicht notwendigerweise nur zweite Wahl nach dem nicht erreichbaren Ideal einer unmittelbaren Demokratie, sie hat selbst ihre Berechtigung und ist somit „kein *Minus* [...], sondern ein *Aliud*".[86]

Repräsentation beruht auf einem System, das der Logik der Arbeitsteilung folgt, wodurch nur noch wenige Mitglieder der Gesellschaft – die dafür im besten Fall eine besondere Kompetenz aufweisen – für politische Entscheidungen zuständig sind. Die Vertreterinnen und Vertreter des Volkes werden von diesem durch Wahl legitimiert und autorisiert, in seinem Namen selbständig über die Staatsgewalt zu verfügen. Sie sind diesem aber auch verantwortlich und speziell durch das Instrument der wiederkehrenden Wahlen von diesem abhängig, was den Bürgerinnen und Bürgern eine gewisse Kontrolle ermöglicht.[87] *Böckenförde* weist hier auf die Unterscheidung zwischen einem formalen und inhaltlichen Repräsentationsbegriff hin: Während die formale Seite auf den organisationsrechtlichen Zusammenhang zwischen Repräsentierenden und Repräsentierten abstellt, geht es auf materieller Ebene darum, ob sich in den Handlungen der gewählten Vertreterinnen und Vertreter auch tatsächlich der Wille des Volkes widerspiegelt. Für eine repräsentative Demokratie braucht es beides: Durch ersteres kommt die Herrschaftsgewalt zustande, durch zweiteres wird diese inhaltlich beschränkt und an den Volkswillen gebunden.[88]

[85] *Adamovich*, Volk und Verfassung, in Akyürek et al (Hg), Staat und Recht in europäischer Perspektive – FS Heinz Schäffer (2006) 1 (5); *Böckenförde*, Demokratie und Repräsentation, in ders (Hg), Staat, Verfassung, Demokratie^2 (1992) 379 (379 ff); *ders*, Demokratische Willensbildung und Repräsentation, in Isensee/Kirchhof (Hg), Handbuch des Staatsrechts der Bundesrepublik Deutschland, Bd III: Demokratie – Bundesorgane^3 (2005) 31 (35); *D'Atena*, Das demokratische Prinzip im System der Verfassungsprinzipien, JöR 47 (1999), 1 (4 ff); *Gamper*, Demokratie 27; *dies*, Staat 215; *Kelsen*, Wesen und Wert 30; *Koja*, Staatslehre 83 ff.

[86] *D'Atena*, JöR 47 (1999), 6; so auch *Böckenförde*, Demokratie und Repräsentation 388 f, der die Repräsentation sogar als notwendiges Element des Demokratiebegriffs sehen will. Anders etwa *Kelsen*, Wesen und Wert 30 und *Zippelius*, Demokratie als Ideal und Wirklichkeit, in Fischer/Jakob (Hg), Dimensionen des Rechts – FS René Marcic (1974) 921 (924 f), bei denen die repräsentative Demokratie sehr wohl als etwas Unvollkommenes transportiert wird.

[87] *Böckenförde*, Demokratie und Repräsentation 390; *Gamper*, Demokratie 27 ff; *dies*, Staat 214; *Koja*, Staatslehre 83, 90.

[88] *Böckenförde*, Demokratie und Repräsentation 391 ff.

Das Entscheidende ist, dass, wie schon oben angesprochen, auch in der repräsentativen Demokratie das Volk souverän bleibt, und nicht die wenigen mit der Herrschaft Betrauten diese Position wie in einer Oligarchie einnehmen. Alle Staatsorgane müssen auf das Volk rückführbar sein, was durch Bestellungs- und Abberufungsrechte sowie Weisungs- und Kontrollzusammenhänge auch bei nicht durch direkte Volkswahl ins Amt gekommene Organe erreicht wird. In diesem Zusammenhang kann also zwischen direkter und indirekter Repräsentation sowie verschieden langen Repräsentationsketten differenziert werden.[89] Der auch einem repräsentativen demokratischen System zugrunde liegende Gedanke der Selbstregierung des Volkes im Sinne der Volkssouveränität soll stets aufrechterhalten bleiben: Es wird davon ausgegangen, dass das Volk seine legislativen, exekutiven und judikativen Befugnisse trotz Übertragung auf dafür eigens vorgesehene Organe weiterhin selbst ausübt, da die demokratisch legitimierten Organwalter ihre Aufgaben nur stellvertretend für das Volk wahrnehmen und dieses somit durch die Organe handelt.[90] Nichtsdestotrotz kann die direkte Einbindung der Bürgerinnen und Bürger in Form von – fakultativen oder bindenden – Referenden oder Gesetzgebungsinitiativen eine Korrekturfunktion in einem ansonsten repräsentativen System einnehmen, wobei im Falle einer Mischung zwischen direkt- und repräsentativdemokratischen Elementen auch von einer semidirekten Demokratie gesprochen werden kann.[91]

2.2.5 Mehrheitsprinzip

Unabhängig von der konkreten Ausgestaltung der Demokratie ist jedoch die Tatsache, dass das Leben in der Gemeinschaft immer gewisse Einschränkungen des eigenen Willens mit sich bringt und dessen Durchsetzung nicht ohne Weiteres garantiert werden kann.[92] In den modernen Demokratien hat sich als Entscheidungsmechanismus das Mehrheitsprinzip etabliert, und das nicht nur, weil Einstimmigkeit zu aufwendig und schwerfällig für den politischen Alltag wäre, sondern auch, weil es – *Kelsen* folgend – am ehesten mit den zentralen demokratischen Leitgedanken der Freiheit und der Gleichheit übereinstimmt. Frei im Sinne der Selbstbestimmung ist man in der Demokratie, wenn man Regelungen unterworfen ist, die man sich selbst geben würde, unfrei hingegen, wenn diese nicht dem eigenen Willen entsprechen. Da jedes Individuum im Staat gleich viel zählt, muss auch jedem die gleiche Chance gewährt werden, in dieser Hinsicht frei zu sein. Würde

---

[89] *Ders*, Demokratie und Repräsentation 393 ff; *Gamper*, Demokratie 23; *dies*, Staat 214; *Koja*, Staatslehre 90 f.

[90] *Kelsen*, Wesen und Wert 30; *Koja*, Staatslehre 90.

[91] *Adamovich*, Volk 5; *Böckenförde*, Demokratie und Repräsentation 389; *Frankenberg*, Democracy 253; *Gamper*, Staat 216; *Kelsen*, Wesen und Wert 38; *Koja*, Staatslehre 83 ff; *Voigt*, Direkte Demokratie: Ausprägungen, Wirkungen, Gründe – ein Überblick zum Stand der Forschung, in Benn-Ibler/Lewisch (Hg), Direkte Demokratie (2019) 13 (14 f).

[92] *Gamper*, Staat 164.

Einstimmigkeit wie im staatsbegründenden Gesellschaftsvertrag zur Entscheidungsfindung und -abänderung verlangt werden, käme jeder Einzelperson de facto ein Vetorecht zu und sie könnte den anderen Staatsmitgliedern so ihren Willen aufzwingen. Qualifizierte Mehrheiten, die über die absolute hinausgehen, führen daher nicht zu einer Verstärkung des Demokratieprinzips, sondern erschweren es den mitbestimmungsberechtigten Bürgerinnen und Bürgern, Mehrheiten für eine ihren Wünschen entsprechende soziale Ordnung zu erzielen, was dem Gedanken der Selbstbestimmung abträglich ist.[93] Sachlich angemessen können erhöhte Mehrheitserfordernisse jedoch etwa im Bereich des Minderheitenschutzes und zur Sicherung zentraler verfassungsstaatlicher Institutionen sein.[94] *Böckenförde* bringt diese Argumentationslinie zur Rechtfertigung des Majoritätsprinzips noch einmal auf den Punkt: „Dieses Prinzip ist für die Demokratie nicht ein technischer Notbehelf, weil anders keine Entscheidung zustande zu bringen ist, sondern strukturell angemessen. Seine Begründung, aber auch seine Begrenzung folgen aus den Grundprinzipien demokratischer Ordnung."[95]

Wie dem ebengenannten Zitat zu entnehmen ist, gilt das Mehrheitsprinzip nicht absolut, sondern ist Beschränkungen unterworfen, um einer „Tyrannei der Mehrheit"[96] entgegenzuwirken. Die zwei wichtigsten Punkte sind hierbei das Sicherstellen eines möglichen Wechsels zwischen Mehrheit und Minderheit und die Gewährleistung von Rechten zum Schutz der Minderheit. Ersteres bezieht seine Logik direkt aus der Rechtfertigung des Majoritätsprinzips: Sollen möglichst wenig Menschen einem fremden Willen unterworfen sein, so muss es auch möglich sein, bei etwaigen Willensänderungen neue Mehrheiten zu formen.[97] Eine jeweilige Mehrheit ist daher in alle Richtungen offen und nicht einem immer gleichbleibenden Personenkreis vorbehalten.[98] Essentiell dabei ist, der Mehrheit nicht die alleinige Kompetenz zur Abschaffung des Mehrheitsprinzips einzuräumen. Genauso ist die Etablierung von ausgleichenden Mechanismen – wie die zeitliche Befristung von Ämtern oder die Gewährleistung eines pluralistischen politischen Prozesses mit einer freien Betätigungsmöglichkeit der politischen Parteien – notwendig, die ebenfalls einem Abänderungsbeschluss der einfachen Mehrheit entzogen sein müssen.[99] Unterliegt etwas nicht der Verfügungsmacht der Mehrheit, bedeutet dies zugleich eine Stärkung der Rechte der Minderheit, was in vielen

---

93 *Kelsen*, Wesen und Wert 8 ff, 102 f. *Kelsen* rezipierend *Hillgruber*, AöR 127 (2002), 461 ff; *Koja*, Staatslehre 96 ff.

94 *Böckenförde*, Demokratie als Verfassungsprinzip 466.

95 *Ders*, Demokratie als Verfassungsprinzip 465.

96 Vgl *Tocqueville*, Über die Demokratie in Amerika: Erster Teil (1835) II. Teil, 7. Kapitel.

97 *Böckenförde*, Demokratie als Verfassungsprinzip 467: „Das Recht der Mehrheit, allgemeinverbindliche Entscheidungen zu treffen und über die Legalität zu verfügen, beruht ja gerade darauf, daß sie mit der Minderheit in (steter) Konkurrenz um die politische Führerschaft steht und diese die gleiche Chance hat selbst zur Mehrheit zu werden."

98 *Gamper*, Staat 164 f.

99 *D'Atena*, JöR 47 (1999), 7; *Hillgruber*, AöR 127 (2002), 465.

Belangen die Notwendigkeit eines Kompromisses mit sich bringt. Gleichzeitig müssen die für die Minderheit entstehenden Nachteile einer Herrschaft der Mehrheit auf ein zumutbares Maß beschränkt werden. Dafür sorgen etwa die der Minderheit einzuräumenden Grundrechte, über die auch die Mehrheit nicht disponieren darf, oder parlamentarische Oppositionsrechte. Aufgrund der Bedeutsamkeit des Minderheitenschutzes in der Demokratie ist dieser zudem völkerrechtlich verankert.[100]

2.2.6 Monokratische und oligarchische Elemente

Wie dieser Abschnitt gezeigt hat, zeichnet die Demokratie als Regierungsform eine Rückführbarkeit der gesamten verfassten Gewalt auf das Volk aus. Dessen ungeachtet kann nicht verhindert werden, dass sich einzelne monokratische oder oligarchische Elemente[101] im System wiederfinden. Speziell in der repräsentativen Demokratie erfüllen die gewählten Vertreterinnen und Vertreter die Beschreibung der für eine Oligarchie typischen wenigen Herrschenden, auch wenn diese nicht souverän sind. In Demokratien üblich ist auch ein einzelnes Staatsoberhaupt wie in einer Monokratie.[102] Diese Tendenzen lassen sich in einer arbeitsteiligen Ordnung nicht verhindern, genauso wenig wie die Einflussnahme durch demokratisch nicht legitimierte intermediäre Gewalten. Letztere haben jedoch auch den positiven Effekt der Interessensbündelung, der zu einer erhöhten politischen Handlungsfähigkeit und besseren Durchsetzbarkeit vorhandener Interessen führt, sowie ein im Pluralismus angelegtes ausgleichendes Moment.[103] Damit oligarchische und monokratische Strukturen trotzdem nicht überhandnehmen, sind regelmäßige Wahlen zur Aufrechterhaltung des Verantwortungszusammenhangs und für die demokratische Rückkoppelung entscheidend. Darüber hinaus können diese Elemente besser in dezentralen Systemen, in denen Selbstverwaltung und das Subsidiaritätsprinzip einen hohen Stellenwert haben, in parlamentarischen im Gegensatz zu präsidialen Regierungssystemen und in repräsentativen Demokratien mit genügend direktdemokratischen Elementen hintan gehalten werden.[104]

[100] *Böckenförde*, Demokratie als Verfassungsprinzip 467 f; *Gamper*, Staat 164 f; *Koja*, Staatslehre 99. Vgl auch *Haller/Kölz/Gächter*, Staatsrecht 81, die in diesem Zusammenhang auf die Notwendigkeit einer verfassungsgerichtlichen Kontrolle und damit auf die Verbindung zwischen dem Gewaltenteilungs- und dem Demokratieprinzip hinweisen.

[101] Vgl bereits den Verweis in Fn 52 auf das „eherne Gesetz der Oligarchie" gem *Michels*, Soziologie 479 ff.

[102] *Gamper*, Demokratie 20; *dies*, Staat 162 f.

[103] *Gamper*, Staat 136 ff, 159. Vgl auch noch unten bei Fn 160.

[104] *Dies*, Staat 163 f; *Zippelius*, Demokratie 925 ff.

2.3 Gewaltenteilung

2.3.1 Allgemeines

Das gewaltenteilende Prinzip hat nicht nur Verbindungen zum Rechtsstaatsgrundsatz als Teil dessen formeller Ausprägung,[105] sondern auch zum gerade beleuchteten Prinzip der Demokratie: Als ein Konzept, das die Staatsgewalt auf eine Weise organisiert, die Missbrauch durch die Auf- und Verteilung von Macht verhindern soll, kommt ihm besonders im Zusammenhang mit der in der Demokratie geltenden Mehrheitsregel eine ausgleichende Bedeutung zu.[106] Die Gewaltenteilung kann daher erstens als Organisationsprinzip bezeichnet werden, zweitens als ein Mittel, um die Staatsgewalt zu mäßigen und Missbrauch hintanzuhalten und drittens als ein Weg, der aufgrund dieser Machtverteilung und -begrenzung die größtmögliche individuelle Freiheit im Staat gewährleisten soll.[107]

Das erste Element – oftmals als „klassische" Gewaltenteilung bezeichnet –[108] beschreibt die gebräuchliche Unterscheidung der drei Staatsfunktionen, nämlich Gesetzgebung, Verwaltung und Rechtsprechung, und deren Ausübung durch voneinander weisungsunabhängige, organisatorisch weitgehend getrennte Organe.[109] Durch diese Aufteilung der staatlichen Macht soll ein Kräftegleichgewicht der einzelnen Gewalten durch einen Mechanismus der gegenseitigen Beschränkung und Kontrolle erzielt werden, auch bekannt als *checks and balances* oder Gewaltenhemmung.[110] Dies ist aufgrund des in vielen staatstheoretischen Texten anzutreffenden „Gesetzes der Macht"[111] notwendig, „wonach die unbegrenzte und unkontrollierte Macht notwendigerweise zum Missbrauch, zur Willkür, zur

[105] *Gamper*, Staat 252; *Papier*, Gewaltentrennung im Rechtsstaat, in Merten (Hg), Gewaltentrennung im Rechtsstaat (1989) 95. Vgl dazu noch unter 2.4.

[106] *Adamovich*, Volk 4; *Böckenförde*, Gesetz und gesetzgebende Gewalt (1958) 20 f; *Di Fabio*, Gewaltenteilung, in Isensee/Kirchhof (Hg), Handbuch des Staatsrechts der Bundesrepublik Deutschland, Bd II: Verfassungsstaat³ (2004) 613 (619); *Haller/Kölz/Gächter*, Staatsrecht 81; *Kägi*, Von der klassischen Dreiteilung zur umfassenden Gewaltenteilung, in Verfassungsrecht und Verfassungswirklichkeit – FS Hans Huber (1961) 151 (156 f); *Papier*, Gewaltentrennung 95.

[107] *Böckenförde*, Gesetz 20 f; *Di Fabio*, Gewaltenteilung 614; *Schambeck*, Idee 161.

[108] *Haller/Kölz/Gächter*, Staatsrecht 225.

[109] *Gamper*, Staat 179; *Haller/Kölz/Gächter*, Staatsrecht 225 f; *Koja*, Staatslehre 140; *Küchenhoff/Küchenhoff*, Staatslehre 168, 172.

[110] *Böckenförde*, Gesetz 20 f; *Haller/Kölz/Gächter*, Staatsrecht 226; *Horn*, Gewaltenteilige Demokratie, demokratische Gewaltenteilung, AöR 127 (2002), 427 (437); *Küchenhoff/Küchenhoff*, Staatslehre 173, 182; *Schambeck*, Idee 161. Vgl *Koja*, Staatslehre 138 f, der in diesem Zusammenhang den Begriff „Gewaltenverschränkung" benutzt und *Gamper*, Staat 178 f, die diesen Vorgang als Ausdruck einer „Gewaltenverbindung" bezeichnet.

[111] *Kägi*, Die Verfassung als rechtliche Grundordnung des Staates (1945) 44 ff, der unter anderem auf *Platon*, *Calvin* und *Montesquieu* verweist.

Gefährdung von Freiheit und Gerechtigkeit führen muss".[112] Auch *Montesquieu* begründet die Erforderlichkeit der gegenseitigen Beschränkung der drei Staatsgewalten mit der „ewige[n] Erfahrung", „daß jeder Mensch, der Macht hat, dazu getrieben wird, sie zu mißbrauchen", sofern ihm keine Grenzen gesetzt werden.[113] Sind die Staatsfunktionen auf verschiedene Organe aufgeteilt, gehen damit weniger Gelegenheiten zum Machtmissbrauch einher, genauso wie die korrumpierende Wirkung von Macht weniger stark ist, wenn man nur in einem geringeren Maß über sie verfügen kann.[114] Alles in allem tritt also eine Mäßigung der Staatsgewalt ein, die letztlich eine Voraussetzung für die individuelle Freiheit darstellt.[115] Im Sinne einer zeitgemäßen Gewaltenteilungslehre trägt dieser Gedanke der Menschenwürde Rechnung, indem die Individuen in ihrer Rolle als Rechtsunterworfene vor dem Gewaltmonopol des Staates geschützt werden.[116]

2.3.2 *Montesquieus* Gewaltenteilungslehre

Die Idee der Gewaltenteilung und unser heutiges Verständnis davon wurde maßgeblich von *Montesquieus* Werk „De l'Esprit des Lois"[117] beeinflusst, doch reichen die Ursprünge bis in die Antike zurück.[118] Auf *Montesquieu* geht die unterschiedlichen Kräften zugewiesene Unterteilung der Staatsgewalt in eine legislative, exekutive und richterliche Funktion zurück, die durch die wichtigen Prinzipien der Mäßigung, gegenseitigen Kontrolle und Ausbalancierung der einzelnen Gewalten

---

[112] *Kägi*, Dreiteilung 152.

[113] *Montesquieu*, Esprit 11. Buch, 4. Kapitel, insbesondere: „Damit die Macht nicht missbraucht werden kann, ist es nötig, durch die Anordnung der Dinge zu bewirken, dass die Macht die Macht bremse." (Im Original: „Pour qu'on ne puisse pas abuser du pouvoir, il faut que, par la disposition des choses, le pouvoir arrête le pouvoir.")

[114] *Koja*, Staatslehre 138 f.

[115] Vgl *Montesquieu*, Esprit 5. Buch, 14. Kapitel und 11. Buch, 4. Kapitel, der von dem „gouvernement modéré" als Bedingung für die „liberté politique" – einer Freiheit im Rahmen der Gesetze (11. Buch, 3. Kapitel) – spricht. S auch *Böckenförde*, Gesetz 20 f; *Koja*, Staatslehre 138 f; *Lange*, Teilung und Trennung der Gewalten bei Montesquieu, Der Staat 19 (1980), 213 (216); *Loewenstein*, Verfassungslehre 32; *Schambeck*, Idee 161.

[116] *Di Fabio*, Gewatenteilung 614 ff; *Kägi*, Dreiteilung 156 f; *Möllers*, Gewaltengliederung (2005) 68; *Papier*, Gewaltentrennung 95.

[117] *Montesquieu*, Esprit.

[118] Vgl etwa *Aristoteles*, Politik, 4. Buch, 14.–16. Kapitel, 1298a–1301a. Auch *Locke* hat entscheidend zur Entwicklung der Gewaltenteilungslehre beigetragen: *Locke*, Treatises 2. Buch § 143 f, 148, 159. *Böckenförde*, Gesetz 28; *Gamper*, Staat 177; *Haller/Kölz/Gächter*, Staatsrecht 213 f; *Horn*, AöR 127 (2002), 431 f; *Koja*, Staatslehre 138; *Küchenhoff/Küchenhoff*, Staatslehre 168; *Loewenstein*, Verfassungslehre 34; *Möllers*, Gewaltengliederung 66 f; *Saunders*, Theoretical Underpinnings of Separation of Powers, in Jacobsohn/Schor (Hg), Comparative Constitutional Theory (2018) 66 (69 f); *Schambeck*, Idee 145 f.

ergänzt wird.[119] Wie oben schon angedeutet, basiert *Montesquieus* Lehre auf einer Skepsis gegenüber den Machttragenden und dem Bestreben, die Freiheit der Bürgerinnen und Bürger zu erhalten:

„Sobald in ein und derselben Person oder derselben Beamtenschaft die legislative Befugnis mit der exekutiven verbunden ist, gibt es keine Freiheit. [...] Freiheit gibt es auch nicht, wenn die richterliche Befugnis nicht von der legislativen und von der exekutiven Befugnis geschieden wird. Die Macht über Leben und Freiheit der Bürger würde unumschränkt sein [...].“[120]

Ein entscheidender Unterschied zum heutigen Gewaltenteilungsregime besteht jedoch darin, dass bei *Montesquieu* die Gewaltenteilung im Sinne einer Aufteilung der Staatstätigkeit auf die damals relevanten politischen Mächte stattfindet, namentlich König, Adel und Bürgertum.[121] *Montesquieu* beeinflusste mit seiner Theorie die weitere geschichtliche Entwicklung nachhaltig – insbesondere mit Blick auf die Französische Revolution und die Entstehung der ersten Verfassungsurkunden in den USA.[122]

2.3.3 Gewaltentrennung und Gewaltenverbindung

Wie aus diesen Ausführungen bereits hervorgeht, steht bei der Gewaltenteilung, die manchmal synonym als Gewaltentrennung bezeichnet wird,[123] nicht immer der Trennungsgedanke an erster Stelle. Speziell, wenn es um Angelegenheiten der Kontrolle und der Mäßigung geht, werden Verbindungen zwischen den Gewalten in Form eines gegenseitigen Abhängigkeitsverhältnisses sichtbar.[124] So kommt

---

[119] *Montesquieu*, Esprit 5. Buch, 14. Kapitel am Ende, 11. Buch, 4. und 6. Kapitel. Hinsichtlich der Mäßigung vgl insbesondere im 6. Kapitel: „[Die Legislative wird] durch die exekutive Befugnis gefesselt, die ihrerseits von der Legislative gefesselt wird.“ Vgl auch schon oben Fn 113 und 115.

[120] *Ders*, Esprit 11. Buch, 6. Kapitel.

[121] *Ders*, Esprit 11. Buch, 6. Kapitel. Dazu auch *Böckenförde*, Gesetz 31 ff; *Gamper*, Staat 178 f; *Horn*, AöR 127 (2002), 431 ff; *Lange*, Der Staat 19 (1980), 220 ff. In der heutigen Demokratie findet zwar eine Aufteilung der Staatsfunktionen auf verschiedene Organe statt, diese lassen sich aber alle auf das Volk als Quelle zurückführen; vgl dazu noch unten bei Fn 136.

[122] Vgl die Bezugnahme auf *Montesquieu* und seine Gewaltenteilungslehre in den *Federalist Papers* (vgl dazu noch unten bei Fn 132): *Madison*, Nr. 47, in Zehnpfennig (Hg), Die Federalist Papers (2007) 301. Vgl auch Art 16 der französischen Erklärung der Menschen- und Bürgerrechte vom 26. August 1789: „Eine Gesellschaft, in der die Verbürgung der Rechte nicht gesichert und die Gewaltenteilung nicht festgelegt ist, hat keine Verfassung.“ *Fleiner/Basta Fleiner*, Staatslehre 405; *Gamper*, Staat 178; *Haller/Kölz/Gächter*, Staatsrecht 215, 223; *Loewenstein*, Verfassungslehre 32.

[123] *Küchenhoff/Küchenhoff*, Staatslehre 172; *Lange*, Der Staat 19 (1980), 213 f; *Loewenstein*, Verfassungslehre 32.

[124] *Gamper*, Staat 178 f, 182 f; *Haller/Kölz/Gächter*, Staatsrecht 226; *Koja*, Staatslehre 138 f; *Küchenhoff/Küchenhoff*, Staatslehre 173, 182; *Möllers*, Gewaltengliederung 76 ff.

dem Parlament etwa eine Kontrollfunktion gegenüber der Regierung zu, die, je nach konkreter Ausgestaltung des Regierungssystems – insbesondere ob parlamentarisch oder präsidentiell – unterschiedlich aussehen kann.[125] Die Gerichte überprüfen sowohl Gesetzgebung als auch Verwaltung; letzteren beiden Gewalten kommt jedoch im Gegenzug regelmäßig das Recht zur Besetzung der Gerichte zu. Auch die materiellen Funktionen lassen sich nicht überschneidungsfrei einer Gewalt zuordnen: Regierungen sind häufig für die Einbringung von Gesetzesinitiativen (mit)zuständig; bestimmten Verwaltungsorganen wird darüber hinaus in Verfassungen regelmäßig das Recht zur Erlassung sogenannter *secondary legislation*[126] eingeräumt, sodass diese auch gesetzgeberisch tätig sind; ebenso treten Verfassungsgerichte bei Aufhebung von Gesetzen und Verordnungen als negativer Gesetzgeber[127] auf; Gerichte und Parlamente führen hingegen jeweils auch verwaltende Tätigkeiten aus.[128] Eine Verschränkung der Gewalten kann zu einer höheren Effektivität der Staatstätigkeit führen und das Konfliktpotential reduzieren.[129] Trotzdem darf natürlich auf die grundsätzliche organisatorische Trennung bzw Unterscheidung der Gewalten nicht verzichtet werden, denn diese macht eine Kontrolle letztlich erst möglich. Wird das Trennungsprinzip zu sehr vernachlässigt, läuft man Gefahr, ein System der Gewaltenvereinigung[130] zu verwirklichen und so eine willkürliche Machtausübung zu begünstigen. Besonders wichtig ist es daher, Schranken hinsichtlich der verbindenden Elemente zwischen den Gewalten zu normieren, indem etwa speziell die Unabhängigkeit der Gerichte gestärkt und die demokratische Legitimation des Gesetzgebers sichergestellt wird.[131]

Bereits in den *Federalist Papers*[132] wird auf diese Thematik eingegangen, indem *Madison* das für die US-amerikanische Bundesverfassung vorgesehene Gewaltenteilungsregime, das sich dem Vorwurf einer Vermischung der Gewalten ausgesetzt sieht, verteidigt. Auf *Montesquieu* verweisend führt er ins Treffen, dass es einen Unterschied darstelle, ob ein bereits mit einer Funktion betrautes Organ auch zur Gänze über eine weitere verfüge, oder ob es nur in gewissen Bereichen Überschneidungen hinsichtlich der materiellen Tätigkeit der Staatsorgane gebe bzw eine Verbindung nur zwecks der gegenseitigen Kontrolle normiert werde. Um die

[125] Vgl auch unten bei Fn 161.

[126] *Gamper*, Staat 187.

[127] *Kelsen*, Wesen und Entwicklung der Staatsgerichtsbarkeit, VVDStRL 5 (1929), 30 (55 f); *ders*, Wer soll der Hüter der Verfassung sein?, Die Justiz 6 (1930/31), 576 (597 ff); vgl auch *Gamper*, Staat 199.

[128] *Gamper*, Staat 182 f; *Haller/Kölz/Gächter*, Staatsrecht 226; *Schambeck*, Idee 150 f.

[129] *Di Fabio*, Gewaltenteilung 628.

[130] *Küchenhoff/Küchenhoff*, Staatslehre 173.

[131] *Gamper*, Staat 182 f.

[132] *Zehnpfennig* (Hg), Die Federalist Papers (2007): Es handelt sich dabei um die von *Hamilton/Madison/Jay* verfasste Kommentierung der US-amerikanischen Bundesverfassung aus dem Jahr 1788 mit dem Zweck, für deren Annahme durch die Gliedstaaten zu werben.

Freiheit der Menschen zu garantieren, sei eine vollständige Trennung nicht notwendig und auch in keiner der Gliedstaatsverfassungen verankert.[133] Auch die moderne Gewaltenteilungslehre versteht *Montesquieus* Gewaltenteilungskonzept nicht (mehr) als Gebot zur strikten Trennung der Gewalten und jedes verbindende Element in einer Verfassung als vielleicht notwendige, aber unerwünschte Abweichung davon.[134] Stattdessen wird erkannt, dass für *Montesquieu* ein Interessenausgleich der verschiedenen gesellschaftlichen Akteure im Vordergrund stand und dieser bei einer völligen Isolation der einzelnen Gewalten nicht erreicht werden kann. Insbesondere Legislative und Exekutive müssen zusammenwirken, nicht zuletzt aufgrund der dadurch erhofften Mäßigung, während der Judikative eine eigenständigere Stellung im Sinne der richterlichen Unabhängigkeit zugewiesen wird.[135]

Hinsichtlich der Teilungs-/Trennungsdebatte wird immer wieder ins Treffen geführt, diese Begrifflichkeiten seien irreführend, da die einheitliche, vom souveränen Volk abgeleitete Staatsgewalt nicht teilbar sei. Wie speziell in der Gewaltenteilungslehre ab dem 20. Jahrhundert betont wird, kommt es bei der Einteilung in Legislative, Exekutive und Judikative tatsächlich zu keiner Aufspaltung der Staatsgewalt, sodass – wie der Begriff „Gewalten"-Teilung vielleicht nahelegt – drei einzelne Gewalten nebeneinander bestünden; vielmehr findet eine Aufteilung der Staatsfunktionen auf verschiedene Organe statt, die sich aber alle auf die gleiche Quelle zurückführen lassen.[136] Aus diesem Grund werden statt der klassischen Bezeichnungen dieses Konzepts als Gewaltenteilung bzw Gewaltentrennung oftmals Begriffe wie Gewaltenunterscheidung bzw -gliederung, Funktionenordnung, -gliederung oder -trennung verwendet.[137] *Kelsen* sieht selbst diese Begrifflichkeiten kritisch, da durch sie die Gefahr bestehe, dass nur scheinbar von der Vorstellung mehrerer nebeneinander existierender Gewalten abgerückt werde, ohne tatsächlich vom Einheitsprinzip auszugehen.[138]

---

133 *Madison*, Nr. 47 302 ff. Vgl auch *Horn*, AöR 127 (2002), 437 ff.

134 *Ders*, AöR 127 (2002), 437 ff; *Lange*, Der Staat 19 (1980); *Möllers*, Gewaltengliederung 78.

135 *Horn*, AöR 127 (2002), 437 ff; *Lange*, Der Staat 19 (1980), 215, 219 ff, 223, 229 f; *Seiler*, Gewaltenteilung (1994) 22. Diese Autoren weisen darauf hin, dass *Montesquieu* im französischen Original hinsichtlich der Beziehungen zwischen den Gewalten zwischen „distribution" – iS einer Auf- oder Verteilung – und „séparation" – iS einer Trennung der Gewalten – unterscheidet und letzteres nur in Bezug auf das Verhältnis zwischen der richterlichen gegenüber den anderen beiden Gewalten verwendet.

136 *Böckenförde*, Gesetz 13; *Horn*, AöR 127 (2002), 435; *Jellinek*, Staatslehre 501; *Kelsen*, Allgemeine Staatslehre (1925) 229; *Loewenstein*, Verfassungslehre 32; *Seiler*, Gewaltenteilung 61.

137 *Böckenförde*, Gesetz 13; *Horn*, AöR 127 (2002), 435; *Lange*, Der Staat 19 (1980), 213 f; *Loewenstein*, Verfassungslehre 32; *Möllers*, Gewaltengliederung; *Schmitt*, Verfassungslehre 182 ff.

138 *Kelsen*, Österreichisches Staatsrecht (1923) 164; *ders*, Staatslehre 229; s dazu auch *Gamper*, Gewaltenteilung, in Eberhard et al (Hg), 100 Jahre Republik Österreich (2021) 355 (356).

2.3.4 Die drei Gewalten

Die Form der Gewaltenteilung, auf die in dem bisher Gesagtem stets Bezug genommen wurde, äußert sich in der klassischen Dreiteilung der Staatsfunktionen und deren Zuordnung zu drei organisatorisch unterschiedlichen Organen in dem Sinn, dass die Rechtsetzung von der Legislative wahrgenommen wird, der Vollzug dieser Rechtsnormen von der Exekutive und die Rechtsprechung von der Judikative. Diese Feststellung trägt jedoch nur bedingt zur Klärung der Frage bei, was inhaltlich genau unter den einzelnen Funktionen zu verstehen ist. Eine Antwort darauf in Form einer klaren inhaltlichen Definition jeder einzelnen Gewalt zu finden, gestaltet sich schwierig, weil weder auf widerspruchsfreie ideengeschichtliche Umschreibungen[139] zurückgegriffen werden kann, noch sich auf dem Weg des Rechtsvergleichs – die einer Gewalt zugerechneten Befugnisse und das Verständnis derselben unterscheiden sich in den nationalen Verfassungen bis zu einem gewissen Grad – ein eindeutiges Bild ergibt.[140] Damit zusammenhängend wird diese Aufgabe zusätzlich dadurch erschwert, dass zwischen den einzelnen Staatsfunktionen inhaltlich keine absolute Überschneidungsfreiheit besteht und auch nicht zwingend herrschen soll.[141] Dies ist etwa der Fall, wenn der Exekutive zuzurechnende Spitzenbeamte über ein Verordnungsrecht verfügen und somit ähnlich der Legislative generell-abstrakte Normen setzen können.[142] Im Sinne einer Kategorisierung der drei Staatstätigkeiten wird jedoch grundsätzlich zwischen den Bereichen der Rechtsetzung und Rechtsanwendung unterschieden: Die Legislative ist für ersteres durch Setzung generell-abstrakter Normen zuständig; Verwaltung und Rechtsprechung wenden dann jeweils diese Normen durch Erlassung individuell-konkreter Akte an.[143] Dieses Schema der Dreiteilung orientiert sich an den Stammfunktionen der jeweiligen Gewalt, das heißt an deren Kernbereich, die von keiner der anderen Gewalten wahrgenommen werden dürfen. Laut der Kernbereichslehre[144] sind jedoch „an den Rändern Abweichungen gestattet“,[145] sodass bei funktionellen Überschneidungen zwischen den Gewalten oder inhaltlich uneindeutigen Tätigkeiten eine flexible Zuordnung vorgenommen werden kann.[146]

In diesem Zusammenhang stellt sich auch die Frage nach dem Verhältnis zwischen den drei Gewalten, da immer wieder von einer Hierarchie im Sinne der Überordnung der Legislative über Exekutive und Judikative die Rede ist. Die Vorstellung

---

[139] Vgl *Montesquieu*, Esprit 11. Buch, 6. Kapitel sowie *Horn*, AöR 127 (2002), 440 und *Lange*, Der Staat 19 (1980), 218.

[140] *Gamper*, Staat 181 f; *Haller/Kölz/Gächter*, Staatsrecht 220; *Horn*, AöR 127 (2002), 439 f; *Koja*, Staatslehre 138.

[141] Vgl bereits oben bei Fn 126 ff.

[142] *Gamper*, Staat 182; *Schambeck*, Idee 150 f.

[143] *Haller/Kölz/Gächter*, Staatsrecht 220 f. Vgl auch *Kelsen*, Staatslehre 231.

[144] *Horn*, AöR 127 (2002), 439 f; *Möllers*, Gewaltengliederung 74.

[145] *Ders*, Gewaltengliederung 74.

[146] *Haller/Kölz/Gächter*, Staatsrecht 223.

von der Gesetzgebung als der ersten Gewalt im Staat rührt einerseits von der Unterscheidung zwischen Rechtsetzung und Rechtsanwendung her, die der Verwaltung und den Gerichten „nur“ die Vollziehung der von den Parlamenten gesetzten Normen zuweist. *Merkl* hat in seiner Lehre vom „doppelten Rechtsantlitz“ jedoch dargelegt, dass die meisten Rechtsakte sowohl rechtserzeugend als auch rechtsanwendend wirken können.[147] Andererseits stehen Gesetze bzw Verfassungsgesetze aufgrund der hohen demokratischen Legitimation des direkt vom Volk gewählten Parlaments an oberster Stelle im Stufenbau der Rechtsordnung. Konkurrenz bekommt die gesetzgebende Gewalt hingegen von der Verfassungsgerichtsbarkeit und deren Kompetenz, Gesetze auf ihre Verfassungskonformität zu überprüfen, wodurch ihr die Entscheidung über das Schicksal der betroffenen Normen zukommt.[148] Es kommt auf die konkrete Ausgestaltung jeder einzelnen Verfassung an, ob es dem Verfassungsgesetzgeber frei steht, solche Entscheidungen des Verfassungsgerichts zu übergehen, oder ob entsprechende Verfassungsbestimmungen ein solches Vorgehen verhindern. Erlaubt dagegen eine Verfassung jede Änderung derselben unter Einhaltung der dafür vorgesehenen Verfahren, wäre es dem Verfassungsgesetzgeber sogar unbenommen, die Verfassungsgerichtsbarkeit abzuschaffen.[149] *Möllers* kritisiert diese Debatte, indem er anführt, dass die Gewalten sich in ihrem arbeitsteiligen Zusammenwirken gegenseitig begrenzen und der Versuch, eine davon als den anderen überlegen festzumachen, verfehlt sei.[150]

2.3.5 Weitere Formen der Gewaltenteilung

Eine Dreiteilung ist nicht das zwingende Ergebnis der Gewaltenteilungslehre, wie bereits die Dichotomie von Rechtsschöpfung und Rechtsanwendung zeigt. Werden die Staatsfunktionen beispielsweise in vier Bereiche aufgeteilt, werden oftmals die Aufgaben der Staatsleitung bzw der Regierung von Gesetzgebung, Vollziehung und Rechtsprechung getrennt als eigene Funktion normiert. Diese verfügt dann vor allem über die Befugnis zur Fällung wichtiger (außen)politischer Entscheidungen, wie zB einen Kriegseintritt.[151] Abseits der ansonsten klassischen Gewalten-

[147] Rechtserzeugende Akte ergehen in Vollziehung der ihnen übergeordneten Norm, und rechtsanwendende Akte schaffen Recht im Hinblick auf die von ihnen betroffenen Sachverhalte: *Merkl*, Das doppelte Rechtsantlitz, in Mayer-Maly/Schambeck/Grussmann (Hg), Adolf Julius Merkl – Gesammelte Schriften, Bd I/1: Grundlagen des Rechts (1993) 227. Vgl auch *Kelsen*, Staatslehre 233 f.

[148] *Gamper*, Staat 186 ff; *Kelsen*, Hüter 75 ff.

[149] *Gamper*, Verfassungsgerichtsbarkeit und Gewaltenverbindung (2016) 40 ff.

[150] *Möllers*, Gewaltengliederung 93.

[151] *Gamper*, Staat 179 f; *Haller/Kölz/Gächter*, Staatsrecht 221 f. Vgl in diesem Sinne die neutrale Gewalt (*pouvoir neutre*) bei *Constant*, Grundprinzipien der Politik, die auf alle repräsentativen Regierungssyteme und insbesondere auf die gegenwärtige Verfassung Frankreichs angewandt werden können (1815), in Blaeschke/Gall (Hg), Werke in vier Bänden: Politische Schriften, Bd 4 (1972) 9 (32).

trias gibt es in einer modernen, als „umfassende Ordnungsidee“[152] verstandenen Gewaltenteilung noch zahlreiche weitere Formen der Machtaufteilung, die eine die Willkür fördernde Machtakkumulation bei einem einzelnen Organ verhindern und gleichzeitig möglichst viele divergierende Interessen in den politischen Entscheidungsprozess miteinbeziehen sollen.

Die horizontale Dreiteilung in Gesetzgebung – Verwaltung – Rechtsprechung wird von der vertikalen Gewaltenteilung ergänzt, die sich auf eine dezentrale Organisation der Staatsgewalt bezieht. Eine Mäßigung des staatlichen Gewaltmonopols wird hierbei durch Verteilung der Staatsfunktionen auf verschiedene territoriale Ebenen erzielt. Am stärksten ist dies in Bundesstaaten verwirklicht; dort kommt den Gliedeinheiten auch ein Teil der Gesetzgebungskompetenz zu, während in Regionalstaaten eine administrative Aufgabenteilung im Vordergrund steht. Wird den Gemeinden eines Staates ein Recht auf Selbstverwaltung zugebilligt, kommen diese zu Bund und Gliedstaaten noch als dritte Ebene hinzu. Im weltweiten Vergleich überwiegen allerdings zentral regierte Einheitsstaaten, weshalb diese Form der Gewaltenteilung eine untergeordnete Rolle spielt.[153]

Gewaltenteilung kann auch innerhalb einer Gewalt auftreten, anstatt wie das klassische Konzept auf das Außenverhältnis beschränkt zu sein.[154] Dies geschieht, indem an Gesetzgebung, Verwaltung oder Rechtsprechung nicht nur ein Organ, sondern zwei oder mehrere mitwirken.[155] Beispiele im Bereich der Legislative sind etwa eine Mischung aus repräsentativer und direkter Demokratie, sodass sowohl Parlament als auch das Volk am Gesetzgebungsprozess teilnehmen, eine Unterscheidung zwischen einfachem und Verfassungsgesetzgeber sowie ein Zweikammernsystem. Hinsichtlich der Exekutive kann vor allem zwischen der Regierung – die wiederum als Kollegialorgan tätig wird oder sich aus eigenverantwortlich geführten Ministerien zusammensetzt – und der von dieser abhängigen Verwaltung im engeren Sinn unterschieden werden. Gewaltenteilend wirkt es darüber hinaus auch, wenn das Amt des Staatsoberhauptes in einer Verfassung als eigenständiges Organ konzipiert ist, anstatt mit den Aufgaben und der Person des Regierungsoberhauptes zusammenzufallen. Sowohl für die Exekutive als auch für die Judikative sind ansonsten die gesetzlich vorgesehenen Instanzenzüge als innere Form der Gewaltenteilung zu nennen, genauso wie die kollegiale Besetzung von Organen. Geht man über das nationale Verfassungsrecht hinaus, endet das Mehr-

[152] *Haller/Kölz/Gächter*, Staatsrecht 227; *Kägi*, Dreiteilung 164.

[153] *Bradley/Pinelli*, Parliamentarism, in Rosenfeld/Sajó (Hg), The Oxford Handbook of Comparative Constitutional Law (2012) 650 (659); *Gamper*, Staat 180, 184; *Haller/Kölz/Gächter*, Staatsrecht 228; *Koja*, Staatslehre 147; *Küchenhoff/Küchenhoff*, Staatslehre 183 f, 185 ff; *Tierney*, Federalism and Constitutional Theory, in Jacobsohn/Schor (Hg), Comparative Constitutional Theory (2018) 45 (61); *Zippelius*, Problemfelder der Machtkontrolle, in Merten (Hg), Gewaltentrennung im Rechtsstaat (1989) 27 (40 f).

[154] *Gamper*, Staat 183.

[155] Vgl den Begriff „Gewalt-Teilung“ bei *Lange*, Der Staat 19 (1980), 224.

ebenensystem nicht hier, sondern erstreckt sich auf eine inter- und supranationale Ebene.[156]

Die subjektive oder personelle Gewaltenteilung, die ebenso auf das Innenverhältnis abstellt, verbietet hingegen in gewissen Fällen die gemeinsame Ausübung verschiedener staatlicher Tätigkeiten durch dieselbe Person. Diese personelle Inkompatibilität stellt sicher, dass bei Wahrnehmung der Organtätigkeit keine zweckfremden Interessen verfolgt werden. Das Ausmaß dieses Verbots unterscheidet sich im parlamentarischen und präsidentiellen Regierungssystem, zudem gilt es meist nicht im Verhältnis von Bundes- und Landesorganen im Fall von Bundesstaaten.[157]

Auch die Zeit besitzt ein gewaltenteilendes Element, das sich insbesondere in der Beschränkung der Amtszeit einer bestimmten Funktion und oftmals auch in einer limitierten Anzahl der Wiederantrittsmöglichkeiten für das gleiche Amt äußert. So wird verhindert, dass eine Person oder Personengruppe über eine längere Zeit hinweg zu viel an Einflussmöglichkeit gewinnt. Ein weiterer zeitlicher Aspekt zeigt sich in Bestimmungen, die eine wiederholte Auseinandersetzung mit dem gleichen Gegenstand vorsehen, wie es etwa vielfach im Gesetzgebungsverfahren mit mehreren Lesungen der Fall ist, wodurch übereilte Aktionen hintangehalten und eine nachhaltigere Reflexion gefördert werden.[158]

Gewaltenteilende Effekte werden auch durch eine offene, pluralistische Gesellschaftsstruktur erzielt, in der ein Mehrparteiensystem einen Eckpfeiler darstellt. So finden nicht nur eine Vielzahl an verschiedenen Interessen Eingang in das politische Geschehen, sondern es werden auch die Voraussetzungen für eine funktionsfähige Opposition geschaffen, was besonders im parlamentarischen Regierungssystem essentiell ist. Auch eine Ausgliederung staatlicher Aufgaben auf private Rechtsträger stellt eine pluralistische, die Gewaltenteilung fördernde Maßnahme dar.[159] Gesellschaftliche Kräfte im Allgemeinen, wie politische Parteien und Medien, können ein Gegengewicht zur staatlichen Macht darstellen; da es sich jedoch hierbei um keinen Aspekt der öffentlichen Gewalt mit tiefergehendem verfassungsrechtlichem Gehalt handelt, sind diese als intermediär bezeichneten Gewalten nicht per se unter die Gewaltenteilungsidee zu subsumieren. Zusätzlich sind sie hinsichtlich ihres demokratischen Gehaltes zu hinterfragen, denn obwohl sie einerseits insbesondere für die Aggregation und Vermittlung von Interessen

---

[156] *Bartole*, Internal Ordering in the Unitary State, in Rosenfeld/Sajó (Hg), The Oxford Handbook of Comparative Constitutional Law (2012) 609 (622 ff); *Gamper*, Staat 183 f, 190 f; *Haller/Kölz/Gächter*, Staatsrecht 227; *Kägi*, Dreiteilung 165 ff; *Koja*, Staatslehre 142, 147; *Schambeck*, Idee 157 f.

[157] *Gamper*, Staat 183; *Haller/Kölz/Gächter*, Staatsrecht 225; *Schambeck*, Idee 153.

[158] *Gamper*, Staat 183; *Haller/Kölz/Gächter*, Staatsrecht 227 f; *Kägi*, Dreiteilung 165 ff.

[159] *Bartole*, Ordering 626; *Gamper*, Staat 183 f; *Haller/Kölz/Gächter*, Staatsrecht 227 f; *Kägi*, Dreiteilung 168.

innerhalb der Gesellschaft wichtig sind, stehen sie andererseits auch außerhalb jeglichen demokratischen Verantwortungszusammenhangs.[160]

Kehrt man abschließend noch einmal zur klassischen Dreiteilung der Gewalten zurück, so muss immer mitbedacht werden, dass die konkrete Ausgestaltung der Funktionenordnung von Staat zu Staat unterschiedlich ausfällt. Wie sich die einzelnen Gewalten, speziell Legislative und Exekutive, im Detail zueinander verhalten, kommt insbesondere darauf an, ob es sich um ein parlamentarisches, ein präsidiales oder ein gemischtes Regierungssystem handelt.[161]

2.4 Rechtsstaatlichkeit

2.4.1 Allgemeines

Der Versuch einer präzisen Begriffsbestimmung des Rechtsstaatsprinzips als nächstes zu behandelndes Verfassungsstaatselement zeichnet sich durch eine gewisse Komplexität aus, die neben entstehungsgeschichtlichen Gründen darauf zurückzuführen ist, dass der Rechtsstaat auf besondere Weise in Verbindung zu den anderen Prinzipien des westlichen Verfassungsstaates steht. Während Gewaltenteilung und Grundrechtegewährleistung oftmals beide unter das Rechtsstaatsprinzip subsumiert werden, wird dessen Verhältnis zum Demokratieprinzip – und, diesem vorgelagert, zur Volkssouveränität – manchmal als antagonistisch, manchmal als sich gegenseitig bedingend charakterisiert.[162] Sinn der Rechtsstaatsidee ist es nämlich, die Ausübung auch der demokratisch legitimierten Staatsgewalt zum Schutz der individuellen Freiheit zu beschränken. Rechtliche Grenzen sollen vor allem willkürliche Machtausübung verhindern, indem festgelegt wird, zu welchen Zwecken und auf welche Weise der Staat tätig werden kann. Mit seinem Fokus auf die individuelle Freiheit und Gleichheit kommt dem Rechtsstaat eine friedensstiftende und die Menschenwürde wahrende Funktion zu.[163] Neben der Verbürgung

---

[160] *Di Fabio*, Gewaltenteilung 620 ff; *Gamper*, Staat 136 ff, 179.

[161] *Dies*, Staat 207; *Haller/Kölz/Gächter*, Staatsrecht 223 f.

[162] Vgl zB *Adamovich*, Demokratie und Rechtsstaat, in Bundesministerium für Justiz (Hg), Dimensionen und Perspektiven des Rechts – FS Wilhelm Rosenzweig (1988) 27; *Kägi*, Rechtsstaat und Demokratie, in Imboden et al (Hg), Demokratie und Rechtsstaat – FS Zaccaria Giacometti (1953) 107; *Pernthaler*, Sind Demokratie und Rechtsstaat wirklich „an der Wurzel eins"?, in Funk (Hg), Der Rechtsstaat vor neuen Herausforderungen – FS Ludwig Adamovich (2002) 631. Vgl dazu noch unter 2.4.5.

[163] *Böckenförde*, Entstehung und Wandel des Rechtsstaatsbegriffs, in Ehmke (Hg), FS Adolf Arndt (1969) 53 (55 f, 75); *Fuchs*, Die Vermessung der Rechtsstaatlichkeit, EuGRZ 45 (2018), 237 (243); *Grote*, Rule of Law, Rechtsstaat and „Etat de droit", in Starck (Hg), Constitutionalism, Universalism and Democracy (1999) 269 (304); *Haller/Kölz/Gächter*, Staatsrecht 147 ff; *Hillgruber*, AöR 127 (2002), 467 ff; *Klecatsky*, Was verlangt der Rechtsstaat heute?, in ders (Hg), Der Rechtsstaat zwischen heute und morgen (1967) 13; *Koja*, Staatslehre 125 ff; *Marcic*, Die Sache und der Name des Rechtsstaates, in Imboden (Hg), Gedanke und Gestalt des demokratischen Rechtsstaates (1965) 54 (65, 70); *Merkl*,

in vielen nationalen Verfassungen als unabdingbarer Bestandteil des westlichen Verfassungsstaates ist heute das rechtsstaatliche Prinzip auch auf inter- und supranationaler Ebene verankert.[164]

2.4.2 Geschichtlicher Hintergrund

Bevor genauer auf die Definition und die einzelnen Elemente des Rechtsstaates eingegangen wird, soll ein kurzer Einblick in dessen Entstehungsgeschichte Orientierung bieten. Hierbei kann sowohl zwischen dem modernen Rechtsstaatsbegriff und seinen ideengeschichtlichen Vorläufern als auch zwischen länderspezifischen Entwicklungen unterschieden werden. Insbesondere die Begriffe *rule of law* und Rechtsstaat sind – obwohl sie einander von der grundsätzlichen Idee her entsprechen – nicht identisch, sondern Produkte jeweils eigener geschichtlicher Prozesse, die wiederum durch Eigenheiten des englischen bzw deutschen Staatsrechts geprägt waren.[165] Während die Entstehung des deutschen Rechtsstaatsbegriffs mit dem 19. Jahrhundert beginnt,[166] wurde der Grundstein der *rule of law* im Vereinigten Königreich bereits mit der *Magna Carta Libertatum* von 1215 gelegt – ein Dokument, das die Geltung des *law of the land* und gewisse Grundrechte[167] festlegte und somit dem monarchischen Handeln einen gewissen rechtlichen Rahmen gab. Über die folgenden Jahrhunderte wurde das Prinzip der Vorherrschaft des Rechts dort vor allem durch eine aktive Gerichtspraxis weiter ausgebaut und gestärkt, sodass mit Ende des 17. Jahrhunderts bereits viele rechtsstaatliche Elemente – wie das Willkürverbot, eine unabhängige Justiz und Gleichheit vor dem Gesetz – mit der Zustimmung des Königs rechtliche Gültigkeit erlangt hatten.[168]

Idee und Gestalt des Rechtsstaates, in ders et al (Hg), FS Hans Kelsen (1971) 126 (129); *Schambeck*, Vom Sinnwandel des Rechtsstaates (1970) 22 f, 38; *Schmidt-Aßmann*, Der Rechtsstaat, in Isensee/Kirchhof (Hg), Handbuch des Staatsrechts der Bundesrepublik Deutschland, Bd II: Verfassungsstaat³ (2004) 541 (558 f); *Weber*, Rechtsstaatsprinzip als gemeineuropäisches Verfassungsprinzip, ZöR 63 (2008), 267 (291 f).

[164] ZB Präambel der EMRK; Art 2 EUV; s dazu *Gamper*, Staat 252; *Weber*, ZöR 63 (2008), 267 f.

[165] *Böckenförde*, Entstehung 54; *Gamper*, Staat 253 f; *Grote*, Rule 270 ff; *Haller/Kölz/Gächter*, Staatsrecht 149 f; *Pernthaler*, Demokratie 635 f.

[166] *Dreier*, Der Rechtsstaat im Spannungsverhältnis zwischen Gesetz und Recht, Juristen Zeitung 40 (1985), 353; *Merten*, Rechtsstaat und Gewaltmonopol (1975) 10; *Schambeck*, Sinnwandel 17.

[167] ZB Art 39 *Magna Carta*: „No free man shall be seized or imprisoned, or stripped of his rights or possessions, or outlawed or exiled, or deprived of his standing in any other way, nor will we proceed with force against him, or send others to do so, except by the lawful judgment of his equals or by the law of the land.“

[168] Als weitere wichtige Dokumente, die nach der *Magna Carta* zur Entwicklung der *rule of law* beigetragen haben, gelten die *Petition of Rights* von 1628, der *Habeas Corpus Act* von 1679, die *Bill of Rights* von 1689 und der *Act of Settlement* von 1701. Vgl hierzu *Fleiner/Basta Fleiner*, Staatslehre 226; *Gamper*, Staat 253 f; *Grote*, Rule 273 ff; *Haller/Kölz/Gächter*, Staatsrecht 147 f; *Pernthaler*, Demokratie 635 f.

Die Herausbildung des Rechtsstaatsbegriffs im deutschen Rechtskreis blieb dem 19. Jahrhundert vorbehalten, wobei insbesondere den bürgerlichen Revolutionen von 1848/49 ein entscheidender Einfluss zukam. Als Gegenbewegung zum Modell des Polizeistaates, in dem die Verwaltung ungebunden agiert und Eingriffe durch den Staat für die Rechtsunterworfenen unvorhersehbar und unberechenbar sind,[169] entwickelte sich ein liberales und vernunftrechtlich geprägtes Verständnis des Staates, der eine Bindung der Vollziehung an das allgemeingültige Gesetz, die Einhaltung von Grundrechten als Abwehrrechte gegenüber dem Staat, den Schutz von Privateigentum und die Ermöglichung des wirtschaftlichen Wettbewerbs sicherstellen sollte.[170] Mit der Entwicklung des Rechtsstaates fällt der sich ausbreitende Konstitutionalismus zusammen, der – nachdem in der zweiten Hälfte des 18. Jahrhunderts die ersten modernen Verfassungen erlassen wurden – zu dieser Zeit an Fahrt aufnahm und universelle Verbreitung fand. Der Rechtsstaatsgedanke setzt den Bestand einer höheren Normenordnung voraus, an der sich das staatliche Handeln ausrichten soll. Die damals entstehenden Verfassungen stützten sich bereits auf Konzepte der Volkssouveränität, der Grundrechte und der Gewaltenteilung; die Einbettung rechtsstaatlicher Elemente, etwa des Legalitätsprinzips und eines effektiven Rechtsschutzsystems, in diese verfasste Ordnung führte so zum konstitutionellen Rechtsstaatsbegriff.[171]

Ausgehend von den Entwicklungen des 19. Jahrhunderts und in Verbindung mit einem erstarkenden Positivismus setzte sich eine auf formelle Aspekte abstellende Auffassung des Rechtsstaates durch, bei der die gesetzliche Bindung der Verwaltung, gerichtlicher Rechtsschutz und Gewaltenteilung im Vordergrund standen. Nicht enthalten waren hier jedoch Aussagen über einen möglichen Inhalt von Gesetzen im Sinne einer Einschränkung;[172] auch die Verpflichtung zur Einhaltung

---

[169] *Koja*, Staatslehre 125; *Merkl*, Idee 132; *Schambeck*, Sinnwandel 18.

[170] *Böckenförde*, Entstehung 59 ff; *Dreier*, JuristenZeitung 40 (1985), 354; *Grote*, Rule 277 ff; *Haller/Kölz/Gächter*, Staatsrecht 149 f; *Šarčević*, Der Rechtsstaat (1996) 6 ff; *Schambeck*, Sinnwandel 21. Dies führte zu *Lassalles* Vergleich des Staates mit einem Nachtwächter (vgl den daraus abgeleiteten Begriff des „Nachtwächterstaates“), mit dem er eine Auffassung des Staates kritisiert, die dessen Aufgaben auf den Schutz der genannten Rechtsgüter beschränkt sieht und so eine weitergehende Einmischung des Staates in das Leben seiner Bürgerinnen und Bürger verhindern will: *Lassalle*, Arbeiterprogramm, Rede über den besonderen Zusammenhang der gegenwärtigen Geschichtsperiode mit der Idee des Arbeiterstandes, gehalten am 12. April 1862, in Jenaczek (Hg), Ferdinand Lassalle: Reden und Schriften (1970) 22 (55). Vgl hierzu auch *Haller/Kölz/Gächter*, Staatsrecht 149 f, *Merkl*, Idee 133 und *Schambeck*, Sinnwandel 20. Die Einhaltung von Grundrechten stellte darüber hinaus eine auf die Verwaltung bezogene Verpflichtung dar; der Gedanke, dass diese auch den Gesetzgeber binden, kam erst später; s dazu sogleich.

[171] *Böckenförde*, Entstehung 59 ff; *Gamper*, Staat 32; *Merkl*, Idee 133 ff; *Schambeck*, Sinnwandel 21 ff; *Schmidt-Aßmann*, Rechtsstaat 557 f.

[172] *Böckenförde*, Entstehung 59 ff; *Dreier*, JuristenZeitung 40 (1985), 354; *Merten*, Rechtsstaat 11; *Schambeck*, Sinnwandel 23 f; *Weber*, ZöR 63 (2008), 267 f.

von Grundrechten betraf zu dieser Zeit in erster Linie die Exekutive.[173] Nach dem Zweiten Weltkrieg und den Schrecken des NS-Regimes setzte eine Trendwende hin zu einem bis heute geltenden, auch materielle Elemente miteinbeziehenden Rechtsstaatsbegriff ein, der auf der Menschenwürde aufbaut und nur erfüllt wird, wenn Grundrechten und generellen Gerechtigkeitsgrundsätzen die ihnen gebührende Stellung eingeräumt wird.[174] In der zweiten Hälfte des 20. Jahrhundert etablierte sich schließlich die Annahme, dass auch die Legislative zur Beachtung der Grundrechte verpflichtet sei und diesbezüglich einer gerichtlichen Kontrolle unterliege.[175]

2.4.3 Definition

Nachdem bereits Ausführungen über die Funktion und historische Entstehung des Rechtsstaates einen gewissen Einblick in dieses Konzept gewährt haben, ist nun die Frage einer genauen Definition dieses verfassungsstaatlichen Grundsatzes zu klären. Dabei ergeben sich Schwierigkeiten, die bereits aus dem bisher Gesagten abzuleiten sind: Den zeitlich und örtlich unterschiedlichen Vorstellungen von der Rolle des Rechts im Staat folgen auch jeweils divergierende Definitionen des Rechtsstaats, die je nachdem enger oder umfassender ausfallen können. In seiner Absicht, das Staatshandeln gesetzlich zu regulieren, kommt dem Rechtsstaat eher ein allgemeiner, richtungsweisender Charakter zu, der für vielfältige Präzisierungen offen ist. Eine Begriffsbestimmung zu finden, die auch nur für eine Rechtsordnung alle, auch durch die Lehre und Rechtsprechung konkretisierten, Elemente erfasst, scheint daher unmöglich.[176]

Fängt man zu diesem Zweck mit einer wörtlichen Interpretation an, untersucht man also die in „Rechts-Staat“ enthaltene Wortverbindung, liegt es nahe, jeden Staat als Rechtsstaat zu qualifizieren, der als Mittel zur Durchsetzung seiner Autorität das Recht verwendet. Hierbei handelt es sich um eine formale Definition, die prominent von *Hans Kelsen*[177] vertreten wurde, in diesem Fall aber nur

[173] *Öhlinger/Eberhard*, Verfassungsrecht[13] (2022) Rz 709.

[174] *Böckenförde*, Entstehung 72; *Grote*, Rule 284 f; *Merten*, Rechtsstaat 11 f; *Schambeck*, Sinnwandel 23 ff; *Weber*, ZöR 63 (2008), 267 f.

[175] *Kempen*, Grundrechtsverpflichtete, in Merten/Papier/Badura (Hg), Handbuch der Grundrechte in Deutschland und Europa, Bd II: Grundrechte in Deutschland: Allgemeine Lehren I (2006) 1293 (1305); *Koja*, Staatslehre 127 f; *Kucsko-Stadlmayer*, Die allgemeinen Strukturen der Grundrechte, in Merten/Papier/Kucsko-Stadlmayer (Hg), Handbuch der Grundrechte in Deutschland und Europa, Bd VII/1: Grundrechte in Österreich[2] (2014) 77 (98).

[176] *Bleckmann*, Vom subjektiven zum objektiven Rechtsstaatsprinzip, JöR 36 (1987), 1 (2); *Böckenförde*, Entstehung 53; *Gamper*, Staat 252; *Grote*, Rule 304 ff; *Haller/Kölz/Gächter*, Staatsrecht 156; *Merten*, Rule of Law am Scheideweg von der nationalen zur internationalen Ebene, ZöR 58 (2003), 1 (2); *Šarčević*, Rechtsstaat 6 ff.

[177] *Kelsen*, Reine Rechtslehre (1934) 126 f geht von der „Identität von Staat und Recht“ aus: „Und dann enthüllt sich der Versuch, den Staat als Rechtsstaat zu legitimieren, darum

begrenzt weiterhilft, da sie de facto jeden modernen Staat erfasst.[178] Eine englischsprachige Entsprechung dieser Begriffsdeutung ist der Ausdruck *rule by law*, der ebenfalls nur auf die Existenz und die Verwendung von Recht innerhalb eines Staates abstellt, ohne weitere inhaltliche Kriterien miteinzubeziehen.[179] Wie schon die alltägliche Verwendung des Rechtsstaatsbegriffs nahelegt, endet die Inhaltsbestimmung jedoch weitaus häufiger nicht bereits hier. Indem nicht auf irgendein Verhältnis zwischen Recht und Staat, sondern auf ein spezielles abgezielt wird, erlangt auch die inhaltliche Dimension Bedeutung. Nach einer daran orientierten Definition ist der Rechtsstaatsbegriff nur erfüllt, wenn das Recht innerhalb des Staates eine bestimmte Rolle einnimmt und den Rechtsnormen gewisse Eigenschaften zukommen, sodass schlussendlich „der Staat nicht bloß durch das Recht herrscht, sondern selbst auch vom Rechte beherrscht wird", dass also „das Recht nicht [nur] das Mittel, sondern das Maß des staatlichen Handelns"[180] ist. Ziel eines solchen substantiell verstandenen Rechtsstaates ist es, die Staatstätigkeit durch dessen Institutionen zu mäßigen und vorherzubestimmen.[181] Das den Werten des westlichen Verfassungsstaates eher entsprechende Verständnis ist sicher letzteres, weshalb es auch das hier interessierende ist. Es handelt sich dabei um eine Idealvorstellung, die je nach gesellschaftlichen Gegebenheiten auf andere Art erreicht werden soll und daher immer wieder neuen Anlass bietet, sich um eine Definition des Rechtsstaates zu bemühen.[182] Dieser Anpassungsfähigkeit geschuldet ist einerseits die Wendung von einem rein formellen hin zu einem vermehrt materiell interpretierten Rechtsstaatsbegriff, andererseits der Wandel von einem ursprünglich liberalen Rechtsstaatskonzept hin zu einem sozialen.[183]

2.4.4 Elemente des Rechtsstaates

Trotz Fehlens einer einzelnen, konkreten Definition des Rechtsstaates können einzelne typische Elemente ausgemacht werden, deren Analyse ein umfassendes Bild bezüglich des Wesens des Rechtsstaates liefert. Diesen Weg ist auch die *Venedig-Kommission* des Europarats mit der Annahme der „Rule of Law Checklist"[184] im

als völlig untauglich, weil jeder Staat ein Rechtsstaat sein muß: sofern man unter ‚Rechtsstaat' einen Staat versteht, der eine Rechtsordnung ‚hat'."

178 *Koja*, Staatslehre 124; *Marcic*, Sache 61 f; *Merkl*, Idee 126 ff; *Merten*, Rechtsstaat 10; *Schambeck*, Sinnwandel 1 f.

179 *Krygier*, Rule of Law, in Rosenfeld/Sajó (Hg), The Oxford Handbook of Comparative Constitutional Law (2012) 233 (234 f); *Tamanaha*, On the Rule of Law (2004) 92.

180 *Merkl*, Idee 126 f.

181 *Koja*, Staatslehre 124; *Merkl*, Idee 126 ff, 136; *Merten*, ZöR 58 (2003), 3 f; *Schambeck*, Sinnwandel 1 f.

182 *Grote*, Rule 271; *Merkl*, Idee 129.

183 *Böckenförde*, Entstehung 66 ff; *Haller/Kölz/Gächter*, Staatsrecht 150 f; *Pernthaler*, Demokratie 634 f; *Schambeck*, Sinnwandel 27.

184 *Venedig-Kommission*, Rule of Law Checklist, adopted by the Venice Commission at its 106th Plenary Session (Venice, 11–12 March 2016), CDL-AD(2016)007 <https://www.venice.coe.int/webforms/documents/default.aspx?pdffile=CDL-AD(2016)007-e> (12.06.2025).

Jahr 2016 gegangen. Um die Voraussetzungen zu schaffen, auf empirische Weise die Rechtsstaatlichkeit ihrer Mitgliedsstaaten zu beurteilen, wurde ein Katalog rechtsstaatlicher Standards erarbeitet, die für eine vollständige Verwirklichung des Rechtsstaatsprinzips erfüllt sein müssen und nicht nur formale, sondern auch materielle Kriterien beinhalten. Dabei wurde auf verschiedene Rechtsstaatstraditionen Rücksicht genommen, insbesondere auf das System des deutschen Rechtsstaats, der angloamerikanischen *rule of law* und des französischen *état de droit*, und die Gemeinsamkeiten abstrahiert.[185] Fünf Referenzpunkte sind nun in der Checklist enthalten; diese sind *legality* (Gesetzmäßigkeit), *legal certainty* (Rechtssicherheit), *prevention of abuse (misuse) of powers* (Willkürverbot), *equality before the law and non-discrimination* (Gleichheit vor dem Gesetz und Nicht-Diskriminierung) und *access to justice* (Justizgewährung).[186] Auch *Merten* kommt im internationalen Vergleich auf mehrere gemeinsame Merkmale und hebt dabei die Komponenten der „Bindung an Verfassung und Gesetz", den „effektive[n] Rechtsschutz durch unabhängige und unparteiliche Gerichte" und das „Recht auf ein faires Verfahren" hervor.[187] Bei der Aufzählung und Beschreibung der einzelnen Elemente des Rechtsstaates unterscheidet sich die einschlägige Literatur jeweils in Nuancen, dem Grunde nach können sie jedoch immer auch in die oben genannten Systeme eingeordnet werden.[188] Die wichtigsten Kernelemente sollen nun kurz näher betrachtet werden.

Das Legalitätsprinzip, auch als Gesetzmäßigkeit der Verwaltung oder etwas allgemeiner als Vorrang bzw Vorherrschaft des Gesetzes bezeichnet, stellt einen wichtigen Bestandteil des formellen Rechtsstaates dar, indem es die staatliche Verwaltung an das Gesetz bindet – hoheitliches Verwaltungshandeln also nur auf der Grundlage einer gesetzlichen Ermächtigung erfolgen darf. Im westlichen Verfassungsstaat bedeutet dies in Kombination mit dem Demokratiegrundsatz, dass letzten Endes jede Staatstätigkeit vom Volkswillen ableitbar ist.[189] Konsequenz dieser Gesetzesbindung ist das Erfordernis hinreichend determinierter Gesetze, worin das Gebot an die Gesetzgebung enthalten ist, das Tätigwerden der Verwaltung genau vorherzubestimmen und ihr nicht einen so großen Spielraum zu lassen,

[185] *Fuchs*, EuGRZ 45 (2018), 238 ff.

[186] *Venedig-Kommission*, CDL-AD(2016)007; *Fuchs*, EuGRZ 45 (2018).

[187] *Merten*, ZöR 58 (2003), 17 ff.

[188] Vgl zB *Diederichsen*, Innere Grenzen des Rechtsstaats, Der Staat 34 (1995), 33 ff; *Dreier*, JuristenZeitung 40 (1985), 353; *Gamper*, Staat 252; *Haller/Kölz/Gächter*, Staatsrecht 150 f; *Koja*, Staatslehre 124 ff; *Öhlinger*, Der Rechtsstaat, in Schmid et al (Hg), Auf dem Weg zum hypermodernen Rechtsstaat? (2011) 1 (2 ff); *Schmidt-Aßmann*, Rechtsstaat 552 f; *Weber*, ZöR 63 (2008), 267 f.

[189] In aller Regel ist vom Legalitätsgrundsatz jedoch nur das hoheitliche, nicht aber das privatwirtschaftliche Staatshandeln umfasst: *Koja*, Staatslehre 132; *Öhlinger/Eberhard*, Verfassungsrecht Rz 612; vgl *Klecatsky*, Rechtsstaat 19 ff, der ein Plädoyer für die Unterwerfung auch des privatrechtlich tätig werdenden Staates unter das Legalitätsprinzip hält.

der das Legalitätsprinzip wieder unterlaufen und willkürliche Entscheidungen ermöglichen würde.[190] Im weiteren Sinn verbietet der Legalitätsgrundsatz außerdem zu weitgehende Regelungen in Bezug auf die Befugnis der Exekutive zur Erlassung von gesetzesergänzenden oder -ändernden Rechtsakten, insbesondere mit Blick auf den Fall eines Ausnahmezustandes.[191] Sowohl zur Erfüllung des Legalitätsprinzips als auch der Prinzipien der Rechtssicherheit und Rechtsklarheit als weitere Bestandteile des formellen Rechtsstaatsbegriffs sind ferner Gesetze notwendig, die sich von ihrer Qualität her zur Vollziehung eignen, ebenso wie die Einrichtung eines öffentlichen, transparenten Gesetzgebungsverfahrens.[192]

Bei der Rechtssicherheit handelt es sich ebenfalls um einen formellen Aspekt des Rechtsstaates. Rechtssicherheit wird erlangt, indem es gewisse Schranken für die Gesetzeserzeugung bzw -änderung gibt: Hierzu zählen zum einen die Einhaltung des verfassungsrechtlich vorgesehenen Normerzeugungsverfahrens und der aus dem Stufenbau der Rechtsordnung abgeleitete Grundsatz, dass niederrangiges Recht höherrangiges nicht abändern kann. Zum anderen gehören dazu aber auch inhaltliche Vorgaben wie der Vertrauensschutz und das Rückwirkungsverbot. Das Prinzip der Rechtssicherheit trägt dem Bedürfnis der Rechtsunterworfenen nach Vorhersehbarkeit Rechnung; ein Gut, das durch inhaltlich bestimmte und eindeutig formulierte Gesetze erreicht werden kann.[193] Dem Grundsatz „Rechtssicherheit vor Rechtsrichtigkeit" folgend wird außerdem Wert auf die Beständigkeit der Rechtsordnung gelegt, woraus sich ergibt, dass rechtswidrige Rechtsakte grundsätzlich verbindlich und nicht von vornherein absolut nichtig sind, sie aber aufgehoben werden können, und dass einmal endgültig entschiedene Rechtssachen außer im Ausnahmefall nicht mehr abgeändert werden können.[194] Schließlich ist es für die Rechtssicherheit der Bürgerinnen und Bürger entscheidend, sich über die geltende Rechtslage informieren zu können, weshalb beschlossene Gesetze und Gerichtsentscheidungen veröffentlicht und leicht zugänglich gemacht werden müssen.[195]

---

[190] Der erforderliche Bestimmtheitsgrad ist dabei abhängig von der Natur des jeweiligen Rechtsgebiets: *Gamper*, Staat 256.

[191] Vgl dazu noch unten Kapitel 9.5.

[192] *Fuchs*, EuGRZ 45 (2018), 240 f; *Gamper*, Staat 254 ff; *Klecatsky*, Rechtsstaat 21 ff; *Koja*, Staatslehre 129 ff; *Venedig-Kommission*, CDL-AD(2016)007, 11 ff.

[193] *Beck*, Die Suggestion einzig richtiger Entscheidungen im Recht – notwendig oder vermeidbar?, in Schuhr (Hg), Rechtssicherheit durch Rechtswissenschaft (2014) 11 (13 f); *Fuchs*, EuGRZ 45 (2018), 241; *Gamper*, Staat 256; *Merten*, ZöR 58 (2003), 3 f; *Ranchordás*, Sunset Clauses and Experimental Regulations: Blessing or Curse for Legal Certainty?, Statute Law Review 36 (2015), 28 (36 ff); *Schmidt-Aßmann*, Rechtsstaat 586 ff.

[194] Vgl den Ausspruch bei *Radbruch*, Vorschule der Rechtsphilosophie² (1959) 62: „[D]ie Rechtssicherheit verlangt, daß in jedem Rechtsstreit einmal das letzte Wort gesprochen sei, sei dieses Wort auch unzutreffend."

[195] *Von Arnauld*, Rechtssicherheit (2006) 101 ff; *Gamper*, Staat 256; *Koja*, Staatslehre 126 ff; *Kudlich/Oğlakcıoğlu*, Rechtsprechung im Spannungsfeld zwischen kurz- und lang-

Das Legalitätsprinzip und der Grundsatz der Rechtssicherheit bzw Vorhersehbarkeit tragen beide zur Verrechtlichung und damit zur Mäßigung der Staatsgewalt bei; um die Gesetzesbindung der Vollziehung, aber auch die Verfassungskonformität der Gesetze, wirklich sicherzustellen, ist jedoch ein umfassendes Rechtsschutzsystem notwendig. Unter Rechtsschutz versteht man, dass den einzelnen Bürgerinnen und Bürgern die Möglichkeit eingeräumt wird, sich bei Verstößen gegen die Rechtsordnung zur Wehr zu setzen, indem von unabhängigen und unparteiischen Gerichten ein Prüfungsverfahren durchgeführt und der gegebenenfalls rechtswidrige Zustand beseitigt wird. Dies bedeutet als Konsequenz des dem Staat zukommenden Gewaltmonopols insbesondere auch, dass Instrumente zur Verfügung gestellt werden müssen, mit denen die Akte der öffentlichen Gewalt bekämpft werden können. Verfahrensgrundrechte, wie das Recht auf den gesetzlichen Richter, die Unschuldsvermutung und die Einräumung von rechtlichem Gehör aber auch der Grundsatz der Gleichheit vor dem Gesetz sollen darüber hinaus ein faires Verfahren garantieren. Voraussetzung für einen effektiven Rechtsschutz ohne eine mögliche Beeinflussung der Entscheidungsorgane ist dabei eine ausreichende Trennung der Staatsfunktionen.[196] Die Gewaltenteilung, die bereits als eigener Punkt im vorherigen Kapitel behandelt wurde, stellt demgemäß selbst ein wichtiges Element der formellen Rechtsstaatlichkeit dar.[197]

Kern eines materiell verstandenen, über formelle Garantien hinausgehenden Rechtsstaates ist hingegen das Hinzukommen einer inhaltlichen Komponente durch die Gewährleistung von Grundrechten. Die Möglichkeit, dass im Rahmen eines Normprüfungsverfahrens tatsächlich auch die Einhaltung der Grundrechte kontrolliert wird, verbreitete sich erst im Laufe der Zeit, stellt heute aber in vielen Verfassungen einen zentralen Bestandteil der Gerichtsbarkeit dar.[198] Wie die Gewaltenteilung werden auch die Grundrechte zuweilen unter das rechtsstaatliche Prinzip subsumiert; wegen ihrer Bedeutung für den westlichen Verfassungsstaat

---

fristiger Rechtssicherheit, in Schuhr (Hg), Rechtssicherheit durch Rechtswissenschaft (2014) 171; *Schmidt-Aßmann*, Rechtsstaat 588; *Weber*, ZöR 63 (2008), 291 f. Vgl auch *Venedig-Kommission*, CDL-AD(2016)007, 14 ff. Zum Begriff des „Fehlerkalküls" vgl *Merkl*, Die Lehre von der Rechtskraft, in Mayer-Maly/Schambeck/Grussmann (Hg), Adolf Julius Merkl – Gesammelte Schriften, Bd I/1: Grundlagen des Rechts (1993) 365 (367).

196 *Fuchs*, EuGRZ 45 (2018), 241 f; *Gamper*, Staat 257; *Koja*, Staatslehre 127; *Merten*, ZöR 58 (2003), 4, 18 f; *Schmidt-Aßmann*, Rechtsstaat 579 ff; *Venedig-Kommission*, CDL-AD(2016)007, 18 ff.

197 *Fleiner/Basta Fleiner*, Staatslehre 237; *Haller/Kölz/Gächter*, Staatsrecht 150 f; *Koja*, Staatslehre 126; *Schmidt-Aßmann*, Rechtsstaat 565 ff.

198 Vgl *Stone Sweet*, Constitutional Courts, in Rosenfeld/Sajó (Hg), The Oxford Handbook of Comparative Constitutional Law (2012) 816 bei Fn 2: „Of 106 national constitutions written since 1985, every one contained a charter of rights, and all but five established a mode of rights review." *Gamper*, Staat 258; *Haller/Kölz/Gächter*, Staatsrecht 150 f; *Öhlinger*, Rechtsstaat 7 f; *Schmidt-Aßmann*, Rechtsstaat 553, 565, 579.

werden die Grundrechte jedoch häufig auch als eigenständiges Element behandelt, weshalb ihnen auch hier ein gesondertes Kapitel als verfassungsstaatliches Prinzip gewidmet wird.[199] Alles in allem sind die einzelnen formellen und materiellen Rechtsstaatselemente nicht isoliert zu betrachten, sie ergänzen sich gegenseitig und erbringen in Verbindung das gewünschte Ergebnis, nämlich die Verrechtlichung der Staatstätigkeit unter einer bestimmten inhaltlichen Ausrichtung.[200]

2.4.5 Der Rechtsstaat im Gefüge des Verfassungsstaates

Abschließend soll noch einmal auf das zu Beginn dieses Kapitels erwähnte besondere Verhältnis zwischen dem rechtsstaatlichen und dem demokratischen Prinzip eingegangen werden. Das Zitat von *Gorbatschow* „Es kann keine Wahrung des Rechts ohne Demokratie geben. Ebenso wenig kann Demokratie Bestand haben und sich entwickeln ohne die Herrschaft der Gesetze“[201] legt eine enge Verknüpfung dieser beiden Grundsätze nahe, die nicht nur Gemeinsamkeiten haben, sondern sich auch gegenseitig bedingen. Insbesondere mit Blick auf ihre ideengeschichtlichen Ursprünge wird davon gesprochen, „daß Rechtsstaat und Demokratie an der Wurzel eins“[202] seien. Beide Prinzipien zielen nämlich darauf ab, die individuelle Freiheit der Menschen zu vergrößern und für möglichst viele ein menschenwürdiges Leben zu ermöglichen. Im Zentrum steht bei beiden das allgemeingültige Gesetz, einmal in seiner demokratischen Funktion als Ausdruck des Volkswillens, einmal um das Verwaltungshandeln im Sinne der Rechtsstaatlichkeit zu beschränken und vorhersehbar zu machen.[203]

In der Literatur wird jedoch auch häufig auf die Gegensätzlichkeit bzw die unterschiedliche Stoßrichtung beider Prinzipien hingewiesen.[204] Das zeigt sich schon allein daran, dass demokratische Systeme nicht zwingend rechtsstaatlich sein müssen und umgekehrt auch ein demokratisches Regierungssystem keine notwendige Voraussetzung für einen Rechtsstaat darstellt. Der Rechtsstaat steht beispielsweise radikaldemokratischen Konzepten, die für eine unbeschränkte Mehrheitsherrschaft bürgen, entgegen, wäre aber mit einer nicht auf einem allgemeinen und

---

[199] Vgl unten Kapitel 2.5.

[200] *Bleckmann*, JöR 36 (1987), 3; *Böckenförde*, Entstehung 74; *Gamper*, Staat 258; *Schmidt-Aßmann*, Rechtsstaat 553.

[201] *Gorbatschow*, Perestroika (1987) 132.

[202] *Marcic*, Sache 68; ibidem 69: „Demokratie und Rechtsstaat sind zwei Blickrichtungen, die ein und dieselbe Sache bietet.“ Vgl ebenso *Klecatsky*, Rechtsstaat 14 und *Pernthaler*, Demokratie.

[203] *Adamovich*, Demokratie 30 ff; *Haller/Kölz/Gächter*, Staatsrecht 153 ff; *Klecatsky*, Rechtsstaat 14 ff; *Pernthaler*, Demokratie 638; *Pöschl*, Stellschrauben des demokratischen Rechtsstaates, juridikum 2022, 347 (348 ff).

[204] *Adamovich*, Demokratie 30 ff; *Böckenförde*, Entstehung 58; *Haller/Kölz/Gächter*, Staatsrecht 153 ff; *Kägi*, Rechtsstaat 107 ff; *Pöschl*, juridikum 2022, 349 ff; *Šarčević*, Rechtsstaat 56.

gleichen Wahlrecht beruhenden staatlichen Willensbildung vereinbar.[205] Stehen Rechtsstaat und Demokratie für sich allein, neigen sie jeweils zu extremen Ausformungen. Im westlichen Verfassungsstaat werden sie zusammengeführt und in ein besonderes Wechselspiel miteinander gebracht, wodurch eine Mäßigung dieser beiden Säulen des Verfassungsstaates eintritt. Rechtsstaatliche Garantien wie die Gewaltenteilung und effektiver Rechtsschutz führen zu einer Begrenzung des Mehrheitswillens, wobei im Verfassungsstaat viele rechtsstaatliche Institutionen selbst darauf ausgerichtet sind, die Rückkoppelung an den Volkswillen sicherzustellen, wie man beispielsweise an der Doktrin der Vorherrschaft des (demokratisch legitimierten) Gesetzes erkennt. Die konkrete Austarierung dieser beiden Prinzipien ist von Staat zu Staat verschieden; einmal kommen demokratische, ein andermal rechtsstaatliche Merkmale stärker zum Vorschein.[206]

In diesem Zusammenhang bedarf das Institut der Verfassungsgerichtsbarkeit einer speziellen Erwähnung, da es Ausdruck der Verschränkung des demokratischen und des rechtsstaatlichen Grundsatzes im westlichen Verfassungsstaat ist. Wie in der „Rule of Law Checklist" der *Venedig-Kommission* zu lesen ist, ist die Einrichtung eines Verfassungsgerichtshofes nicht zwingend notwendig: „What is essential is an effective guarantee of the conformity of governmental action, including legislation, with the Constitution."[207] Versieht jedoch eine Verfassung entweder alle Gerichte oder ein darauf spezialisiertes mit der Fähigkeit, vom Parlament ratifizierte Gesetze im Falle ihrer Verfassungswidrigkeit aufzuheben, entspricht dies zwar der Rechtsstaatlichkeit, das Spannungsverhältnis zum demokratischen Prinzip tritt jedoch augenblicklich zutage. Legitimiert wird die Tatsache, dass so einer gerichtlichen Entscheidung Vorrang gegenüber jener eines demokratisch gewählten Parlaments gewährt wird, jedoch einerseits durch die Anordnung der auf das souveräne Volk zurückgehenden Verfassung selbst, andererseits durch die damit erfüllte Funktion, ebendiese Verfassung zu schützen.[208] Wie weit die Kompetenz von Verfassungsgerichten reicht, und ab wann deren Tätigkeit zu sehr in die der anderen Staatsgewalten eingreift, oder auch umgekehrt, ist eine schwierige Gradmessung und Gegenstand häufiger Diskussionen in der Literatur, wobei es

---

[205] *Haller/Kölz/Gächter*, Staatsrecht 153 ff; *Kägi*, Rechtsstaat 107 ff, 116, 121, 134 ff; *Šarčević*, Rechtsstaat 56.

[206] *Adamovich*, Demokratie 39 f; *Haller/Kölz/Gächter*, Staatsrecht 153 ff; *Kägi*, Rechtsstaat 136 ff; *Merten*, Rechtsstaat 8 f; *Pernthaler*, Demokratie 638 f, 653 f; *Zippelius*, Die Entstehung des demokratischen Rechtsstaates aus dem Geiste der Aufklärung, JuristenZeitung 54 (1999), 1125 (1127, 1130 f).

[207] *Venedig-Kommission*, CDL-AD(2016)007, 27.

[208] Vgl bereits *Hamilton*, Nr. 78, in Zehnpfennig (Hg), Die Federalist Papers (2007) 454 (457 f). *Adamovich*, Demokratie 41 ff; *Gamper*, Regeln der Verfassungsinterpretation (2012) 213 ff; *dies*, Verfassungsgerichtsbarkeit 33 ff; *Pernthaler*, Demokratie 640, 654.

natürlich auch auf die jeweilige Verfassung und die Praxis der Verfassungsgerichte ankommt.[209]

Die Aufrechterhaltung der Rechtsstaatlichkeit spielt in Krisenszenarien des westlichen Verfassungsstaats sehr oft eine zentrale Rolle, wie auch aus den folgenden Kapiteln noch hervorgehen wird. Dabei kann es sowohl um ein Effizienzproblem der rechtsstaatlichen Institutionen als auch um eine Diskussion bezüglich der Einschränkung der Grundrechte gehen, genauso wie um den Kampf um die Deutungshoheit des Rechtsstaatsbegriffs, die Übermacht bestimmter gesellschaftlicher Kräfte, die das System der Gewaltenteilung de facto obsolet macht, oder gesellschaftspolitische Diskurse, die entweder sicherheits- oder freiheitspolitischen Regelungszielen den Vorrang einräumen wollen.[210]

2.5 Grundrechte

2.5.1 Allgemeines

Wie bereits im vorigen Kapitel erwähnt, werden die Grundrechte bisweilen als materieller Ausdruck der Rechtsstaatlichkeit unter das Rechtsstaatsprinzip subsumiert –[211] hier soll ihnen jedoch ein eigener Abschnitt gewidmet werden. Grund- und Menschenrechte kennzeichnen sich durch ihren fundamentalen Charakter als Ausfluss der Menschenwürde und dadurch, dass sie subjektive Rechte des Individuums gegenüber dem Staat darstellen.[212] Die begriffliche Unterscheidung

---

[209] Verschiedene theoretische Konzepte spielen in diesem Zusammenhang eine Rolle, etwa *judicial self-restraint* und *judicial activism*, die *political question*-Doktrin und die Juristokratie: *Epstein/Knight*, Efficacious Judging on Apex Courts, in Delaney/Dixon (Hg), Comparative Judicial Review (2018) 272 (281 ff); *Hirschl*, Towards Juristocracy: The Origins and Consequences of the New Constitutionalism (2004); *Posner*, The Rise and Fall of Judicial Self-Restraint, California Law Review 100 (2012), 519. Vgl auch *Bickel*, The Least Dangerous Branch (1962); *Di Fabio*, Gewaltenteilung 628; *Gamper*, Verfassungsgerichtsbarkeit 2 ff; *Robertson*, The Counter-Majoritarian Thesis, in Jacobsohn/Schor (Hg), Comparative Constitutional Theory (2018) 189; *Schmidt-Aßmann*, Rechtsstaat 557 f; *Smilov*, The Judiciary: The Least Dangerous Branch, in Rosenfeld/Sajó (Hg), The Oxford Handbook of Comparative Constitutional Law (2012) 859 (871 f).

[210] *Adamovich*, Der Rechtsstaat zwischen zwei „Welten", in Verfassungsgerichtshof (Hg), Ludwig Adamovich: Ausgewählte Werke (2012) 247 (247, 252 ff); *Adamovich*, Demokratie 35 f; *Benda*, Der Rechtsstaat in der Krise, in Hohnstock (Hg), Der Rechtsstaat in der Krise (1972) 9; *Haller/Kölz/Gächter*, Staatsrecht 156; *Merten*, Rechtsstaat 17; *Öhlinger*, Rechtsstaat 13 ff; *Schambeck*, Sinnwandel 27 ff.

[211] *Gamper*, Staat 252, 258.

[212] *Berka/Binder/Kneihs*, Die Grundrechte[2] (2019) 11; *Gamper*, Staat 258; *Haller/Kölz/Gächter*, Staatsrecht 357; *Maier*, Überlegungen zu einer Geschichte der Menschenrechte, in Badura (Hg), Wege und Verfahren des Verfassungslebens – FS Peter Lerche (1993) 43 f; *Pernthaler*, Sein und Sollen in den Menschenrechten, in Feik/Winkler (Hg), FS Walter Berka (2013) 179 (191); *Schambeck*, Die Grundrechte im demokratischen

zwischen Grund- und Menschenrechten wird nicht völlig einheitlich gehandhabt, mitunter werden sie sogar in austauschbarer Weise verwendet. Einleuchtend erscheint jedoch eine Differenzierung je nach der Ebene ihrer Verankerung: Grundrechte – im Sinne von in nationalen Verfassungen festgeschriebenen subjektiven Rechten – sind dabei in ihrer Geltung oftmals auf Staatsbürgerinnen und -bürger eingeschränkt, können aber genauso allen Menschen zuerkannt werden. Menschenrechte hingegen, also völkerrechtlich gesicherte fundamentale Rechte, gelten typischerweise ohne Rücksicht auf die Staatsbürgerschaft.[213]

2.5.2 Funktion und Reichweite der Grundrechte

Nach ihrer ursprünglichen Konzeption dienen die Grundrechte dem Schutz des einzelnen Menschen, mittlerweile können sich je nach Art des Grundrechts aber auch juristische Personen oder Personengruppen auf die Grundrechte berufen; in einigen Fällen werden selbst an sich ohne Rechtspersönlichkeit ausgestatteten Phänomenen wie der Natur subjektive Rechte zugestanden.[214] Sinn und Zweck der Grundrechte ist eine Begrenzung der Staatsgewalt. Dies kann sich in einem von den staatlichen Organen eingeforderten Tun oder Unterlassen äußern – in Form eines Gebots, die Grundrechte zu achten und deren Einhaltung sicherzustellen,

---

Verfassungsstaat, in Janko et al (Hg), Beiträge zum Verfassungs- und Europarecht (2014) 277 (279); *Stern*, Idee der Menschenrechte und Positivität der Grundrechte, in Isensee/Kirchhof (Hg), Handbuch des Staatsrechts der Bundesrepublik Deutschland, Bd IX: Allgemeine Grundrechtslehren[3] (2011) 3 (52).

[213] Eine stärker naturrechtliche Betrachtungsweise versteht Menschenrechte hingegen als jedem Menschen aufgrund seiner Menschlichkeit – seiner Personalität und Würde – zukommende Rechte mit überpositiver, vorstaatlicher Geltung. *Berka/Binder/Kneihs*, Grundrechte 7; *Di Fabio*, Recht 61; *Kriele*, Zur Geschichte der Grund- und Menschenrechte, in Achterberg (Hg), Öffentliches Recht und Politik – FS Ulrich Scupin (1973) 187 (188); *Stern*, Die Idee der Menschen- und Grundrechte, in Merten/Papier (Hg), Handbuch der Grundrechte in Deutschland und Europa, Bd I: Entwicklung und Grundlagen (2004) 3 (26 ff); *Stern*, Idee der Menschenrechte 51 ff. Vgl auch *Gamper*, Staat 259, wonach Menschenrechte begrifflich eher auf natürliche Personen abzielen, während der Begriff der Grundrechte auch für juristische Personen verwendet werden kann.

[214] *Berka/Binder/Kneihs*, Grundrechte 4; *Stone*, Should Trees Have Standing? Towards Legal Rights for Natural Objects, Southern California Law Review 45 (1972), 450. Vgl etwa das neuseeländische Gesetz *Te Awa Tupua (Whanganui River Claims Settlement) Act 2017*, in dessen Rahmen dem Whanganui River Rechtspersönlichkeit zuerkannt wurde. Vgl ebenso Art 71 ecuadorianische Verfassung, wo der Natur konkrete Rechte eingeräumt werden: „Nature, or Pacha Mama, where life is reproduced and occurs, has the right to integral respect for its existence and for the maintenance and regeneration of its life cycles, structure, functions and evolutionary processes. All persons, communities, peoples and nations can call upon public authorities to enforce the rights of nature [...].“ Kritisch bezogen auf den Verlust des individuellen Grundrechtscharakters in diesem Zusammenhang *Stern*, Idee der Menschen- und Grundrechte 39 ff; *ders*, Idee der Menschenrechte 44.

eines Verbots, in die gewährten Ansprüche einzugreifen und eines Zugeständnisses an die Bürgerinnen und Bürger, ihre Freiheiten auszuüben.[215] Typischerweise sind sie in Form von Grundrechtskatalogen ein Teil der Verfassung und binden die gesamte Staatsgewalt, also sowohl Gesetzgebung als auch Vollziehung. Dass auch der Gesetzgeber Grundrechte verletzen kann, rückte erst im Laufe der Zeit ins Bewusstsein der Staatsrechtswissenschaft;[216] mittlerweile geht man im westlichen Verfassungsstaat aber selbst von einer Bindung des Verfassungsgesetzgebers aus, der die Grundrechte nicht beliebig einschränken darf, sondern einen gewissen Standard aufrechterhalten muss.[217] In diesem Zusammenhang wird auch von der Unverletzlichkeit der Grundrechte gesprochen; dennoch können sie in einer demokratischen Gesellschaft nicht schrankenlos gelten. Zum einen würde die absolute Durchsetzung eines Grundrechtsanspruchs die Grundrechtspositionen anderer Individuen bzw den Schutzbereich anderer Grundrechte einschränken, zum anderen müssen auch Interessen der Allgemeinheit, wie etwa die Aufrechterhaltung der öffentlichen Ordnung, beachtet werden.[218]

Neben dem Charakter der Grundrechte als subjektive Schutz- und Freiheitsrechte legen manche Grundrechtstheorien den Fokus eher auf ihre Funktion als gesellschaftliche Ordnungsprinzipien bzw heben die Tatsache, dass der Verfassung Grundrechte zugrunde gelegt werden, als allumfassende Wertentscheidung hervor. Aus der Gewährleistung der Gleichheit und Religionsfreiheit, der Unverletzlichkeit des Eigentums und der Ermöglichung der freien Erwerbsbetätigung ergeben sich etwa eine demokratisch organisierten Gesellschaft, die auch gewisse soziale Belange berücksichtigt, ein System der freien Marktwirtschaft und die

[215] *Berka/Binder/Kneihs*, Grundrechte 6; *Kirste*, Das Fundament der Menschenrechte, Der Staat 52 (2013), 119 (133); *Verdroß*, Die Würde des Menschen und ihr völkerrechtlicher Schutz (1975) 5.

[216] Vgl bereits oben bei Fn 172 ff.

[217] *Fleiner/Basta Fleiner*, Staatslehre 201 ff; *Gamper*, Staat 261, 268 ff; *Koja*, Staatslehre 329 ff; *Merten*, Begriff 491; *Pernthaler*, Sein und Sollen 187. Dass auch der Grundrechte beschränkende (Verfassungs-)Gesetzgeber an gewisse Schranken gebunden ist („Schranken-Schranken"), kommt in der sogenannten Wesensgehaltstheorie (auch Wesensgehaltsgarantie bzw der Wesensgehaltssperre) zum Ausdruck, wonach der Wesensgehalt der Grundrechte unantastbar ist und solche Einschränkungen verboten sind, die mit einer Aufhebung vergleichbar wären (*Fleiner/Basta Fleiner*, Staatslehre 204; *Gamper*, Staat 270 f; *Öhlinger/Eberhard*, Verfassungsrecht Rz 713; *Pernthaler*, Sein und Sollen 191 f; *Schambeck*, Grundwerte 405 f mwN). Vgl als Beispiele einer expliziten Bezugnahme auf den grundrechtlichen Wesensgehalt Art 19 Abs 2 deutsches Grundgesetz: „In keinem Falle darf ein Grundrecht in seinem Wesensgehalt angetastet werden" und Art 52 Abs 1 GRC: „Jede Einschränkung der Ausübung der in dieser Charta anerkannten Rechte und Freiheiten muss gesetzlich vorgesehen sein und den Wesensgehalt dieser Rechte und Freiheiten achten."

[218] *Berka/Binder/Kneihs*, Grundrechte 4 f; *Brugger*, Menschenrechte im modernen Staat, AöR 114 (1989), 537 (579); *Fleiner/Basta Fleiner*, Staatslehre 201 ff; *Pernthaler*, Sein und Sollen 191.

weitgehende Trennung zwischen Staat und Kirche. Kommunikationsgrundrechte und politische Grundrechte sollen hingegen für einen ausgeprägten Pluralismus sorgen und innerpolitischen Frieden sicherstellen.[219] Kurz, die Grundrechte können mit *Schambeck* als „Ausdruck des Strebens des Menschen nach Rechtssicherheit, Freiheit und Gerechtigkeit" bezeichnet werden.[220] Um den Grundrechten mit all ihren Facetten innerhalb einer staatlichen Ordnung zum Durchbruch zu verhelfen, ist das Zusammenspiel einer Vielzahl von Maßnahmen notwendig. Auch deshalb ist immer wieder ein Widerspruch zwischen der formalen und realen Gewährung von Grundrechten zu beobachten. Der Durchsetzbarkeit der Grundrechte kommt deshalb im westlichen Verfassungsstaat besondere Bedeutung zu.[221] Verwirklicht werden kann diese materielle Seite der Rechtsstaatlichkeit mit den Verfahren und Institutionen der formellen Rechtsstaatlichkeit, insbesondere mit der Einrichtung eines gewaltenteilenden Systems und dem Grundsatz der richterlichen Unabhängigkeit und Unparteilichkeit.[222]

2.5.3 Geschichtlicher Hintergrund

Dieses moderne Grundrechtsverständnis konnte sich erst ab Ende des 18. Jahrhunderts mit der Erlassung der ersten Verfassungen im heutigen Sinn durchsetzen. Wurzeln der Grundrechtsidee reichen aber weit zurück:[223] So stellten etwa die frühen englischen Rechteverbürgungen wie die *Petition of Rights* von 1628, der *Habeas Corpus Act* von 1679 und die *Bill of Rights* von 1689 – die vor allem einen Schutz vor willkürlichen Verhaftungen normierten – wichtige Weichen für die weitere Grundrechtsentwicklung.[224] Diese standen bereits in der Tradition der Aufklärung und der Naturrechtslehre, und vor allem durch die Gesellschaftsvertragstheorie *Lockes* konnte die Idee von unveräußerlichen Rechten erstmals Fuß fassen. Im Naturzustand seien alle Menschen einander ebenbürtig und völlig frei; wenn sie sich dann aufgrund der Gefahren für Leib und Leben sowie für den

---

[219] *Benda*, Rechtsstaat 27; *Böckenförde*, Grundrechtstheorie und Grundrechtsinterpretation, in Augsberg/Unger (Hg), Basistexte: Grundrechtstheorie (2012) 15; *Koja*, Staatslehre 332 f; *Pernthaler*, Sein und Sollen 195 f.

[220] *Schambeck*, Grundrechte 277.

[221] *Haller/Kölz/Gächter*, Staatsrecht 357; *Koja*, Staatslehre 332 f; *Pernthaler*, Staatslehre 264, 282; *ders*, Sein und Sollen 193 f; *Stern*, Menschen- und Grundrechte 31.

[222] *Berka/Binder/Kneihs*, Grundrechte 5; *Gamper*, Staat 258.

[223] *Dies*, Staat 260; *Haller/Kölz/Gächter*, Staatsrecht 361; *Koja*, Staatslehre 329;*Merten*, Der Begriff der Grundrechte in seiner geschichtlichen Entwicklung bis zur Frankfurter Reichsverfassung, in Akyürek et al (Hg), Staat und Recht in europäischer Perspektive – FS Heinz Schäffer (2006) 485 (486 ff); *Stern*, Grundideen 16 f; *ders*, Idee der Menschen- und Grundrechte 11, 14 f; *ders*, Idee der Menschenrechte 21 f.

[224] *Berka/Binder/Kneihs*, Grundrechte 12 f; *Fleiner/Basta Fleiner*, Staatslehre 137 ff, 154 f; *Gamper*, Staat 260; *Haller/Kölz/Gächter*, Staatsrecht 361 f; *Koja*, Staatslehre 329; *Schambeck*, Grundrechte 281 ff; *Stern*, Grundideen 16 f; *ders*, Idee der Menschen- und Grundrechte 6 ff; *ders*, Idee der Menschenrechte 21 f; *Verdroß*, Würde 5 ff.

eigenen Besitz in diesem Zustand entschließen, sich zu einem Staat zusammenschließen und sich einer zentralen Herrschaftsgewalt zu unterwerfen, verbleiben ihnen doch gewisse unverzichtbare Rechte; der Staat darf über sie nur so weit verfügen, wie es zum Wohl der Gemeinschaft notwendig ist.[225]

Maßgeblichen Einfluss hatte *Locke* auch auf die amerikanische Verfassungsrechtsgeschichte. Mit der in der Unabhängigkeitserklärung von 1776 zum Ausdruck kommenden Formel „all men are created equal"[226] – die sich so ähnlich auch in einigen zur selben Zeit erlassenen Grundrechtskatalogen der amerikanischen Gliedstaaten findet, allen voran in der *Virginia Declaration of Rights*[227]– wurde zumindest formell die Gleichheit aller Menschen anerkannt. Besonders daran war, dass diese Grundrechte nicht von einem wohlwollenden Herrscher gewährt, sondern als vorstaatliche Rechte angesehen wurden, die auch für die gesamte Staatsgewalt bindend waren.[228] Für Kontinentaleuropa noch stärker prägend waren die verfassungsrechtlichen Entwicklungen Frankreichs im gleichen Jahrzehnt. Noch im ersten Jahr der Französischen Revolution 1789 erließ die französische Nationalversammlung eine Erklärung der Menschen- und Bürgerrechte, die ebenso von natürlichen, unveräußerlichen Rechten spricht und in Art 1 1. Satz sogleich festhält: „Die Menschen sind und bleiben von Geburt frei und gleich an Rechten."[229] Die Kompetenz von Gerichten, im Rahmen einer Grundrechtskontrolle auch Staatsakte aufzuheben, konnte sich jedoch im angelsächsischen Rechtsraum

---

[225] *Locke*, Treatises 2. Buch § 6 ff, 87, 95, 123, 131 ua; *Locke* spricht immer von der Trias „Life, Liberty and Estate" (so zB § 87: „Man [...] hath by Nature a Power [...] to preserve his Property, that is, his Life, Liberty and Estate."). Vgl auch *Berka/Binder/Kneihs*, Grundrechte 13; *Fleiner/Basta Fleiner*, Staatslehre 140 f; *Gamper*, Staat 260; *Haller/Kölz/Gächter*, Staatsrecht 361 f; *Merten*, Begriff 488 ff; *Schambeck*, Grundrechte 284 f; *Stern*, Menschen- und Grundrechte 6 ff, 12 f; *ders*, Idee der Menschenrechte 10. Vgl bereits oben Fn 23.

[226] Aus der amerikanischen Unabhängigkeitserklärung vom 4. Juli 1776: „We hold these truths to be self-evident, that all men are created equal, that they are endowed by their Creator with certain unalienable Rights, that among these are Life, Liberty and the pursuit of Happiness."

[227] *Virginia Declaration of Rights* vom 12. Juni 1776, Section 1: „That all men are by nature equally free and independent [...]." Die *Virginia Declaration of Rights* hat den Ruf als erstes Beispiel eines modernen, in sich geschlossenen Grundrechtskatalog inne.

[228] *Berka/Binder/Kneihs*, Grundrechte 14; *Damm*, Menschenwürde, Freiheit, komplexe Gleichheit: Dimensionen grundrechtlichen Gleichheitsschutzes (2011) 82; *Fleiner/Basta Fleiner*, Staatslehre 147 f, 153 f; *Gamper*, Staat 261; *Haller/Kölz/Gächter*, Staatsrecht 362 ff; *Schambeck*, Grundrechte 285 f; *Stern*, Grundideen 18 ff; *ders*, Idee der Menschen- und Grundrechte 15 f; *ders*, Idee der Menschenrechte 12 f; *Verdroß*, Würde 7 f.

[229] Erklärung der Menschen- und Bürgerrechte vom 26. August 1789. *Berka/Binder/Kneihs*, Grundrechte 14; *Fleiner/Basta Fleiner*, Staatslehre 143 f; *Gamper*, Staat 261; *Haller/Kölz/Gächter*, Staatsrecht 364; *Koja*, Staatslehre 330 *Pernthaler*, Staatslehre 263 f; *Schambeck*, Grundrechte 287; *Verdroß*, Würde 8.

früher etablieren als in Kontinentaleuropa. In den USA etwa nahm der *Supreme Court* bereits 1803 im Fall *Marbury v Madison*[230] die Kompetenz in Anspruch, Gesetze auf ihre Verfassungsmäßigkeit zu überprüfen und gegebenenfalls aufzuheben.[231]

Nach den USA und Frankreich folgten im 19. und 20. Jahrhundert viele weitere Staaten Europas mit der Erlassung von im Verfassungsrang stehenden Grundrechtskatalogen. Gleich wie in Frankreich gilt aber auch in diesen Staaten, dass die gerichtliche Durchsetzung der Grundrechte erst mit der Zeit größere praktische Bedeutung erlangte. Speziell wurde bis ins 20. Jahrhundert davon ausgegangen, dass mit der Bindung der Verwaltung an das Gesetz, das Hauptanliegen der Grundrechte, vor willkürlichen Eingriffen durch die Exekutive zu schützen, erreicht war; erst später wurde erkannt, dass auch der Gesetzgeber gegen Grundrechte verstoßen kann und deshalb selbstverständlich auch er durch sie gebunden ist.[232] Das Ende des Ersten Weltkrieges führte im 20. Jahrhundert zur Entstehung einer Reihe neuer demokratischer, den Grundrechten verschriebenen Verfassungsstaaten. Der Aufstieg faschistischer und totalitärer Systeme und mit ihnen der Ausbruch des Zweiten Weltkriegs stellen jedoch einen tiefen Einschnitt in der Geschichte der Grundrechteentwicklung dar. Die Gründung der Vereinten Nationen 1945 und die Rückbesinnung auf den Wert der Menschenwürde führten 1948 zu der Verabschiedung der politisch sehr einflussreichen Allgemeinen Erklärung der Menschenrechte (AEMR) durch eine Resolution der Generalversammlung,[233] die auch heute noch das wichtigste internationale Menschenrechtsdokument darstellt. Sie hat erheblich dazu beigetragen, dass heute viele Grundrechte universell für jeden Menschen gelten und nicht mehr Staatsbürgerinnen und Staatsbürgern vorbehalten sind.[234]

---

[230] 5 U.S. (1 Cranch) 137 (1803).

[231] Ursächlich dafür wird auch eine stärker philosophische als praktische Ausrichtung der französischen Menschenrechtserklärung gegenüber der US-amerikanischen Verfassung gesehen. *Berka/Binder/Kneihs*, Grundrechte 14 f; *Fleiner/Basta Fleiner*, Staatslehre 145, 148; *Pernthaler*, Staatslehre 264; *Stern*, Menschen- und Grundrechte 17 f; *ders* Idee der Menschenrechte 14 f.

[232] *Berka/Binder/Kneihs*, Grundrechte 15 ff; *Gamper*, Staat 261; *Pernthaler*, Staatslehre 265; *Stern*, Menschen- und Grundrechte 19. Vgl bereits oben bei Fn 172 ff und Fn 216 f.

[233] Resolution 217 A (III) der Generalversammlung vom 10. Dezember 1948.

[234] Aus der Präambel zur AEMR: „[D]ie Generalversammlung [verkündet] diese Allgemeine Erklärung der Menschenrechte als das von allen Völkern und Nationen zu erreichende gemeinsame Ideal.“ *Berka/Binder/Kneihs*, Grundrechte 18 f, 24 f; *Brugger*, AöR 114 (1989), 539 f; *D'Atena*, Verflechtung 160 ff; *Gamper*, Staat 262; *Haller/Kölz/Gächter*, Staatsrecht 367; *Merten*, Begriff 486; *Schambeck*, Grundrechte 281 f, 288 f; *Stern*, Menschen- und Grundrechte 20 ff; *ders*, Menschenrechte 31 f, 41 ff; *Verdroß*, Würde 8.

2.5.4 Grundrechte im westlichen Verfassungsstaat

Wie auch die anderen verfassungsstaatlichen Prinzipien ist die Gewährleistung von Grundrechten nicht isoliert zu betrachten, sondern im Gesamtzusammenhang des westlichen Verfassungsstaates. Die Entstehung des modernen Verfassungsstaates überschneidet sich in vielen Phasen mit der Entwicklung der Grundrechte als verfassungsgesetzlich gewährleistete Rechte. Für die Verwirklichung der Hauptanliegen des frühen Verfassungsstaates, wie die Herstellung einer Trennung zwischen Staat und Gesellschaft und die Bindung allen Staatshandelns an das Gesetz, spielte die Grundrechtsidee eine wichtige Rolle.[235] Bereits Art 16 der französischen Menschenrechtserklärung von 1789 verweist auf die enge wechselseitige Beziehung zwischen Verfassung und Grundrechten, indem deklariert wird: „Eine Gesellschaft, in der die Verbürgung der Rechte nicht gesichert [...] ist, hat keine Verfassung."[236] In Bezug auf das demokratische Prinzip kommen den Grundrechten insbesondere zwei Funktionen zugute. Die Anerkennung und Gewährleistung von Grundrechten soll zum einen nicht nur vor ungerechtfertigten Eingriffen einer autoritären Staatsgewalt in die persönliche Sphäre schützen, sondern jede Art der Machtausübung beschränken, auch eine demokratische. Dies spielt besonders beim Schutz der Minderheit vor Mehrheitsentscheidungen eine wichtige Rolle, um eine Ausartung der Demokratie in Richtung einer „Tyrannei der Mehrheit"[237] zu verhindern.[238] Zum anderen wird die Implementierung gewisser Grundrechte, wie etwa der Presse- und Meinungsäußerungsfreiheit, der Vereins- und Versammlungsfreiheit und natürlich dem Wahlrecht, als Voraussetzung für eine funktionierende Demokratie gesehen.[239] Umgekehrt wird mehrheitlich auch davon ausgegangen, dass Menschenrechte nur innerhalb einer demokratischen Regierungsform verwirklicht werden können,[240] wenngleich etwa *Böckenförde* bemüht war, das Gegenteil zu beweisen.[241] Der Zusammenhang zu den verfassungsstaatlichen Grundsätzen der Gewaltenteilung und Rechtsstaatlichkeit ergibt sich klar in deren Funktion, die Grundrechte zu schützen und deren Durchsetzung sicherzustellen.

---

[235] *Berka/Binder/Kneihs*, Grundrechte 11; *Kriele*, Geschichte 194 f; *Merten*, Begriff 486; *Schambeck*, Grundrechte 293; *Stern*, Grundideen 21; *ders*, Menschenrechte 25.

[236] Vgl bereits oben Fn 122. *Di Fabio*, Recht 72; *Kriele*, Geschichte 194; *Stern*, Grundideen 15 f. Vgl auch *D'Atena*, Verflechtung, der die konstitutive Beziehung zwischen Verfassung und Grundrechten erörtert.

[237] *Tocqueville*, Demokratie II. Teil, 7. Kapitel. Vgl bereits oben Fn 96.

[238] *Berka/Binder/Kneihs*, Grundrechte 18; *Di Fabio*, Recht 65; *Koja*, Staatslehre 333; *Schambeck*, Grundrechte 307; *Stern*, Menschenrechte 24.

[239] *Di Fabio*, Recht 63; *Luf*, Anmerkungen zum Verhältnis von Menschenrechten und Demokratie, in Ennöckl et al (Hg), FS Bernhard Raschauer (2013) 369 (375 f); *Schambeck*, Grundrechte 306; *Stern*, Menschenrechte 23.

[240] *Luf*, Anmerkungen 376 ff; *Stern*, Menschenrechte 23; *Wihl*, Der Idealstatus der Menschenrechte, Der Staat 48 (2009), 193 (206).

[241] *Böckenförde*, Ist Demokratie eine notwendige Forderung der Menschenrechte?, in Gosepath/Lohmann (Hg), Philosophie der Menschenrechte (1998) 233.

Neben dieser auf organisatorischem Wege erreichten Machtbegrenzung kommt es speziell auf die verfassungsmäßig zur Verfügung gestellten Verfahren an, mit denen Grundrechte eingeklagt werden können, und in weiterer Folge auf das Vorhandensein einer unabhängigen und unparteilichen Gerichtsbarkeit.[242]

3. Der westliche Verfassungsstaat in der Krise

3.1 Krise im Allgemeinen

Setzt man sich mit der Frage auseinander, was unter Krise eigentlich zu verstehen ist, stößt man schnell auf gewisse Hürden. Der Begriff der Krise wird im Zusammenhang mit sehr heterogenen Phänomenen verwendet, wodurch deutlich wird, dass dieser nicht auf eine bestimmte Gattung von Ereignissen beschränkbar ist, sondern sich gerade dadurch auszeichnet, auf verschiedenste Situationen angewendet werden zu können.[243] Krisen können sowohl im privaten als auch im öffentlichen Bereich auftreten, können sowohl menschengemacht als auch Naturereignisse sein. Daraus folgt, dass auch der Sinngehalt von „Krise" jeweils unterschiedlich ausfällt. Versucht man jedoch, den Begriff auf einer höheren Abstraktionsebene auszulegen, gelangt man nur zu einem sehr unscharfen Krisenbegriff.[244]

Nichtsdestotrotz können einige Merkmale genannt werden, die krisenhafte Verhältnisse gemeinsam haben: Der Begriff Krise kommt vom Griechischen und bedeutet so viel wie Entscheidung, Streit oder Urteil und wurde in der Antike vor allem im medizinischen Kontext zur Bezeichnung der entscheidenden Phase einer Krankheit verwendet. Aus etymologischer Sicht können Krisen daher sowohl einen negativen als auch einen positiven Ausgang haben.[245] Auch wenn der

---

242 *Berka/Binder/Kneihs*, Grundrechte 5; *D'Atena*, Verflechtung 158 f; *Kriele*, Geschichte 194; *Stern*, Menschenrechte 24.

243 Vgl die zahlreichen Beispiele bei *Berger/Fattinger*, juridikum 2021, 404, *Gamper*, Wie krisenfest ist unsere Verfassung?, in ÖJT (Hg), Wie krisenfest ist unsere Verfassung? Diskussionsveranstaltung vom 15. September 2021 (2022) 7 und *Steg*, Was heißt eigentlich Krise, Soziologie 2020, 423 (424 bei FN 3), die von sozialen, humanitären, ökologischen, ökonomischen und politischen Krisen bis hin zu Beziehungs- und individuellen Krisen wie Depression, Burnout oder Midlife-Crisis reichen.

244 *Berger/Fattinger*, juridikum 2021, 404; *Gamper*, Verfassung 7 f; *Grunwald/Pfister*, Krisis! Krisenszenarien, Diagnosen und Diskursstrategien, in dies (Hg), Krisis! (2007) 7; *Hesse*, Anmerkungen zur Krisenfestigkeit der österreichischen Bundesverfassung, in Müller (Hg), Krise der liberalen Demokratie? (2019) 141 (142); *Kienast*, „Krise", juridikum 2021, 357; *Koselleck*, Krise, in Brunner/Conze/Koselleck (Hg), Geschichtliche Grundbegriffe, Bd III: H-Me (1982) 617 (617 und 649 f); *Steg*, Soziologie 2020, 424, 429 f.

245 *Goeze/Strobel*, Krisenrhetorik, in Ueding (Hg), Historisches Wörterbuch der Rhetorik, Bd X: Nachträge A–Z (2012) 511 (511 ff); *Grunwald/Pfister*, Krisis 7 f; *Habermas*,

Krisenbegriff heute eindeutig negativ konnotiert ist, deutet seine Wortherkunft darauf hin, dass Krisen typischerweise mit großer Unsicherheit verbunden sind und in irgendeiner Form einen Wendepunkt darstellen.[246] Bei Krisen handelt es sich um eine Abweichung von der Normalität –[247] sie markieren eine Phase einschneidender Veränderung, in der die Stabilität sowie die Funktionsfähigkeit von Systemen unter Druck geraten.[248] Wichtig dabei ist, dass es sich bei einer Krise um nichts Dauerhaftes handelt, auch wenn man zwischen kurzen krisenhaften Momenten und langen Krisenperioden unterscheiden kann: Würde die Krise zu etwas Dauerhaftem, würde sie damit auch wieder zur Normalität, und das krisenhafte Element ginge verloren.[249] Da es sich also bei einer Krise nicht um den Normalzustand handelt, kann auch nur bedingt auf Erfahrungswerte zurückgegriffen werden.[250] Hinzu kommt, dass oft keine geeigneten Mittel zur Verfügung stehen,

---

Legitimationsprobleme im Spätkapitalismus (1973) 9 f; *Khakzadeh-Leiler*, Recht und Krise, in Aigner et al (Hg), Recht und Krise (2016) 1 (2); *Kienast*, juridikum 2021, 358; *Koselleck*, Krise 617 ff; *Starn*, Historische Aspekte des Krisenbegriffs, in Jänicke (Hg), Politische Systemkrisen (1973) 52 (52 f); *Steg*, Soziologie 2020, 425 f, 431. Vgl auch *Jänicke*, Krisenbegriff und Krisenforschung, in ders (Hg), Herrschaft und Krise (1973) 10, der zwischen einem optimistischen und einem pessimistischen Krisenbegriff unterscheidet: „Wird im einen Fall Krise als Chance einer umfassenden Systemtransformation gesehen, so ergibt sie sich im anderen Fall als Bedrohung essentieller Werte."

[246] *Goeze/Strobel*, Krisenrhetorik 513 f; *Habermas*, Legitimationsprobleme 10; *Khakzadeh-Leiler*, Recht 2; *Kienast*, juridikum 2021, 358; *Ranacher*, Wie krisenfest ist unsere Verfassung?, in ÖJT (Hg), Wie krisenfest ist unsere Verfassung? Diskussionsveranstaltung vom 15. September 2021 (2022) 41 (43, 47 ff); *Steg*, Soziologie 2020, 425, 431. Vgl auch die Bezeichnung von Krisen als „Interregnum" bei *Gramsci*, Heft 3 (1930), in Haug (Hg), Gefängnishefte, Bd II: 2.–3. Heft (1991) 327 (354): „Die Krise besteht gerade in der Tatsache, daß das Alte stirbt und das Neue nicht zur Welt kommen kann."

[247] *Grunwald/Pfister*, Krisis 8; *Habermas*, Legitimationsprobleme 9; *Khakzadeh-Leiler*, Recht 2; *Steg*, Soziologie 2020, 428 ff.

[248] *Goeze/Strobel*, Krisenrhetorik 514; *Khakzadeh-Leiler*, Recht 3; *Kienast*, juridikum 2021, 358; *Steg*, Soziologie 2020, 430 ff.

[249] *Goeze/Strobel*, Krisenrhetorik 513; *Habermas*, Legitimationsprobleme 9; *Khakzadeh-Leiler*, Recht 1 f; *Kienast*, juridikum 2021, 358; *Koselleck*, Krise 635; *Merkel*, Ist die Krise der Demokratie eine Erfindung?, in Müller (Hg), Krise der liberalen Demokratie? (2019) 21 (22 f); *Steg*, Soziologie 2020, 430 f. Zur Unterscheidung zwischen Normalzustand und Ausnahmezustand vgl *Erkens*, Staat extrem: Der Ausweichsitz als Anschauungsobjekt rechtlicher Resilienz im Ausnahmezustand, in Jäger/Daun/Freudenberg (Hg), Politisches Krisenmanagement, Bd II: Reaktion – Partizipation – Resilienz (2018) 79 (84 f), *Gross*, Chaos and Rules: Should Responses to Violent Crises Always Be Constitutional?, Yale Law Journal 112 (2003), 1011 (1070 ff) und *Lurie*, Introduction: Emergency, Exception and Normalcy, in Albert/Roznai (Hg), Constitutionalism Under Extreme Conditions (2020) 17.

[250] *Kaiser*, Ausnahmeverfassungsrecht (2020) 71.

mit denen der Krise begegnet werden kann.[251] Erschwerend wirkt hier der Zeit- und Handlungsdruck, der im Regelfall mit Krisen einhergeht und es im Grunde nicht erlaubt, mit Entscheidungen zuzuwarten, obwohl es vielleicht an ausreichenden Informationen fehlt oder erst zwischen gegensätzlichen Interessen vermittelt werden müsste.[252]

Trotz der Benennung dieser Krisenmerkmale bleibt eine zentrale Frage offen: Ab wann kann tatsächlich von einer Krise gesprochen werden – wann ist also wortwörtlich der kritische Punkt erreicht? Wann ist die Lage ernst, die Abweichung von der Normalität groß genug? Was kann überhaupt als „normal" bezeichnet werden? An diesen Fragen ist bereits erkennbar, dass das Vorliegen einer Krise ohne klar definierte und überprüfbare Kriterien nicht objektiv feststellbar ist, sondern von der subjektiven Wahrnehmung abhängt. Das ermöglicht die instrumentelle Verwendung des Krisenbegriffs, insbesondere in der Politik: Das Sprechen von einer Krise generiert Aufmerksamkeit, legt die Norm fest, von der eine Abweichung beklagt wird und hilft, auch unpopuläre Maßnahmen mit dem Hinweis auf deren krisenbedingte Notwendigkeit[253] durchzusetzen. Nicht zuletzt deswegen und wegen der häufigen Anwendung des Krisenbegriffs auf alle möglichen Situationen sollte diese Etikettierung kritisch betrachtet werden.[254]

---

[251] *Steg*, Soziologie 2020, 430 f; *Wiederin*, Das Recht des Staatsnotstands in Österreich, in Grafl/Klob/Reindl-Krauskopf (Hg), Freiheit versus Sicherheit: 5. ALES-Tagung 2016 (2017) 115 (128).

[252] *Gamper*, Verfassung 23; *Goeze/Strobel*, Krisenrhetorik 513; *Grunwald/Pfister*, Krisis 9; *Kaiser*, Ausnahmeverfassungsrecht 71; *Khakzadeh-Leiler*, Recht 2; *Kienast*, juridikum 2021, 361; *Koselleck*, Krise 624 ff; *Ranacher*, Verfassung 43; *Steg*, Soziologie 2020, 430 f; *Wiederin*, Recht 129 ff. Vgl auch VfSlg 20.398/2020; 20.399/2020; VfGH 01.10.2020, G 271/2020-16, V 463-467/2020-16; 01.10.2020, V 405/2020-14 zur Covid-19-Pandemie: „Krisenhafte Situationen wie die vorliegende sind dadurch gekennzeichnet, dass staatliche Maßnahmen […] unter erheblichem Zeitdruck und insofern unter Unsicherheitsbedingungen getroffen werden müssen, als Wissen darüber zu einem großen Teil erst nach und nach gewonnen werden kann und Auswirkungen wie Verbreitung von COVID-19 notwendig einer Prognose unterliegen."

[253] *Roznai/Albert*, Introduction: Modern Pressures on Constitutionalism, in Albert/Roznai (Hg), Constitutionalism Under Extreme Conditions (2020) 1 (3): „It is not lost on anyone that fundamental freedoms are at great risk in moments of crisis." Dazu auch *Posner/Vermeule*, Accommodating Emergencies, Stanford Law Review 56 (2003), 605 (609).

[254] *Di Fabio*, Recht 9; *Gamper*, Verfassung 8; *Goeze/Strobel*, Krisenrhetorik 515, 520; *Grunwald/Pfister*, Krisis 7 ff; *Jänicke*, Krisenbegriff 10; *Kaiser*, Ausnahmeverfassungsrecht 71; *Khakzadeh-Leiler*, Recht 3, 15; *Kienast*, juridikum 2021, 361 f; *Koselleck*, Krise 650; *Lawrence*, The EU in Crisis: Crisis Discourse as a Technique of Government, in Bulterman/van Genugten (Hg), Netherlands Yearbook of International Law 2013 (2014) 187 (192 ff); *Merkel*, Krise 22; *Steg*, Soziologie 2020, 423 f, 429.

3.2 Krise im Recht

Diese eben versuchte abstrakte Definition des Krisenbegriffs kann sowohl in allen möglichen Lebensbereichen als auch im Recht Anwendung finden. Im rechtlichen Kontext kann der „Krise" jedoch noch ein spezifischerer Gehalt beigemessen werden. Grundsätzlich lässt sich dabei zwischen zwei Bedeutungsebenen unterscheiden: Entweder ist das Recht jenes Instrument, mit dem auf Krisen reagiert wird, oder es ist selbst Gegenstand der Krise – auf die wiederum mit rechtlichen Mitteln reagiert werden kann. Aufgrund der engen Verknüpfung – oder, wie von *Kelsen* angenommen, der Identität –[255] von Recht und Staat können Überlegungen hinsichtlich des Begriffspaares Recht und Krise auch als Überlegungen zum Zusammenhang von Staat und Krise verstanden werden.

Recht kann also zum einen eine Möglichkeit bieten, die gesamte oder einen Großteil der Bevölkerung betreffende krisenhafte Konstellationen zu bewältigen. Dabei ermöglichen rechtliche Instrumente nicht nur eine Reaktion auf bereits bestehende Krisen, sondern auch deren präventive Abwehr.[256] Dafür kann grundsätzlich der in einer Rechtsordnung bestehende Normenkomplex ausreichen, allerdings können auch neue – auf den konkreten Anlassfall abzielende – verfassungs- und unterverfassungsrechtliche Regelungen erlassen werden. Viele Rechtsordnungen sehen darüber hinaus ein Notstands(verfassungs)recht[257] vor, das in speziell normierten Fällen zur Anwendung kommt und typischerweise vereinfachte Verfahrensabläufe für Rechtssetzung und -vollzug vorsieht.[258]

Einheitlich anerkannte rechtswissenschaftliche Kriterien zur Qualifikation einer Situation als „Krise" gibt es nicht.[259] Auch die meisten Rechtsordnungen – sofern

[255] *Kelsen*, Staatslehre 56 f; *ders*, Rechtslehre 126 f.

[256] *Berger/Fattinger*, juridikum 2021, 409 ff; *Gamper*, Verfassung 7 f; *Khakzadeh-Leiler*, Recht 4 f; *Kienast*, juridikum 2021, 364; *Klebelsberg*, Staatsnotstand und Notstandsverfassung (2025) 94 ff; *Klein*, Funktionsstörungen in der Staatsorganisation, in Isensee/Kirchhof (Hg), Handbuch des Staatsrechts der Bundesrepublik Deutschland, Bd XII: Normativität und Schutz der Verfassung³ (2014) 907 (916 ff).

[257] Ein Notstand in diesem Sinne liegt gem *Klein*, Innerer Notstand, in Isensee/Kirchhof (Hg), Handbuch des Staatsrechts der Bundesrepublik Deutschland, Bd XII: Normativität und Schutz der Verfassung³ (2014) 935 (936) vor, wenn „so schwere Gefahren für den Bestand eines Staates, seine Sicherheit und (Rechts-)Ordnung bestehen, daß deren Bewältigung mit den im Normalfall zu Gebote stehenden Mitteln als nicht mehr möglich erscheint". Zu diesem Begriff s auch *Koja*, Der Staatsnotstand als Rechtsbegriff (1979) und *Stern*, Staatsrecht II 1289 ff. Ausführlich auch *Klebelsberg*, Staatsnotstand 89 ff.

[258] *Finke/Krämer*, Das europäische Beihilfenrecht – Krise und Recht oder Krise des Rechts?, in Jaeger (Hg), Beihilferecht (2012) 339 (344 f); *Khakzadeh-Leiler*, Recht 10 ff; *Klebelsberg*, Staatsnotstand 114 f; *Ní Aoláin/Gross*, Law in Times of Crisis: Emergency Powers in Theory and Practice (2006) 35 ff, 66 ff.

[259] *Kaiser*, Ausnahmeverfassungsrecht 68 f; *Klebelsberg*, Staatsnotstand 44; *Reindl-Krauskopf/Schulev-Steindl*, Reaktionsfähigkeit des österreichischen Rechts im Krisenfall, in Müller (Hg), Krise der liberalen Demokratie? (2019) 229 (232).

sie überhaupt entsprechende Regelungen enthalten – verzichten auf einen allgemeinen Krisenbegriff und stellen stattdessen unter der Bezeichnung als Notstand oder Ausnahmezustand auf konkrete Szenarien ab.[260] Nach dem hier zugrunde gelegten Verständnis reicht der Krisenbegriff jedoch über den des Notstands hinaus.[261] Auf jeden Fall muss es sich dabei um Konstellationen handeln, die die oben genannten allgemeinen Merkmale einer Krise erfüllen, mit dem Zusatz, dass die Normalitätsabweichung, die Entscheidungsnot, der Zeitdruck und die Ernsthaftigkeit der Lage in besonderer Weise auf das Recht und damit auf den Staat einwirken.[262]

Je schwerwiegender eine Krise ist, desto eher wird jedenfalls mit den ordentlichen Rechtsinstrumenten und staatlichen Prozessen auch nicht mehr das Auslangen gefunden, was entweder Spielraum für die Anwendung eines positivierten Notstandsrechts schafft oder aber es erforderlich erscheinen lässt, den verfassungsrechtlich determinierten Rahmen unter Rückgriff auf extrakonstitutionelle Mittel zu verlassen.[263] Dies zeigt zugleich, wie aus einer Krise, auf die die Rechtsordnung bzw der Staat reagiert, eine solche werden kann, deren Gegenstand das Recht selbst ist.[264] Denn die Aussage „emergencies […] challenge the legal order“[265] trifft bei Krisen, die das Recht berühren, unabhängig davon zu, welche Phänomene konkret unter den Krisenbegriff subsumiert werden. Schafft es die geltende Rechtsordnung nicht, eine Krise in einer gewissen Zeit zufriedenstellend zu bewältigen, begünstigt dies nicht nur die Überschreitung verfassungsmäßig vorgesehener Befugnisse, sondern die Ergreifung faktischer Maßnahmen. Die Effektivität der geltenden Rechtsordnung wird dabei unterlaufen, was die Rolle des Rechts als Steuerungsinstrument innerhalb der Gesellschaft überhaupt in Frage stellt.[266] Die damit einhergehende wachsende Rechtsunsicherheit führt dazu, dass sich eine

---

260 *Gamper*, Verfassung 9 f; *Khakzadeh-Leiler*, Recht 5 f, 13 f; *Kienast*, juridikum 2021, 364 ff; *Stern*, Staatsrecht II 1294. *Wiederin*, Recht 122 nennt als Beispiele für krisenhafte Szenarien, auf die im Rahmen nationaler Notstandsregime immer wieder abgestellt wird, Krieg, innere Unruhen, Naturereignisse und Versorgungskrisen.

261 *Kaiser*, Ausnahmeverfassungsrecht 68 ff; *Klebelsberg*, Staatsnotstand 48 f.

262 *Jäger*, Strategische Führung in Krisen, in ders/Daun/Freudenberg (Hg), Politisches Krisenmanagement, Bd I: Wissen – Wahrnehmung – Kommunikation (2016) 3 (8 f); *Reindl-Krauskopf/Schulev-Steindl*, Reaktionsfähigkeit 232 ff.

263 *Gamper*, Verfassung 14 f; *dies*, Staat 70 ff; *Khakzadeh-Leiler*, Recht 19; *Klebelsberg*, Staatsnotstand 75 f; *Stern*, Staatsrecht II 1300 f. Kritisch gegenüber dem Konstrukt eines überpositiven Notstandsrechts *Koja*, Staatsnotstand 8 ff.

264 *Finke/Krämer*, Beihilfenrecht 344. Vgl auch das einprägsame Zitat bei *Haab*, Krisenrecht: Rektoratsrede gehalten am 20. November 1936 (1936) 24: „Daher mögen diejenigen, auf deren Schultern die schwere Last der Verantwortung ruht, sich vorsehen, daß nicht das Recht der Krise zu einer Krise des Rechtes und des Rechtsempfindens des Volkes führe.“

265 *Roznai/Albert*, Introduction 3.

266 *Erkens*, Staat 88; *Finke/Krämer*, Beihilfenrecht 346 f; *Jäger*, Führung 8 f.

Krise des Rechts zu einer Krise der Rechtsstaatlichkeit entwickelt und sich in der Folge auch auf andere Prinzipien des westlichen Verfassungsstaates erstreckt.[267]

3.3 Krise im Verfassungsrecht

3.3.1 Definition einer Verfassungskrise

Der gerade behandelte rechtsbezogene Krisenbegriff findet auch im Verfassungsrecht Anwendung. Das Verfassungsrecht kann dabei, wie oben ausgeführt, sowohl als Krisenbewältigungsinstrument fungieren als auch selbst unmittelbar in der Krise stehen.[268] Verfassungskrisen im letzteren Sinn sind es, die in dieser Arbeit zu erörtern sind. Ebenso wie in der Rechtswissenschaft bislang kein einheitlicher Krisenbegriff etabliert ist, fehlt es auch an eindeutigen Kriterien zur Identifikation einer Verfassungskrise.[269] Ausgehend von den bisherigen Überlegungen muss es sich jedenfalls um verfassungsrechtlich relevante Situationen handeln, die auf negative Weise von der Normalität abweichen und von Entscheidungsnot, Zeitdruck und einer gewissen Ernsthaftigkeit geprägt sind.

Reindl-Krauskopf/Schulev-Steindl unterscheiden zwischen dem allgemeineren Begriff des Krisenfalls im Kontext eines Staatsnotstands und jenem der Verfassungsstörung bzw Verfassungskrise. Letzterer beschreibe „abnorme staatsrechtliche Lagen", deren Ursachen nicht außerhalb,[270] sondern im Inneren des staatlichen Gefüges liegen.[271] Sie beziehen sich dabei auf *Heckels* Verfassungsstörungsbegriff, der darunter Situationen versteht, in denen eine verfassungsrechtliche Institution nicht in der Lage ist, ihre Funktionen zu erfüllen.[272] In der Rezeption *Heckels* wird folglich der Ausnahmezustand, der auf äußere Störungen abzielt, der Verfassungsstörung gegenübergestellt, bei der es sich um innere Unregelmäßigkeiten handelt, wie etwa um die Unfähigkeit oder Weigerung oberster Staatsorgane, die ihnen durch die Verfassung übertragenen Aufgaben zu erfüllen.[273] *Lachmayer* nennt darüber hinausgehend mehrere Kriterien, die für ihn einzeln oder kumulativ eine Verfassungskrise begründen können: die Funktionsunfähigkeit des Parlaments, der obersten Verwaltungsorgane oder der Höchstgerichte; die Verletzung oder Aushöhlung der Verfassung und ihrer Grundprin-

[267] *Khakzadeh-Leiler*, Recht 19 f.

[268] *Gamper*, Verfassung 7; *Lachmayer*, juridikum 2021.

[269] *Ders*, juridikum 2021, 369 mwN.

[270] Wie etwa Naturkatastrophen, Kraftwerksunfälle, terroristische Akte oder Pandemien: *Reindl-Krauskopf/Schulev-Steindl*, Reaktionsfähigkeit 233.

[271] *Dies*, Reaktionsfähigkeit 232 ff.

[272] *Heckel*, Diktatur, Notverordnungsrecht, Verfassungsnotstand: mit besonderer Rücksicht auf das Budgetrecht, AöR 61 (1932), 257 (275).

[273] *Folz*, Staatsnotstand und Notstandsrecht (1962) 81; *Klebelsberg*, Staatsnotstand 81 f; *Klein*, Funktionsstörungen 909 ff; *Koja*, Staatsnotstand 29 ff; *Stern*, Staatsrecht II 1370 f.

zipien durch eben jene Institutionen; Konflikte zwischen diesen Organen, die eine Blockade zur Folge haben sowie sonstige Verhinderungen oder erhebliche Verzögerungen verfassungsmäßig vorgesehener Prozesse.[274]

Von einer Verfassungskrise sind jedenfalls solche Szenarien zu unterscheiden, die die Verfassung etwa im Rahmen gesellschaftlicher oder politischer Krisen „nur berühren".[275] Nicht alle staatsbezogenen herausfordernden Situationen sind daher auch Verfassungskrisen.[276] Eine solche liegt nur vor, wenn die Effektivität des Großteils oder einzelner wichtiger Teile der bestehenden Verfassungsrechtsordnung durch rechtliche oder tatsächliche Akte unterlaufen wird. In derartigen Fällen kann eine Verfassung gerade nicht mehr ihrer Funktion, durch die Festlegung gewisser Spielregeln und Werte ein ordnungsgemäßes Zusammenleben sicherzustellen,[277] gerecht werden.[278] Abschließend sei noch auf die Definition einer Verfassungskrise bei *Levinson/Balkin* hingewiesen, die die spezifische Bedeutung von verfassungsrechtlichen Krisen in Einklang mit den anfänglich erwähnten allgemeinen Krisenmerkmalen auf den Punkt bringen:

„Crises represent a breakdown in a previous balance or equilibrium, a disturbance to important values and to the existing order that will ultimately resolve in one direction or another. A constitutional crisis, then, is a potentially decisive turning point in the direction of the constitutional order, a moment at which the order threatens to break down, just as the body does in a medical crisis."[279]

3.3.2 Kategorisierung von Verfassungskrisen

Verfassungskrisen lassen sich in verschiedene Kategorien einteilen, was hilfreich bei ihrer Bewältigung sein kann,[280] auch wenn einzelne Krisenphänomene nicht

---

[274] *Lachmayer*, juridikum 2021, 369.

[275] *Ders*, juridikum 2021, 368. Vgl auch *Levinson/Balkin*, Constitutional Crises, University of Pennsylvania Law Review 157 (2009), 707 (712 ff).

[276] Zur Überbeanspruchung des Begriffs der Verfassungskrise *dies*, University of Pennsylvania Law Review 157 (2009), 709 ff; *Kaiser*, Ausnahmeverfassungsrecht 71; *Klebelsberg*, Staatsnotstand 82.

[277] Zu den Funktionen der formellen Verfassung s *Jakab*, Begriffe und Funktionen der Verfassung, in ders (Hg), Methoden und theoretische Grundfragen des österreichischen Verfassungsrechts (2021) 339 (349 ff), zu jenen der materiellen Verfassung *Bußjäger*, Jenseits von Spielregel- und Werteverfassung: Verfassungsfunktionen auf dem Prüfstand, in ders/Gamper/Kahl (Hg), 100 Jahre Bundes-Verfassungsgesetz (2020) 1 (4 ff).

[278] *Balkin*, Constitutional Crisis and Constitutional Rot, in Graber/Levinson/Tushnet (Hg), Constitutional Democracy in Crisis? (2018) 13 (14); *Lachmayer*, juridikum 2021, 367 ff; *Levinson/Balkin*, University of Pennsylvania Law Review 157 (2009), 714; *Whittington*, Yet Another Constitutional Crisis?, William & Mary Law Review 43 (2002), 2093 (2099 f).

[279] *Levinson/Balkin*, University of Pennsylvania Law Review 157 (2009), 715.

[280] *Kienast*, juridikum 2021, 358 ff.

immer eindeutig nur einer Kategorie zugeordnet werden können.[281] So lassen sich Verfassungskrisen etwa anhand ihres zeitlichen Verlaufs unterscheiden: Einer schleichenden, sich über einen längeren Zeitraum erstreckenden Aushöhlung der Verfassung[282] steht meist ein rascher, abrupter Zusammenbruch[283] gegenüber. Während Erstere sich meist in vielen kleinen, zunächst womöglich kaum wahrnehmbaren Schritten[284] vollzieht, wird Letzterer in der Regel durch einen einzelnen gravierenden Akt ausgelöst. Dabei kann es sich jeweils um rechtliche Maßnahmen oder faktische Vorgänge handeln.[285]

Eine Einteilung von Verfassungskrisen ist auch anhand der Ursachen möglich, die jeweils zu diesen geführt haben. Diese Art der Kategorisierung bringt aber auch ihre Schwierigkeiten mit sich und lässt Zweifel an ihrer Zweckmäßigkeit aufkommen. So halten es *Ginsburg/Huq* für verfrüht, mit Sicherheit beurteilen zu können, ob etwa für die Verschlechterung der Demokratie in verschiedenen Ländern dieselben Faktoren – und wenn ja, welche – verantwortlich sind.[286] Gleichzeitig lehnt *Khaitan* die rechtswissenschaftliche Auseinandersetzung mit den konkreten Ursachen von Verfassungskrisen überhaupt ab und plädiert dafür, die Frage nach den sozialen, politischen und wirtschaftlichen Auslösern einer Verfassungskrise ebenso Sachverständigen aus Soziologie, Politik- und Wirtschaftswissenschaft zu überlassen.[287] Dennoch findet man auch in den Rechtswissenschaften immer wieder Versuche einer Kategorienbildung, wobei besonders häufig zwischen inneren und äußeren Ursachen unterschieden wird.[288] Die Kritik daran bezieht sich in erster Linie auf den begrenzten Nutzen, den eine solche Einteilung hinsichtlich des

---

[281] *Dies*, juridikum 2021, 360.

[282] Zur Verfassungserosion vgl noch unten bei Fn 329 ff.

[283] Etwa in Form eines *coup d'état*: *Balkin/Levinson*, Understanding the Constitutional Revolution, Virginia Law Review 87 (2001), 1045 (1049); *Barrios-Suvelza*, The Concept of Coup d'État Under Stifling Stress: Legal Theory's Political-Science-Based Response, ICON 2023, 1; *Bermeo*, On Democratic Backsliding, Journal of Democracy 27 (2016), 5 (6); *Landau*, Abusive Constitutionalism, UC Davis Law Review 47 (2013), 189 (196).

[284] *Choudhry*, Will Democracy Die in Darkness? Calling Autocracy by Its Name, in Graber/Levinson/Tushnet (Hg), Constitutional Democracy in Crisis? (2018) 571 (577 f).

[285] *Balkin*, Crisis 14 ff; *Ginsburg/Huq*, Democracy 38 ff; *ders/Ginsburg*, UCLA Law Review 65 (2018), 92 ff; *Jakab*, Was kann Verfassungsrecht gegen die Erosion von Demokratie und Rechtsstaatlichkeit tun?, ZöR 74 (2019), 369 (371); *Landau*, UC Davis Law Review 47 (2013), 195 ff.

[286] *Ginsburg/Huq*, Trajectory 46; *dies*, Democracy 34.

[287] *Khaitan*, Executive Aggrandizement in Established Democracies: A Crisis of Liberal Democratic Constitutionalism, ICON 17 (2019), 342.

[288] *Hesse*, Anmerkungen 142 ff; *Klebelsberg*, Staatsnotstand 77 ff; *Koja*, Staatsnotstand 29; *Reindl-Krauskopf/Schulev-Steindl*, Reaktionsfähigkeit 233; *Reindl-Krauskopf* et al, Resilienz des Rechts in Krisenzeiten 2016 <bmi.gv.at/Downloads/files/RESILENZ_DES_RECHTS_IN_KRISENZEITEN.pdf> (22.04.2025) 22.

Ursprungs einer Krise im In- oder Ausland[289] nach sich zieht.[290] Geht man über diese relativ enge Kategorisierung, die unter äußeren Ursachen vor allem eine militärische Aggression und unter inneren Ursachen Terrorangriffe, Lähmung verfassungsrechtlicher Institutionen und Ähnliches versteht,[291] hinaus,[292] kann es für einen Überblick trotzdem hilfreich sein, verschiedene Phänomene, die Verfassungskrisen auslösen können, in Gruppen zusammenzufassen.

Eine Möglichkeit wäre, zwischen menschen- und nicht menschengemachten Ursachen zu unterscheiden, die sich für einen (drohenden) Zusammenbruch oder eine Erosion der geltenden Verfassungsrechtsordnung verantwortlich zeigen können. Angesichts der Tatsache, dass im weitesten Sinn fast jede Problematik der heutigen Zeit – von Gesundheitsnotständen[293] über den Klimawandel[294] bis hin zu Wirtschaftskrisen[295] – auf den Menschen rückführbar oder durch ihn mitverursacht ist und selbst Naturkatastrophen durch menschliches Handeln begünstigt werden können, erweist sich diese Einteilung jedoch als wenig trennscharf. Eindeutig menschengemachte Ursachen, die eine Verfassungskrise auslösen können, sind etwa Krieg,[296] Terrorismus,[297] politische Unruhen und Krisen,[298] Korrup-

---

[289] Hinsichtlich dieses Verständnisses von „äußeren“ und „inneren“ Gefahren kritisch *Klebelsberg*, Staatsnotstand 78.

[290] *Koja*, Staatsnotstand 29; *Reindl-Krauskopf/Schulev-Steindl*, Reaktionsfähigkeit 233.

[291] Bei einer solchen Einteilung wird als dritte Kategorie häufig noch der Katastrophenzustand hinzugenommen: *Klebelsberg*, Staatsnotstand 77 ff; *Koja*, Staatsnotstand 29; *Reindl-Krauskopf/Schulev-Steindl*, Reaktionsfähigkeit 233.

[292] *Reindl-Krauskopf* et al, Resilienz 22 f.

[293] *Kettemann/Lachmayer* (Hg), Pandemocracy in Europe: Power, Parliaments and People in Times of COVID-19 (2022); *Villarreal*, Public Health Emergencies and Constitutionalism Before COVID-19: Between the National and the International, in Albert/Roznai (Hg), Constitutionalism Under Extreme Conditions (2020) 217.

[294] *Percival*, The Climate Crisis and Constitutional Democracies, in Graber/Levinson/Tushnet (Hg), Constitutional Democracy in Crisis? (2018) 607.

[295] *Bertolini*, Financial Crisis as a New *Genus* of Constitutional Emergency?, in Albert/Roznai (Hg), Constitutionalism Under Extreme Conditions (2020) 197; *Contiades/Fotiadou*, On Resilience of Constitutions: What Makes Constitutions Resistant to External Shocks?, ICL Journal 9 (2015), 3 (4 ff).

[296] *Feinberg*, Introduction: Terrorism and Warfare – Extreme Conditions or the New Normal?, in Albert/Roznai (Hg), Constitutionalism Under Extreme Conditions (2020) 103.

[297] *Gross*, The Normal Exception, in Graber/Levinson/Tushnet (Hg), Constitutional Democracy in Crisis? (2018) 585.

[298] *Comella*, Constitutional Crisis in Spain, in Graber/Levinson/Tushnet (Hg), Constitutional Democracy in Crisis? (2018) 227; *Hesse*, Anmerkungen 270 ff.

tion,[299] ökonomische Ungleichheit,[300] Rassismus[301] und religiös-fundamentalistische Bewegungen,[302] wobei die Liste hier noch weitergeführt werden könnte.[303] Die eben aufgezählten Phänomene können entweder nur innerhalb der nationalen Staatsgrenzen oder aber auf globaler Ebene wirken, wobei die Grenzen in der globalisierten Welt zunehmend verschwimmen.

Schließlich erscheint es naheliegend, Verfassungskrisen danach zu unterscheiden, ob sie durch Ursachen ausgelöst werden, die in der Verfassung selbst angelegt sind. Ein unzulänglicher Verfassungstext kann sich etwa darin äußern, dass er nicht das notwendige rechtliche Instrumentarium zur Verfügung stellt, um auf exogene Krisen angemessen zu reagieren, was in der Folge eine Flucht in den extrakonstitutionellen Raum wahrscheinlich macht.[304] Nicht nur Lücken, also ein Unterlassen des Verfassungsgesetzgebers, sondern auch krisenauslösende Anordnungen im Sinne eines positives Tuns können in diesem Zusammenhang zu einer Verfassungskrise führen. Ebenso kann sie Folge einer problematischen Interpretationsweise des Verfassungstextes sein.[305]

---

299 *Balkin*, Republicanism and the Constitution of Opportunity, Texas Law Review 94 (2016), 1427.

300 *Sitaraman*, Economic Inequality and Constitutional Democracy, in Graber/Levinson/Tushnet (Hg), Constitutional Democracy in Crisis? (2018) 533.

301 *King/Smith*, Populism, Racism, and the Rule of Law in Constitutional Democracies Today, in Graber/Levinson/Tushnet (Hg), Constitutional Democracy in Crisis? (2018) 459.

302 *Hirschl/Shachar*, Competing Orders? The Challenge of Religion to Modern Constitutionalism, The University of Chicago Law Review 85 (2018), 425.

303 *Ginsburg/Huq*, Trajectory 46; *Jakab*, ZöR 74 (2019), 373 ff; *Reindl-Krauskopf/Schulev-Steindl*, Reaktionsfähigkeit 233; *Reindl-Krauskopf* et al, Resilienz 24 ff. Vgl ebenso *Roznai/Albert*, Introduction 1 f und die Überkapitel nach denen *ders/Roznai* (Hg), Constitutionalism Under Extreme Conditions (2020) aufgebaut ist: „Terrorism and Warfare", „Publich Health, Financial, and Economic Crises" und „Constitutionalism for Divided Societies".

304 Vgl bereits oben Fn 263. Vgl auch *Levinson/Balkin*, University of Pennsylvania Law Review 157 (2009), 731: „[I]f political actors do not believe that the Constitution provides the necessary resources to meet a threat to the nation, they may feel an irresistible urge to transcend constitutional limits."

305 *Albert*, Introduction: The State of the Art in Constitutional Amendment, in ders/Contiades/Fotiadou (Hg), The Foundations and Traditions of Constitutional Amendment (2017) 1 ff; *Elkins/Ginsburg/Melton*, The Endurance of National Constitutions (2009) 2 ff, 139 ff; *Jacobsohn*, Theorizing the Constitutional Revolution, Journal of Law and Courts 2 (2014), 1 (13 f); *Koja*, Staatslehre 113.

3.4 Krise des westlichen Verfassungsstaates

3.4.1 Vorbemerkung

Im folgenden Abschnitt stehen Verfassungskrisen im Kontext des westlichen Verfassungsstaates im Mittelpunkt. Wenn von einer Krise des westlichen Verfassungsstaates die Rede ist, muss sich dies stets auf die diesem zugrunde liegenden Prinzipien Demokratie, Gewaltenteilung, Rechtsstaatlichkeit und Grundrechtsschutz beziehen. Eine Verfassungskrise im Rahmen einer westlich orientierten Verfassung stellt nach der hier vertretenen Auffassung daher dann eine Krise des westlichen Verfassungsstaates dar, wenn mindestens eines der verfassungsstaatlichen Prinzipien wesentlich beeinträchtigt wird – unabhängig davon, ob diese Prinzipien in einer konkreten Verfassung ausdrücklich benannt werden, ihnen ein besonderer formeller Rang eingeräumt wird oder sie sich nur aus der Gesamtheit der Verfassung ableiten lassen.[306] Im Folgenden geht es also nicht um den punktuellen Verstoß gegen einzelne Verfassungsbestimmungen, sondern um die Verletzung der Grundlagen eines westlichen Verfassungsstaates, zu denen sich ein Staat im Rahmen seiner Verfassung ausdrücklich oder implizit bekennt. Dabei werden Krisen, die durch rechtliche Akte ausgelöst werden, solchen gegenübergestellt, die durch außerrechtliche, tatsächliche Handlungen herbeigeführt werden – gleichgültig, ob sie schleichend oder abrupt, offen oder verdeckt erfolgen und welcher konkreten Ursache sie entspringen.

3.4.2 Verletzung der verfassungsstaatlichen Prinzipien durch Recht

3.4.2.1 Allgemeines

Eine Krise des westlichen Verfassungsstaates kann aus rechtlicher Sicht sowohl durch rechtswidrige als auch durch rechtmäßige Rechtsakte ausgelöst werden. Dies ist jeweils in allen rechtlichen Handlungsformen möglich, das heißt sowohl im Rahmen der Gesetzgebung als auch der Vollziehung. Rechtswidrigkeiten können dann zu einer Krise des westlichen Verfassungsstaates heranwachsen, wenn sie entweder so gravierend oder so zahlreich sind, dass die Effektivität eines der verfassungsstaatlichen Prinzipien beeinträchtigt wird. Dazu kommt es insbesondere[307] dann, wenn das innerhalb der Verfassung vorgesehene System zur Bekämpfung von Verfassungswidrigkeiten nicht mehr funktioniert. Eine Krise des

[306] Vgl oben Fn 27.

[307] Insbesondere, weil davon auszugehen ist, dass es zu keiner Krise kommt, sofern alle Verfassungswidrigkeiten ordnungsgemäß beseitigt werden. Nichtsdestotrotz können schwerwiegende oder anhaltend viele Verstöße gegen die Verfassung deren faktische Autorität mit der Zeit untergraben, was sich in der Folge auch auf die Effektivität der verfassungsstaatlichen Werte auswirkt; vgl dazu noch unten bei Fn 319 und 360.

westlichen Verfassungsstaates durch rechtlich einwandfreie Rechtsakte kann hingegen ausgelöst werden, wenn diese inhaltlich eine Abkehr vom demokratischen, dem gewaltenteilenden, dem rechtsstaatlichen oder dem grundrechtlichen Prinzip als Grundlagen eines westlich orientierten Staates darstellen. Dies kann wiederum durch einen einzelnen Rechtsakt – etwa in Form einer radikalen Verfassungsänderung, die ein autoritäres System einführt – oder durch mehrere Rechtsakte, die die verfassungsstaatlichen Prinzipien langsam aushöhlen, erfolgen.

3.4.2.2 (Verfassungs-)Gesetzgebung

Zunächst soll untersucht werden, wie eine Krise des westlichen Verfassungsstaates durch Verfassungs- und sonstige Gesetzgebungsakte ausgelöst werden kann. Wie erwähnt, kann dies sowohl durch verfassungswidrige Verfassungs- und Gesetzesänderungen als auch im Rahmen verfassungskonformer (Verfassungs-) Gesetzgebungsverfahren geschehen.

Nicht nur unterverfassungsrangiges Recht kann gegen die Verfassung verstoßen, auch bei Verfassungsrecht selbst ist dies möglich, indem zwischen „gewöhnlichem“ und höherrangigem Verfassungsrecht unterschieden wird. Raum für verfassungswidriges Verfassungsrecht gibt es allerdings nur, wenn einzelne Artikel oder leitende Prinzipien – also in der Regel höherrangiges Verfassungsrecht im materiellen Sinn – formell durch eine gegenüber sonstigen verfassungsrechtlichen Bestimmungen erschwerte Abänderbarkeit hervorgehoben sind.[308] Zu einer verfassungswidrigen Verletzung der Verfassung kommt es unter diesen Umständen dann, wenn Verfassungsänderungen dem formell höherrangigen Verfassungsrecht widersprechen.[309] Aus demokratischer Sicht ist dies deshalb problematisch und kann bei gehäuftem Auftreten oder besonders radikalem Inhalt zu einer Krise des westlichen Verfassungsstaates führen, weil das unter stärkerer demokratischer Beteiligung erzeugte, höherrangige Verfassungsrecht durch widersprechendes niedrigeres Verfassungsrecht verdrängt wird.[310] Rechtlich möglich wäre eine Abänderung der mit erhöhtem Bestandschutz versehenen Artikel oder Prinzipien – sofern überhaupt zulässig – nur im Rahmen der dafür vorgesehenen qualifizierten

---

[308] *Gamper*, Hierarchiefragen der Verfassungsänderung, in Jabloner et al (Hg), Scharfsinn im Recht (2019) 161 (164 ff); *Gamper*, Änderung und Schranken der Verfassung, in Bußjäger/Gamper/Kahl (Hg), 100 Jahre Bundes-Verfassungsgesetz (2020) 49 (56 ff); *Kirchmair*, Verfassungswidriges Verfassungsrecht, unabänderliches Verfassungsrecht und Justizrevolution, ZöR 78 (2023), 627 (630 f).

[309] *Doyle*, Constraints on Constitutional Amendment Powers, in Albert/Contiades/Fotiadou (Hg), The Foundations and Traditions of Constitutional Amendment (2017) 73 (74) klassifiziert solche verfassungswidrigen Verfassungsänderungen als *unconstitutional constitutional amendments* im positiven Sinn, weil sie den ausdrücklichen Vorgaben der Verfassung widersprechen. Zur *unconstitutional constitutional amendment*-Doktrin vgl noch unten bei Fn 326. Vgl auch *Gamper*, Änderung 75 f; *Pfersmann*, Unconstitutional Constitutional Amendments: A Normativist Approach, ZöR 67 (2012), 81.

[310] *Gamper*, Staat 203.

Änderungsverfahren.[311] Stattet eine Verfassung ein Verfassungsgericht auch mit der Befugnis aus, Verfassungsänderungen zu prüfen und funktioniert das in der Verfassung festgelegte System der Verfassungsgerichtsbarkeit,[312] müssen solche Verfassungsänderungen als verfassungswidrig erklärt werden.[313]

Wird die Verfassung unter Verletzung der geltenden verfassungsrechtlichen Bestimmungen zur Gänze beseitigt und durch eine neue ersetzt, kann dies aus den gleichen Gründen als eine Krise des westlichen Verfassungsstaates qualifiziert werden. In solchen Fällen kommt es zu einer verfassungsrechtlichen Diskontinuität, weil die neu eingesetzte Ordnung nicht aus der alten hervorgeht.[314] Fälle der rechtswidrigen Aufhebung bzw Suspendierung der Verfassung sind mit einem Zusammenbruch der Verfassungsrechtsordnung gleichzusetzen, da die Verfassung und die von ihr eingesetzten Organe ihre Funktionen nicht mehr erfüllen können. Dieses Szenario ist im Ergebnis eine Revolution, im Zuge derer – meist unter Berufung auf die verfassungsgebende Gewalt des Volkes –[315] eine neue historisch erste Verfassung erlassen wird.[316] Insbesondere das Heranziehen der Volkssouveränität macht es für Verfassungsgerichte – falls noch intakt – schwierig, ein solches Vorgehen wirksam als verfassungswidrig zu erklären.[317]

Einfache Gesetze oder andere unterverfassungsrangige Rechtsvorschriften verletzen die Verfassung dann, wenn sie inhaltlich gegen Verfassungsrecht verstoßen und nicht in einem Verfassungsänderungsverfahren erzeugt wurden. Wichtig zu

---

[311] *Albert*, Introduction; *Gamper*, Hierarchiefragen 165 ff; *dies*, Änderung 56 f.

[312] Vgl dazu noch im Folgenden.

[313] *Doyle*, Constraints 74; *Gamper*, Instrumente der Verfassungsresilienz, ZöR 80 (2025), 281.

[314] *Koja*, Staatslehre 113.

[315] Trotz der Illegalität des Verfassungsbruchs kann so der neuen Verfassung eine gewisse Legitimität zukommen. Aus verfassungsstaatlicher Sicht umso problematischer ist ein solches Vorgehen jedoch, wenn der Verfassungsgebungsprozess gerade nicht unter breiter Einbeziehung der Bevölkerung vonstattengeht oder auf das Ergebnis einer (rechtswidrigen) Volksabstimmung mit unlauteren Mitteln Einfluss genommen wird: *Gamper*, Staat 44 ff; *Halmai*, The Making of „Illiberal Constitutionalism“ With or Without a New Constitution: The Case of Hungary and Poland, in Landau/Lerner (Hg), Comparative Constitution Making (2019) 302 (304 ff); *Landau*, UC Davis Law Review 47 (2013), 239 ff; *ders*, Democratic Erosion and Constitution-Making Moments: The Role of International Law, UC Irvine Journal of International, Transnational and Comparative Law 2017, 87; *ders*, Constitution-Making and Authoritarianism in Venezuela, in Graber/Levinson/Tushnet (Hg), Constitutional Democracy in Crisis? (2018) 161.

[316] *Jacobsohn*, Journal of Law and Courts 2 (2014), 7; *Koja*, Staatslehre 113; *Lachmayer*, juridikum 2021, 369, 376 bei Fn 63.

[317] Vgl den von *Landau*, UC Davis Law Review 47 (2013), 203 ff beschriebenen Fall von *constitutional replacement* in Venezuela im Jahr 1999, bei dem sich das oberste Gericht zuerst für eine Bindung der verfassungsgebenden Versammlung an die vorige Verfassung aussprach, dies später aber revidierte.

beachten ist auch hier, dass nicht jede verfassungswidrige einfachgesetzliche Bestimmung zu einer Krise des westlichen Verfassungsstaates führt. Dass mit verfassungswidrigen Normen von Zeit zu Zeit auch in einem demokratischen Rechtsstaat zu rechnen ist, zeigt sich am Institut der Verfassungsgerichtsbarkeit: Diese ist damit betraut, Verfassungswidrigkeiten zu prüfen und gegebenenfalls entsprechende Rechtsfolgen auszusprechen.[318] Verfassungswidrige einfachgesetzliche Rechtsvorschriften beeinträchtigen insbesondere das demokratische Prinzip des westlichen Verfassungsstaates jedoch aus einem ähnlichen Grund wie verfassungswidriges Verfassungsrecht, auch wenn erstere leichter zu sanktionieren sind: Das auf einer höheren demokratischen Legitimation beruhende Verfassungsrecht wird von unterverfassungsrangigen Normen überlagert, die typischerweise unter geringerer demokratischer Beteiligung zustande gekommen sind. Eine Krise des westlichen Verfassungsstaates tritt daher wiederum dann auf, wenn unterverfassungsrangige Normen die Verfassung auf schwerwiegende Weise verletzen oder verfassungswidrige Rechtsvorschriften systematisch erlassen werden – vor allem, wenn dadurch die Funktionsfähigkeit oberster Staatsorgane beeinträchtigt wird. In solchen Fällen droht nämlich nicht nur eine Überforderung der verfassungsmäßig vorgesehenen Abläufe hinsichtlich des Umgangs mit Verfassungsverletzungen, sondern auch eine Schwächung der faktischen Autorität der Verfassung aufgrund des mangelnden ihr entgegengebrachten Respekts.[319] Sowohl bei verfassungswidrigen Verfassungsänderungen als auch bei sonstigen verfassungswidrigen Rechtsvorschriften stellt sich in diesem Zusammenhang die Frage, ob eine rechtswidrige Abschaffung des Verfassungsgerichts dieses daran hindern würde, über den begangenen Verfassungsbruch zu entscheiden, oder ob dessen Kompetenzen noch so weit erhalten geblieben wären, dass es zumindest die Rechtmäßigkeit seiner Beseitigung prüfen könnte.[320]

Zu einer Krise des westlichen Verfassungsstaates können schließlich auch formell korrekt durchgeführte Verfassungsänderungsverfahren führen, und zwar aus

---

318 *Holzinger/Frank*, Die Verfassungsgerichtsbarkeit – Essenz und Wandlung, in Jabloner (Hg), FS 150 Jahre Wiener Juristische Gesellschaft (2017) 169 (181 f); *Kelsen*, VVDStRL 5 (1929), 53 ff; *Lachmayer*, juridikum 2021, 371; *Mayer*, Das Fehlerkenntnis eines Höchstgerichts – ein „Nichtakt"?, in Jabloner et al (Hg), GS Robert Walter (2013) 473 (482 f); *Vašek*, Die Gesetzesprüfungskompetenz des VfGH und ihr rechtlicher Schutz, JBl 137 (2015), 213 (215 f).

319 *Lachmayer*, juridikum 2021, 368 ff und 376 bei Fn 63: „Verfassungen können allerdings nur bis zu einem gewissen Ausmaß den Bruch der Verfassung durch die vorgesehenen Prozesse bearbeiten." Vgl auch *Vašek*, JBl 137 (2015), 217 ff.

320 *Gamper*, Staat 203. In der österreichischen Rechtswissenschaft wird von der absoluten Nichtigkeit von Normen ausgegangen, die ihre eigene Überprüfbarkeit verhindern wollen, weil diese dann keinem Fehlerkalkül mehr unterliegen: *Hengstschläger*, Diskussionsbemerkung, in Walter (Hg), Adolf J. Merkl: Werk und Wirksamkeit (1990) 89; *Vašek*, JBl 137 (2015), 217 ff; *Wiederin*, *Münchhausen* in der Praxis des Staatsrechts, in Jabloner et al (Hg), GS Robert Walter (2013) 865 (882 ff).

materieller Sicht: Werden nämlich alle Voraussetzungen des Verfassungsänderungsverfahrens eingehalten und liegt keine Unabänderlichkeitsbestimmung vor, können die einer Verfassung explizit oder implizit zugrunde gelegten verfassungsstaatlichen Prinzipien auf diesem Weg nicht nur eingeschränkt, sondern auch abgeschafft werden.[321] Dasselbe gilt für die gänzliche Ersetzung bzw Beseitigung der geltenden Verfassung im Einklang mit den verfassungsrechtlichen Vorschriften, da es sich dabei im Grunde nur um das weitreichendste Beispiel einer Verfassungsänderung handelt.[322] Die Verfassung steht in solchen Fällen ununterbrochen in Geltung – es herrscht Rechtskontinuität, auch wenn jede einzelne Bestimmung abgeändert wurde und es sich inhaltlich um eine neue Verfassung handelt.[323] Dem Verfassungsgesetzgeber steht es schließlich aus demokratischer Sicht auch zu, sich mittels Verfassungsänderungen über Gerichtsentscheidungen, die Rechtsvorschriften als verfassungswidrig erklären, hinwegzusetzen oder die Verfassungsgerichtsbarkeit überhaupt zu beseitigen, sofern eine Verfassung dies nicht ausdrücklich untersagt oder ein entsprechendes Verbot durch Auslegung abgeleitet werden kann.[324] Eine Krise des westlichen Verfassungsstaates liegt in all diesen Fällen vor, sofern die geänderte Verfassung gar nicht mehr oder nur noch eingeschränkt an den Grundwerten Demokratie, Gewaltenteilung, Rechtsstaatlichkeit und Grundrechtsschutz ausgerichtet ist, auch wenn sich darin nur eine zuvor angelegte, aber bislang nicht zum Ausdruck gekommene verfassungsrechtliche Normalität verwirklicht.[325] Genau diese Problematik, dass Verfassungsänderungen zwar inhaltlich den verfassungsstaatlichen Werten widersprechen, aber formell einwandfrei erzeugt wurden, bildet den Hintergrund der *unconstitutional constitutional amendments*-Doktrin.[326] Insbesondere im Hinblick auf die Demokratie ist

[321] *Albert*, Introduction 12 f; *Kirchmair*, ZöR 78 (2023), 636; *Landau/Dixon*, Tiered Constitutional Design, George Washington Law Review 86 (2018), 438 (469 ff); *dies*, Constraining Constitutional Change, Wake Forest Law Review 50 (2015), 859 (862 ff); *Landau*, UC Davis Law Review 47 (2013), 200 ff.

[322] *Gamper*, Hierarchiefragen 164; *Landau/Dixon*, Wake Forest Law Review 50 (2015), 862 ff; *Landau*, UC Davis Law Review 47 (2013), 203 ff.

[323] *Koja*, Staatslehre 113.

[324] *Gamper*, Verfassungsgerichtsbarkeit 40 f; *Landau/Dixon*, George Washington Law Review 86 (2018), 455 ff. Vgl auch oben bei Fn 310.

[325] *Scheppele*, Autocratic Legalism, University of Chicago Law Review 85 (2018), 545 (562 f).

[326] Im Rahmen dieser Theorie wird angenommen, dass Verfassungen über implizite Änderungsschranken verfügen. Darauf basierend sollen auch solche Verfassungsänderungen als verfassungswidrig erklärt werden können, die in Einklang mit den expliziten Verfassungsänderungsbestimmungen erlassen wurden, aber den Grundwerten des westlichen Verfassungsstaates widersprechen: *Albert*, The Theory and Doctrine of Unconstitutional Constitutional Amendment in Canada, Queen‘s Law Journal 41 (2015), 143; *Dixon/Landau*, Transnational Constitutionalism and a Limited Doctrine of Unconstitutional Constitutional Amendment, ICON 13 (2015), 606; *Doyle*, Constraints 73 ff; *Roznai*, Unconstitutional Constitutional Amendments – The Migration and Success of a Constitutional Idea, American Journal of Comparative Law 61

zudem fraglich, ob überhaupt von einer Krise des westlichen Verfassungsstaates gesprochen werden kann, wenn diese Änderungen auf dem Willen des Volkes basieren, sofern dieser noch unverfälscht zum Ausdruck kommt. Dabei ist jedoch zu betonen, dass Demokratie nicht mit der bloßen Geltung des Mehrheitsprinzips gleichgesetzt werden kann.[327]

In einen Graubereich zwischen Verfassungsverletzungen und regulären (Verfassungs-)Gesetzgebungsakten fällt die schleichende Verfassungsänderung bzw Verfassungserosion. Hierbei wird entweder versucht, das Verfassungsänderungsverfahren zu umgehen oder – wo ein solches aufgrund einer Ewigkeitsgarantie gar nicht zulässig ist – die Unabänderlichkeit einzelner Verfassungsbestimmungen zu unterlaufen, indem schrittweise nur solche Änderungen vorgenommen werden, die einzeln betrachtet nicht als Verletzung der Verfassung qualifiziert werden können, sehr wohl aber in ihrer Summe.[328] Betrifft eine solche Erosion die Demokratie, Gewaltenteilung, Rechtsstaatlichkeit oder Grundrechte, führt dies schließlich zu einer Krise des westlichen Verfassungsstaates.[329] Für eine Aushöhlung der verfassungsstaatlichen Prinzipien muss in manchen Fällen ein Verfassungsänderungsverfahren aber gar nicht erst umgangen werden, nämlich dann, wenn für einen funktionierenden demokratischen Rechtsstaat unerlässliche Regelungen auf einfachgesetzlicher oder sonstiger Ebene unterhalb der Verfassung verankert sind.[330] Indikatoren für eine Erosion können darüber hinaus Fälle von Anlassverfassungsgesetzgebung, zahlreiche Verfassungsänderungen in kurzer Zeit oder

(2013), 657; *Stone*, Unconstitutional Constitutional Amendments: Between Contradiction and Necessity, ICL Journal 12 (2018), 357; *Yap*, The Conundrum of Unconstitutional Constitutional Amendments, Global Constitutionalism 4 (2015), 114.

327 Vgl ausführlich oben bei Kapitel 2.2. *Scheppele*, University of Chicago Law Review 85 (2018), 557; *Venedig-Kommission*, Opinion on the Compatibility with Constitutional Principles and the Rule of Law of Actions Taken by the Government and the Parliament of Romania in Respect of Other State Institutions and on the Government Emergency Ordinance on Amendment to the Law No. 47/1992 Regarding the Organisation and Functioning of the Constitutional Court and on the Government Emergency Ordinance on Amending and Completing the Law No. 3/2000 Regarding the Organisation of a Referendum of Romania, adopted by the Venice Commission at its 93rd Plenary Session (Venice, 14–15 December 2012), CDL-AD(2012)026 <https://www.venice.coe.int/webforms/documents/default.aspx?pdffile=CDL-AD(2012)026> (12.06.2025), Rz 74. Vgl auch noch unten bei Fn 775.

328 *Gamper*, Änderung 57 ff.

329 *Bermeo*, Journal of Democracy 27 (2016); *Ginsburg/Huq*, Democracy 43 ff; *Jakab*, ZöR 74 (2019); *ders*, Constitutional Resilience, in Grote/Lachenmann/Wolfrum (Hg), Max Planck Encyclopedia of Comparative Constitutional Law (2022) Rz 5.

330 *Ginsburg/Huq*, Democracy 107 ff, 113 ff nennen hier die Schwächung zivilgesellschaftlicher Institutionen oder des Parteienwettbewerbs als Beispiele. *Gamper*, ZöR 80 (2025), 285.

die gehäufte Normierung verfassungsuntypischer Inhalte sein.[331] Während früher noch autoritäre Umstürze und staatsstreichähnliche Vorgänge den westlichen Verfassungsstaat am stärksten gefährdeten, stellen diese als *constitutional retrogression, erosion, decline, backsliding* und Ähnliches[332] bezeichneten Entwicklungen aktuell die größere Bedrohung für diesen dar.[333] Hierunter fallen insbesondere Vorgänge, die auf eine schrittweise Bewegung in Richtung eines illiberalen, autoritären Systems hindeuten, wie etwa die systematische Schwächung des Parteienwettbewerbs, die Beschneidung der für einen funktionierenden demokratischen Prozess notwendigen subjektiven Rechte sowie der zunehmende Abbau von Kontrollinstanzen. Die Bewertung solcher Maßnahmen bedarf jedoch stets einer differenzierten Betrachtung, da sie – je nach Kontext – auch dem Schutz der verfassungsstaatlichen Prinzipien dienen können, wie im Fall des Verbots extremistischer Parteien.[334]

Zu einer Krise des westlichen Verfassungsstaates kann schließlich auch eine übermäßige Treue gegenüber der Verfassung und dem auf ihr beruhenden Recht führen. Wie *Balkin* festhält, sind Krisen aufgrund übermäßiger Verfassungstreue jedoch eher eine Seltenheit gemäß folgender Erkenntnis: „[P]olitical actors (and the courts) usually conclude that the constitution allows them to escape disaster."[335]

---

[331] *Chronowski/Varju*, Two Eras of Hungarian Constitutionalism: From the Rule of Law to Rule by Law, Hague Journal on the Rule of Law 8 (2016), 271 (278 f); *Gamper*, Verfassung 7. Vgl in Bezug auf Ungarn auch *Venedig-Kommission*, Opinion on the Fourth Amendment to the Fundamental Law of Hungary, adopted by the Venice Commission at its 95th Plenary Session (Venice, 14–15 June 2013), CDL-AD(2013)012 <https:/ /www.venice.coe.int/webforms/documents/default.aspx?pdffile=cdl-ad(2013)012-e> (12.06.2025), 29 f.

[332] Vgl nur etwa die Aufzählung zahlreicher sinnverwandter Begriffe bei *Graber/Levinson/Tushnet*, Constitutional Democracy in Crisis? Introduction, in dies (Hg), Constitutional Democracy in Crisis? (2018) 1 (8) und *Jakab*, ZöR 74 (2019), 371. *Bermeo*, Journal of Democracy 27 (2016); *Daly*, Democratic Decay: Conceptualising an Emerging Research Field, Hague Journal on the Rule of Law 11 (2019), 9; *Gamper*, ZöR 80 (2025), 285; *Huq/Ginsburg*, UCLA Law Review 65 (2018), 94 ff; *Jakab*, Resilience Rz 3; *Landau*, UC Davis Law Review 47 (2013); *Pech/Scheppele*, Illiberalism Within: Rule of Law Backsliding in the EU, Cambridge Yearbook of European Legal Studies 19 (2017), 3; *Varol*, Stealth Authoritarianism, Iowa Law Review 100 (2015), 1673.

[333] Vgl noch unten Teil III. *Balkin*, Crisis; *Ginsburg/Huq*, Democracy; *ders/Ginsburg*, UCLA Law Review 65 (2018); *Jakab*, ZöR 74 (2019); *Landau*, UC Davis Law Review 47 (2013); *Varol*, Iowa Law Review 100 (2015); *Zakaria*, The Rise of Illiberal Democracies, Foreign Affairs 76 (1997), 22.

[334] *Balkin*, Crisis 17 f; *Huq/Ginsburg*, UCLA Law Review 65 (2018), 94 ff; *Jakab*, ZöR 74 (2019), 378 ff; *Landau*, UC Davis Law Review 47 (2013), 199 f; *Tushnet*, Authoritarian Constitutionalism, Cornell Law Review 100 (2015), 391 (416 ff); *Varol*, Iowa Law Review 100 (2015), 1684.

[335] *Balkin*, Crisis 14. Vgl ebenso *Levinson/Balkin*, University of Pennsylvania Law Review 157 (2009), 729 ff; *Whittington*, William & Mary Law Review 43 (2002), 2101 ff.

Ein Gegenbeispiel bietet jedoch die österreichische Geschichte: Im Jahr 1933 sah sich der Verfassungsgerichtshof nicht in der Lage, eine – offenkundig rechtswidrige – Verordnung zu prüfen, die die Bestimmungen über seine Beschlussfähigkeit auf eine Weise änderte, die er zum damaligen Zeitpunkt nicht erfüllen konnte. Auch wenn es sich dabei um eine Verordnung und nicht um eine Verfassungsbestimmung handelte, führte die strikte Bindung an ihre Vorgaben letztlich zur faktischen Ausschaltung des VfGH.[336]

3.4.2.3 Vollziehung

Da Vollziehungshandeln in der rechtsstaatlichen Demokratie stets eine (verfassungs-)gesetzliche Ermächtigung braucht, kann eine Krise des westlichen Verfassungsstaates ausschließlich durch Vollzugsakte grundsätzlich nur entstehen, wenn diese zugleich gegen übergeordnete Normen verstoßen. Rechtmäßige Akte der Vollziehung, die inhaltlich den verfassungsstaatlichen Grundwerten widersprechen, sind hingegen nur möglich, wenn bereits ihre Grundlage diesen Werten nicht mehr genügt. Hierzu zählen auch solche Konstellationen, in denen der Exekutive ein übermäßig weiter Spielraum zur Erlassung gesetzesergänzender oder -ändernder Rechtsakte eingeräumt wird. Diesfalls können Verwaltungsakte Demokratie, Gewaltenteilung, Rechtsstaatlichkeit oder Grundrechte auch ohne formellen Verstoß gegen ihre Ermächtigungsgrundlage untergraben, eben weil diese Grundlage mit den genannten Prinzipien selbst nicht vereinbar ist.[337]

Verstoßen Organe der Vollziehung auf sehr schwerwiegende Weise[338] oder in zahlreichen Fällen[339] gegen ihnen übergeordnete Normen, führt dies zu einer starken Beeinträchtigung des rechtsstaatlichen Prinzips und damit zu einer Krise des westlichen Verfassungsstaates. Zusätzlich können solche rechtswidrigen Vollzugsakte auch aus materieller Sicht eine Krise des westlichen Verfassungsstaates

[336] *Haller*, Die Prüfung von Gesetzen (1979) 130; *Thaler*, Strukturtheoretische Überlegungen zu den Grenzen einer Totalrevision der Bundesverfassung, ZöR 78 (2023), 539 (540 f); *Vašek*, JBl 137 (2015), 214 ff; *Walter*, Die Ausschaltung des Verfassungsgerichtshofes im Jahre 1933, in Verfassungsgerichtshof der Republik Österreich (Hg), Verfassungstag 1997 (1998) 17; *Wiederin*, Münchhausen 873 ff.

[337] Zum Erfordernis hinreichender bestimmter Gesetze als ein Element des Rechtsstaats vgl oben bei Fn 191.

[338] Ein besonders gravierender Verstoß gegen das Legalitätsprinzip wäre etwa die verfassungsmäßig nicht vorgesehene Suspendierung der Verfassung durch eine Verordnung, etwa im Zuge der Erklärung eines extrakonstitutionellen Notstands: *Balkin*, Crisis 14; *Levinson/Balkin*, University of Pennsylvania Law Review 157 (2009), 721 ff. In solchen Konstellationen ist fraglich, ob die Suspendierung absolut nichtig wäre oder lediglich rechtswidrig und bis zur Aufhebung des betreffenden Verwaltungsaktes in Kraft bliebe. Voraussetzung wäre hier wiederum, dass Verfassungsgerichte Rechtsakte, die ihre eigene Aufhebung verfügen, noch auf ihre Rechtmäßigkeit überprüfen können (vgl bereits oben bei Fn 320).

[339] Die bereits auf legislativer Ebene erwähnte Problematik schleichender Verfassungserosion besteht auch hier.

auslösen, wenn sie im Widerspruch zu Demokratie, Gewaltenteilung, Rechtsstaatlichkeit oder den Grundrechten stehen. Der Eintritt einer solchen Krise wird wiederum begünstigt, wenn die Verstöße nicht durch die dafür verfassungsmäßig vorgesehenen Kontrollmechanismen geahndet oder Sanktionen nicht effektiv durchgesetzt werden.

Wie sich gezeigt hat, kommt der Verfassungsgerichtsbarkeit im institutionellen Gefüge eines westlichen Verfassungsstaates besondere Bedeutung in Bezug auf die Beseitigung von Verfassungswidrigkeiten und die Wiederherstellung der Integrität der Verfassung zu.[340] Kommen Verfassungsgerichte ihrer verfassungsmäßigen Kontrollfunktion nicht mehr oder nur noch eingeschränkt nach,[341] fehlt den Gerichten die Befugnis zur umfassenden Kontrolle oder werden verfassungswidrige Rechtsakte gar nicht erst angefochten, bleiben diese – sofern sie nicht vom Verfassungsgesetzgeber selbst beseitigt werden – bestehen, was im Widerspruch zum demokratischen und rechtsstaatlichen Grundgedanken steht. Aufgrund der Bedeutung der Verfassungsgerichtsbarkeit für die (horizontale) Gewaltenteilung[342] wird in solchen Fällen auch die Gewaltenteilung selbst maßgeblich beeinträchtigt.[343] Umso gravierender ist es, wenn die betreffenden rechtswidrigen Rechtsakte auch inhaltlich den verfassungsstaatlichen Werten widersprechen.[344] Gerade Formen der Verfassungserosion stellen Verfassungsgerichte jedoch vor besondere Herausforderungen, da Maßnahmen für sich genommen häufig verfassungskonform erscheinen, ihre Verfassungswidrigkeit jedoch erst im Zusammenspiel mit anderen Rechtsakten oder unter Berücksichtigung begleitender faktischer Handlungen sichtbar wird.[345]

Neben dem Fall, dass Verfassungsgerichte ihre Kompetenz, Verfassungswidrigkeiten zu sanieren, nicht ausreichend erfüllen (können), gibt es noch gegenteilige

---

340 *Voigt*, ICON 19 (2021), 1789.

341 Etwa durch eine fehlende Unabhängigkeit der Gerichte (*Gamper*, Dangerous or Endangered Constitutional Courts? A View from among and within the Branches of Power, ZöR 76 [2021], 331 [334 ff]; *Ginsburg/Huq*, Democracy 98 ff; *Lachmayer*, Disempowering Courts. The Interrelationship of Courts and Politics in Contemporary Legal Orders or the Manifold Ways of Attacking Judicial Independence, in Belov [Hg], Courts, Politics and Constitutional Law [2020] 31), die Einschränkung der Kompetenzen oder Ressourcen des Verfassungsgerichts (*Grabenwarter*, Constitutional Resilience, VerfBlog 06.12.2018 <verfassungsblog.de/constitutional-resilience/> [18.05.2025]; *Lachmayer*, Courts 41 ff) oder dessen gänzliche Abschaffung (*Gamper*, Verfassungsgerichtsbarkeit 41; vgl bereits oben bei Fn 320).

342 *Kelsen*, VVDStRL 5 (1929), 53 ff.

343 *Gamper*, ZöR 76 (2021), 334 ff; *Ginsburg/Huq*, Democracy 98 ff; *Lachmayer*, Courts 37 ff.

344 Vgl nur *Bodnar*, Protection of Human Rights after the Constitutional Crisis in Poland, JöR 66 (2018), 639 (651 ff).

345 Vgl bereits oben bei Fn 328 ff. *Jakab*, ZöR 74 (2019), 383; *ders*, Resilience 23; *Lachmayer*, Courts 50.

Szenarien, in denen die Rechtsprechung aktiv Rechtsfortbildung betreibt und ihr Mandat, die Verfassung zu interpretieren, überschreitet.[346] Grundsätzlich wird im Instrument der Verfassungsinterpretation ein zulässiges Mittel gesehen, die Verfassung zu konkretisieren und somit in gewissem Maße auch fortzuentwickeln.[347] Eine Grenze wird jedoch dort gezogen, wo das Auslegungsergebnis durch keine zulässige Interpretationsmethode mehr gedeckt ist.[348] Setzt sich ein – meist nur indirekt demokratisch legitimiertes –[349] Verfassungsgericht in einer nicht mehr vertretbaren Weise über die in der Regel auf demokratisch stärkere Weise erzeugte Verfassung hinweg, so beeinträchtigt dies das demokratische Prinzip des westlichen Verfassungsstaates.[350] Betroffen ist in solchen Fällen aber auch die Gewaltenteilung, da das jeweilige – je nach Verfassung im Detail unterschiedlich ausgestaltete – institutionelle Gleichgewicht erheblich gestört wird.[351] Dabei tritt das Spannungsverhältnis zwischen Verfassungsgerichtsbarkeit und Verfassungsgesetzgebung zutage und es stellt sich erneut die grundlegende Frage, welche Institution im Konfliktfall das letzte Wort hat.[352] Hinzu kommt, dass ein verfassungsgerichtliches Hinwegsetzen über den Verfassungsgesetzgeber juristisch

---

346 *Landau/Dixon*, Abusive Judicial Review: Courts Against Democracy, UC Davis Law Review 53 (2020), 1313; *Sadurski*, Polish Constitutional Tribunal Under PiS: From an Activist Court, to a Paralysed Tribunal, to a Governmental Enabler, Hague Journal on the Rule of Law 11 (2019), 63 (77 ff). Zum Begriff *judicial activism* vgl *Kmiec*, The Origin and Current Meanings of „Judicial Activism", California Law Review 92 (2004), 1441; s auch oben Fn 209. Vgl auch *Jacobsohn*, Journal of Law and Courts 2 (2014), 13 f, der „major constitutional departures engineered through the interpretive power and reach of a court" als Form revolutionärer Verfassungsänderung nennt.

347 Der dadurch bewirkte „Verfassungswandel" wird oftmals der formellen Verfassungsänderung gegenübergestellt: *Böckenförde*, Anmerkungen zum Begriff Verfassungswandel, in ders (Hg), Staat, Nation, Europa (1999) 141 (141 ff); *Häberle*, Zeit und Verfassung, in ders (Hg), Verfassung als öffentlicher Prozeß[2] (1996) 59 (87); *Stern*, Staatsrecht I 160 ff; *Volkmann*, Verfassungsänderung und Verfassungswandel, Juristen Zeitung 73 (2018), 265 (266); *Voßkuhle*, Gibt es und wozu nutzt eine Lehre vom Verfassungswandel?, Der Staat 43 (2004), 450 (451 f); *Waldmann*, Die Verfassung zwischen Stabilität und ständiger Fortentwicklung, ZöR 76 (2021), 1195 (1212 ff).

348 Welche Auslegungsmethoden zulässig sind, ergibt sich entweder ausdrücklich aus der Verfassung oder wird von den verfassungsanwendenden Organen – insbesondere den Verfassungsgerichten – implizit aus ihr abgeleitet: *Gamper*, Regeln 89 ff; *Koja*, Staatslehre 114; *Stern*, Staatsrecht I 123 ff, 160 ff; *Waldmann*, ZöR 76 (2021), 1214 f.

349 *Gamper*, ZöR 76 (2021), 334 ff.

350 *Dies*, ZöR 76 (2021), 337 ff; *Roznai*, American Journal of Comparative Law 61 (2013), 718; *Voigt*, ICON 19 (2021), 1803; *Waldmann*, ZöR 76 (2021), 1214 f.

351 *Ginsburg/Huq*, Democracy 95 ff; *Haggard/Kaufman*, Backsliding: Democratic Regress in the Contemporary World (2021) 51 ff; *Huq/Ginsburg*, UCLA Law Review 65 (2018), 125 ff.

352 S bereits oben bei Fn 148 f. *Böckenförde*, Verfassungsgerichtsbarkeit: Strukturfragen, Organisation, Legitimation, in ders (Hg), Staat, Nation, Europa (1999) 157 (158 ff); *Gamper*, ZöR 76 (2021), 339.

kaum zu sanktionieren ist.[353] Aus materieller Sicht liegt eine Krise des westlichen Verfassungsstaates in solchen Fällen zudem vor, wenn die Rechtsfortbildung auch inhaltlich den verfassungsstaatlichen Werten widerspricht.

3.4.3 Verletzung der verfassungsstaatlichen Prinzipien durch außerrechtliche Faktoren

Nachdem beleuchtet wurde, wie verschiedene Rechtsakte eine Krise des westlichen Verfassungsstaates auslösen können, soll noch kurz erörtert werden, inwiefern außerrechtliche Dynamiken zu einer solchen beitragen können. Hierbei geht es um unterschiedliche Formen tatsächlicher, faktischer Nichtbeachtung der Verfassung, die etwa von politischen Führungskräften, aber auch von der Bevölkerung ausgehen können. Um von einer Krise des westlichen Verfassungsstaates sprechen zu können, muss die Missachtung der Verfassung wiederum entweder so schwerwiegend oder so häufig sein, dass die Effektivität der verfassungsstaatlichen Prinzipien untergraben wird. Die dadurch entstehende Diskrepanz zwischen Verfassungstext und Verfassungswirklichkeit kann schließlich dazu führen, dass die Verfassung ihre Steuerungswirkung bzw Autorität verliert.[354]

So kann es etwa zu einer Krise der Demokratie, der Gewaltenteilung, der Rechtsstaatlichkeit oder des Grundrechtsschutzes kommen, wenn von der politischen Spitze verfassungsrechtliche Einrichtungen nicht nur im Rahmen berechtigter Kritik, sondern in einer Weise angegriffen werden, die auf ihre Delegitimierung abzielt oder die Verbindlichkeit der von ihnen erzeugten Rechtsakte grundsätzlich in Frage stellt.[355] Für das Funktionieren einer Verfassung ist darüber hinaus ein gewisser politischer Grundkonsens sowie ein Wille zur Kooperation seitens der verschiedenen staatlichen Machttragenden notwendig, wozu auch die Anerkennung der verfassungsrechtlich verankerten Zuständigkeiten anderer Organe zählt.[356] Fehlt dieser Konsens, kann der ordnungsgemäße Ablauf verfassungsrechtlicher Prozesse schnell verunmöglicht werden.[357] Scheitert die Verfassung an

---

[353] *Gamper*, Verfassungsgerichtsbarkeit 38 ff; *dies*, ZöR 76 (2021), 340.

[354] *Stern*, Staatsrecht I 98 ff.

[355] *Balkin*, Crisis 14; *Gamper*, ZöR 80 (2025), 285; *Jakab*, Resilience Rz 5; *Whittington*, William & Mary Law Review 43 (2002), 2109 ff.

[356] *Hesse*, Anmerkungen 142 ff.

[357] *Levinson/Balkin*, University of Pennsylvania Law Review 157 (2009), 738 ff. Vgl in diesem Zusammenhang auch das von *Tushnet* eingeführte Konzept des *constitutional hardball*, bei dem es darum geht, dass die verschiedenen politischen Kräfte zwar nicht gegen die Verfassung verstoßen und diese auch noch effektiv ist, aber dennoch auf eine Weise handeln, die Kompromisslösungen in weite Ferne rücken lassen, was sich zu einer Verfassungskrise mangels politischer Übereinstimmung entwickeln kann: *Tushnet*, Constitutional Hardball, The John Marshall Law Review 37 (2004), 523. Vgl auch *Choudhry*, Democracy 572, der von „mutual toleration“ und „forbearance“ als ungeschriebenen Normen des Verfassungsrechts spricht, die essentiell sind für „the

ihrer praktischen Durchsetzung, kann sie gleich mehreren ihrer Aufgaben nicht mehr gerecht werden, wie etwa den politischen Machtkampf zu kanalisieren, für Stabilität und Vorhersehbarkeit zu sorgen, aber auch Ausdruck eines gesellschaftlichen Konsenses zu sein.[358] In solchen Konstellationen ist die formale Verfassung weiterhin ungebrochen in Kraft, aber real nicht mehr wirksam, was unmittelbar die Effektivität der verfassungsstaatlichen Prinzipien beeinträchtigt.[359]

Eine Krise des westlichen Verfassungsstaates kann auch auftreten, wenn sich die Bevölkerung der Verfassung und somit auch den dort vorgesehenen demokratischen und rechtsstaatlichen Prozessen nicht mehr unterordnen will. Die Gründe, warum eine westlich orientierte Verfassung an Autorität verlieren kann, sind vielfältig:[360] sei es, weil sie inhaltlich abgelehnt wird, sei es, weil sich auch die Politik über den Verfassungstext hinwegsetzt und ihr Verhalten Nachahmung findet. Die Missachtung kann sich gegen die Verfassungsrechtsordnung als solche richten oder sich nur auf bestimmte Elemente beschränken, wie etwa gerichtliche Entscheidungen. Die Verfassung scheitert in diesen Fällen daran, eine Richtschnur zu bieten, an der sich die Rechtsunterworfenen ausrichten wollen. Sie kann somit wichtige materielle Funktionen[361] nicht mehr erfüllen. Äußern können sich solche Konflikte unter anderem in Form von zivilem Ungehorsam, Unruhen, Massendemonstrationen und Sezessionsbestrebungen.[362] Schließlich kann eine Krise des westlichen Verfassungsstaates nicht nur durch die Beseitigung der Verfassung auf

proper functioning of even the most detailed written constitutional text" und von der jeweiligen Verfassungskultur abhängen.

358 *Bußjäger*, Spielregel- und Werteverfassung 4 ff.

359 Juristische Verfassungen, die zu großen Teilen nicht mit der Verfassungswirklichkeit übereinstimmen, werden als semantische Verfassungen oder *sham constitutions* bezeichnet: *Law/Versteeg*, Sham Constitutions, California Law Review 101 (2013), 863; *Loewenstein*, Verfassungslehre 151 ff.

360 Vgl auch oben Fn 307.

361 Etwa die Organisationsfunktion, die Machtbegrenzungs- und Freiheitsfunktion oder die Stabilisierungsfunktion: *Bußjäger*, Spielregel- und Werteverfassung 4 ff.

362 *Balkin*, Crisis 14 ff; *Levinson/Balkin*, University of Pennsylvania Law Review 157 (2009), 738 ff; *Sanjaume-Calvet*, Democracy and Secessionsim: Constitutional Firewalls and an Emerging Acommodational Paradigm, in Gardner (Hg), Comparative Election Law (2022) 115. Vgl etwa auch die Bewegung der sogenannten „Staatsverweigerinnen" und „Staatsverweigerer": Solange die Zahl der Angehörigen dieser Szene ein gewisses Ausmaß nicht überschreitet, funktioniert auch die Sanktionierung des von ihnen gesetzen rechtswidrigen Verhaltens, wie etliche bereits durchgeführte Gerichtsverfahren in Österreich zeigen. Wird jedoch eine kritische Schwelle erreicht, kann dies den Rechtsstaat an seine Belastungsgrenzen bringen: *Adensamer*, Überschießende Kriminalisierung als Gefahr für die Demokratie, juridikum 2017, 149; *Possard/Kollegger*, Das Phänomen der Reichsbürgerinnen und Reichsbürger: Zwischen rechtsphilosophischen und soziologischen Erklärungsansätzen und technischen Möglichkeiten der Risikominimierung, SIAK-Journal 21 (2024), 47; *Ulrich*, Der Schutz der Gerichtsbarkeit, RZ 2017, 141.

rechtlichem Weg, sondern auch durch deren illegale Durchbrechung auf außerrechtlichem Weg herbeigeführt werden – insbesondere durch gewaltsame Umstürze wie Staatstreiche oder Revolutionen.[363]

4. Dystopien

4.1 Begriffsklärung

Zu guter Letzt soll eine Auseinandersetzung mit dem Begriff der Dystopie und dessen möglicher Rolle in der Staatstheorie den Theorieteil abrunden. Dabei wird einerseits definiert, was unter einer Dystopie im Gegensatz zu einer Utopie und in Abgrenzung zu anderen Genres zu verstehen ist, andererseits wird das Augenmerk darauf gelegt, welchen Mehrwert die verfassungstheoretische Beschäftigung mit Dystopien bringt. Dies wird insbesondere im Hinblick auf den westlichen Verfassungsstaat näher erläutert.

Das Wort „Dystopie" leitet sich vom Griechischen ab und bezeichnet wörtlich übersetzt einen schlechten Ort.[364] Als Abwandlung des von *Thomas Morus* geprägten Wortes „Utopie",[365] das einen idealen Zustand beschreibt, kann der Gebrauch des Begriffs „Dystopie" bis ins 19. Jahrhundert zurückverfolgt werden, bevor er im 20. Jahrhundert Teil des allgemeinen Sprachgebrauchs wurde.[366] Da Dystopien als eine spezielle Spielart einer Utopie gesehen werden können, ist es hilfreich, sich erst mit dem Wesen von Letzterer auseinanderzusetzen, um sich auf diesem Weg den Merkmalen einer Dystopie anzunähern.

Utopien sind Fiktionen, die Überlegungen zum Gegenstand haben, wie eine bessere, wenn nicht sogar ideale, Welt aussehen könnte.[367] Solche Entwürfe gehen immer von einer real existierenden Gesellschaft aus und bieten Lösungen für deren Probleme, indem sie eine alternative Art des gesellschaftlichen Zusammenlebens oder eine neue staatliche Ordnung zeigen. Dadurch, dass Utopien aktuelle Missstände aufgreifen und diese ins Gegenteil verkehren, ist in ihnen immer eine

---

[363] *Balkin/Levinson*, Virginia Law Review 87 (2001), 1049; *Barrios-Suvelza*, ICON 2023, 1 ff; *Bermeo*, Journal of Democracy 27 (2016), 6; *Jacobsohn*, Journal of Law and Courts 2 (2014), 6 ff; *Landau*, UC Davis Law Review 47 (2013), 196.

[364] *Dus* („miss-, un-, übel-") + *topos* („Ort, Stelle, Gegend").

[365] *Morus*, Utopia (1516). Etymologisch handelt es sich dabei gemäß den griechischen Wurzel um einen „Nicht-Ort": *ou* („nicht") + *topos* („Ort, Stelle, Gegend"); vgl dazu etwa *Layh*, Finstere neue Welten (2014) 32 und *Waschkuhn*, Utopien 3.

[366] *Claeys*, Dystopia (2017) 4; *ders*, The Origins of Dystopia: Wells, Huxley and Orwell, in ders (Hg), The Cambridge Companion to Utopian Literature (2010) 107; *Sands*, Utopias and Dystopias, in Wolf (Hg), The Routledge Companion to Imaginary Worlds (2018) 177 (180); *Vieira*, The Concept of Utopia, in Claeys (Hg), The Cambridge Companion to Utopian Literature (2010) 3 (3 f, 15 f).

[367] *Layh*, Welten 31 ff.

gewisse Gegenwartskritik enthalten. Das Wunschbild, das gezeichnet wird, ist dabei vernunftbasiert und bildet das säkulare Gegenstück zum religiösen Paradies.[368] Es bezieht sich außerdem immer auf die Gesellschaftsordnung als Ganzes und ist daher kollektivistisch und nicht individualistisch ausgerichtet.[369] Ursprünglich als Raumutopien entstanden, sind Zeitutopien, die in der Zukunft und nicht an einem fernen Ort ihren Schauplatz haben, heute die gängige Form.[370] Dadurch kann nie ausgeschlossen werden, dass das Geschilderte eines Tages Wirklichkeit werden könnte. Dennoch erheben Utopien nicht den Anspruch, dass die erdachten idealen Verhältnisse sofort oder jemals umsetzbar sind. Gerade aufgrund von diesem Element wirken Utopien aber horizonterweiternd, weil sie die eigene Vorstellungskraft anregen ohne bei Fragen der konkreten Machbarkeit stehenzubleiben. Als ein in allen Utopien wiederkehrendes Thema kann die Frage nach der richtigen Gerechtigkeit gesehen werden, die jeweils mithilfe des utopischen Entwurfs verwirklicht werden soll.[371] Im alltäglichen Gebrauch ist das Wort „utopisch" allerdings negativ konnotiert und wird eher mit „realitätsfremd" gleichgesetzt, sodass sich Utopien immer wieder mit dem Vorwurf der Naivität konfrontiert sehen.[372]

Ausgehend von diesem Utopiebegriff können bereits einige Merkmale festgemacht werden, die auch für Dystopien gelten: Ebenso wie Utopien stellen sie ein fiktives, alternatives Modell zu unserer gegenwärtigen Gesellschaft dar, das meist in der Zukunft angesiedelt ist und neue Perspektiven eröffnet. Dystopien greifen auch tatsächliche Gegebenheiten auf, worin ähnlich wie bei der Utopie ein zeitkritisches Element entdeckt werden kann.[373] Eine weitere Gemeinsamkeit liegt in dem jeweiligen moralischen Charakter: Sowohl Utopien als auch Dystopien zeigen auf, wie unsere Welt sein könnte und bieten so eine Vorlage, aus der Handlungsanweisungen abgeleitet werden können.[374]

---

[368] *Elias*, Thomas Morus' Staatskritik, in Voßkamp (Hg), Utopieforschung, Bd II (1982) 101 (103); *Saage*, Politische Utopie, in Nohlen/Schultze (Hg), Lexikon der Politik (1995) 478 ff; *Saage*, Politische Utopien, in Holtmann (Hg), Politik-Lexikon[3] (2000) 542 (542); *Saage*, Utopisches Denken im historischen Prozess (2006) 52 ff; *Vieira*, Concept 6 ff; *Waschkuhn*, Utopien 3 ff.

[369] *Saage*, Utopie 478.

[370] *Ders*, Utopien 543; *Vieira*, Concept 9; *Waschkuhn*, Utopien 12.

[371] *Arnswald*, Einleitung: Zum Utopie-Begriff und seiner Bedeutung in der politischen Philosophie, in ders/Schütt (Hg), Thomas Morus' Utopia und das Genre der Utopie in der Politischen Philosophie (2010) 1 (7 f); *Biesterfeld*, Die literarische Utopie[2] (1982) 10, 22 ff; *Saage*, Utopie 478 f; *Vieira*, Concept 9; *Waschkuhn*, Utopien 3 ff.

[372] *Saage*, Denken 58 ff; *ders*, Utopie 479; *ders*, Utopien 542.

[373] *Claeys*, Origins 107; *Elias*, Thomas 103; *Hausteiner*, Mehr Dystopie wagen?, ZPTh 11 (2020), 31 (33 ff); *Saage*, Utopien 502 ff; *Sands*, Utopias 177 ff; *Waschkuhn*, Utopien 5 ff.

[374] *Crocker*, Dystopian Constitutionalism, University of Pennsylvania Journal of Constitutional Law 18 (2015), 593 (599 ff); *Hausteiner*, ZPTh 11 (2020), 34; *Vieira*, Concept 17; *Waschkuhn*, Utopien 5; *Yorke*, Utopia, Myth, and Narrative, Philosophical Studies 25 (2007), 285 (289 f).

Weiter gefasste Utopiedefinitionen, wie jene von *Elias*, unterscheiden gar nicht strikt zwischen Utopien und Dystopien, sondern halten fest, dass Utopien „Furcht- oder Wunschgebilde“[375] sein können. Daran anlehnend werden für Dystopien auch die Begriffe Anti-Utopie, negative oder schwarze Utopie verwendet.[376] Damit ist auch schon der gravierendste Unterschied zwischen Utopien und Dystopien angesprochen: Während Erstere eine positive alternative Realität darstellen und aufzeigen, wie unser Leben im besten Falle ausschauen könnte, gehen Letztere in die entgegengesetzte Richtung. Dystopien sind von ihrem Wesen her pessimistisch und präsentieren eine Zukunft, in der sich aktuelle Probleme nicht aufgelöst, sondern in die denkbar schlechteste Richtung weiterentwickelt haben. Im Gegensatz zu Utopien kann das Geschilderte daher nicht als Modell gesehen werden, dem nachgeeifert werden soll. Vielmehr verfügt die Dystopie über eine Warnfunktion: Sie soll ihrem Publikum einen Eindruck davon verschaffen, welche Schreckensszenarien möglich sind, aber gleichzeitig vermitteln, dass noch nicht alles verloren ist.[377] In diesem Sinne hält *Vieira* treffend fest: „Dystopias that leave no room for hope do in fact fail in their mission.“[378]

Thematisch können Dystopien auf die verschiedensten Elemente, die ein Gemeinwesen ausmachen, Bezug nehmen. Häufig anzutreffen sind politische Dystopien, die totalitäre Herrschaftsszenarien zum Inhalt haben, ökologische Dystopien, die die Auswirkungen von Umweltzerstörung, Ressourcenerschöpfung und Klimakatastrophen schildern, und technologische Dystopien, die auf die Gefahren des zunehmenden technischen Fortschritts hinweisen. Da sich Dystopien immer auf die Gegenwart beziehen, sind weitere öfter aufgegriffene Problemfelder die zunehmende Überbevölkerung, die Angst vor kulturellem Verfall oder einem Atomkrieg sowie terroristische Bedrohungen.[379]

Für eine vollständige Begriffsbestimmung muss schließlich noch eine Abgrenzung der Dystopie von anderen Genres vorgenommen werden. Dadurch, dass Dystopien meist in der Zukunft angesiedelt sind und zeigen, was einmal Wirklichkeit werden könnte, besteht eine gewisse Nähe zur Gattung *Science-Fiction*. Obwohl in einem Werk dystopische und *Science-Fiction*-Elemente auch gemeinsam vorkommen können, unterscheiden sich diese zwei Genres insbesondere dahingehend, dass bei *Science-Fiction*-Erzählungen mögliche in der Zukunft liegende wissenschaftliche Errungenschaften im Mittelpunkt stehen. Während solche in Dystopien auch vorkommen können, liegt bei diesen der Fokus nicht auf der

---

[375] *Elias*, Thomas 103.

[376] *Biesterfeld*, Utopie 9; *Claeys*, Origins 107; *Waschkuhn*, Utopien 5, 9. Vgl auch den Ausdruck „utopia gone wrong“ bei *Vieira*, Concept 16.

[377] *Biesterfeld*, Utopie 9; *Claeys*, Dystopia 501; *Hausteiner*, ZPTh 11 (2020), 33 ff; *Saage*, Denken 52; *Sands*, Utopias 177 ff; *Vieira*, Concept 17.

[378] *Dies*, Concept 17.

[379] *Claeys*, Dystopia 5, 447, 488 f; *Hausteiner*, ZPTh 11 (2020), 36; *Vieira*, Concept 18.

logischen Erklärung imaginärer Phänomene.[380] *Fantasy* hebt sich von Dystopien dagegen deswegen ab, weil die physikalischen Gesetze durch Übernatürliches durchbrochen werden. Auch wenn Dystopien durch ihre Zukunftsgerichtetheit Sachverhalte darstellen, die noch nicht Realität geworden sind, so scheint es eine logische, konsequent durchgehaltene Entwicklungslinie von der Realität hin zur Dystopie zu geben.[381] Ähnliches gilt für die mit dem Genre *Fantasy* verwandten Gattungen Märchen und Mythos,[382] die sich von Dystopien bzw Utopien deswegen unterscheiden, weil es nicht darum geht, dass das Erzählte eines Tages Wirklichkeit werden könnte. Utopien sollen ihr Publikum dazu bewegen, Maßnahmen zu ergreifen, um dem utopischen Ideal näher zu kommen; Dystopien sollen zu Handlungen anregen, die die dargestellten Szenarien verhindern. Märchen und Mythen enthalten keine vergleichbaren Handlungsaufforderungen, auch wenn märchenhafte oder mythische Elemente in Dystopien einfließen können.[383] Von wissenschaftlichen Vorhersagen und philosophischen Überlegungen, die ebenso pessimistisch sein können, ist wiederum die Fiktionalität der Dystopie das stärkste Abgrenzungskriterium.[384] Trotzdem geht es bei Dystopien immer um Erzählungen, die den auf *Margaret Atwood* basierenden Plausibilitätstest[385] bestehen, also eine gewisse Realitätsnähe aufweisen und die Grenzen des Glaubwürdigen nicht überschreiten.[386]

4.2 Rolle für die Verfassungstheorie

4.2.1 Rolle im Allgemeinen

Dass Dystopien als Phänomen in der Mitte der Gesellschaft angekommen sind, zeigt die große Menge an Literatur, Filmen und Fernsehserien, die in den letzten Jahren zu diesem Thema erschienen sind.[387] Nicht umsonst spricht *Hausteiner* von einer „Omnipräsenz dystopischen Denkens“,[388] was sich auf verschiedenen Ebenen und auch im politischen Diskurs bemerkbar macht.[389] Welchen Mehrwert kann nun aber die Beschäftigung mit Dystopien für die Verfassungstheorie brin-

[380] *Biesterfeld*, Utopie 107 ff; *Claeys*, Dystopia 284 ff; *Keulen*, Radical Imagination (1991) 23 ff; *Saage*, Denken 54.

[381] *Keulen*, Imagination 25.

[382] *Dies*, Imagination 25.

[383] *Gnüg*, Utopie und utopischer Roman (2015) 8 f; *Yorke*, Philosophical Studies 25 (2007), 288 ff.

[384] *Claeys*, Dystopia 501; *Gnüg*, Utopie 8 ff; *Saage*, Denken 53 f.

[385] *Atwood*, Curious Pursuits: Occasional Writing 1970–2005 (2006) 86: „Nothing inconceivable takes place, and the projected trends on which [the] future society is based are already in motion.“

[386] *Claeys*, Dystopia 287, 448, 475.

[387] *Sands*, Utopias 180.

[388] *Hausteiner*, ZPTh 11 (2020), 32.

[389] Vgl auch *Layh*, Welten 17.

gen? Wie bereits erwähnt, ist ein wesentliches Merkmal von Dystopien deren Warn- und Lehrfunktion. Folglich kann die Frage gestellt werden, welche Gefahren und Lehren sich aus Dystopien hinsichtlich der Zukunft des westlichen Verfassungsstaates ablesen lassen. Wird vor negativen Entwicklungen gewarnt, die auch Demokratie, Gewaltenteilung, Rechtsstaatlichkeit und Grundrechte betreffen, und wenn ja, vor welchen? Wie kann Krisenerscheinungen des westlichen Verfassungsstaates begegnet werden, damit Dystopien nicht Wirklichkeit werden?

Der Reiz von Dystopien liegt darin, sich potentieller Gefahren durch die Auseinandersetzung mit dem *worst-case*-Szenario bewusst zu werden. Indem man vom schlimmstmöglichen Fall ausgeht, wird das Bewusstsein dafür geschärft, alles daran zu setzen, um das Eintreten der Schreckensszenarien zu verhindern.[390] Sinn der verfassungstheoretischen Beschäftigung mit Dystopien kann es also sein, die Aufmerksamkeit für mögliche verfassungsfeindliche Entwicklungen zu erhöhen. Welche vielleicht vorerst unauffälligen Änderungen könnten schließlich in dystopische Szenarien münden? Fließen dystopische Überlegungen in wissenschaftliche Analysen des Staatshandelns ein, führt dies insgesamt zu einer ganzheitlicheren Betrachtung und bringt insofern einen Mehrwert für die verfassungsrechtliche Argumentation. Gesetze oder Vollzugspraktiken werden dabei nicht nur im rechtsdogmatischen Detail, sondern im größeren politischen und gesellschaftlichen Zusammenhang bewertet.[391]

In gewisser Weise wird dabei ein Rechtsvergleich vorgenommen, indem das dystopische Staatsmodell jenem der Bezugsgesellschaft gegenübergestellt wird. Einzelne Rechtsakte der Bezugsgesellschaft werden dabei jeweils danach beurteilt, ob durch sie eine Annäherung an die dystopische Verfassung stattfindet.[392] Wie *Crocker* erklärt, geschieht dies mithilfe von „consequence avoidance arguments": Um zu verhindern, dass dystopische Staatsvisionen Wirklichkeit werden, muss auf eine Weise gehandelt werden, die diesem negativen Beispiel entgegengesetzt ist.[393] Zu bedenken ist dabei allerdings, dass ein einzelner Akt isoliert betrachtet meist nicht sofort zu dystopischen Verhältnissen führt. Wie hoch das mit einem Rechtsakt verbundene Risikopotenzial ist, hängt davon ab, welche weiteren Entwicklungen er begünstigt. In einer vorausschauenden Gesamtbetrachtung könnte ein einzelner Akt also sehr wohl als gewissen Verfassungsprinzipien

---

[390] *Hausteiner*, ZPTh 11 (2020), 32 f.

[391] *Crocker*, University of Pennsylvania Journal of Constitutional Law 18 (2015), 595 ff.

[392] *Ders*, University of Pennsylvania Journal of Constitutional Law 18 (2015), 598, 606 ff. Vgl auch *Scheppele*, Aspirational and Aversive Constitutionalism: The Case for Studying Cross-Constitutional Influence Through Negative Models, ICON 1 (2003), 296.

[393] *Crocker*, University of Pennsylvania Journal of Constitutional Law 18 (2015), 606: „If we do not want to become like the dystopian state, then we must avoid adopting policies or legal rules that are either constitutive of the dystopian state or would likely set us on a path that would lead to such a state."

abträglich beurteilt werden.[394] Dystopische Vergleiche im Rahmen verfassungstheoretischer Überlegungen können daher dazu beitragen, geltende Verfassungsprinzipien zu konkretisieren und zu stärken.[395]

Gegenüber utopischen Gedankenexperimenten sind Dystopien zudem praxistauglicher, weil es bei ihnen primär darum geht, den Status quo zu erhalten. Dadurch erfordern sie nur Einigkeit dahingehend, welche Art von Entwicklungen verhindert werden soll, bleiben aber ansonsten ergebnisoffen. Diese Übereinstimmung ist meistens leichter zu erzielen als ein Konsens hinsichtlich detailliert ausgestalteter Zukunftsmodelle, wie Utopien sie propagieren.[396]

4.2.2 Rolle im Speziellen

Sowohl Gerichte als auch die rechtswissenschaftliche Literatur stellen bisweilen dystopische Vergleiche an, um ein Argument zu untermauern. Besonders wenn es um die fortschreitende Technisierung und die damit verbundene Sorge eines gläsernen Menschen bzw einer dauerhaften Echtzeit-Überwachung geht, wird häufig *George Orwells* „1984"[397] zitiert.[398] So wird etwa in einer Reihe von amerikanischen Gerichtsentscheidungen unter anderem auf Orwellsche Analogien zurückgegriffen, um die Verfassungsmäßigkeit staatlicher Überwachungsmaßnahmen zu beurteilen.[399] Auch in der wissenschaftlichen Literatur wird immer wieder auf *Orwells* Schilderungen eines totalitären Überwachungsstaates Bezug genommen. Solche Verweise werden insbesondere dafür genutzt, eigene Standpunkte zu untermauern, wenn es um potentiell negative Auswirkungen von Gesetzesbestimmungen oder eine vorgeschlagene Änderung der Rechtslage bzw Rechtspraxis

---

[394] *Ders*, University of Pennsylvania Journal of Constitutional Law 18 (2015), 604, 610 ff.

[395] *Ders*, University of Pennsylvania Journal of Constitutional Law 18 (2015), 599 ff, 603, 606 f, 609, 616 f.

[396] *Ders*, University of Pennsylvania Journal of Constitutional Law 18 (2015), 595, 599 ff, 604 ff, 647, 654.

[397] *Orwell*, Nineteen Eighty-Four (1949).

[398] Vgl etwa EGMR, 25.05.2021 [GK], *Big Brother Watch ua/Vereinigtes Königreich*, Nr 58170/13, 62322/14 und 24960/15, Joint Partly Concurring Opinion of Judges Lemmens, Vehabović and Bošnjak Rz 6; US *Supreme Court*, *United States v Jones*, 565 U.S. 400 (2012), Oral Argument Transcript (08.11.2011), 13. *Crocker*, University of Pennsylvania Journal of Constitutional Law 18 (2015), 594 ff; *Richards*, The Dangers of Surveillance, Harvard Law Review 126 (2013), 1934; *Thiel*, Die Schönheit der Chance: Utopien und das Internet, juridikum 2014, 459 (462). Vgl auch *von Lucke*, Wohin führt uns eigentlich das Internet der Dinge?, in Schweighofer/Kummer/Saarenpää (Hg), Internet of Things: IRIS 2019 (2019) 19 (20 ff).

[399] *United States v Pineda-Moreno*, 617 F.3d 1120, 1126 (9th Cir. 2010) (Kozinski, J., dissenting); *United States v Sparks*, 750 F. Supp. 2d 384, 395 (D. Mass. 2010); *United States v Cuevas-Perez*, 640 F.3d 272, 286 (7th Cir. 2011) (Wood, J., dissenting).

geht.[400] *Richards* weist außerdem darauf hin, dass die prinzipielle Skepsis der Bevölkerung staatlicher Überwachung gegenüber vielfach Romanen wie „1984" zu verdanken ist, wobei reale Bedrohungen für die Privatsphäre zuweilen nicht erkannt werden, weil sie in einer liberalen demokratischen Gesellschaft nicht für möglich gehalten und eher im Reich der Fiktion oder in totalitären Staaten verortet werden. Deshalb sei es essentiell, zu überlegen, worin – unabhängig von dystopischen Schreckensszenarien – die konkreten Risiken einer immer transparenter werdenden Gesellschaft liegen.[401]

Nicht nur in Bezug auf das Recht auf Privatleben oder Datenschutz werden aktuelle Entwicklungen mit dystopischer Fiktion verglichen. So wird in einer Entscheidung des indischen *Rajasthan High Court* aus dem Jahr 2019 *Orwells* „Animal Farm"[402] benutzt, um die Gleichheitswidrigkeit eines angefochtenen Gesetzes zu illustrieren. Die Begründung, warum die betroffenen Gesetzesstellen[403] als nichtig zu erklären sind, lautet am Ende wie folgt:

„One is reminded of George Orwell's apocryphal portrayal of a distorted meaning of equality in his much-celebrated Animal Farm – that all animals are born equal but some are more equal than others [...]. What stands in the way of a slide towards such a direction, mercifully in India, is the Constitution of India and substantive equality and not a formal promise of equality it assures to the people, always. Therefore, Sections 7BB and 11 of the Act, [...], amounts to saying that such individuals are more equal than the other public servants and citizens of India – placing those provisions beyond the pale of valid legislation."[404]

Anhand einer inhaltlichen Analyse zweier dystopischer Fernsehserien sollen nun in Teil II Elemente herausgearbeitet werden, die als Furchtbilder in Bezug auf die verfassungsstaatlichen Werte Demokratie, Rechtsstaatlichkeit Gewaltenteilung und Grundrechte in Erscheinung treten. Da Dystopien aus einer Zeitkritik heraus entstehen, werden daran anschließend in Teil III gegenwärtige Herausforderungen des Verfassungsstaates am Beispiel einzelner real existierender Staaten beleuchtet, indem diese mit den in den Dystopien dargestellten Szenarien in Beziehung gesetzt werden.

---

[400] *Barroso*, Technological Revolution, Democratic Recession, and Climate Change: The Limits of Law in a Changing World, ICON 18 (2020), 334; *Pell/Soghoian*, Can You See Me Now? Toward Reasonable Standards for Law Enforcement Access to Location Data That Congress Could Enact, Berkeley Technology Law Journal 27 (2012), 117 (1934, 1945).

[401] *Richards*, Harvard Law Review 126 (2013).

[402] *Orwell*, Animal Farm (1945).

[403] *Rajasthan Ministers' Salaries Act, 2017.*

[404] *Milap Chand Dandia v State Of Rajasthan*, Urteil vom 04.09.2019.

Teil II: Analyse dystopischer Fernsehserien

5. Überblick

Die Verarbeitung dystopischer Stoffe erfreut sich bereits seit einiger Zeit großer Beliebtheit, was darauf hindeutet, dass Zukunftspessimismus auch im allgemeinen gesellschaftlichen Diskurs eine Rolle spielt.[405] Egal ob dystopische Bücher, Filme oder Serien, sie alle enthalten trotz ihrer Fiktionalität Bezüge zur Gegenwart und können somit auch Aussagen über rechtliche oder politische Vorgänge treffen.[406] Im Folgenden werden zwei dystopische Fernsehserien – „The Handmaid's Tale"[407] und „Years and Years"[408] – aus verfassungsrechtlicher Sicht analysiert. Der westliche Verfassungsstaat dient dabei als Referenzmodell: Inwiefern unterscheiden sich die in den jeweiligen Dystopien dargestellten Systeme von diesem im Hinblick auf die Elemente Demokratie, Gewaltenteilung, Rechtsstaatlichkeit und Grundrechte? Da es sich um fiktionale Inhalte handelt, können präzise rechtswissenschaftliche Begriffe und Konzepte dort nur in großer Abstraktionshöhe wiedergefunden werden. Im Wesentlichen geht es darum, in diesen Serien Folgendes zu identifizieren:

- Welche *Regierungsform* ist in den jeweiligen Szenarien vorzufinden?
- Sind *Kontrollmechanismen* anzutreffen, die die Ausübung der Staatsgewalt regulieren, oder haben die Machthabenden freie Hand?
- Gibt es in der dargestellten Zukunft überhaupt eine (effektive) Rechtsordnung, was sind die primären Regelungsinhalte und kann insgesamt von einem *Rechtsstaat* gesprochen werden?
- Wie ist es um die *Grundrechtssituation* in den jeweiligen dystopischen Systemen bestellt?
- Verfolgen sie zumindest einen wichtigen *Staatszweck*, der ihnen mitunter sogar Legitimität verleihen kann?

Die inhaltliche Analyse der zwei Fernsehserien anhand der aus diesen Fragen gebildeten Aspekte *Regierungsform, Kontrolle, Rechtsstaatlichkeit, Grundrechte* und *Staatszweck* soll demonstrieren, wie die Zukunft des westlichen Verfassungsstaates in einem *worst-case*-Szenario aussehen könnte. Welche Gefahren für den

---

[405] *Hausteiner*, ZPTh 11 (2020), 31 f; *Mikos*, Film 97.

[406] *Layh*, Welten 15 ff; *Müller-Mall*, Spuren des Juridischen in Serie(n), in Besand (Hg), Von Game of Thrones bis House of Cards (2018) 99 (100 f).

[407] *Miller*, The Handmaid's Tale.

[408] *Davies*, Years and Years.

Verfassungsstaat lassen sich ablesen, welche gegenwärtigen Entwicklungen können unter Umständen als Wegbereiter gesehen werden?

6. The Handmaid's Tale

6.1 Allgemeines

Die Serie „The Handmaid‘s Tale“[409] basiert auf dem gleichnamigen Roman von *Margaret Atwood* aus dem Jahr 1985.[410] Sie spielt in einer nicht allzu weit entfernten dystopischen Zukunft, in der ein neu gegründeter Staat namens „Republic of Gilead“ den Großteil des Gebietes der heutigen Vereinigten Staaten eingenommen hat. Die Nachbarländer Mexiko und Kanada bestehen zwar noch in ihrer bekannten Form, sind aber mit demselben Problem konfrontiert, das zum Untergang der USA geführt hat – einer stark rückläufigen Geburtenrate aufgrund von Massenunfruchtbarkeit. Wie es zu dieser Fruchtbarkeitskrise kommen konnte, wird in der Serie nicht vollständig geklärt; es wird jedoch angedeutet, dass Umweltverschmutzung und Klimawandel mitverantwortlich sind. Die neue Ordnung in Gilead besteht aus einem starren Klassensystem mit dem Ziel, eine Gesellschaft mit stabiler Geburtenrate zu schaffen. Eine zentrale Bedeutung kommt deswegen den verbleibenden fruchtbaren Frauen zu, die als „Handmaids“ systematisch geschwängert werden sollen. Die von *Bruce Miller* kreierte TV-Serie wurde 2017 mit der ersten Staffel ausgestrahlt; im April 2025 erschien die sechste und letzte Staffel. Gegenstand der folgenden Analyse wird nur die erste Staffel sein, die sich ungefähr mit der Handlung von *Atwoods* „The Handmaid's Tale“ deckt.[411]

6.2 Regierungsform

Bereits mit der ersten Episode von „The Handmaid's Tale“ wird klar, dass die Republik Gilead so gut wie nichts mehr mit den USA von heute gemein hat. Während die USA gegenwärtig als westlicher Verfassungsstaat gelten, kann für Gilead nicht das Gleiche gesagt werden, wie ein Blick auf dessen Regierungsform zeigt: Statt allen Staatsangehörigen ein Mitbestimmungsrecht einzuräumen, wie das in einer Demokratie durch das allgemeine Wahlrecht der Fall ist, hat in Gilead nur eine kleine Gruppe von Männern Anteil an der Staatsgewalt. Gilead ist demnach eine Oligarchie, und zwar eine theokratische: Die Wenigen, die das Sagen haben, gehören einer christlich-fundamentalistischen Gruppe namens „Sons of Jacob“ an.

[409] *Miller*, The Handmaid's Tale.

[410] *Atwood*, Handmaid.

[411] 2019 erschien eine Fortsetzung, die 15 Jahre nach den Ereignissen des ersten Romans spielt, aber mit der Handlung der Serie in keinem Zusammenhang steht: *Dies*, The Testaments (2019).

Diese Gruppierung war für den Sturz der amerikanischen Regierung[412] und den darauffolgenden drastischen Regimewechsel verantwortlich. Es gibt in Gilead weder ein Regierungsoberhaupt noch ein davon verschiedenes einzelnes Staatsoberhaupt; Entscheidungen werden in kleinen Gremien gemeinsam getroffen.[413]

Oligarchien können in verschiedenen Formen auftreten.[414] In „The Handmaid's Tale" gleicht die neue Regierungsform einer Diktatur.[415] Abgesehen davon, dass keine andere als die von Gilead vorgegebene, streng an der Bibel ausgerichtete Glaubensrichtung mehr erlaubt ist,[416] ist ein Leben in Gilead prinzipiell nur im Rahmen eines strikten Klassensystems möglich. Darüber hinaus wird die Äußerung von Ansichten, die von der staatlichen Ideologie abweichen, hart bestraft.[417] Die Menschen, die unter diesem Regime leben, sind also weder frei noch vor dem Gesetz gleich wie in liberalen Demokratien.[418] Die Führungsriege[419] beruft sich auch nicht der Form halber auf eine demokratische Legitimation durch das Volk, stattdessen ist sie überzeugt davon, dass sie in Gottes Auftrag handelt.[420] Damit wird impliziert, dass auch die elitäre Gruppe „Sons of Jacob" nicht wirklich souverän ist, weil sie nur als Stellvertreterin Gottes auf Erden fungiert.[421] Im Ergebnis hat also das Volk seine Souveränität und politischen Partizipationsrechte nach dem Regimewechsel verloren. Nur jene Männer, die an dem Aufstieg der „Sons of Jacob" maßgeblich beteiligt waren, bestimmen als „Commanders" Gesetzgebung, Verwaltung und Gerichtsbarkeit in Gilead.

6.3 Kontrolle

Im westlichen Verfassungsstaat sorgen unter anderem die organisatorische Verteilung der Staatsgewalt auf drei verschiedene Organe und regelmäßig durchgeführte demokratische Wahlen dafür, dass der Ausübung von staatlicher Macht Grenzen gesetzt werden. Durch die so ermöglichte Kontrolle soll insbesondere

---

412 Eine amerikanische Exilregierung befindet sich in Anchorage, da Alaska und Hawaii die einzigen verbliebenen Bundesstaaten sind: *Miller*, The Handmaid's Tale Ep 2 Min 4.

413 Etwa in Form eines „committee" oder „council": *Ders*, The Handmaid's Tale Ep 6 Min 17 und Ep 10 Min 27 f. Vgl auch ibidem Ep 6 Min 8 und 41, wo ersichtlich wird, dass ein einzelner „Commander" nicht das alleinige Entscheidungsrecht hinsichtlich außenpolitischer Verhandlungen mit Mexiko hat.

414 *Gamper*, Staat 158 ff.

415 Diktaturen sind zwar meistens Monokratien, aber können auch in Form von Oligarchien auftreten: *Dies*, Staat 158.

416 Vgl die Zerstörung katholischer Kirchen: *Miller*, The Handmaid's Tale Ep 2 Min 4.

417 Vgl *ders*, The Handmaid's Tale Ep 1 Min 15 – ein erhängter Priester, ein Arzt und ein Homosexueller werden an einer Mauer zur Schau gestellt – und Ep 4 Min 35, wo Kunstwerke und Bücher verbrannt werden.

418 Vgl noch unten bei Kapitel 6.5.

419 Der engste Kreis der „Sons of Jacob" wird als „committee" bezeichnet; vgl Fn 413.

420 Vgl etwa *ders*, The Handmaid's Tale Ep 6 Min 19.

421 *Ders*, The Handmaid's Tale Ep 10, Min 15: „Everybody answers to God."

Machtmissbrauch verhindert werden. In „The Handmaid's Tale" findet man, wie erwähnt, ein oligarchisches Regierungssystem vor. Dadurch ist bereits ein gewisses gewaltenteilendes Element vorhanden, weil die gesamte Staatsgewalt nicht in einer einzigen Person gesammelt ist, sondern sich zumindest auf einige wenige aufteilt. Entscheidend ist allerdings, ob die Macht der Führungselite insgesamt selbst in irgendeiner Weise eingedämmt wird; ob sich diese also an gewisse Regeln halten muss und ob sie bei Fehlverhalten zur Verantwortung gezogen werden kann.

Blickt man zu Beginn auf das Verhältnis der drei Staatsfunktionen Gesetzgebung, Verwaltung und Gerichtsbarkeit, muss festgehalten werden, dass eine diesbezügliche horizontale Gewaltenteilung in Gilead kaum verwirklicht ist. Auch wenn es Personen zu geben scheint, die für die Gesetzgebung und andere, die für die Rechtsprechung zuständig sind, wird doch klar, dass alle Positionen von regimetreuen „Commanders" besetzt werden. Insbesondere eine unabhängige Gerichtsbarkeit scheint nicht gegeben zu sein, wie anhand eines gezeigten Gerichtsprozesses offenbar wird: In diesem werden die Angeklagten schuldig gesprochen, ohne selbst gehört worden zu sein, nachdem der Staatsanwalt auf Gottes Namen schwört, dass sein Bericht der Wahrheit entspreche.[422] Gemäß ihres Status als oligarchische Diktatur gibt es in Gilead also keine Institution, die von den „Sons of Jacob" unabhängig wäre und vor der sich die Herrschenden verantworten müssten.

Eine umso größere Rolle spielt deshalb die gegenseitige Kontrolle innerhalb der Führungsriege. In Gilead sind Überwachungsmaßnahmen durch Geheimpolizei und Bespitzelung stark verbreitet, wovon auch die einzelnen „Commanders" betroffen sind.[423] Wird ein „Commander" straffällig, muss er sich vor einer Abordnung anderer „Commanders" verantworten und auch mit mehr oder weniger harten Strafen rechnen.[424] Willkür und Ausnutzung der eigenen Position über das hinaus, was das gileadische System erlaubt, wird auf diese Weise tatsächlich großteils verhindert. Dennoch bleibt es letztlich der Gruppe der „Commanders" selbst überlassen, welche (eigenen) Regelverstöße geahndet werden, was der Führungselite einen entscheidenden Vorteil gegenüber dem Rest der Bevölkerung einräumt.[425]

Neben der horizontalen Gewaltenteilung gibt es in Gilead auch keine vertikale Gewaltenteilung: Dadurch, dass demokratische Elemente im vorherrschenden System fehlen, gibt es zum einen keinen Verantwortungszusammenhang zwischen den Regierenden und den Regierten. Weder muss sich das regierende „Com-

---

[422] *Ders*, The Handmaid's Tale Ep 3 Min 34.

[423] *Ders*, The Handmaid's Tale Ep 8 Min 39 f.

[424] *Ders*, The Handmaid's Tale Ep 10 Min 27 ff.

[425] Vgl etwa hinsichtlich des Besuchs von Bordellen durch „Commanders", *ders*, The Handmaid's Tale Ep 8 Min 23: „I thought these kinds places are forbidden." – „Officially. […] We turn a blind eye. Everyone's human, after all."

mittee" als Ganzes wiederkehrenden Wahlen stellen noch müssen dies die einzelnen „Commanders". Sie sind also für ihren Machterhalt nicht darauf angewiesen, im Sinne der Bevölkerung zu handeln. Zum anderen erhöht sich der gewaltenteilende Effekt auch nicht sonderlich durch die Einteilung des gileadischen Staatsgebiets in „Districts":[426] Obwohl auf lokaler Ebene ansässige „Commanders" im Rahmen von „Councils"[427] das Sagen haben, ist Gilead nicht als Bundesstaat konzipiert, was bedeuten würde, dass auch die einzelnen Gliedeinheiten Anteil an der staatlichen Macht in Form eigener Gesetzgebungskompetenzen hätten. Soweit man etwas über den organisatorischen Aufbau Gileads in „The Handmaid's Tale" erfährt, scheint diese Untergliederung in kleinere Einheiten rein administrativen Zwecken zu dienen.

6.4 Rechtsstaatlichkeit

Gilead verfügt offenbar über eine Rechtsordnung. Ob dem neu gegründeten Staat eine geschriebene Verfassung zugrunde liegt, erfährt das Publikum hingegen nicht, nur so viel, dass die frühere amerikanische Verfassung nach dem Staatsstreich außer Kraft gesetzt wurde.[428] Da es sich bei Gilead um eine christliche Theokratie handelt, ist die Bibel ein wichtiges Referenzwerk. Tatsächlich lässt sich der Großteil der staatlichen Ordnung auf streng ausgelegte oder aus dem Zusammenhang gerissene biblische Passagen zurückführen.[429] Dies ist etwa bei der Konstruktion des gesellschaftlichen Klassensystems der Fall. In dessen Zentrum stehen die „Handmaids", die dem Staat zu Nachwuchs verhelfen sollen, indem sie jeweils einem „Commander" zugeteilt werden. Dieser versucht, seine zugeteilte Magd im Rahmen einer monatlichen Zeremonie zu schwängern. Gelingt die Befruchtung tatsächlich und wird ein lebendes Kind geboren, ist dieses rechtlich Sohn oder Tochter des „Commanders" und seiner Ehefrau. Dieses Konzept stützt sich direkt auf eine Geschichte des Alten Testaments, in der Rachel, als sie mit ihrem Mann Jakob selbst keine Kinder bekommen kann, dies durch ihre Magd ermöglichen will. Die entsprechende Stelle wird in der Serie wie folgt zitiert: „Behold my maid, Bilhah, go in unto her; and she shall bear upon my knees, that I may

[426] *Ders*, The Handmaid's Tale Ep 6.

[427] *Ders*, The Handmaid's Tale Ep 10.

[428] *Ders*, The Handmaid's Tale Ep 3 Min 2: „They slaughtered Congress, blamed terrorists and suspended the constitution."

[429] Wenn es darum geht, die „Handmaids" gefügig zu machen, fällt meistens der Satz „Blessed are the meek". Dieser Teil des Verses Matthäus 5,5 ist allerdings aus dem Zusammenhang gerissen; an einer Stelle kontert Offred deshalb mit einem Zitat von Matthäus 5,10: „And blessed are those who suffer for the cause of righteousness, for theirs is the kingdom of heaven" (*Miller*, The Handmaid's Tale Ep 3 Min 31). Vgl auch den Straftatbestand „gender treachery", der sich aus Römer 1, 26–27 ableitet (*Miller*, The Handmaid's Tale Ep 3 Min 34) oder Steinigungen als biblische Strafe (ibidem Ep 10 Min 45; vgl auch noch unten Fn 432).

have children by her.“[430] Auch in einem Gerichtsprozess werden bestimmte biblische Passagen als direkte Rechtsgrundlage zitiert, auf deren Basis die Angeklagten dann verurteilt werden.[431]

In diesem Sinne könnte prinzipiell davon gesprochen werden, dass in Gilead das Legalitätsprinzip gilt: Jede Grundrechtseinschränkung, jeder Prozess, jede Hinrichtung und jede Bestrafung wird mit dem Verweis auf geltendes (göttliches) Recht legitimiert.[432] Die Rechtsordnung ist auch effektiv, wofür Institutionen sorgen, die die Einhaltung der Gesetze kontrollieren. „Guardians“ als die Sicherheitskräfte Gileads sind omnipräsent und schreiten ein, sobald sich jemand nicht den strengen Regeln entsprechend verhält. Zusätzlich gibt es noch eine eng mit der Gesellschaft verwobene Geheimpolizei, deren Mitglieder als „Eyes“ bezeichnet werden. Dies führt zu einem ständigen Gefühl der Überwachung, da auch Hausangestellte zu den „Eyes“ gehören können.[433] Wie bereits oben erwähnt, können sich auch „Commanders“ nicht der Beschattung entziehen, wobei sogar folgender Satz fällt: „You do understand that as an Eye you'll chiefly be reporting on the activities of your own Commander.“[434] Daraus kann geschlossen werden, dass dem geltenden Recht jedenfalls ein höherer Stellenwert eingeräumt wird als den Wünschen der einzelnen „Commanders“. Eine besondere Stellung im System der Rechtsdurchsetzung hat außerdem die aus älteren alleinstehenden Frauen bestehende Klasse der „Aunts“: Zuständig für die Ausbildung, Betreuung und Disziplinierung der „Handmaids“ bringt es ihre Rolle mit sich, dass auch sie streng auf die Einhaltung aller Rechtsvorschriften achten und insbesondere für die Durchführung öffentlicher Hinrichtungen unter Beteiligung der „Handmaids“ verantwortlich sind. Neben administrativen Organen sorgt außerdem die Judikative für die Effektivität der Rechtsordnung: Gerichtsbarkeit im Namen Gottes wird in Gilead sowohl von Gerichten, die für den Großteil der Fälle zuständig sind, als auch von den „Councils“ ausgeübt.[435] Die „Councils“ sind zuständig für Verfahren, die gegen „Commanders“ geführt werden; Letztere sind also jeweils ihre eigenen Richter.

---

430 So lautet die in der Serie zitierte Version (*ders*, The Handmaid's Tale Ep 4 Min 14); sie bezieht sich auf Genesis 30,1–3.

431 Vgl *ders*, The Handmaid's Tale Ep 3 Min 34: „The accused stand charged with gender treachery, in violation of Romans, Chapter 1, Verse 26. By His word.“ Vgl auch den Straftatbestand „to engage in the sin of lust and covetousness“ in Ep 10 Min 27.

432 Vgl *ders*, The Handmaid's Tale Ep 10 Min 45: „The punishment for that crime is death by stoning. I know how difficult that is, I do. But God gives us blessings and He gives us challenges. The price of His love is sometimes high. But it must be paid.“ Vgl ebenso ibidem Ep 6 Min 15.

433 *Ders*, The Handmaid's Tale Ep 1 Min 11 und 52. Vgl auch ibidem Ep 8 Min 39: „The uniformed corps of the Eyes is our most visible face. But our best intelligence comes from our plain clothes operatives.“

434 *Ders*, The Handmaid's Tale Ep 8 Min 40.

435 *Ders*, The Handmaid's Tale Ep 3 Min 34 und Ep 10 Min 27.

Dennoch ist auch die gileadische Rechtsordnung nicht hundertprozentig effektiv: So schaffen es manche „Commanders", trotz Überwachung Regeln zu umgehen, und auch die Existenz eines Schwarzmarktes zeugt davon, dass es Schlupflöcher in der Rechtsdurchsetzung gibt. Ernsthafte Zweifel an der Effektivität der Rechtsordnung kommen jedoch erst in der letzten Folge der ersten Staffel von „The Handmaid's Tale" auf. Als die „Handmaids" gezwungen werden, eine „Handmaid" mit ihren eigenen Händen zu steinigen, macht sich erstmals kollektiver Widerstand breit.[436] Indem sich die „Handmaids" geschlossen weigern, dem Befehl zu folgen, sind sie in gewissem Maße vor Konsequenzen geschützt, weil das System auf sie und ihre Reproduktionsfähigkeiten angewiesen ist.

Alles in allem genügt Gileads Regime einigen formellen Rechtsstaatskriterien; dies in erster Linie durch die Bindung der Vollziehung an die Gesetze. Von einem gerichtlichen Rechtsschutz kann hingegen kaum gesprochen werden, da Individuen nicht die Möglichkeit gewährt wird, sich an die Gerichte zu wenden. Des Weiteren werden viele rechtsstaatliche Verfahrensgrundsätze verletzt, darunter das Verbot, Richter in eigener Sache zu sein. Noch weniger ist allerdings das materielle Rechtsstaatsprinzip erfüllt: Das einzige Ziel, das Gilead mit seinem Rechtssystem verfolgt, ist, einer strikten Auslegung der Bibel zu genügen und gleichzeitig die Geburtenrate zu steigern. Grundrechte oder Gerechtigkeitsüberlegungen werden dabei außer Acht gelassen.

6.5 Grundrechte

Grundrechtsschutz spielt, wie bereits angeklungen, in der Welt von „The Handmaid's Tale" keine Rolle. Dadurch wird die Charakterisierung von Gileads Regierungssystem als Diktatur ein weiteres Mal bestätigt, da sich eine solche unter anderem durch die Unterdrückung der eigenen Bevölkerung kennzeichnen.[437] Wie für ein totalitäres System typisch, gibt es etwa kein Recht auf Meinungsfreiheit, kein Recht auf ein faires Verfahren und nur einen stark eingeschränkten Schutz des Rechts auf Leben. Im Folgenden soll die Grundrechtssituation in Gilead beispielhaft anhand der Verletzung des Gleichheitssatzes dargestellt werden, wobei an den entsprechenden Stellen auf andere Grundrechte verwiesen wird.

Gilead als totalitäre Theokratie baut auf einem System der Unterdrückung und Ungleichbehandlung auf, was insbesondere durch die etablierte hierarchische Ordnung deutlich wird. Diese ist dafür verantwortlich, dass Menschen gleich aufgrund mehrerer in westlichen Verfassungsstaaten verpönter Merkmale diskriminiert werden. Eine Ungleichbehandlung aufgrund des Geschlechts ergibt sich etwa aus den verschiedenen Klassen, denen Männer und Frauen zugeteilt werden können und die Geschlechterstereotype zementieren: Männern wird es ermöglicht, als

[436] *Ders*, The Handmaid's Tale Ep 10 Min 45 ff.
[437] *Gamper*, Staat 158.

„Commanders“, „Guardians“ oder „Eyes“ Machtpositionen zu bekleiden, während Frauen häusliche Aufgaben als Ehefrauen der „Commanders“ („Wives“), als Haushälterinnen („Marthas“) oder als Gebärende („Handmaids“) wahrnehmen müssen. In Gilead sind Frauen Männern generell untergeordnet und werden in ihren Rechten stark eingeschränkt: Sie dürfen keiner Lohnarbeit nachgehen, sind rechtlich nicht fähig, Eigentum zu besitzen, dürfen weder lesen noch schreiben und sollen sich nicht in Angelegenheiten einmischen, die über die häusliche Sphäre hinausgehen. Sie besitzen folglich auch keine politischen Teilhaberechte.[438] Die patriarchale Struktur wird besonders durch die neuen Namen der „Handmaids“ hervorgehoben, die sich je nach Stationierung ändern: Anstatt mit dem Namen June wird die Hauptfigur der Serie mit dem Namen Offred angesprochen; ein Patronym, das sich aus dem Wort „of“ und dem Vornamen ihres „Commanders“ Fred zusammensetzt.[439]

Auch innerhalb der Geschlechter gibt es Unterschiede, worauf bereits die verschiedenen sozialen Klassen hinweisen. „Wives“ haben Autorität über ihre „Handmaids“ und „Marthas“, die in der Gesellschaft jeweils einen Status als Frauen zweiter Klasse einnehmen.[440] Aber auch die „Handmaids“ sind nicht alle gleich: Wird eine von ihnen tatsächlich schwanger, genießt sie ein höheres Ansehen und wird in der Zeit bis nach dem Wochenbett meist besser behandelt.[441] Dagegen werden „Handmaids“, die über einen längeren Zeitraum und trotz Stationierung in mehreren Haushalten nicht schwanger werden, degradiert und in die Kolonien geschickt – radioaktiv verseuchte Gebiete innerhalb Gileads, in denen Arbeitslager errichtet wurden und ein Überleben kaum möglich ist.[442] Wie die Hauptfigur June erklärt: „There's no such thing as a sterile man anymore. There's only women who are fruitful and women who are barren.“[443] Obwohl beispielsweise nur Männern mit einem bestimmten sozialen Status heiraten oder an politischen Entscheidungen mitwirken dürfen, sind die Ungleichheiten zwischen den verschiedenen männlichen Klassen insgesamt weniger ausgeprägt.[444] Neben der Diskriminierung aufgrund des Geschlechts gibt es auch keine Toleranz gegenüber nicht dem heteronormativen Ideal entsprechenden sexuellen Orientierungen. Homosexuelle

---

[438] *Miller*, The Handmaid's Tale Ep 3 Min 22, Ep 4 Min 7, Ep 6 Min 14 f und Ep 10 Min 13.
[439] *Ders*, The Handmaid's Tale Ep 6 Min 11.
[440] Vgl etwa *ders*, The Handmaid's Tale Ep 3 Min 13 f. „Handmaids“ sind den „Wives“ ein Dorn im Auge und werden deshalb von diesen besonders stark abgewertet. Wenn sich die „Handmaids“ in den Augen der „Wives“ gut benehmen, werden sie mitunter mit einem Keks oder anderen kleinen Geschenken belohnt (Ep 2 Min 19; Ep 8 Min 46), während sie im umgekehrten Fall etwa mit Hausarrest oder grober körperlicher Behandlung bestraft werden (Ep 3 Min 48).
[441] Vgl *ders*, The Handmaid's Tale Ep 3 und Ep 10 Min 16 f.
[442] *Ders*, The Handmaid's Tale Ep 5 Min 8.
[443] *Ders*, The Handmaid's Tale Ep 4 Min 18.
[444] *Ders*, The Handmaid's Tale Ep 1 Min 10.

Handlungen fallen unter den Straftatbestand „gender treachery" und werden im schlimmsten Fall mit dem Tod bestraft.[445]

Die stark hierarchische Klassengesellschaft in Gilead hat naturgemäß auch zur Folge, dass die einzelnen Bevölkerungsschichten je nach sozialem Stand auch rechtlich unterschiedlich behandelt werden. Der Grundsatz „Gleichheit vor dem Gesetz" gilt in Gilead also nicht. Der höchsten Schicht werden die meisten Rechte und der meiste Respekt zuteil, während beides nach unten hin sukzessive abnimmt. Der untersten Gruppe gehören jene Leute an, deren Wert für das System aufgrund verschiedener Verfehlungen nur mehr darin gesehen wird, radioaktiven Müll in den Kolonien zu beseitigen.[446] Dass die Art der Rechtsanwendung von der jeweiligen Klasse abhängt, wird an zwei Beispielen deutlich: Als zwei Frauen wegen ihrer homosexuellen Beziehung des Geschlechterverrats schuldig befunden werden, wird jene, die den „Marthas" angehört, zum Tode verurteilt, während die andere, die zu den „Handmaids" gehört, am Leben gelassen wird.[447] Ein „Commander", dem ebenfalls eine Straftat vorgeworfen wird, genießt hingegen gewisse Privilegien: Anstelle eines externen Richters entscheidet, wie erwähnt, ein Gremium aus anderen „Commanders"[448] über sein Schicksal. Er verfügt darüber hinaus über den Vorteil, dass er sich während des Verfahrens selbst mündlich äußern darf.[449] Dass in Gilead niemand über dem Gesetz stehe, wie von einem treuen Regimeanhänger konstatiert,[450] ist jedenfalls unrichtig: Die Strafverfolgung erfolgt mitunter selektiv, was zB klar wird, als man erfährt, dass trotz eines offiziellen Verbots Bordelle mit Wissen der Machthabenden existieren.[451]

Daneben hängt auch die Güterverteilung von der eigenen sozialen Klasse ab: Während Frauen prinzipiell nicht in der Lage sind, Eigentum zu besitzen, müssen untere Schichten mit weniger zurechtkommen als etwa die „Commanders" und deren Ehefrauen.[452] Unabhängig davon, welche Rolle man im System einnimmt, sind jedoch alle gleichermaßen der Ideologie Gileads unterworfen. Dies gilt sowohl für religiöse als auch politische Überzeugungen, weshalb also weder Religions- noch Meinungsfreiheit herrscht. Als Theokratie sind etwa andere Glaubensrichtungen in Gilead genauso verboten wie andere Auslegungen des Christen-

---

[445] *Ders*, The Handmaid's Tale Ep 1, Ep 2 Min 30 und Ep 3 Min 34.

[446] Etwa wenn „Handmaids" nach einer gewissen Zeit nicht schwanger werden (vgl oben bei Fn 442) oder als Bestrafung nach einem Fluchtversuch (*ders*, The Handmaid's Tale Ep 8 Min 3: „[T]hey gave me a choice, The Colonies or Jezebel's.").

[447] *Ders*, The Handmaid's Tale Ep 3 Min 34: Ihre Strafe ist stattdessen Genitalmutilation.

[448] Vgl bereits oben bei Fn 427.

[449] *Ders*, The Handmaid's Tale Ep 10 Min 27 und Ep 3 Min 34.

[450] *Ders*, The Handmaid's Tale Ep 8 Min 40.

[451] Vgl bereits oben Fn 425.

[452] Die einem Haushalt angehörigen Bediensteten wohnen alle ebenfalls dort anstatt ein Eigenheim zu besitzen: *ders*, The Handmaid's Tale Ep 1 Min 4 und 10, Ep 9.

tums.[453] Ausgehend von diesem christlichen Fundamentalismus werden weitere Weltanschauungen gewonnen, wie zB ein absolutes Abtreibungsverbot.[454] Im Zusammenhang mit dem Versuch, eigenständiges Denken zu unterbinden, ist auch die Aussage eines „Commanders“ zu sehen, dass in den Bordellen nur Frauen arbeiten würden, die sich nicht in das System einfügen konnten. Es fällt auf, dass sie vor dem Umsturz alle einen Beruf ausgeübt haben, den man typischerweise mit der Fähigkeit zum selbständigen Denken in Verbindung bringen würde, wie etwa Anwältin, Geschäftsführerin oder Journalistin.[455]

Zur Grundrechtssituation in Gilead, so wie sie in der ersten Staffel von „The Handmaid's Tale“ dargestellt wird, lässt sich abschließend sagen, dass ausgehend von dem sozialen Klassensystem der Gleichheitssatz auf mehreren Ebenen verletzt wird und dies auch Konsequenzen für andere Grundrechte neben den bereits genannten hat. Das Recht auf Leben wird nahezu ausgehöhlt, da die Gründe, warum in dieses Recht eingegriffen werden darf, denkbar vielfältig sind. Darüber hinaus ist das Leben in diesem System vor allem für die „Handmaids“ oft unerträglich, sodass sie selbst nach Möglichkeiten suchen, sich das Leben zu nehmen.[456] Ebenso hat das Verbot der Folter und unmenschlicher oder erniedrigender Strafe oder Behandlung in Gilead keinen Platz wie es für totalitäre Diktaturen typisch ist.[457] Die Institution der „Handmaids“ ähnelt der Leibeigenschaft bzw Zwangsarbeit, da sie gezwungen werden, für andere Personen Kinder zu gebären. Ihre mangelnde Eigenständigkeit wird durch ihre von den „Commanders“ abgeleiteten Namen hervorgehoben, die sie als deren Besitz kennzeichnen. Die Ähnlichkeiten zur Sklaverei werden besonders deutlich, als Mexiko einen Handelsvertrag mit Gilead abschließen will, dessen Gegenstand die „Handmaids“ bilden sollen.[458]

Das Recht auf Privat- und Familienleben und das damit verwandte Recht auf Eheschließung werden durch die ständige Überwachung und die staatliche Hei-

---

[453] Konvertiert man nicht, droht die Todesstrafe (*ders*, The Handmaid's Tale 1 Min 15); vgl ebenso bereits oben Fn 416.

[454] *Ders*, The Handmaid's Tale Ep 1 Min 15: Personen, die vor dem Regimewechsel an solchen mitgewirkt haben, werden hingerichtet.

[455] *Ders*, The Handmaid's Tale Ep 8 Min 23 f.

[456] *Ders*, The Handmaid's Tale Ep 1 Min 15.

[457] Vgl die Behandlung der „Handmaids“ vor allem im „Red Center“: *ders*, The Handmaid's Tale Ep 1 Min 19 ff, Ep 4 Min 44 und Ep 10 Min 2 f.

[458] *Ders*, The Handmaid's Tale Ep 6 Min 37 und 50. Der Handelsdelegation Mexikos, die auf Staatsbesuch in Gilead ist, wird suggeriert, die Dienste der „Handmaids“ beruhen auf Freiwilligkeit (Ep 6 Min 11). Als June aber eine Gelegenheit findet, die Botschafterin aufzuklären und um Hilfe zu bitten, führt diese den ebenfalls starken Geburtenrückgang in Mexiko und den Kampf des Landes ums Überleben als Begründung an, warum sie den Handel dennoch abschließen will. Dies deutet darauf hin, dass Mexiko bereits ebenfalls eine illiberale Richtung eingeschlagen hat, eventuell auch aufgrund der sinkenden innenpolitischen Stabilität (Ep 6 Min 21: „They've had four elections in three years.“).

rats- und Fortpflanzungspolitik ebenfalls untergraben. Eine Freiheit, das Staatsgebiet zu verlassen, gibt es nicht,[459] und auch sonst wird das Recht auf persönliche Freiheit vor allem in Bezug auf die „Handmaids", die sich nirgendwo selbständig hinbegeben dürfen, im Wesentlichen unterlaufen.[460] Was die klassischen wirtschaftsbezogenen Freiheitsrechte Eigentum und Erwerbsfreiheit betrifft, muss festgehalten werden, dass Frauen und damit die Hälfte der Bevölkerung gänzlich von diesen ausgeschlossen sind. Während Männern zwar auch keine diesbezüglichen verfassungsgesetzlich gewährleisteten Rechte zukommen, sind diese nach Gileads theokratischer Ordnung aber wenigstens in der Lage, über Eigentum zu verfügen und einer Erwerbstätigkeit nachgehen.

In einem Regime, das sich mit oppressiven Mitteln aufrechterhält, kann es des Weiteren keine politischen Grundrechte geben: Meinungs- und Medienfreiheit würden die staatlich propagierte Ideologie gefährden, ebenso eine etwaige Wissenschafts- und Kunstfreiheit.[461] Auch Versammlungen sind verboten, sodass sogar spontane Gespräche auf offener Straße durch die öffentlichen Aufsichtsorgane unterbunden werden.[462] Die fehlende Religionsfreiheit wurde bereits erwähnt. Auch hinsichtlich verschiedener Verfahrensgrundrechte ist die Situation nicht wirklich besser. Obwohl Strafen nicht ohne gesetzliche Grundlage bzw einen Verweis auf eine einschlägige biblische Stelle ergehen, werden die Voraussetzungen für ein faires Verfahren nicht erfüllt. Wie man anhand eines Gerichtsprozesses sieht, werden den Angeklagten keine Verteidigungsrechte eingeräumt, ihnen wird trotz Anwesenheit kein rechtliches Gehör gewährt,[463] und das Beweisverfahren besteht darin, dass der Staatsanwalt schwört, sein Vorbringen entspreche der Wahrheit.[464]

6.6 Staatszweck

Die Verankerung von Demokratie, Gewaltenteilung, Rechtsstaatlichkeit und Grundrechten sollen im Verfassungsstaat zum größtmöglichen Wohlbefinden möglichst vieler führen. Die Verwirklichung des Gemeinwohls stellt also den obersten Staatszweck dar.[465] Es stellt sich nun die Frage, welchen Zweck Gilead mitsamt seiner Verfassung verfolgt und ob damit die Gründung dieses Staates zumindest teilweise legitimiert werden kann.[466]

---

[459] *Ders*, The Handmaid's Tale Ep 3 Min 23 und Ep 4 Min 7.

[460] Es wurde sogar ein Chip an ihrem Ohr angebracht: *ders*, The Handmaid's Tale Ep 10 Min 4 f.

[461] *Ders*, The Handmaid's Tale Ep 2 Min 4 und Ep 4 Min 35.

[462] *Ders*, The Handmaid's Tale Ep 9 Min 8 f.

[463] Ihnen ist stattdessen ein Maulkorb angelegt.

[464] *Ders*, The Handmaid's Tale Ep 3 Min 34; vgl bereits oben Fn 422.

[465] *Gamper*, Staat 172 ff.

[466] *Dies*, Staat 168.

Gemeinwohlüberlegungen spielen grundsätzlich auch in „The Handmaid's Tale" eine Rolle: Der größte Unterschied zum westlichen Verfassungsstaat ist jedoch, dass es in Gilead in erster Linie nicht um das gute Leben geht, sondern um das Überleben. Aufgrund der weltweit stark rückläufigen Geburtenzahl ist ein baldiges Aussterben der Menschheit ein wahrscheinlich gewordenes Szenario.[467] Um ebendies abzuwenden, werden in Gilead auch Kollateralschäden in Kauf genommen, wie folgendes Zitat zeigt: „We only wanted to make the world better. [...] Better never means better for everyone. It always means worse for some."[468] Den Rechtsunterworfenen wird dabei nicht zugetraut, im Rahmen einer demokratischen Ermittlung des Gemeinwillens selbst zu entscheiden, was das Beste für sie ist. Die Rückkehr zu konservativen Werten und die Errichtung eines strikten Klassensystems ist der Weg, der von den „Sons of Jacob" gewählt wurde und mit dem die ehemalige US-amerikanische Bevölkerung nun leben muss.[469] Problematisch ist dies in Bezug auf den Gemeinwohlgedanken unter anderem deshalb, weil kein Ausgleich zwischen der Verwirklichung des Wohls der Mehrheit und den Lasten, die Einzelne – insbesondere die „Handmaids" – dadurch erleiden, vorgenommen wird. Da es sich hier um einen Extremfall handelt und das Aussterben der Bevölkerung auf dem Spiel steht, könnte das Argument angeführt werden, dass es sich bei der konkreten Ausgestaltung des gileadischen Systems um eine Notwendigkeit handle, die zugunsten des Allgemeininteresses in Kauf genommen werden muss. Die Überlegung, dass der Zweck die Mittel heiligt, wird in der Serie auch durch eine Aussage der mexikanischen Botschafterin thematisiert, die den etwaigen Handelsvertrag mit Gilead über die „Handmaids" mit den ausbleibenden Geburten in ihrem Heimatland rechtfertigt.[470] Da aber vor allem durch die Institution der „Handmaids" starke Grundrechtsbeeinträchtigungen entstehen, erhält Gilead auch durch den Vorschub des Gemeinwohls keine höhere Legitimation: Der Gemeinwohlgedanke zeichnet sich nämlich gerade dadurch aus, dass einer Minderheit auch zugunsten der Mehrheit kein unverhältnismäßiger Schaden zugefügt werden darf,[471] was hier aber der Fall ist.

Der westliche Verfassungsstaat kann es außerdem für sich verbuchen, durch seine Prinzipien innerstaatlichen Frieden zu fördern. Diese Funktion kann allerdings auch von totalitären Staaten wahrgenommen werden. Die Mittel, die von ihnen dafür angewendet werden, führen aber dazu, dass den betroffenen Staaten dadurch trotzdem keine höhere Legitimität zukommt.[472] So wird auch in Gilead der

---

[467] *Miller*, The Handmaid's Tale Ep 2 Min 10 f und 16 f; Ep 6 Min 50.

[468] *Ders*, The Handmaid's Tale Ep 5 Min 33 f.

[469] *Ders*, The Handmaid's Tale Ep 5 Min 31: Ein „Commander" macht sich über die Probleme von Frauen vor dem Regimewechsel lustig. Auf den Einwand „[w]e had choices then" antwortet er nur: „Now you have respect. You have protection. You can fulfil your biological destinies in peace."

[470] Vgl oben Fn 458.

[471] *Gamper*, Staat 170 ff.

[472] *Dies*, Staat 127 f.

innerstaatliche Frieden nicht durch den Ausgleich von Interessen oder durch das Bereitstellen rechtsstaatlicher Verfahren gewahrt, sondern durch Unterdrückung und Überwachung. Ein dem westlichen Verfassungsstaat an sich fremder Staatszweck ist in Gilead außerdem verwirklicht: Die gesamte Rechtsordnung ist darauf ausgerichtet, einem christlich-fundamentalistischen Ideal zu genügen, woraus sie ihre Legitimität schöpfen will. Die strengen und teils barbarischen Regelungen müssen dabei deshalb befolgt werden, weil Gott gewisse Opfer verlange, aber einen im Gegenzug auch reich belohne.[473] Es handelt sich dabei um einen expansiven Staatszweck,[474] der es dem Staat unbeschränkt erlaubt, die notwendigen Mittel zu dessen Verwirklichung zu ergreifen. *Jellinek* bezeichnet derartige religiöse Staatszwecke als „Abart", weil sie zu „Willkür der Regierung und Vernichtung der geistigen Freiheit des Individuums" führen und „innerliches Verhalten und Gesinnung niemals durch äußere Machtmittel erzielt werden" können.[475]

6.7 Vergleich zum westlichen Verfassungsstaat

Zusammenfassend können noch einmal alle der genannten Punkte den Prinzipien des westlichen Verfassungsstaates gegenübergestellt werden, um die Unterschiede deutlicher hervorzuheben. Die Volkssouveränität des westlichen Verfassungsstaates, die die Staatsgewalt legitimiert, wird in Gilead durch die Berufung auf einen göttlichen Auftrag ersetzt. Allein dieser ist Maßstab, an dem sich staatliches Handeln ausrichten darf. Statt mittels Mehrheitsprinzip werden die Entscheidungen von einer kleinen Gruppe weißer Männer mittleren Alters getroffen, die selbst als Sprachrohr Gottes auftreten. Demokratische Selbstbestimmung in Form von Gleichheit bei größtmöglicher Freiheit spielt dabei keine Rolle; es geht nur darum, die ideologischen Vorstellungen des Regimes umzusetzen, wodurch für Andersdenkende kein Platz bleibt.

Durch das oligarchische Regierungssystem Gileads üben höherrangige „Commanders" die Staatsgewalt gemeinsam aus, sodass sich Macht immerhin nicht bei einer einzelnen Person anhäuft. Im Gegensatz zu liberalen Demokratien müssen sich die Regierenden aber nicht vor dem Volk, sondern nur im wechselseitigen Verhältnis zueinander verantworten. Auffällig ist jedoch, dass auch die Führungselite an die Gesetze Gileads gebunden ist. Insbesondere das Bespitzelungssystem ermöglicht, dass die „Commanders" einander zur Rechenschaft ziehen können, wodurch deren rechtskonformes Verhalten sichergestellt werden soll.

In „The Handmaid's Tale" sehen wir ein Beispiel von *rule by law*, aber nicht von *rule of law*. Wie die Serie zeigt, herrscht in Gilead keine Anarchie, sondern die gesamte Gesellschaft ist bis ins kleinste Detail reglementiert. Recht wird also von

[473] Vgl oben Fn 432.
[474] *Jellinek*, Staatslehre 242 ff.
[475] *Ders*, Staatslehre 245.

der Elite verwendet, um die von ihr entworfene Ordnung durchzusetzen, sowohl durch Gesetze als auch durch Verwaltungsorgane und Gerichte. Entscheidende Elemente, um von einem Rechtsstaat zu sprechen, fehlen jedoch: So gibt es einerseits keine Gleichheit vor dem Gesetz, was sich vor allem an den unterschiedlich weitreichenden Verfahrensrechten und den verschiedenen Rechtsfolgen bei gleichen Tatbeständen zeigt. Andererseits stehen Individuen keine Rechtsschutzmöglichkeiten zur Verfügung; Rechtsdurchsetzung spielt nur einseitig in der Konstellation Staat gegen Einzelperson eine Rolle.

Auch Grundrechte als weiteren Pfeiler des westlichen Verfassungsstaates sucht man in Gilead vergeblich. Besonders eklatant tritt dieser Umstand in Bezug auf die Menschenwürde hervor, die die Grundlage für die Gewährung von Grundrechten darstellt. Sei es, dass „Handmaids“ und „Marthas“ offiziell nur mehr mit einer Nummer bezeichnet werden,[476] dass „Handmaids“ mit einem Chip am Ohr versehen wurden,[477] oder dass sogar ein Handel über die „Handmaids“ als Ware im Raum steht:[478] All diese Beispiele zeugen von einer Missachtung der Betroffenen als Personen. Den fehlenden Grundrechten steht stattdessen eine Reihe von Pflichten gegenüber, die sich jeweils aus der Rolle, die man im System einnimmt, ergeben und auch die oberste Schicht betreffen.

Schließlich ist noch die Frage zu beantworten, ob das ursprüngliche westliche Verfassungssystem in „The Handmaid’s Tale“ durch rechtliche Instrumente oder faktische Handlungen verletzt wird. Hierfür muss zwischen der Rechtsordnung Gileads und der Rechtsordnung der USA, die auf diesem Gebiet zuvor existiert haben, unterschieden werden. In der Serie waren die USA, wie auch derzeit in der Realität, ein nach westlichen Verfassungsstandards ausgerichtetes Land. Mit der Machtergreifung der „Sons of Jacob“ – gerechtfertigt durch die inszenierten Terrorattacken auf Parlament und Regierung – wurde die US-amerikanische Verfassung „suspendiert“. Da die amerikanische Verfassung in Wirklichkeit keine derartige Bestimmung vorsieht und davon auch auf Serienebene ausgegangen werden kann, handelt es sich hierbei um eine – vom Wortlaut her vorübergehende – faktische Außerkraftsetzung der Verfassung, wodurch sich eine kleine Gruppierung über den in der Verfassung niedergelegten Willen des souveränen Volkes hinwegsetzt. Die neue faktische Führung setzte, als wieder Ruhe eingekehrt war, die US-amerikanische Verfassung nicht wieder ein, sondern schuf unter Bruch der rechtlichen Kontinuität eine neue Rechtsordnung mit dem Namen Gilead, was als Verfassungsrevolution qualifiziert werden kann. Wie oben geschildert, hat diese neue Ordnung nichts mehr mit einem westlich ausgerichteten Verfassungsstaat zu tun: Demokratie, Gewaltenteilung, Rechtsstaatlichkeit und Grundrechte werden durch die neu erlassenen Regeln großteils missachtet, weshalb hier einerseits von

[476] *Ders*, The Handmaid’s Tale Ep 3 Min 34.
[477] *Ders*, The Handmaid’s Tale Ep 10 Min 5.
[478] *Ders*, The Handmaid’s Tale Ep 6 Min 37 und 50.

einer Verletzung des positiven amerikanischen Verfassungsrechts durch seine tatsächliche Nichtbeachtung, andererseits von einer Verletzung allgemeiner liberaldemokratischer Standards gesprochen werden kann.

7. Years and Years

7.1 Allgemeines

Als zweites soll die britische TV-Miniserie „Years and Years“[479] aus dem Jahr 2019 analysiert werden. Die sechs Episoden umfassende Serie beginnt in ebendiesem Jahr, erstreckt sich aber über einen Zeitraum von 15 Jahren und endet somit im Jahr 2034. Im Zentrum der Handlung stehen vier erwachsene Geschwister und deren Familien in London und Manchester. Durch ihre Augen erlebt das Publikum die politischen, gesellschaftlichen und ökologischen Herausforderungen, die den genannten Zeitraum prägen. Im Gegensatz zu „The Handmaid‘s Tale“ zeigt die Serie keinen plötzlichen Regimesturz, der das Vereinigte Königreich in eine völlig andere Richtung lenken würde. Stattdessen sehen wir, wie in diesen 15 Jahren die Prinzipien des westlichen Verfassungsstaates mehr und mehr unter Druck geraten und die geltende westliche Verfassungslandschaft langsam, aber kontinuierlich, umgestaltet wird. Obwohl der Fokus auf dem Vereinigten Königreich liegt, erfährt man immer wieder auch von ähnlichen Entwicklungen in anderen Ländern. Im direkten Vergleich zu „The Handmaid’s Tale“ ist „Years and Years“ jedenfalls unserer derzeitigen Lebenswelt näher. Dystopischen Charakter erhält sie vor allem durch die Darstellung, wie unsere Gesellschaft bald aussehen könnte, würde sie an den gegenwärtigen Herausforderungen scheitern.[480]

7.2 Regierungsform

„Years and Years“ startet im Jahr 2019 vor folgendem Hintergrund: Die Weltpolitik wird geprägt vom Konflikt zwischen Israel und Palästina, von der ungeklärten Grenzfrage in Nordirland aufgrund des Austritts des Vereinigten Königreichs aus der Europäischen Union, von dem Vorhaben des US-amerikanischen Präsidenten Donald Trump, eine Mauer an der Grenze zu Mexiko bauen und von der Bedrohung durch den Islamischen Staat.[481] Die Mitgliedsstaaten der Europäischen Union werden nach wie vor demokratisch regiert, ebenso die USA. Auch das Vereinigte Königreich als hauptsächlicher Schauplatz der Serie entspricht zu diesem Zeitpunkt mehr oder weniger dem tatsächlichen Vereinigten Königreich des Jahres 2019. Wie in der Realität handelt es sich um eine konstitutionelle Monarchie mit

[479] *Davies*, Years and Years.

[480] *Ders*, Years and Years Ep 1 Min 9: „What sort of world are we in? Cause if it’s this bad now, what’s it gonna be like […] in 30 years’ time, in 10 years, in 5 years?“.

[481] *Ders*, Years and Years Ep 1.

demokratischer Regierungsform. Im Verlauf der Serie wird die Vorherrschaft der Demokratie in der westlichen Welt jedoch vor allem durch die zunehmende politische Polarisierung gefährdet: Verschiedene gesellschaftliche Herausforderungen führen zum Aufstieg extremer und populistischer Parteien links und rechts der politischen Mitte.

Im Vereinigten Königreich mischt eine populistische Politikerin namens Vivienne Rook die bisherige Parteienlandschaft auf: Zu Beginn der Serie im Jahr 2019 ist sie als Quereinsteigerin aus der Wirtschaft der Bevölkerung noch relativ unbekannt. Durch den Bruch rhetorischer Tabus macht sie jedoch innerhalb kürzester Zeit auf sich aufmerksam.[482] Erst als unabhängige Kandidatin, dann mit ihrer eigenen Partei, der „Four-Star-Party",[483] arbeitet sie sich hoch, sodass es ihr 2025 gelingt, für einen Wahlkreis ins Parlament einzuziehen, bevor sie zwei Jahre später zur Premierministerin gewählt wird.[484] Zu ihrem Erfolg trägt sowohl ihre Ablehnung des politischen Establishments als auch ihre Inszenierung als Person des Volkes bei. Schon bei der Gründung ihrer Partei verweist sie darauf, die einfachen Leute vertreten zu wollen, die von den bestehenden Parteien im Stich gelassen worden seien.[485] Sie benutzt wiederholt Kraftausdrücke in Fernsehinterviews und will so eine Identifikationsfigur sein: „Well, you can censor me all you like. But they swear. Don't you? All of you? When you think of what the system has done to us, don't you swear the roof down? What do we do, the rest of us normal people?"[486]

Vivienne Rook punktet mit einfachen Botschaften sowie Nationalismus und feuert schwelende Ressentiments innerhalb der Gesellschaft an. In ihrem Wahlkampf wirbt sie unter anderem mit Slogans wie „British wine for British people",[487] oder damit, dass sie kalifornische CEOs im Vereinigten Königreich zur Rechenschaft ziehen wolle.[488] Sie besteht wiederholt darauf, dass man nur von ihr und ihrem privaten Fernsehkanal die Wahrheit erfahre, während die klassischen Medien

---

[482] Vgl *ders*, Years and Years Ep 1 Min 1: „[W]hen it comes to Israel and Palestine I don't give a fuck." Vgl ebenso die Reaktion auf den Tod Angela Merkels in Ep 1 Min 12: „Good riddance. […] The world just got a whole lot prettier."

[483] *Ders*, Years and Years Ep 1 Min 39 f: „We are calling it The-Four-Star-Party in honour of my little faux pas on live TV all those years ago [lacht], and the censorship that I have faced ever since on the fake-news-media." Sie spielt damit darauf an, dass ihre in der vorigen Fn genannte Aussage von den Medien immer wie folgt zitiert wurde: „I don't give a ****."

[484] *Ders*, Years and Years Ep 1 Min 10 f, Min 39 f; Ep 2 Min 56; Ep 4 Min 52.

[485] *Ders*, Years and Years Ep 1 Min 39.

[486] *Ders*, Years and Years Ep 3 Min 1.

[487] *Ders*, Years and Years Ep 3 Min 35.

[488] *Ders*, Years and Years Ep 2 Min 45 f: „Let me guarantee, as your MP I will go to parliament on your behalf. And I will find those CEOs in California, those high-tech-giants, those men. And I will bring them back here. Not to appear in front of a select committee. I will bring them here to stand trial. I will bring them here to find them guilty. I will bring them here to jail them!".

Falschnachrichten verbreiten würden.[489] Dabei ist gerade sie es, die zur Vermischung von Fakt und Fiktion beiträgt. Bezüglich kursierender *Deep-Fake*-Videos hochrangiger Personen aus der Politik gesteht sie zwar ein, dass diese nicht echt seien, fügt aber im Nachsatz noch hinzu: „All the same they really did say those things, didn't they?"[490] Gleichzeitig wird immer wieder offenbar, dass Rook selbst nicht sehr gebildet ist und keine verwertbaren politischen Lösungen parat hat.[491] Doch auch ihr entgegengebrachte Kritik nutzt sie zu ihrem Vorteil, indem sie sich als Opfer inszeniert oder mit kontroversen Politikvorschlägen ablenkt.[492]

Generell ist Vivienne Rook das Beispiel einer Politikerin, die nicht sachlich, sondern durch Emotionalisierung überzeugen will.[493] Immer wieder suggeriert sie, dass man in der Politik nicht alles so ernst nehmen dürfe. So scherzt sie etwa am Wahltag, dass sie bereits angetrunken sei und aufpassen müsse, die richtige Partei zu wählen.[494] Auch sonst trägt sie zu einer Verschlechterung der politischen Kultur bei: Als sie bereits genügend Bekanntheit erlangt hat, beschließt sie, im anstehenden Wahlkampf den traditionellen Medien kein einziges Interview zu geben und nicht an Debatten teilzunehmen. Stattdessen betreibt sie Wahlwerbung auf ihrem selbstgegründeten Fernsehkanal „4 star live". Diesen nutzt sie auch, um das Wahlkampfverbot am Wahltag zu umgehen, indem sie behauptet, dass alles, was sie auf ihrem Sender mache, eine private Angelegenheit sei und nicht als Wahlwerbung zähle.[495]

Vivienne Rooks antidemokratische und illiberale Haltung tritt im Laufe ihrer politischen Karriere immer mehr hervor und wird bereits deutlich, als sie noch Abgeordnete ist. Sie sorgt etwa für politischen Stillstand im Land, als die beiden britischen Großparteien nach einer Wahl jeweils auf eine Koalition mit Rooks „Four-Star-Party" angewiesen wären, diese eine solche jedoch ablehnt. Stattdessen nutzt sie die Pattsituation zu ihren Gunsten aus: „[F]or every vote in the House of Commons they can come to me. [...] And I will decide."[496] Als sie schließlich

[489] *Ders*, Years and Years Ep 3 Min 36. Vgl dazu auch *Voßkuhle*, Demokratie und Populismus, Der Staat 57 (2018), 119 (122 f), der den absoluten Wahrheitsanspruch als klassisches anti-demokratisches Element des Populismus aufzählt.

[490] *Davies*, Years and Years Ep 4 Min 16 f.

[491] *Ders*, Years and Years Ep 2 Min 42 f und Ep 3 Min 1.

[492] *Ders*, Years and Years Ep 2 Min 43: „Although, I can't help noticing that a woman is not allowed one mistake"; ebenso Ep 3 Min 1 ff.

[493] So etwa durch die Bemühung des Topos der Kinder, die geschützt werden müssen (*ders*, Years and Years Ep 2 Min 44). Vgl auch die medienwirksame Solidarisierung mit der Witwe eines britischen Soldaten in Ep 3 Min 35.

[494] *Ders*, Years and Years Ep 3 Min 34. Vgl auch, wie sie am Wahltag auf ihrem Kanal tanzt (Ep 3 Min 35) oder sich am Ende einer Rede eine Weihnachtsmütze aufsetzt und damit herumalbert (Ep 5 Min 2).

[495] *Ders*, Years and Years Ep 3 Min 35.

[496] *Ders*, Years and Years Ep 3 Min 52: Die Conservative Party erhielt bei dieser Wahl 288 Sitze, die Labour Party 287 Sitze, Rooks Partei hingegen nur 15 Sitze. Von den Medien

Premierministerin ist, lässt sie keine Kritik an sich oder ihrer Partei zu und erteilt einer Journalistin, die mit unangenehmen Fragen auf sich aufmerksam macht, Hausverbot auf ihrem Amtssitz.[497] Ihre mangelnde demokratische Gesinnung erreicht einen Höhepunkt, als Rook ausgewählte Immobilienverwaltungsunternehmen ins Regierungsgebäude lädt, um zu beraten, wie mit den hohen Flüchtlingszahlen und dem zugleich knappen Wohnraum umgegangen werden soll. Schnell wird klar, dass Rook die Errichtung von Lagern plant, in die die Flüchtlinge einquartiert und in denen sie sich dann mehr oder weniger selbst überlassen werden sollen. Sie selbst ist es, die diesbezüglich eine Verbindung zu Konzentrationslagern herstellt und diese zugleich verharmlost: „The word ‚concentration' simply means a concentration of anything. You can fill a camp full of oranges, it'd be a concentration camp."[498] Verschärft wird die Situation dadurch, dass sowohl Entwurf als auch Umsetzung dieser Flüchtlingscamps im Geheimen stattfinden. Personen, die in Nacht-und-Nebel-Aktionen ohne Vermerk zu ihrem neuen Aufenthaltsort in solche Lager transferiert werden, werden so als „the disappeared" bekannt.[499]

In Bezug auf Vivienne Rook kann demnach festgehalten werden, dass diese ein Paradebeispiel einer extremistisch-populistischen Politikerin[500] ist. „Years and Years" veranschaulicht dabei, weshalb radikaler Populismus gleich auf mehreren Ebenen eine Gefahr für die Demokratie darstellt.[501] Der Fokus liegt in der Serie nicht so sehr auf dem Angriff formaler demokratischer Prozesse und Institutionen, wie er für Populismus oft typisch ist,[502] sondern eher auf der Nichtbeachtung informeller, aber für das Funktionieren einer Demokratie trotzdem essentieller Normen und Werte. Rook trägt weder zur in Demokratien notwendigen Kompromissbereitschaft noch zur gegenseitigen Toleranz bei, indem sie sich nicht zurückhält, was Kraftausdrücke angeht, traditionellen Medien die Verbreitung von Unwahrheiten unterstellt oder taub bzw feindselig auf gegen sie gerichtete Kritik reagiert. Schließlich übt sie sich auch nicht zugunsten politischer Stabilität in

---

wird fortan von dem „parliament of water" gesprochen, bezugnehmend auf dessen Unfähigkeit, ohne Mehrheit im Parlament handfeste politische Entscheidungen zu treffen. Noch im darauffolgenden Jahr werden nach einem erfolgreichen Misstrauensvotum Neuwahlen ausgerufen (*ders*, Years and Years Ep 4 Min 5 und 16).

[497] *Ders*, Years and Years Ep 6 Min 1.

[498] *Ders*, Years and Years Ep 5 Min 50.

[499] *Ders*, Years and Years Ep 5 Min 24 und 49 ff.

[500] *Von Beyme*, Rechtspopulismus (2018) 21; *Jesse/Panreck*, Populismus und Extremismus: Terminologische Abgrenzung – das Beispiel der AfD, Zeitschrift für Politik 64 (2017), 59 (67 f).

[501] *Von Beyme*, Rechtspopulismus 39, 115 f.

[502] Etwa auf Gerichte, das Parlament oder Aufsichtsbehörden: *Grzymala-Busse* et al, Global Populisms and Their Challenges, Freeman Spogli Institute for International Studies, Stanford University March 2020 <drive.google.com/file/d/1a49v1_nTm97uQ7GWPQE_KWpIueTfL_k5/view> (12.06.2025) 5 f.

Zurückhaltung,[503] sondern fordert lieber Neuwahlen heraus, indem sie sich weigert, mit anderen Parteien konstruktiv zusammenzuarbeiten.[504] Ein weiteres Merkmal von Populismus besteht in der Behauptung, den einen wahren Willen eines homogen verstandenen Volkes zu vertreten. Dieser Absolutheitsanspruch leugnet die Legitimität anderer Meinungen und wirft Spannungen zum demokratischen Pluralismus auf.[505] Das Volk wird dabei zum einen den korrupten Eliten gegenübergestellt, etwas, das Rook immer wieder macht, indem sie sich als einfache Bürgerin ausgibt, die die alltäglichen und auch banalen Sorgen der Bevölkerung versteht.[506] Zum anderen wird das Volk horizontal gegenüber „Anderen" abgegrenzt.[507] In „Years and Years" kommt dies deutlich im Hinblick auf die Migrations- und Flüchtlingsdebatte zum Vorschein.

Die Demokratie gerät in diesen Jahren auch in Bezug auf das Wahlrecht immer stärker unter Druck: So stehen sowohl eine Einschränkung des Wahlrechts als auch eine Wahlpflicht im Raum. Vivienne Rook selbst schlägt vor, in Zukunft das Wahlrecht nur mehr jenen Menschen zuzugestehen, die bei einem Intelligenztest ein bestimmtes Ergebnis erreichen.[508] Eine derartige Differenzierung ist mit dem demokratischen Gleichheitsgedanken jedoch nur schwer vereinbar und widerspricht dem Grundsatz des allgemeinen Wahlrechts.[509] Während dieser Vorstoß im Verlauf der Serie nie umgesetzt wird, sieht es bei der Wahlpflicht anders aus: Als nach einer Unterhauswahl mit niedriger Wahlbeteiligung im Parlament keine Mehrheit zustande kommt, sorgt ein erfolgreiches Misstrauensvotum kurze Zeit später für Neuwahlen, bei denen erstmals eine Wahlpflicht gelten soll.[510] Die Verpflichtung, vom eigenen Wahlrecht Gebrauch zu machen, stellt eine sogenannte Grundpflicht dar und ist somit das Gegenstück zu den Grundrechten.[511] Während

---

[503] *Levitsky/Ziblatt*, How Democracies Die (2018) 8 f.

[504] Vgl oben Fn 496; *Grzymala-Busse* et al, Populisms 8.

[505] *Voßkuhle*, Der Staat 57 (2018), 122 ff.

[506] *Davies*, Years and Years Ep 1 Min 1: „All I want is for my bins to be collected once a week. And could you just stop parking on the pavements?".

[507] *Grzymala-Busse* et al, Populisms 6 f; *Jesse/Panreck*, Zeitschrift für Politik 64 (2017), 62 ff; *Müller*, Was ist Populismus? (2016) 42 ff; *Voßkuhle*, Der Staat 57 (2018), 121 ff.

[508] *Davies*, Years and Years Ep 3 Min 1 ff.

[509] Dennoch wird der Ausschluss vom Wahlrecht beispielsweise von psychisch kranken und geistig behinderten Personen in vielen Ländern unter gewissen Rahmenbedingungen akzeptiert. Die von 2018 bis 2024 amtierende Menschenrechtskommissarin des Europarats sieht in solchen Regelungen eine illegitime Diskriminierung aufgrund einer Behinderung und erkennt auch bereits eine internationale Entwicklung hin zu einem Wahlrecht, das derartige Wahlausschlussgründe nicht mehr akzeptiert: *Mijatović*, Third party intervention by the Council of Europe Commissioner for Human Rights in the case María del Mar Caamaño Valle v. Spain (Application No. 43564/17), CommDH (2018)16 9.07.2018 <rm.coe.int/third-party-intervention-before-the-european-court-of-human-rights-cas/16808c3253> (09.06.2025).

[510] *Davies*, Years and Years Ep 4 Min 5 und 16.

[511] *Jellinek*, System der subjektiven öffentlichen Rechte[2] (1905) 86 f.

Grundrechte von ihrem Ursprung her staatsfreie Räume garantieren sollen, ist bei Grundpflichten das Gegenteil der Fall – sie schränken die individuelle Freiheit der Staatsangehörigen ein, indem sie ihnen bestimmte verfassungsmäßige Pflichten auferlegen. Dies ist in westlichen Verfassungsstaaten durchaus zulässig; die durch die Grundrechte vermittelten Freiheiten müssen jedoch überwiegen.[512] Obwohl in vielen modernen demokratischen Staaten eine Wahlpflicht verankert ist,[513] stellt sich speziell hier die Frage, ob eine solche mit dem Wesen der Demokratie vereinbar ist, was in der Vergangenheit unterschiedlich beantwortet wurde.[514] Eine Wahlpflicht kann die Wahlbeteiligung erhöhen und so unter anderem für eine höhere demokratische Legitimation der Gewählten und überhaupt dafür sorgen, dass eine Demokratie durch aktive Teilhabe am Leben bleibt. Im Gegensatz dazu wird jedoch oftmals ins Treffen geführt, dass das Wahlrecht ebenso die Freiheit mitumfasse, nicht zu wählen.[515] Ohne dies weiter zu vertiefen, muss insgesamt wohl festgehalten werden, dass diese in der Serie dargestellte Entwicklung den Prinzipien des westlichen Verfassungsstaates nicht offensichtlich zuwiderläuft, vor allem solange die Verletzung der Wahlpflicht nicht oder nur milde sanktioniert wird, worüber die Serie allerdings keinen Aufschluss gibt. Das freie Wahlrecht ist allerdings auch wegen der hohen Manipulationsgefahr aus dem Ausland bedroht. Diese wird als so akut eingeschätzt, dass die britische Regierung im Hinblick auf die Wahl 10.000 Personen nur für die Datensicherheit einstellen lässt.[516]

In der Serie bedrohen Populismus und politische Instabilität die demokratische Regierungsform nicht nur im Vereinigten Königreich, sondern quer durch Europa.[517] 2023 übernimmt in der Ukraine etwa das Militär die Macht und ermöglicht es russischen Truppen, in das Staatsgebiet einzumarschieren.[518] 2027 kommt es zudem in Spanien zu einer Revolution, im Zuge derer eine linksextreme Partei an die Macht kommt und die Königsfamilie aus dem Land fliehen muss. In Italien wird im selben Jahr Kriegsrecht ausgerufen, nachdem es zu Aufständen in mehreren Städten gekommen und die Regierung von ihrem Amt zurückgetreten ist. Ausbrüche von Gewalt prägen auch Ungarn und Griechenland, nachdem Ungarn

[512] *Gamper*, Staat 265 f. Vgl aber auch *Fleiner/Basta Fleiner*, Staatslehre 189 f, deren Meinung nach das Konzept der Grundpflichten dem Gedanken der Grundrechte, staatliche Herrschaft zu begrenzen, entgegensteht, oder *Klein*, Die Grundrechte im demokratischen Staat (1972) 47 bei Fn 75, der darauf hinweist, dass der Zwang „zur Mitarbeit im Staat" nicht mit der demokratischen Vorstellung mündiger Staatsangehöriger zusammenpasst.

[513] *Haack*, Wahlpflicht und Demokratie, KritV 94 (2011), 80.

[514] *Ders*, KritV 94 (2011), 82 f.

[515] *Gamper*, Staat 228 f; *Sonntag/Happacher*, Zur Frage der Wahlpflicht in Österreich und Italien, in Gamper (Hg), Entwicklungen des Wahlrechts am europäischen Fallbeispiel (2010) 195 ff mwN.

[516] *Davies*, Years and Years Ep 3 Min 4.

[517] *Ders*, Years and Years Ep 3 Min 3

[518] *Ders*, Years and Years Ep 1 Min 11.

für insolvent erklärt wird und Griechenland schließlich die Eurozone verlässt.[519] Außerhalb Europas ist es jedoch um die Demokratie nicht viel besser bestellt, wie das Beispiel der USA zeigt: So suggeriert die Serie, dass Trump nach Ende seiner zweiten Amtszeit immer noch Einfluss auf den nun amtierenden Präsidenten der USA nehme und das Ziel verfolge, ebenso wie Putin in Russland und Xi Jinping in China eines Tages Präsident auf Lebenszeit zu werden.[520]

7.3 Kontrolle

Das Vereinigte Königreich ist zu Beginn von „Years and Years" ein demokratischer Verfassungsstaat; dementsprechend sind auch die jeweiligen Instrumente zur Kontrolle der Staatsgewalt vorhanden. Das Gewaltenteilungssystem bleibt auch trotz der demokratischen Einbußen im Zeitraum der Serie zumindest formal aufrecht: Ein Regieren ohne das Parlament findet etwa auch dann nicht statt, als im Parlament keine Mehrheit gefunden werden kann.[521] Die Regierung ist dem Parlament durchgehend gemäß dem parlamentarischen Regierungssystem verantwortlich, was sich insbesondere an dem erfolgreichen Misstrauensvotum und den in Folge ausgerufenen Neuwahlen zeigt.[522] Die Effektivität der gerichtlichen Kontrolle bleibt mangels Erwähnung die meiste Zeit im Dunklen, was auch daran liegen könnte, dass die britischen Gerichte in der Realität und so wohl auch in „Years and Years" aufgrund des Prinzips der Parlamentssouveränität über keine Kompetenz zur Aufhebung oder Nichtigerklärung gesamtbritischer Gesetze verfügen.[523] Als in der letzten Episode von „Years and Years" aber Rooks Machenschaften hinsichtlich der gesetzlosen Flüchtlingslager ans Licht kommen, muss sie sich einem Strafverfahren stellen und wird für schuldig befunden, was für einen funktionierenden Rechtsstaat spricht.[524]

Wahlen als Instrument der zeitlichen Gewaltenteilung und Möglichkeit, das Staatshandeln an den Volkswillen zu binden, finden zwischen 2019 und 2034 ebenfalls regelmäßig statt. Das Wahlrecht wird wie bereits erwähnt jedoch teilweise beeinträchtigt: Einerseits ist ein fairer politischer Wettbewerb nicht mehr zur Gänze gegeben, da Rook Wege sucht, unerlaubterweise am Wahltag selbst noch Werbung zu machen. Auch das allgemeine Wahlrecht gerät mit der Forderung von Rook nach einer Verknüpfung des Wahlrechtes mit einem bestimmen Intelligenzquotienten unter Beschuss. Insgesamt führt allerdings ohnehin eine

---

[519] *Ders*, Years and Years Ep 4 Min 4.
[520] *Ders*, Years and Years Ep 2 Min 5.
[521] *Ders*, Years and Years Ep 4.
[522] *Ders*, Years and Years Ep 4 Min 16.
[523] *Gamper*, Staat 189.
[524] *Davies*, Years and Years Ep 6 Min 40.

gewisse Politikverdrossenheit dazu, dass die Wahlbeteiligung sehr niedrig ist, was den Kontrolleffekt von Volkswahlen naturgemäß schmälert.[525]

In einem weiteren Sinn können auch die Medien der Massenkommunikation als intermediäre Gewalt zur Kontrolle der staatlichen Macht beitragen. Sie können eine breite Öffentlichkeit über politische Vorgänge informieren, diese kritisch hinterfragen und sogar Missstände aufdecken. Für eine funktionierende Demokratie ist der Schutz der Medienfreiheit daher essentiell.[526] Diese wird im Vereinigten Königreich im Verlauf von „Years and Years" immer mehr beeinträchtigt. Es fängt damit an, dass die etablierten Medien insbesondere von Rook häufig beschuldigt werden, Falschnachrichten zu verbreiten,[527] und findet seinen Höhepunkt, als dem öffentlich-rechtlich Sender BBC die Sendelizenz entzogen wird. Rook lässt vor allem einmal aufhorchen, als sie auf kritische Fragen einer Journalistin mit: „*You* are the enemy of the people"[528] reagiert – eine Aussage, die ursprünglich unter anderem von *Joseph Stalin* benutzt wurde.[529]

7.4 Rechtsstaatlichkeit

Das Vereinigte Königreich in „Years and Years" ist, wie gesagt, an das reale Vereinigte Königreich angelehnt und daher auch zu Beginn der Serie als liberale, rechtsstaatliche Demokratie konzipiert. Dass es also eine Verfassung – wenn auch eine ungeschriebene – und Gesetze gibt, ist klar, vielmehr bleibt zu klären, ob entscheidende Rechtsgrundlagen im Verlauf der 15 Jahre, in denen man der Entwicklung des Vereinigten Königreichs folgt, außer Kraft gesetzt oder ineffektiv werden. In vielen Fällen funktioniert das Rechtssystem jedenfalls noch so, wie es soll, da sich sowohl die Vollziehung als auch die Rechtsunterworfenen an die Gesetze halten. Offensichtlich wird das Recht erst umgangen, als die britische Regierung unter dem Deckmantel eines Thinktanks beginnt, die ungesetzlichen Flüchtlingslager zu entwerfen.[530] Dass die Regierung unter der Leitung von Rook hier ohne gesetzliche Grundlage handelt, wird aufgrund des Versuchs, die Existenz dieser Anstalten zu verschleiern, deutlich.[531] Dieses Vorgehen hat schließlich sogar den Tod mehrerer Personen zur Folge und macht dadurch die Verletzung des Legali-

[525] *Ders*, Years and Years Ep 3 Min 1 ff, 28, 34, 41.

[526] *Gamper*, Staat 144; *Öhlinger/Eberhard*, Verfassungsrecht 447 f; *Voßkuhle*, Der Staat 57 (2018), 131.

[527] *Davies*, Years and Years Ep 3 Min 34.

[528] *Ders*, Years and Years Ep 6 Min 1. Die Journalistin erhält in der Folge Hausverbot für die Downing Street; vgl bereits oben bei Fn 497.

[529] *Grzymala-Busse* et al, Populisms 6. Vgl auch die Benutzung dieser Wendung durch den – realen – amtierenden US-Präsidenten *Donald Trump*: *Media Matters for America*, The Trump Administration's War On The Press 01.02.2017 <mediamatters.org/donald-trump/trump-administrations-war-press> (09.06.2025).

[530] *Davies*, Years and Years Ep 5 Min 46 ff.

[531] *Ders*, Years and Years Ep 5 Min 24, 53; Ep 6 Min 1, 13, 22.

tätsprinzips noch gravierender.[532] Außerhalb des Vereinigten Königreichs fällt in Bezug auf den Bruch des Grundsatzes der Vorherrschaft des Gesetzes vor allem Spanien auf, wo im Jahr 2027 nach einer Revolution eine neue Partei die Macht übernimmt, was auf einen illegalen Verfassungsbruch hindeuten dürfte.[533]

Hinsichtlich der Frage, welcher Stellenwert dem Recht in der Gesellschaft zukommt, spielen Gerichte als Institutionen, die für die richtige Anwendung des Gesetzes verantwortlich sind, eine entscheidende Rolle. Obwohl es zwischenzeitlich so wirkt, als genieße Vivienne Rook Narrenfreiheit,[534] setzt sich mit ihrer strafrechtlichen Verurteilung schlussendlich der Rechtsstaat durch. Zum politischen Sturz von Rook tragen außerdem 500 Personen bei, die vertrauliche Daten veröffentlichten,[535] was zeigt, dass auch eine aktive Zivilgesellschaft zur Durchsetzung des Rechts von Bedeutung ist. Die Veröffentlichung dieser Daten dürfte allerdings selbst eine Rechtsverletzung darstellen, weswegen sich die Frage stellt, ob die Veröffentlichung noch unter den Schutz der Meinungsfreiheit fällt[536] oder ob darin eventuell eine legitime Ausübung des Widerstandsrechts gegen die Staatsgewalt[537] gesehen werden könnte. In „Years and Years" bleibt Recht also im Wesentlichen durchgehend ein effektives Herrschaftsinstrument. Hinsichtlich der Regelungsinhalte ist das gehäufte Vorkommen von Regelungen, die in Spannung zu den Grundrechten und somit zum materiellen Rechtsstaatsprinzip des westlichen Verfassungsstaates stehen, auffällig, worauf im Folgenden noch genauer eingegangen wird.

7.5 Grundrechte

Im Verlauf der Serie sind nicht nur negative Entwicklungen im Hinblick auf Demokratie und Rechtsstaatlichkeit zu beobachten, sondern auch hinsichtlich des Grundrechtsschutzes – sowohl im Vereinigten Königreich als auch in anderen Demokratien. Wie schon bei „The Handmaid's Tale" bietet sich vor allem der Gleichheitssatz zur Darstellung der Grundrechtssituation an; in untergeordnetem Ausmaß wird aber ebenso auf andere Grundrechtsprobleme eingegangen.

---

532 *Ders*, Years and Years Ep 6 Min 32, 39.
533 *Ders*, Years and Years Ep 4 Min 4.
534 Obwohl die Mittel, die Rook in ihrem Wahlkampf eingesetzt hat, nicht immer fair waren (vgl den Einsatz visueller Mittel in einer Podiumsdiskussion in *ders*, Years and Years Ep 2 Min 45 oder die Fortführung ihres Wahlkampfes am Wahltag in Ep 3 Min 34), dürfte sie sich damit in einer rechtlichen Grauzone bewegt haben, denn Konsequenzen gibt es für sie keine.
535 *Ders*, Years and Years Ep 6 Min 46.
536 Vgl im Hinblick auf Whistleblowing *Pabel*, Der grundrechtliche Schutz des Whistleblowing, in Feik/Winkler (Hg), FS Walter Berka (2013) 161.
537 *Gamper*, Staat 273 ff; *Reiter-Zatloukal*, Widerstandsrecht oder ziviler Ungehorsam?, juridikum 2012, 292.

In der Serie spielt Diskriminierung aufgrund des Geschlechts oder der sexuellen Orientierung im Vereinigten Königreich selbst kaum eine Rolle. Männer und Frauen sind einander, soweit ersichtlich, normativ gleichgestellt, das gleiche gilt für homo- und heterosexuelle Beziehungen. Auch Transidentität wird gesellschaftlich offen akzeptiert, wobei man über die rechtliche Lage nichts Genaues erfährt. Umso stärker ist der Kontrast zur Situation in anderen Ländern wie etwa der Ukraine, wo im Laufe der Serie zum Ausdruck gebrachte Homosexualität unter Strafe gestellt wird. Auch in den USA verschlechtert sich die Rechtslage für queere Personen insofern, als gleichgeschlechtliche Ehen ab dem Jahr 2027 nach einer Entscheidung des *Supreme Court* nicht mehr zulässig sind.[538]

Das Vereinigte Königreich ist im Gegensatz dazu Schauplatz von Herausforderungen, die sich hinsichtlich des Geschlechts und der sexuellen Orientierung durch den technischen Fortschritt ergeben: Wie wäre eine mögliche romantische Beziehung zwischen Menschen und Robotern zu regeln und haben letztere ein Recht, angesichts ihrer zunehmenden Menschenähnlichkeit als Rechtssubjekt anerkannt zu werden?[539] Daneben spielt Transhumanismus in „Years and Years" eine große Rolle. Dieser Zustand wird dort als mangelnde Identifikation mit dem eigenen fleischlichen Körper definiert, woraus der Wunsch resultiert, diesen durch eine Verschmelzung mit technischen Geräten zu transzendieren. Gerade durch den Leidensdruck, der entsteht, wenn man sich nicht mit dem Körper identifizieren kann, in dem man geboren wurde, stellt sich die Frage, ob Transhumanismus als spezielle Form von Transidentität gewertet werden kann und somit unter dem gleichen Diskriminierungsschutz steht.[540]

Zu möglichen Verletzungen des Gleichheitssatzes kommt es außerdem auf sozialer Ebene. Städte wie London oder Manchester sind nicht mehr zur Gänze für alle Menschen frei zugänglich: Manche Viertel werden immer elitärer und dürfen nur mehr beim Nachweis eines bestimmten Einkommens betreten werden, während der freie Verkehr in anderen aufgrund erhöhter Kriminalität stark eingeschränkt wird.[541] Neben dem Recht auf Freizügigkeit wird durch diese Segregation auch das Recht auf freie Erwerbsbetätigung belastet, weil für sogenannte rote Zonen keine Gewerbeberechtigungen erlangt werden können.[542] Die soziale Ungleichheit

[538] *Davies*, Years and Years Ep 1 Min 20; Ep 2 Min 39; Ep 3 Min 8; Ep 4 Min 5.

[539] *Ders*, Years and Years Ep 1 Min 37.

[540] Die Serie zeigt dies anhand der Figur Bethany, die ihre ganze Jugend darunter gelitten hat, sich nicht mit dem eigenen Körper identifizieren zu können und damit auf viel Unverständnis gestoßen ist. Vgl *ders*, Years and Years Ep 1 Min 26: „I'm not comfortable with my body, so I wanna get rid of it […]. I don't want to be flesh. […] I'm gonna escape this thing and become digital." Ebenso Ep 3 Min 20: „We should be wave lengths in the air."

[541] *Ders*, Years and Years Ep 1 Min 16; Ep 4 Min 9; Ep 5 Min 20 und 37; Ep 6 Min 26 und 29. Schließlich können als „red zones" kategorisierte Viertel über Nacht nicht mehr verlassen werden, womit auch ein Eingriff in das Recht auf persönliche Freiheit vorliegt.

[542] *Ders*, Years and Years Ep 6 Min 26.

nimmt im Vereinigte Königreich nicht zuletzt auch im Zuge von Wirtschaftskrisen und Naturkatastrophen weiter zu, weil die Regierung nicht dazu in der Lage ist, diese auf sozial angemessene Weise zu bewältigen. Dies führt zu einem verstärkten Eigeninteresse innerhalb der Bevölkerung, das sich etwa in der sinkenden Spendenbereitschaft zeigt. Es hat aber auch zur Folge, dass es teilweise zu besonderen Härtefällen kommt, weil Menschen einen Großteil ihres Vermögens oder ihren Job verloren und keinerlei staatliche Unterstützung erhalten haben.[543] Indirekt stellt außerdem die Knüpfung des Wahlrechts an einen bestimmten Intelligenzquotienten[544] eine Diskriminierung aufgrund des sozialen Status dar, da die allgemeine Intelligenz, verstanden als kognitive Leistungsfähigkeit, sowohl durch genetische als auch durch Umweltfaktoren beeinflusst wird.[545]

Ungleichbehandlung aufgrund der Nationalität ist ein weiteres prominentes Thema in „Years and Years", das vor allem im Zusammenhang mit Migration zum Ausdruck kommt. Die rechtliche Situation für Flüchtlinge verschlechtert sich in ganz Europa angesichts eigener Probleme und anhaltend hoher Flüchtlingszahlen über die Jahre immer weiter. Nachdem beispielsweise Frankreich bei einer Wahl einen Rechtsruck erlebt, wird dort jede Person, die über kein Visum verfügt, abgeschoben. Noch drastischer ist die Lage in Spanien als eine linksextreme Partei die Regierung übernimmt und veranlasst, dass alle Personen ohne spanische Staatsbürgerschaft das Land verlassen müssen. Im Vereinigten Königreich ist die Situation demgegenüber noch besser, dennoch werden Abschiebungen innerhalb eines Tages durchgeführt und die staatlich finanzierte Rechtsberatung für Flüchtlinge gestrichen.[546] Mit der Schaffung der vor der Öffentlichkeit geheim gehaltenen Flüchtlingscamps verschärft sich die Grundrechtssituation dort jedoch: Durch Aussagen, wie „let nature take its course" und „the population of the camps control[s] itself",[547] steht nicht nur eine Diskriminierung aufgrund der Nationalität im Raum, sondern auch eine Verletzung des Rechts auf Leben und des Verbotes von unmenschlicher bzw erniedrigender Behandlung.[548] Schließlich werden in diesem Zusammenhang auch Verfahrensgrundrechte missachtet, weil Flüchtlinge mitten in der Nacht ohne Information oder Dokumentation über ihren neuen Aufenthaltsort in diese Lager transferiert werden und auch nicht die Möglichkeit haben, ein Rechtsmittel einzulegen.[549] Dennoch ist eine restriktive Flüchtlingspolitik unter Wahrung der genannten Rechte prinzipiell möglich. Zu bedenken ist dabei auch, inwiefern Grundrechte von Staatsangehörigen der Aufnahmeländer durch

---

[543] *Ders*, Years and Years Ep 2 Min 6 und 48; Ep 3 Min 13 und 26; Ep 4 Min 27; Ep 5 Min 10 f; Ep 6 Min 7.
[544] *Ders*, Years and Years Ep 3 Min 1 ff.
[545] *Rost*, Handbuch Intelligenz (2013) 11, 289 ff.
[546] *Davies*, Years and Years Ep 2 Min 32 ff; Ep 5 Min 23.
[547] *Ders*, Years and Years Ep 5 Min 51.
[548] *Ders*, Years and Years Ep 5 Min 52.
[549] *Ders*, Years and Years Ep 5 Min 53.

hohe Flüchtlingszahlen beeinträchtigt werden. Vor allem soziale Grundrechte – wie etwa das Recht auf soziale Unterstützungs- und Gesundheitsleistungen oder das Recht auf Wohnung, sofern verfassungsgesetzlich verankert oder aus dem Gleichheitssatz ableitbar – könnten durch eine Überlastung des Sozialsystems nicht mehr gewährleistet sein. Hier wäre der Staat jedenfalls verpflichtet, einen Ausgleich zwischen den verschiedenen grundrechtlichen Interessen herzustellen.[550]

Nicht zuletzt um die illegalen Vorgänge der Regierung rund um die Flüchtlingslager zu vertuschen, wird die Meinungs- und Medienfreiheit im Vereinigten Königreich zunehmend eingeschränkt. Wie oben bereits erwähnt, muss etwa die Rundfunkanstalt BBC im Jahr 2029 schließen, und einer kritischen Journalistin wird der Zutritt zum Regierungsgebäude verboten. Diese illiberale Tendenz setzt sich fort, als ein sich kritisch äußernder Radiomoderator ins Visier der Polizei gerät und unter einem vermutlich erfundenen Vorwand verhaftet wird.[551] Auch wenn es noch keine Rechtsgrundlage zu geben scheint, die eine Diskriminierung aufgrund der geäußerten Meinung rechtfertigen würde, haben sich die Bedingungen für eine freie Meinungsäußerung bereits deutlich verschlechtert.

„Years and Years“ thematisiert neben den politischen Entwicklungen auch den technischen Fortschritt, der sich potentiell negativ auf den Grundrechtsschutz auswirkt. Angesprochen wird etwa die Ungleichheit, die entstehen kann, wenn nicht alle in gleicher Weise von den neuen Möglichkeiten profitieren können, etwa, weil es an den notwendigen finanziellen Mitteln dafür fehlt. Darüber hinaus tauchen auch ethische Fragestellungen auf, wenn es um medizinische Eingriffe in den menschlichen Körper geht.[552] Die Errungenschaften, die eine Integration von technischen Geräten in den menschlichen Körper ermöglichen, führen in der Serie im Grunde genommen zu einer Situation ähnlich der Leibeigenschaft, wie der Fall der Serienfigur Bethany zeigt: Die britische Regierung hat Bethanys technischen Implantate bezahlt, die damit nach wie vor deren Eigentum sind. Dies drängt Bethany in ein starkes Abhängigkeitsverhältnis, insbesondere weil sie sich ein Leben ohne dieses „Upgrade“ nicht mehr vorstellen kann.[553] Die neuen technischen Möglichkeiten werfen außerdem Fragen hinsichtlich des Rechts auf Achtung des Privatlebens bzw auf Datenschutz auf. Am Beispiel von Bethany wird deutlich, wie wichtig in diesem Zusammenhang die Aufgabe des Staates ist, nicht nur selbst Grundrechtsverletzungen zu vermeiden, sondern auch Schutz vor Verletzungen durch Dritte zu gewährleisten. Bethany hat nämlich dank ihrer Implantate Zugriff auf höchstpersönliche Informationen aller Menschen, die sie in ihren Kontakten

---

550 *Berka/Binder/Kneihs*, Grundrechte 165 ff, 217 ff; *Gamper*, ZöR 80 (2025), 294 f.

551 *Davies*, Years and Years Ep 5 Min 1 f; Ep 6 Min 1.

552 Vgl etwa *ders*, Years and Years Ep Min 29.

553 *Ders*, Years and Years Ep 5 Min 30 f: „Now the governments owns my daughter. […] If I could have paid for it myself, then she wouldn't be indentured for the rest of her life.“ Vgl auch Ep 6 Min 3.

gespeichert hat. Ohne dass sie dafür deren Einverständnis bräuchte, ist sie befähigt, jederzeit vertrauliche medizinische Daten, getätigte Kartenzahlungen oder deren genauen Standort einzusehen.[554] Dritten wird durch diese im Vereinigten Königreich geltende Rechtslage erlaubt, in die unmittelbare Persönlichkeitssphäre eines anderen Menschen einzudringen, was an der ausreichenden Wahrnehmung der Schutzpflicht des Staates[555] zweifeln lässt.

7.6 Staatszweck

Die in „Years and Years" dargestellten Staaten vollziehen hinsichtlich des obersten Staatszwecks keine völlige Abkehr vom westlichen Verfassungsstaat, für den die Verwirklichung des Gemeinwohls als Standard gilt. Autokratisierungstendenzen stellen aber die Gemeinwohlorientierung zunehmend in Frage: Indem partikuläre Interessen, ohne Unterschied, ob von Einzelpersonen oder bestimmten Gruppierungen ausgehend, in den Vordergrund rücken, ist der dem Gemeinwohl inhärente Gedanke des größtmöglichen Glücks der größtmöglichen Zahl[556] nicht mehr gegeben. Wie die Serie veranschaulicht, verleihen Krisen radikalen Kräften oftmals Aufschwung; gerade in solchen Zeiten würde ein Fokus auf das Gemeinwohl jedoch vom Staat verlangen, zwischen den verschiedenen Interessen und Standpunkten, die für Zeiten des Umbruchs typisch sind, zu vermitteln. Es zeichnen sich allerdings auch keine neuen Staatszwecke ab, die das Gemeinwohl ersetzen würden: Im Endeffekt bedeutet dies für die jeweiligen Staaten, dass sie sich mit sinkender Gemeinwohlverwirklichung mehr und mehr von dem ihnen Legitimität verleihenden Staatszweck entfernen.

Dass dieser Umstand der Stabilität eines Staates schaden kann, zeigt die fiktive Darstellung der Länder der westlichen Welt, in denen Unruhen und Regierungsumstürze im Laufe der Jahre stark zunehmen. Der bereits thematisierte Abwärtstrend hinsichtlich der einzelnen verfassungsstaatlichen Prinzipien korrespondiert also mit einer graduellen Abnahme der friedensstiftenden Funktion des westlichen Verfassungsstaates.

7.7 Vergleich zum westlichen Verfassungsstaat

Während die Situation im Vereinigten Königreich und den anderen erwähnten Staaten zu Beginn der Serie noch jener des tatsächlichen Jahres 2019 entspricht, nehmen die Entwicklungen von dort an eine fiktive und zugleich negative Richtung. Aufgrund der zunehmenden politischen, wirtschaftlichen und ökologischen

[554] *Ders*, Years and Years Ep 5 Min 27 f, 42 f, 56.

[555] *Berka/Binder/Kneihs*, Grundrechte 385; *Eberhard*, § 1 DSG (und Art. 8 GRC), in Korinek et al (Hg), Österreichisches Bundesverfassungsrecht (2016) Rz 2; *Öhlinger/Eberhard*, Verfassungsrecht 384 f.

[556] Vgl *Bentham*, A Fragment on Government (1776) ii.

Krisen gerät der westliche Verfassungsstaat mit seinen Prinzipien mehr und mehr unter Druck. Dies äußert sich vor allem darin, dass er immer größere Schwierigkeiten hat, seinen Zweck zu erfüllen, nämlich das Allgemeinwohl und ein friedliches Zusammenleben zu garantieren. Mit leeren Worthülsen suggeriert Vivienne Rook als Premierministerin zwar noch, dass das Vereinigte Königreich auf dem Weg in eine glorreiche Zukunft sei,[557] die Realität ist aber geprägt von wachsender Ungleichheit und demokratischer Rückschritte. Extremwetterereignisse, eingebrochene Lieferketten, großflächige Stromausfälle, für die sowohl terroristische Vereinigungen als auch Teenager von ihrem Zuhause aus verantwortlich sein könnten, sowie Anschläge mit radioaktiven Bomben in mehreren britischen Städten sorgen darüber hinaus für gesellschaftliche Spannungen, die den innerstaatlichen Frieden gefährden.[558] Der Zusammenhalt droht auch in den USA, Spanien, Griechenland, Italien und Ungarn zu zerbrechen, wo es zu verschiedenen Zeitpunkten überall zu gewaltsamen Aufständen kommt.[559]

In den Jahren 2019 bis 2034 wird das demokratische Prinzip insgesamt sehr in Mitleidenschaft gezogen. Während die formalen demokratischen Institutionen aufrecht bleiben, ist es vor allem die Missachtung informeller politischer Normen, wie gegenseitige Toleranz und Zurückhaltung bei der Ausübung der eigenen Befugnisse, die der Demokratie schadet.[560] In einer Demokratie, die zwischen verschiedenen Interessen einen Ausgleich herzustellen versucht, sind Toleranz und Kompromissbereitschaft entscheidend.[561] Am Beispiel der britischen populistischen Politikerin Vivienne Rook sieht man hingegen, wie abträglich rhetorische Attacken auf andere Parteien und Medien sein können. Auch wenn das Üben von Kritik in einem freien Land grundsätzlich zulässig sein muss, kann sich das politische Klima dadurch je nach Ton und Ausdrucksform verschlechtern und konstruktive Zusammenarbeit erschweren. Die Demokratie als Regierungsform gerät zusätzlich deswegen unter Druck, weil sie nicht mehr in der Lage zu sein scheint, angemessene Lösungen für gegenwärtige Probleme zu liefern.[562] Auch dazu trägt Rook maßgeblich bei, indem sie in ihrer politischen Karriere auf einfache, nationalistische Botschaften und ihren eigenen Unterhaltungswert setzt, ansonsten jedoch außer einer Einschränkung des Wahlrechts oder der Einführung eines unter „bedroom-law“[563] bekannten Gesetzes nicht viel anzubieten hat. Als Premier-

557 *Davies*, Years and Years Ep 5 Min 1.

558 *Ders*, Years and Years Ep 3 Min 3; Ep 5 Min 9 ff.

559 *Ders*, Years and Years Ep 4 Min 4.

560 *Grzymala-Busse* et al, Populisms 8; *Levitsky/Ziblatt*, Democracies 8 f.

561 Vgl bereits oben Fn 357.

562 Vgl *Davies*, Years and Years Ep 4 Min 5: „[D]emocracy was a very nice idea for a while, and now it's worn out.“

563 *Ders*, Years and Years Ep 5 Min 11: Als Folge der Wohnungskrise müssen alle Personen, die über mindestens zwei freie Schlafzimmer verfügen, obdachlos gewordene Britinnen und Briten bei sich aufnehmen.

ministerin mit hohen Flüchtlingszahlen und einer Wohnraumkrise konfrontiert, umgeht sie schließlich nicht mehr nur informelle Regeln, sondern sogar das Gesetz, indem sie Flüchtlinge in zur Verwahrlosung bestimmte Lager verbringen lässt. Ähnliches gilt für andere Länder Europas im Hinblick auf die Demokratie: In der Ukraine scheint es seit der Machtergreifung des Militärs und dem Einmarsch der russischen Truppen mit demokratischen Bestrebungen vorbei zu sein, die Revolution in Spanien hat sich über die verfassungsmäßig vorgesehenen demokratischen Prozesse hinweggesetzt, und es bleibt offen, ob Italien nach der Ausrufung des Kriegsrechts wieder auf den regulären demokratischen Weg zurückfindet.

Etwas besser ist es um die Gewaltenteilung im Vereinigten Königreich bestellt: Die gegenseitige Kontrolle in Form des parlamentarischen Regierungssystems funktioniert insofern noch, als die Regierung mittels Misstrauensvotum aus dem Amt gewählt wird. Über den Status der Gerichte erfährt man hingegen nicht allzu viel, doch zum entscheidenden Zeitpunkt kann sich auch Rook als Premierministerin nicht dem Rechtsvollzug entziehen. Die zeitliche Form der Gewaltenteilung, die insbesondere durch eine Beschränkung von Amtszeiten und regelmäßig durchgeführte Wahlen gewährleistet wird, droht mit sinkender Qualität der Wahlen, etwa durch Versuche, einen fairen Wahlkampf zu verhindern sowie das Wahlrecht überhaupt einzuschränken, allerdings ineffektiv zu werden. Obwohl „Years and Years" keine explizite Einschränkung der Medienfreiheit, die auch zur Kontrolle der Staatsgewalt beiträgt, durch gesetzliche Regelungen zeigt, leidet diese trotzdem vor allem unter faktischen Angriffen seitens der Politik. Hinsichtlich der Rolle des Rechts im Vereinigten Königreich kann festgehalten werden, dass eine Rechtsordnung existiert und diese wohl zu weiten Teilen effektiv bleibt. Risse zeigen sich in erster Linie im Zusammenhang mit den bereits erwähnten Flüchtlingslagern. Was den Inhalt der Regelungen betrifft, die in den Jahren nach 2019 erlassen werden, kommen bei vielen zumindest Zweifel an deren Grundrechtskonformität auf. Außerhalb des Vereinigten Königreichs kann die radikale Revolution in Spanien als Beispiel für eine Situation genannt werden, in der die Vormachtstellung des positiven Rechts einen Abbruch erleidet.

Zu guter Letzt ist noch die Grundrechtssituation in „Years and Years" jener des Idealtypus des westlichen Verfassungsstaates gegenüberzustellen. Ein großes Thema ist der Gleichheitssatz, der speziell vor dem Hintergrund diverser Krisen in Bezug auf den sozialen Status und die Nationalität beeinträchtigt wird. Ansonsten ist noch die Meinungs- und insbesondere die Medienfreiheit zu erwähnen, die in einem immer illiberaleren gesellschaftlichen Klima in Bedrängnis gerät. Herausforderungen ergeben sich schließlich noch im Hinblick auf den technischen Fortschritt: Neue Möglichkeiten in der Medizin werfen neben ethischen auch vielfältige grundrechtliche Fragen auf, die vom Recht auf Achtung des Privatlebens bis zum Verbot der Leibeigenschaft und einer etwaigen Grundrechtsfähigkeit von Robotern reichen.

Die Beurteilung der in „Years and Years“ gezeigten Verfassungskrisen stellt sich insofern als komplexer dar, weil in der Serie einerseits die Situation in mehreren Ländern geschildert wird und es andererseits nirgends zu einem mit „The Handmaid's Tale“ vergleichbaren radikalen Regimewechsel kommt. Durch rechtliche Entwicklungen selbst kommt es, länderübergreifend gesehen, vor allem im Hinblick auf die jeweilige Grundrechtssituation zu einer Entfernung von den Standards des westlichen Verfassungsstaates. Am deutlichsten wird dies im Vereinigten Königreich, wo etwa die Kommunikationsfreiheit, die persönliche Freiheit, aber auch der Gleichheitssatz durch Rechtsakte eingeschränkt werden, das Grundrecht auf Datenschutz hingegen durch Lücken im Recht unter Druck gerät. Noch drastischer stellt „Years and Years“ die Situation in der Ukraine dar: Hier wurde Homosexualität gesetzlich verboten und unter Strafe gestellt. Die Einschränkung von in der Vergangenheit weit ausgelegten Grundrechten – wie in der Serie durch den US *Supreme Court* hinsichtlich der Ehe für alle – kann darüber hinaus als Beispiel dienen, wie individuelle Rechtsakte die grundrechtliche Säule eines westlichen Verfassungsstaates schrittweise ins Wanken bringen können.

In „Years and Years“ tragen jedoch auch viele außerrechtliche, tatsächliche Umstände zu einer Entfernung von den Prinzipien des westlichen Verfassungsstaates bei. Die Demokratie im Vereinigten Königreich gerät vor allem aufgrund populistischer Rhetorik unter Druck, indem gewisse Bevölkerungsgruppen ausgegrenzt, andere zu Feindbildern stilisiert werden und ein sachlicher Kompromiss aufgrund der Emotionalisierung von Konflikten insgesamt erschwert wird. Zu rhetorischen Attacken kommt es auch auf Grundrechte wie die Medienfreiheit: Indem Medienschaffende bezichtigt werden, Falschinformationen zu verbreiten oder gegen die Bevölkerung zu arbeiten, schwindet das Vertrauen in Medien als intermediäre Gewalt, Uninformiertheit wächst und Polarisierung nimmt zu. Weitere Beispiele von tatsächlicher Nichtbeachtung westlicher Verfassungswerte wie Demokratie und Rechtsstaatlichkeit sind die anhaltende Schattenpräsidentschaft Donald Trumps in den USA, die Errichtung illegaler Flüchtlingslager im Vereinigten Königreich, aber auch die anhaltend niedrige Wahlbeteiligung, die vor allem die Demokratie bedeutungslos werden lässt. In allen dargestellten Ländern macht sich darüber hinaus politische Instabilität als Folge verschiedenartiger Krisen breit. Dies allein deutet bereits auf eine Erosion der jeweiligen westlichen Verfassungssysteme hin, wodurch diese nicht mehr in der Lage sind, zwischen verschiedenen Standpunkten bzw zwischen Regierung und Regierten zu vermitteln und Konflikte in verfassungsmäßige Verfahren münden zu lassen.

Teil III: Gegenwärtige Erosionserscheinungen westlicher Verfassungsstaaten – Beispiele

8. Überblick

Unter Einbeziehung der Erkenntnisse aus Teil I und II werden im Folgenden konkrete verfassungsrechtliche Probleme näher beleuchtet, die derzeit in verschiedenen westlichen Verfassungsstaaten zu beobachten sind. Für jedes verfassungsstaatliche Prinzip wird insbesondere ein solches krisenhaftes Phänomen daraufhin untersucht, inwiefern es eine Krise der Demokratie, der Gewaltenteilung, der Rechtsstaatlichkeit oder der Grundrechte ausgelöst hat bzw auslösen könnte. Anhand der aufgezeigten Beispiele soll verdeutlicht werden, welche unterschiedlichen Formen eine Krise des westlichen Verfassungsstaates annehmen kann. In einem Zwischenfazit soll schließlich die Frage beantwortet werden, ob die in Teil II analysierten Dystopien bereits zur Realität geworden sind.

9. Krise bestehender westlicher Verfassungsstaaten

9.1 Krise der Demokratie: Wahlen

Wie in Teil I dargelegt, zeichnet sich das Prinzip der (repräsentativen) Demokratie vor allem durch das Element der regelmäßig wiederkehrenden Wahlen aus: Sie sollen einerseits den Verantwortungszusammenhang in repräsentativen Systemen sicherstellen, andererseits einen konsekutiven Machtwechsel ermöglichen. Umso gravierender ist es, wenn Wahlen aufgrund rechtlicher oder tatsächlicher Anordnungen gewissen Qualitätsmerkmalen, wie zB frei, gleich und geheim zu sein, nicht mehr genügen. Daher ist es naheliegend, dass viele Phänomene unter dem Schlagwort „Krise der Demokratie“ eng mit der Durchführung von Wahlen, dem Wahlsystem oder dem Wahlrecht als solchem zusammenhängen. Auch in den untersuchten Serienproduktionen „The Handmaid's Tale“ und „Years and Years“ äußert sich die Krise der Demokratie darin, dass bei ersterer Wahlen – in einer vollständigen Abkehr vom demokratischen System – überhaupt nicht mehr stattfinden und bei letzterer die verfassungsstaatlichen Wahlrechtsgrundsätze zunehmend in Bedrängnis geraten.

Blickt man in die reale Staatenwelt, so sind auch hier zahlreiche Vorgänge in Zusammenhang mit Wahlen zu beobachten, die aus demokratischer Sicht bedenklich sind.[564] Einige Beispiele hierfür liefert etwa Ungarn, dessen demokratisches System mittlerweile (verfassungs-)rechtlich so verändert wurde, dass sowohl die einschlägige rechtswissenschaftliche Literatur[565] als auch verschiedene Demokratie-Indices[566] es nicht mehr als liberal, sondern als illiberal bzw sogar als Wahlautokratie[567] einstufen, in der zwar noch Wahlen durchgeführt, aber Voraussetzungen zur Sicherstellung einer Wahl entsprechend den demokratischen Wahlgrundsätzen missachtet werden.[568] Dies zeigt sich unter anderem in der häufigen Änderung von

564 Vgl etwa *International IDEA*, The Global State of Democracy 2024: Strengthening the Legitimacy of Elections in a Time of Radical Uncertainty 2024 <idea.int/gsod/2024/> (09.06.2025); *Nord* et al, Democracy Report 2024: Democracy Winning and Losing at the Ballot, V-Dem Institute 2024 <v-dem.net/documents/43/v-dem_dr2024_lowres.pdf> (23.05.2025) 15, 27 f.

565 *Bugarič*, Central Europe's Descent Into Autocracy: A Constitutional Analysis of Authoritarian Populism, ICON 17 (2019), 597 (602); *Drinóczi/Bień-Kacala*, Illiberal Constitutionalism: The Case of Hungary and Poland, German Law Journal 20 (2019), 1140; *Halmai*, A Coup Against Constitutional Democracy, in Graber/Levinson/Tushnet (Hg), Constitutional Democracy in Crisis? (2018) 243 (248); *Halmai/Bugarič*, Autocracy and Resistance in Hungary since 2010, SSRN 19.06.2023 <ssrn.com/abstract=4484312> (09.06.2025) 4 ff; *Pap/Śledzińska-Simon*, The Rise of Illiberal Democracy and the Remedies of Multi-Level Constitutionalism, Hungarian Journal of Legal Studies 60 (2019), 65; *Szente*, The Myth of Populist Constitutionalism in Hungary and Poland: Populist or Authoritarian Constitutionalism?, ICON 2023, 1 (3, 5).

566 *Freedom House*, Nations in Transit 2024: Hungary <freedomhouse.org/country/hungary/nations-transit/2024> (09.06.2025); *Papada* et al, Democracy Report 2023: Defiance in the Face of Autocratization, V-Dem Institute 2023 <v-dem.net/documents/30/V-dem_democracyreport2023_highres.pdf> (09.06.2025) 39.

567 *Landau*, UC Davis Law Review 47 (2013), 199 f; *Schedler*, Authoritarianism's Last Line of Defense, Journal of Democracy 21 (2009), 69. Vgl etwa auch *Europäisches Parlament*, Bestehen einer eindeutigen Gefahr einer schwerwiegenden Verletzung der Werte, auf die sich die Union gründet, durch Ungarn: Entschließung des Europäischen Parlaments vom 15. September 2022 zu dem Vorschlag für einen Beschluss des Rates gemäß Artikel 7 Absatz 1 des Vertrags über die Europäische Union zum Bestehen einer eindeutigen Gefahr einer schwerwiegenden Verletzung der Werte, auf die sich die Union gründet, durch Ungarn (2018/0902R(NLE)) <https://www.europarl.europa.eu/RegData/seance_pleniere/textes_adoptes/definitif/2022/09-15/0324/P9_TA(2022)0324_DE.pdf> (12.06.2025), wonach Ungarn keine vollständige Demokratie mehr sei, sondern sich zu einer Wahlautokratie entwickelt habe.

568 S insbesondere Art 3 1. ZPEMRK und *Venedig-Kommission*, Code of Good Practice in Electoral Matters – Guidlines and Explanatory Report, adopted by the Venice Commission at its 52nd Session (Venice, 18–19 October 2002), CDL-AD(2002)023rev2-cor <https://www.venice.coe.int/webforms/documents/default.aspx?pdffile=CDL-AD(2002)023rev2-cor-e> (12.06.2025), 23 ff. Vgl auch die Definition einer Wahlautokratie bei *Nord* et al, Democracy Report 2024 12: „Electoral Autocracy: Multiparty elections for the executive exist; insufficient levels of fundamental requisites such as freedom of expression and association, and free and fair elections."

Wahlvorschriften ohne Schaffung eines überparteilichen Konsenses,[569] in deren Zuge sowohl die Wahlkommission als auch die Größe der Wahlkreise nachweislich zugunsten der Regierungspartei modifiziert wurden.[570] Obwohl formalverfassungsrechtlich zulässig, stehen diese Änderungen in einem Spannungsverhältnis zu den aus Art 3 1. ZPEMRK ableitbaren Garantien einer allgemeinen, gleichen, freien, geheimen und direkten Wahl und sind daher ein Beispiel für eine graduelle Entfernung von den Standards des westlichen Verfassungsstaates. So wurde auch in den Wahlbeobachtungsberichten des BDIMR[571] zu Ungarn festgestellt, dass das demokratische Erfordernis fairer Wahlen aufgrund des Fehlens eines „level playing field“ bei den ungarischen Parlamentswahlen in den Jahren 2014, 2018 und 2022 nicht in vollem Umfang gewährleistet war.[572]

Das Fehlen gleicher Wettbewerbsbedingungen wurde seitens des BDIMR zuletzt etwa auch bei den serbischen Präsidentschafts- und Parlamentswahlen 2022 und

---

569 *Venedig-Kommission/OSZE/BDIMR*, Joint Opinion on the Act on the Elections of Members of Parliament of Hungary, adopted by the Council for Democratic Elections at its 41st meeting (Venice, 14 June 2012) and the Venice Commission at its 91st Plenary Session (Venice, 15–16 June 2012), CDL-AD(2012)012 <https://www.venice.coe.int/webforms/documents/default.aspx?pdffile=CDL-AD(2012)012-e> (12.06.2025), Rz 13, 31, 35; *dies*, Joint Opinion on the 2020 Amendments to Electoral Legislation, approved by the Council for Democratic Elections at its 72nd meeting (Venice and online, 14 October 2021) and adopted by the Venice Commission at its 128th Plenary Session (Venice and online, 15–16 October 2021), CDL-AD(2021)039 <https://www.venice.coe.int/web forms/ documents/default.aspx?pdffile=CDL-AD(2021)039-e> (12.06.2025), Rz 11, 21: „[W]hen defining the rules of the game which have to ensure a level playing field and respect for electoral rights[, a] broad consensus and extensive consultations with all relevant stakeholders are crucial to ensure acceptance of the election legislation, which encourages public trust and confidence in the electoral process.“

570 Vgl *Venedig-Kommission/OSZE/BDIMR*, CDL-AD(2012)012, 5 f, 8 ff, 13 f und *dies*, CDL-AD(2021)039, 5 ff, 12 ff. *Bánkuti/Halmai/Scheppele*, Hungary's Illiberal Turn: Disabling the Constitution, Journal of Democracy 23 (2012), 138 (140); *Bugarič*, ICON 17 (2019), 607; *Drinóczi/Bień-Kacała*, German Law Journal 20 (2019), 1160; *Halmai*, Coup 247 bei Fn 7; *Huq/Ginsburg*, UCLA Law Review 65 (2018), 125, 129 f; *Landau*, UC Davis Law Review 47 (2013), 210; *Scheppele*, Autocracy under Cover of the Transnational Legal Order, in Shaffer/Ginsburg/Halliday (Hg), Constitution-Making and Transnational Legal Order (2019) 188 (212); *Szente*, ICON 2023, 5.

571 Büro für demokratische Institutionen und Menschenrechte der OSZE.

572 *OSZE/BDIMR*, Hungary Parliamentary Elections 6 April 2014 – Limited Election Observation Mission Final Report, Warsaw 11.07.2014 <osce.org/files/f/documents/c/0/121098.pdf> (09.06.2025); *dies*, Hungary Parliamentary Elections 8 April 2018 – Limited Election Observation Mission Final Report, Warsaw 27.06.2018 <osce.org/files/f/documents/0/9/385959.pdf> (09.06.2025); *dies*, Hungary Parliamentary Elections and Referendum 3 April 2022 – Election Observation Mission Final Report, Warsaw 29.07.2022 <osce.org/files/f/documents/2/6/523568.pdf> (09.06.2025). S auch *Bugarič*, ICON 17 (2019), 607; *Halmai/Bugarič*, Autocracy 8.

2023,[573] bei den türkischen Präsidentschafts- und Parlamentswahlen 2023[574] und bei der russischen Präsidentschaftswahl 2018[575] kritisiert. Ungleiche Bedingungen im Wahlkampf, die in der Regel die amtierenden Personen begünstigen, stehen insbesondere mit dem gleichen Wahlrecht in Spannung, das laut der *Venedig-Kommission* auch Chancengleichheit umfasst.[576]

Diese Beispiele zeigen, wie die konkrete Ausgestaltung des Wahlsystems eine antidemokratische Entwicklung begünstigen kann,[577] auch wenn mit Art 3 1. ZPEMRK und dem darauf basierenden, nicht bindenden „Code of Good Practice in Electoral Matters" der *Venedig-Kommission*[578] grundsätzlich sowohl Mehrheits-, Verhältnis- als auch gemischte Wahlsysteme vereinbar sind, solange das Wahlrecht allgemein, gleich, frei, geheim und direkt ausgeübt werden kann.[579] Als weiterer Problembereich kann dennoch die oftmals hohe Disproportionalität in Wahlsystemen hervorgehoben werden, wodurch faktisch einem Teil der Bevölkerung mehr Einfluss auf das Wahlergebnis eingeräumt wird, als er prozentuell ausmacht.

Ein Wahlsystem, das disproportionale Ergebnisse fördert, zeichnet sich durch ein ungleiches Verhältnis zwischen den abgegebenen Stimmen und den darauf entfal-

---

573 *OSZE/BDIMR*, Republic of Serbia Presidential and Early Parliamentary Elections 3 April 2022 – ODIHR Election Observation Mission Final Report, Warsaw 19.08.2022 <osce.org/files/f/documents/0/0/524385_0.pdf> (14.03.2025); *dies*, Republic of Serbia Early Parliamentary Elections 17 December 2023 – ODIHR Election Observation Mission Final Report, Warsaw 28.02.2024 <osce.org/files/f/documents/1/3/563505_0.pdf> (14.03.2025).

574 *Dies*, Republic of Türkiye General Elections 14 May and Presidential Election, Second Round 28 May 2023 – ODIHR Election Observation Mission Final Report, Warsaw 29.09.2023 <osce.org/files/f/documents/1/f/553966.pdf> (14.03.2025).

575 *Dies*, Russian Federation Presidential Election 18 March 2018 – ODIHR Election Observation Mission Final Report, Warsaw 06.06.2018 <osce.org/files/f/documents/2/4/383577_0.pdf> (14.03.2025). Bei der Parlamentswahl 2021 und der Präsidentschaftswahl 2024 wurde eine Wahlbeboachtung durch die OSZE nicht zugelassen: *Dies*, Russian Federation flouts international commitments once again with decision not to invite OSCE observers to presidential election, Warsaw 29.01.2024 <osce.org/odihr/elections/russia/562065> (22.05.2025); *dies*, No OSCE observers for Russian parliamentary elections following major limitations, Warsaw 04.08.2021 <osce.org/odihr/elections/russia/494488> (22.05.2025).

576 *Venedig-Kommission*, CDL-AD(2002)023rev2-cor, 7; vgl bereits oben Fn 568.

577 *Charvát*, The Politics of Electoral Reform in Central Europe since 1989 (2023) 125, 147; *van der Meer/Rijpkema*, Militant Democracy and the *Minority to Majority Effect*: On the Importance of Electoral System Design, European Constitutional Law Review 18 (2022), 511 (526 ff).

578 *Venedig-Kommission*, CDL-AD(2002)023rev2-cor.

579 *Gamper*, Concepts and Principles of Electoral Law in Europe, in Gardner (Hg), Comparative Election Law (2022) 15 (19, 25); *Gardner*, Electoral Systems and Conceptions of Politics, in ders (Hg), Comparative Election Law (2022) 140 (141).

lenden Mandaten aus. Dies kann verschiedene wahlrechtliche Ursachen haben: Einerseits ist ein disproportionales Wahlergebnis ein Merkmal von Mehrheitswahlsystemen („winner-takes-all"-Prinzip),[580] andererseits können auch in gemischten oder Verhältniswahlsystemen durch Prozenthürden, Grundmandat oder Mehrheitsprämien auf einzelne wahlwerbende Gruppen prozentuell mehr oder weniger Sitze entfallen, als ihnen stimmenmäßig zukäme.[581] Zusätzlich spielt die Wahlkreiseinteilung eine entscheidende Rolle, da unterschiedlich große Wahlkreise – also eine ungleiche Verteilung der Mandate im Verhältnis zur Bevölkerungsgröße oder zur Zahl der Wahlberechtigten in den jeweiligen Wahlkreisen – dazu führen können, dass Stimmen in bestimmten Wahlkreisen mehr Gewicht zukommt als in anderen.[582] Für ein disproportionales Stimmen-Sitz-Verhältnis sprechen die so geschaffenen klaren Mehrheitsverhältnisse und die dadurch erwartete erhöhte Stabilität politischer Systeme.[583] Negativ wirkt sich eine hohe Disproportionalität jedoch vor allem auf das gleiche Wahlrecht aus, denn je weniger die Mandatsaufteilung die Präferenzen des Wahlvolkes spiegelbildlich wiedergibt, desto unterschiedlicher wird auch der Erfolgswert einzelner Stimmen: Während gewisse Wählergruppen überrepräsentiert werden, haben manche abgegebenen Stimmen keinerlei Auswirkung auf die politische Machtverteilung.

Grundsätzlich wird der materielle Gehalt des gleichen Wahlrechts oftmals darauf beschränkt, dass jede Stimme gleich gezählt wird, ohne dass ihr auch das gleiche Gewicht zukommen muss.[584] *Nowak* kritisiert diese Sichtweise insbesondere im Hinblick auf die regelmäßig erforderliche Neueinteilung der Wahlkreise: Beschränkt man laut *Nowak* das gleiche Wahlrecht nämlich auf den gleichen Zählwert, „so räumt man damit dem einfachen Gesetzgeber – und das heißt im [...] Zweiparteiensystem: der Regierungspartei – theoretisch uneingeschränkte Möglichkeiten ein, durch Mittel der Wahlkreisgeometrie bzw. des sogenannten ‚Gerrymandering' die Opposition auszuschalten".[585] Besonders eindrücklich zeigt sich

[580] *Gardner*, Electoral Systems 145; *Lijphart*, Electoral Systems and Party Systems (1994) 20; *Norris*, Choosing Electoral Systems: Proportional, Majoritarian and Mixed Systems, International Political Science Review 18 (1997), 297 (307); *Tóth*, Legal Preconditions for Majoritarian Democracy: The Case of Hungary, ZfP 68 (2021), 307 (316).

[581] *Bedock/Sauger*, Electoral Systems with a Majority Bonus as Unconventional Mixed Systems, Representation 50 (2014), 99; *Gallagher/Mitchell*, Dimensions of Variation in Electoral Systems, in Herron/Pekkanen/Shugart (Hg), The Oxford Handbook of Electoral Systems (2018) 23 (33); *Gamper*, Staat 235; *van der Meer/Rijpkema*, European Constitutional Law Review 18 (2022), 518 f.

[582] *Gallagher/Mitchell*, Dimensions 33; *Gamper*, Concepts 28; *Handley*, Electoral Systems and Redistricting, in Herron/Pekkanen/Shugart (Hg), The Oxford Handbook of Electoral Systems (2018) 513 ff.

[583] *Arato*, Elections, Coalitions, and Constitutionalism in Hungary: Special Report, East European Constitutional Review 3 (1994), 26 (27); *Gardner*, Electoral Systems 145; *Gamper*, Staat 234.

[584] *Gamper*, Staat 230; *dies*, Concepts 22; *Nowak*, Politische Grundrechte (1988) 399 ff.

[585] *Ders*, Grundrechte 400.

diese Problematik in Situationen, in denen durch die oben genannten Mechanismen letztlich eine stimmenmäßige Minderheit über die politische Mehrheitsmacht verfügt, was etwa auch in relativen Mehrheitswahlsystemen der Fall ist, bei denen eine relative Mehrheit an Stimmen pro Wahlkreis ausreicht, um ein Mandat zu erhalten.[586]

Ungarn kann hier wiederum als Beispiel dienen: Die Fidesz-Partei erreichte im Jahr 2010 mit 53 Prozent erstmals die absolute Mehrheit in den Parlamentswahlen, konnte aber durch das ungarische gemischte Wahlsystem 68 Prozent, also rund zwei Drittel aller Sitze im Parlament und damit eine verfassungsändernde Mehrheit für sich beanspruchen.[587] Das ungarische Wahlrecht ist seit 1989 so ausgestaltet, dass es die stimmenstärkste Partei bevorzugt;[588] dennoch war es zuvor noch keiner Partei gelungen, eine Zweidrittelmehrheit im Parlament zu erreichen.[589] Die mit Ungarns gemischtem Wahlsystem einhergehende Disproportionalität wurde schließlich durch eine Wahlrechtsreform im Jahr 2011[590] noch verstärkt.[591] So wurden etwa die Grenzen der Wahlkreise neu gezogen, die sich seitdem teilweise erheblich in der Größe unterscheiden.[592] Zudem wurde die Mehrheits- gegenüber der Verhältniskomponente des Wahlsystems ausgebaut und erstere in ein relatives statt absolutes Mehrheitswahlrecht umgewandelt.[593] Schließlich wurde noch der bestehende Kompensationsmechanismus umstrukturiert, der alle in den Einerwahlkreisen abgegebenen, aufgrund des Mehrheitswahl-

[586] „Minority to majority effect": *Van der Meer/Rijpkema*, European Constitutional Law Review 18 (2022), 516 ff. *Gamper*, Concepts 22, 28; *dies*, Staat 230 ff; *Nowak*, Grundrechte 399 ff; *Tóth*, ZfP 68 (2021), 316 f.

[587] *Bánkuti/Halmai/Scheppele*, Journal of Democracy 23 (2012), 139; *Halmai*, Coup 245; *Rohac*, Transitions, Populism, and Democratic Decline: Evidence From Hungary and the Czech Republic, European Politics and Society 24 (2023), 169 (178); *Scheppele*, How Viktor Orbán Wins, Journal of Democracy 33 (2022), 45 (52); *Tóka*, Constitutional Principles and Electoral Democracy in Hungary, in Bos/Pócza (Hg), Verfassunggebung in konsolidierten Demokratien (2014) 311 (312); *Tóth*, ZfP 68 (2021), 313; *van der Meer/Rijpkema*, European Constitutional Law Review 18 (2022), 526.

[588] *Arato*, East European Constitutional Review 3 (1994), 26; *Bánkuti/Halmai/Scheppele*, Journal of Democracy 23 (2012), 138 f; *Charvát*, Politics 111; *Scheppele*, Journal of Democracy 33 (2022), 50; *Rohac*, European Politics and Society 24 (2023), 178; *Tóth*, ZfP 68 (2021), 313 ff.

[589] *Charvát*, Politics 112; *Scheppele*, Journal of Democracy 33 (2022), 51 f.

[590] Gesetz Nr CCIII von 2011 über die Wahl der Parlamentsabgeordneten.

[591] *Charvát*, Politics 115 ff, 124 f; *Rohac*, European Politics and Society 24 (2023), 178.

[592] *Charvát*, Politics 118 f; *OSZE/BDIMR*, Hungary 2018 6; *dies*, Hungary 2022 11; *Scheppele*, Journal of Democracy 33 (2022), 52 f.

[593] *Bos/Pállinger*, Das ungarische Wahlsystem, AUB.Log – Wissenschaft und Forschung, Andrássy Universität Budapest 10.03.2022 <andrassyuni.eu/nachrichten/das-ungarische-wahlsystem.html> (21.02.2025); *Charvát*, Politics 120, 124 f; *Rohac*, European Politics and Society 24 (2023), 178; *Scheppele*, Journal of Democracy 33 (2022), 53; *Tóka*, Principles 316.

systems aber unberücksichtigt gebliebenen Stimmen bei der Berechnung der durch Listenwahl zu vergebenden Mandate miteinfließen lässt. Anstatt allerdings nur die für unterlegene Kandidatinnen und Kandidaten abgegebenen Stimmen zu berücksichtigen – wie es oftmals der Fall ist, um ein verhältnismäßigeres Ergebnis zu erzielen –,[594] gilt in Ungarn seit 2011 der Kompensationsmechanismus auch für jene „verschwendeten Stimmen",[595] die die Person mit den meisten Stimmen nicht mehr benötigt hätte, um zu gewinnen.[596] Der ausgleichende Effekt der Kompensation geht somit verloren.[597]

Diese Änderungen hatten Einfluss auf den Grundsatz der gleichen Wahl: Um ein gleiches Stimmgewicht zu gewährleisten, sollen laut dem „Code of Good Practice in Electoral Matters" die einzelnen Wahlkreise nicht mehr als 10 Prozent von der durchschnittlichen Größe abweichen.[598] Bei der ungarischen Parlamentswahl im Jahr 2022 überschritten 25 von 106 Wahlkreisen zum Teil erheblich diese 10-Prozent-Grenze.[599] Zusätzlich geht mit der reformierten Wahlarithmetik – das heißt durch die Änderungen im Bereich des Mehrheitswahlsystems und des Kompensationsmechanismus – eine deutliche Bevorzugung großer Parteien einher, wodurch den einzelnen abgegebenen Stimmen insgesamt ein stark divergierendes Gewicht zukommt.[600] Die hohe Disproportionalität des Wahlsystems spiegelt sich auch in

---

[594] *Von Notz*, How to Abolish Democracy: Electoral System, Party Regulation and Opposition Rights in Hungary and Poland, VerfBlog 10.12.2018 <verfassungsblog.de/how-to-abolish-democracy-electoral-system-party-regulation-and-opposition-rights-in-hungary-and-poland/> (01.03.2025); *Scheppele*, Journal of Democracy 33 (2022), 57.

[595] Vgl zum Begriff „wasted votes" etwa *Anckar*, Determinants of Disproportionality and Wasted Votes, Electoral Studies 16 (1997), 501.

[596] Es geht hier also um den Stimmenüberschuss, der sich aus der Differenz der Stimmen für den Erst- und Zweitplatzierten ergibt.

[597] *Bos/Pállinger*, Wahlsystem; *Charvát*, Politics 121 f, 125; *Halmai*, Coup 247 bei Fn 7; *Scheppele*, Journal of Democracy 33 (2022), 57; *dies*, Hungary, An Election in Question, Part 3, Paul Krugman New York Times Blog 28.02.2014 <archive.nytimes.com/krugman.blogs.nytimes.com/2014/02/28/hungary-an-election-in-question-part-3/> (01.03.2025); *Tóka*, Principles 317 bei Fn 10, 323.

[598] *Venedig-Kommission*, CDL-AD(2002)023rev2-cor, 6, 16.

[599] *OSZE/BDIMR*, Hungary 2022 11: 18 Wahlkreise wichen in ihrer Größe mehr als 15 Prozent vom Durchschnitt ab, davon sieben mehr als 20 Prozent. Wie verschiedene Berechnungen zeigen, benötigt Fidesz aufgrund kleinerer Wahlkreise in Gebieten, in denen Fidesz traditionell stark ist, zahlenmäßig weniger Stimmen als andere Parteien, um Wahlkreise zu gewinnen, bzw würde Fidesz bei Gleichstand der absoluten Zahl an abgegebenen Stimmen mit einer anderen Partei mehr Sitze erhalten: *Charvát*, Politics 119 f; *Political Capital Policy Research and Consulting Institute*, Halfway into the Hungarian Electoral Reform, Budapest 12.04.2012 <valasztasirendszer.hu/wp-content/uploads/PC-FES_ConferencePaper_HalfwayIntoTheHungarianElectoralReform_120417.pdf> (29.02.2025); *Scheppele*, Journal of Democracy 33 (2022), 52 f; *dies*, Hungary; *Tóka*, Principles 317 f.

[600] *Charvát*, Politics 124 f; *Halmai*, Coup 247 bei Fn 7; *Scheppele*, Journal of Democracy 33 (2022), 57; *dies*, Hungary; *Tóka*, Principles 316 f, 323. Laut *OSZE/BDIMR*, Hungary

den ungarischen Parlamentswahlen nach 2010 wider, bei denen Fidesz ebenso jeweils zwei Drittel der Sitze im Parlament erlangte: 2014 mit 45 Prozent, 2018 mit 49 Prozent und 2022 schließlich mit 54 Prozent der Stimmen.[601] Insgesamt wird durch das geltende Wahlsystem ein demokratischer Machtwechsel erschwert, auch weil das Wahlrecht wiederholt auf eine Weise geändert wurde, die es den Oppositionsparteien erschwerte, selbst von dem disproportionalen Wahlsystem zu profitieren.[602] Das demokratische Steuerungsinstrument der regelmäßig wiederkehrenden Wahl wurde so deutlich abgeschwächt, wodurch auch die in einer Demokratie prinzipiell in Kauf genommene Dominanz der Mehrheit gegenüber der Minderheit[603] an Berechtigung verliert. Dabei kommt es nicht zwingend auf die Länge der Funktionsperiode an: Selbst in kurzen Abständen erfolgende Wahlen verlieren an Sinn, wenn sie systembedingt immer dasselbe Ergebnis hervorbringen und so keinen konsekutiven Machtwechsel zwischen Mehrheit und Minderheit ermöglichen. In Ungarn wird das Problem dadurch verschärft, dass der Bonus an Sitzen, der im Moment der Fidesz zugutekommt, jeweils sogar in einer verfassungsändernden Mehrheit der Partei resultierte, obwohl sie zumindest bei den Parlamentswahlen 2014 und 2018 nur eine relative Mehrheit der Stimmen erreichte.[604]

Dass einer Minderheit (in Form der relativen Mehrheit) die überwiegende Entscheidungsgewalt in einem Staat zukommt, kann quer durch verschiedene Wahlsysteme auftreten, auch wenn, wie *van der Meer/Rijpkema* nachweisen, Mehrheitswahlsysteme mit Einerwahlkreisen und präsidentielle Systeme besonders prädestiniert dafür sind.[605] So sahen etwa Italien und Griechenland zeitweise Verhältniswahlsysteme mit einem großen Mandatsbonus für die jeweils stärkste Partei vor, wodurch der Einfluss einer einzelnen Stimme auf das Wahlergebnis stark divergierte.[606]

2014 7 brachte etwa der Kompensationsmechanismus Fidesz bei der Wahl 2014 sechs zusätzlich Sitze ein.

601 *Bánkuti/Halmai/Scheppele*, Journal of Democracy 23 (2012), 139; *Charvát*, Politics 125 bei Fn 27; *Halmai*, Coup 245 ff; *Rohac*, European Politics and Society 24 (2023), 178; *Scheppele*, Journal of Democracy 33 (2022), 57; *Szente*, ICON 2023, 5; *van der Meer/Rijpkema*, European Constitutional Law Review 18 (2022), 518.

602 *Scheppele*, Journal of Democracy 33 (2022), 53 ff.

603 *Gamper*, Staat 163 f.

604 *Jakab*, How to Return from a Hybrid Regime into a Constitutional Democracy: Hypothetical Constitutional Scenarios for Hungary and a Few Potential Lessons for Poland, in Bobek et al (Hg), Transition 2.0: Re-establishing Constitutional Democracy in EU Member States (2023) 145 (155); *Scheppele*, Journal of Democracy 33 (2022), 58 ff.

605 *Van der Meer/Rijpkema*, European Constitutional Law Review 18 (2022), 518 f.

606 *Bedock/Sauger*, Representation 50 (2014), 99 ff; *Dinas*, The Electoral System, in Featherstone/Sotiropoulos (Hg), The Oxford Handbook of Modern Greek Politics (2020) 203 (211); *Jakab*, Regime 187 f; *Passarelli*, Electoral Sytems in Context: Italy, in Herron/Pekkanen/Shugart (Hg), The Oxford Handbook of Electoral Systems (2018) 851 (857 ff); *Peterlini*, Italien – Aufbruch zur Mehrheitsdemokratie? Verfassungsreformen, Wahl-

Anhand des türkischen Wahlsystems sieht man demgegenüber, wie hohe Prozenthürden beim Einzug in das Parlament zu stark disproportionalen Wahlergebnissen und somit zu einer Beeinträchtigung des gleichen Wahlrechts führen können: 2002 erreichte die AKP mit 34 Prozent der Stimmen 66 Prozent der Parlamentssitze, was unter anderem darauf zurückzuführen war, dass circa 46 Prozent der Wahlberechtigten für Parteien stimmten, die nicht den geforderten Stimmenanteil von 10 Prozent erreichten.[607] In solchen Fällen kommt es daher zu einer starken Stimmenverzerrung zulasten aller Personen, die diese Parteien gewählt haben, denn ihre Stimme wirkt sich nicht nur weniger, sondern gar nicht auf das Wahlergebnis aus.

Diese Ungleichheit wird in der Türkei durch Wahlkreise verstärkt, die in ihrer Größe oftmals um mehr als 15 Prozent, in einigen Fällen sogar um mehr als 30 Prozent, vom Durchschnitt abweichen.[608] Den Stimmen von Wahlberechtigten in kleineren Wahlkreisen kommt so naturgemäß größeres Gewicht zu.[609] Dieses Problem ist auch immer dann vorhanden, wenn (verfassungs)gesetzlich nicht festgelegt wird, um viel Prozent sich Wahlkreise maximal voneinander unterscheiden dürfen, was etwa im Wahlbeobachtungsbericht des BDIMR zu den griechischen Parlamentswahlen 2023 kritisiert wurde.[610]

9.2 Krise der Gewaltenteilung: Präsidialisierung

Eine Schwächung des demokratischen Prinzips geht im Regelfall mit Oligarchisierungs- bzw Monokratisierungstendenzen einher und hat insofern auch direkte Auswirkungen auf die verschiedenen Formen der Gewaltenteilung, sei es, dass dadurch ein demokratischer Machtwechsel im Sinne der zeitlichen Gewaltenteilung erschwert wird, sei es, dass es dadurch zu einer Konzentration politischer

gesetze und Verfassungsgerichtsurteile, Zeitschrift für Parlamentsfragen 48 (2017), 838 (851); *van der Meer/Rijpkema*, European Constitutional Law Review 18 (2022), 518 f.

607 *Arslantaş/Arslantaş/Kaiser*, Does the Electoral System Foster a Predominant Party System? Evidence from Turkey, Swiss Political Science Review 26 (2020), 125 (132 ff); *OSZE/BDIMR*, Republic of Turkey Parliamentary Elections 3 November 2002 – OSCE/ODIHR Assessment Report, Warsaw 04.12.2002 <osce.org/files/f/documents/5/6/16346.pdf> (20.03.2025) 14; *van der Meer/Rijpkema*, European Constitutional Law Review 18 (2022), 518, 526 f. Mittlerweile wurde die Prozenzhürde von 10 auf 7 Prozent gesenkt: *OSZE/BDIMR*, Türkiye 8 f.

608 *Venedig-Kommission*, CDL-AD(2002)023rev2-cor, 6; vgl bereits oben Fn 598.

609 *OSZE/BDIMR*, Türkiye 9; *Arslantaş/Arslantaş/Kaiser*, Swiss Political Science Review 26 (2020), 135 ff zeigen, dass in kleinen Wahlkreisen der prozentuelle Unterschied zwischen den erhaltenen Stimmen und den erhaltenen Mandaten besonders groß war und sich insbesondere positiv für die AKP auswirkte.

610 *OSZE/BDIMR*, Greece Early Parliamentary Elections 21 May 2023 – ODIHR Election Assessment Mission Final Report, Warsaw 21.01.2023 <osce.org/files/f/documents/4/0/558300.pdf> (15.03.2025) 6.

Macht bei einer Staatsfunktion zulasten der horizontalen Gewaltenteilung kommt. In „Years and Years“ wird diese Problematik etwa thematisiert, indem gezeigt wird, wie weltweit die Amtszeit von Staatsoberhäuptern immer öfter auf Lebenszeit ausgedehnt wird, ohne dass deren Funktionen auf rein repräsentative Zwecke beschränkt wären. In „The Handmaid's Tale“ sehen wir hingegen eine oligarchische Herrschaftsstruktur, in der einige wenige über die gesamte Staatsgewalt verfügen und dabei keiner unabhängigen Kontrolle unterliegen. Aktuelle Entwicklungen lassen dabei in der Tat den Trend erkennen, dass Verfassungsänderungen oder höchstgerichtliche Entscheidungen in vielen Staaten die Position des Staatspräsidenten bzw der Staatspräsidentin stärken, indem etwa deren Amtszeit entscheidend verlängert, die Beschränkung auf eine bestimmte Zahl der höchstens zulässigen Amtsperioden gelockert bzw aufgehoben oder deren Kompetenzbereich ausgebaut wird.[611] Im Zuge dessen kommt es zu einer Vormachtstellung der Exekutive gegenüber den anderen zwei Gewalten, sodass kein Kräftegleichgewicht mehr zwischen den verschiedenen staatlichen Funktionen herrscht. Im Folgenden wird daher das Phänomen der Präsidialisierung, so wie es in verschiedenen westlichen Verfassungsstaaten zu beobachten ist, näher untersucht und dargestellt, wie dadurch eine Krise der Gewaltenteilung ausgelöst werden kann.

Die Türkei kann als Beispiel eines jener Länder genannt werden, das erst kürzlich sein Regierungssystem geändert hat: Im Zuge der Volksabstimmung vom 16. April 2017 wurde in der türkischen Verfassung ein präsidiales statt dem bisherigen parlamentarischen Regierungssystem verankert.[612] Obwohl das präsidiale Regierungssystem grundsätzlich durch eine strikte Gewaltentrennung charakterisiert werden kann, die in Verbindung mit *checks and balances* eine gleichmäßige Machtverteilung bewirken soll, muss die konkrete Ausgestaltung des türkischen Präsidialsystems gerade im Hinblick auf die Balance der Gewalten kritisch gesehen werden. Dabei zeigt sich, dass die genannte Verfassungsänderung das Amt des Präsidenten bzw der Präsidentin durch weitreichende Ernennungs- und Organisationsrechte sowie Kompetenzen im Bereich der Gesetzgebung und des Budgets gestärkt hat, während Legislative und Judikative im Gegensatz dazu in ihren Rechten deutlich geschwächt wurden. Das Verhältnis zwischen den Staatsgewalten befindet sich dadurch in einem Ungleichgewicht, was sich auch an den unzureichend bzw ungleich ausgestalteten wechselseitigen *checks and balances* zeigt. So kann der Präsident bzw die Präsidentin insbesondere das Parlament auflösen,[613]

---

611 *Bermeo*, Journal of Democracy 27 (2016), 10 f; *Landau*, Populist Constitutions, University of Chicago Law Review 85 (2018) (532); *ders/Dixon*, Designing and Protecting Presidential Term Limits, in Gardner (Hg), Comparative Election Law (2022) 344 (352, 355).

612 *Varol*, Stealth Authoritarianism in Turkey, in Graber/Levinson/Tushnet (Hg), Constitutional Democracy in Crisis? (2018) 339 (353).

613 Art 116 türkische Verfassung.

was für präsidiale Regierungssysteme untypisch[614] ist.[615] Auch die *Venedig-Kommission* hat die Verfassungsänderung von 2017 aufgrund eines zu großen Ungleichgewichts zwischen den Gewalten kritisiert, da sich einerseits die staatliche Macht im Präsidentenamt konzentriere, andererseits aber Kontrollrechte des Parlaments kaum vorhanden seien.[616]

Selbst in Staaten, wo Präsidialsysteme bereits eine lange Tradition haben, können Tendenzen einer weiteren Machtverschiebung zugunsten des Staatsoberhaupts festgestellt werden. So wurde etwa das Präsidentenamt in Venezuela und Ecuador im Zuge der Erlassung neuer Verfassungen mit mehr Kompetenzen ausgestattet, während Kontrollmechanismen, die die rechtliche und politische Verantwortlichkeit der dieses Amt ausübenden Person sicherstellen sollen, geschwächt wurden.[617] Eine Zentralisierung von Macht bei der Exekutive kann jedoch genauso in parlamentarischen Regierungssystemen beobachtet werden, ohne dass sie dabei den Wechsel zu einem präsidialen Regierungssystem vollständig vollziehen. Tendenzen in diese Richtung lassen sich beispielsweise in Ungarn beobachten, wo seit 2011 mehrere Verfassungsänderungen zu einer Konzentration politischer Macht bei der Regierung geführt haben. Neben der rechtlichen Zentralisierung zeigt sich auch eine politische Zentralisierung dadurch, dass die Partei Fidesz seit 2011 fast durchgehend über eine Zweidrittelmehrheit im Parlament verfügt. Sie kann somit nicht nur Gesetzes-, sondern auch Verfassungsänderungen vornehmen, ohne auf die Opposition angewiesen zu sein. Die Rolle des Parlaments im staatlichen

---

614 *Gamper*, Staat 209; *Venedig-Kommission*, Turkey – Opinion on the amendments to the Constitution adopted by the Grand National Assembly on 21 January 2017 and to be submitted to a National Referendum on 16 April 2017, adopted by the Venice Commission at its 110th Plenary Session (Venice, 10–11 March 2017), CDL-AD(2017)005 <https://www.venice.coe.int/webforms/documents/default.aspx?pdffile=CDL-AD(2017)005-e> (12.06.2025), Rz 84.

615 *Esen/Gumuscu*, The Perils of „Turkish Presidentialism“, Review of Middle East Studies 52 (2018), 43 ff; *Landau*, University of Chicago Law Review 85 (2018), 532, 540.

616 *Venedig-Kommission*, CDL-AD(2017)005, Rz 47, 126 f.

617 *Bermeo*, Journal of Democracy 27 (2016), 12; *Brewer-Carías*, The Principle of Separation of Powers and Authoritarian Government in Venezuela, Duquesne Law Review 47 (2009), 813 (818 ff); *de la Torre/Ortiz Lemos*, Populist Polarization and the Slow Death of Democracy in Ecuador, Democratization 23 (2016), 221 (225); *Landau*, UC Davis Law Review 47 (2013), 206 f; *ders*, University of Chicago Law Review 85 (2018), 532, 539 f; *Scheppele*, University of Chicago Law Review 85 (2018), 554 f; *Selçuk*, Strong Presidents and Weak Institutions: Populism in Turkey, Venezuela and Ecuador, Southeast European and Black Sea Studies 16 (2016), 571 (581 f); *Walsh*, The Legal Death of the Latin American Democracy: Bolivarian Populism's Model for Centralizing Power, Eliminating Political Opposition, and Undermining the Rule of Law, Law and Business Review of the Americas 16 (2010), 241 (242 ff).

Machtgefüge wurde somit insgesamt geschwächt, was sich negativ auf die horizontale Gewaltenteilung auswirkt.[618]

Ein Mittel, um übermäßige Machtkonzentration bei einem Organ zu verhindern, sind Amtszeitbeschränkungen.[619] Um verfassungsstaatlichen Standards zu entsprechen, legen viele Verfassungen mit präsidialem oder semi-präsidialem Regierungssystem als zeitliche Form der Gewaltenteilung neben einer Begrenzung der Amtsdauer daher fest, wie oft und in welchem Abstand eine Person erneut für das Präsidentenamt kandidieren darf – sofern eine Wiederkandidatur überhaupt zugelassen ist.[620] Deshalb ist auch naheliegend, dass es zu einer Schwächung der Gewaltenteilung führen kann, wenn Regierungs- bzw Staatsspitzen anstreben, über die vorgesehene Amtsdauer bzw Zahl an Amtsperioden hinaus im Amt zu bleiben – Amtszeitbegrenzungen also abgeschafft oder umgangen werden.[621]

In der Literatur wird in diesem Zusammenhang oft Venezuela als Beispiel erwähnt: Die dortige Verfassung erlaubte ursprünglich die Ausübung maximal zwei aufeinanderfolgender Amtszeiten durch dieselbe Person; diese Beschränkung wurde in Folge eines Referendums, in dem das Volk mehrheitlich dafür stimmte, mit einer Verfassungsänderung im Jahr 2009 jedoch abgeschafft.[622] Dadurch

---

[618] *Bánkuti/Halmai/Scheppele*, Journal of Democracy 23 (2012), 140 ff; *Bugarič*, ICON 17 (2019), 602; *Drinóczi/Bień-Kacala*, German Law Journal 20 (2019), 1148, 1159; *Halmai/Bugarič*, Autocracy 6 f; *Szente*, ICON 2023, 19.

[619] *Ginsburg/Melton/Elkins*, On the Evasion of Executive Term Limits, William & Mary Law Review 52 (2011), 1807 (1818 ff); *Landau/Dixon*, Term Limits 344 ff; *Versteeg* et al, The Law and Politics of Presidential Term Limit Evasion, Columbia Law Review 120 (2020), 173 (184 ff).

[620] *Ginsburg/Melton/Elkins*, William & Mary Law Review 52 (2011), 1813, 1815; *Landau/Dixon*, Term Limits 344; *Landau/Roznai/Dixon*, Term Limits and the Unconstitutional Constitutional Amendment Doctrine, in Baturo/Elgie (Hg), The Politics of Presidential Term Limits (2019) 53. Vgl auch *Venedig-Kommission*, Report on Term-Limits Part I – Presidents, adopted by the Venice Commission at its 114th Plenary Session (Venice, 16–17 March 2018), CDL-AD(2018)010 <https://www.venice.coe.int/webforms/documents/default.aspx?pdffile=CDL-AD(2018)010-e> (12.06.2025), Rz 8 und 90: „Nearly all states which have adopted a presidential or semi-presidential system impose constitutional limitations on the number of (successive) terms of a president in order to preserve a system of constitutional checks and balances."

[621] *Ginsburg/Melton/Elkins*, William & Mary Law Review 52 (2011); *Haggard/Kaufman*, Backsliding 55; *Kouba/Pumr*, The Democratic Cost of Consecutive Re-election and Presidential Term-Limit Evasion in Latin America, Government and Opposition 58 (2023), 360; *Versteeg* et al, Columbia Law Review 120 (2020). Vgl auch *Landau/Dixon*, Term Limits 344: „Incumbents rarely ignore presidential term limits outright, but they commonly attempt to change them by amending their constitutions."

[622] *Ginsburg/Melton/Elkins*, William & Mary Law Review 52 (2011), 1852 f; *Haggard/Kaufman*, Backsliding: Democratic Regress in the Contemporary World – Appendix (2021) 265 f; *Kouba/Pumr*, Government and Opposition 58 (2023), 384; *Landau*, University of Chicago Law Review 85 (2018), 539 f; *Landau/Dixon*, Term Limits 349; *Walsh*, Law and Business Review of the Americas 16 (2010), 250. Vgl auch *Venedig-*

konnte der ehemalige venezolanische Präsident *Chávez* bis zu seinem Tod vier Amtszeiten absolvieren und auch sein Nachfolger *Maduro* wurde im Juli 2024 bereits zum dritten Mal zum Präsidenten Venezuelas gewählt.[623] Ähnliche Phänomene können etwa auch in anderen Staaten Lateinamerikas, wie Bolivien, Honduras, Ecuador oder Peru,[624] beobachtet werden.[625] Beschränkungen der Amtsdauer oder der Zahl möglicher Amtsperioden werden dabei nicht immer gänzlich aufgehoben, sondern mitunter auch auf andere Weise gelockert – zB durch eine Verfassungsänderung, die vorsieht, dass früher geleistete Amtszeiten nicht mehr angerechnet werden,[626] wie dies etwa im Jahr 2020 in Russland geschah.[627]

Kommission, CDL-AD(2018)010, Rz 51 ff sowie Rz 63: „As a conclusion and due to the risks for the balance of powers and even for democracy as such involved in the possibility for the incumbent to be re-elected more than once, the Venice Commission has clearly expressed its critical approach towards constitutional provisions allowing for more than one re-election of the head of state in presidential or semi-presidential systems." *Dies*, Opinion on the Draft Amendments to the Constitution of the Republic of Azerbaijan, adopted by the Venice Commission at its 78th Plenary Session (Venice, 13–14 March 2009), CDL-AD(2009)010 <https://www.venice.coe.int/webforms/documents/default.aspx?pdffile=CDL-AD(2009)010-f> (12.06.2025), Rz 13.

[623] *Schütz*, Venezuelas Maduro laut Behörde Wahlsieger, Opposition widerspricht Ergebnissen, DER STANDARD 29.07.2024 <derstandard.at/story/3000000230235/venezuelas-maduro-laut-wahlbehoerde-sieger-der-praesidentschaftswahl> (29.05.2025).

[624] *Bermeo*, Journal of Democracy 27 (2016), 12; *Ginsburg/Melton/Elkins*, William & Mary Law Review 52 (2011), 1810 ff; *Haggard/Kaufman*, Backsliding 38 f, 136 f; *Hernandez*, An Antidote To Constitutional Authoritarian Populism?, VerfBlog 14.11.2024 <verfassungsblog.de/presidential-reelection-dominican-republic/> (12.06.2025); *Kouba/Pumr*, Government and Opposition 58 (2023); *Landau/Dixon*, Term Limits 355 ff; *Landau/Roznai/Dixon*, Term Limits 53, 57; *Versteeg* et al, Columbia Law Review 120 (2020); *Venedig-Kommission*, CDL-AD(2018)010, 7 ff.

[625] Vgl hingegen die im Oktober 2024 vorgenommene Änderung von Art 268 der dominikanischen Verfassung, mit der die Bestimmung, wonach nur eine einmalige Wiederwahl des Präsidenten bzw der Präsidentin zulässig ist, für unabänderlich erklärt wurde, um eine zukünftige Umgehung dieser Beschränkung zu verhindern: *Hernandez*, Antidote.

[626] Zu den verschiedenen Strategien, Begrenzungen der Amtszeit zu umgehen s *Versteeg* et al, Columbia Law Review 120 (2020).

[627] Vgl den neu eingefügten Art 81 Abs 3a russische Verfassung. *Burkhardt*, Institutionalizing Personalism: The Russian Presidency after Constitutional Changes, Russian Politics 6 (2021), 50; *Hutcheson/McAllister*, Consolidating the Putin Regime: The 2020 Referendum on Russia's Constitutional Amendments, Russian Politics 6 (2021), 355 (360 f); *Partlett*, Russia's 2020 Constitutional Amendments: A Comparative Analysis, Cambridge Yearbook of European Legal Studies 23 (2021), 311 (327 ff). Vgl auch *Venedig-Kommission*, Russian Federation – Interim opinion on constitutional amendments and the procedure for their adoption, adopted by the Venice Commission at its 126th Plenary Session (online, 19–20 March 2021) CDL-AD(2021)005 <https://www.venice.coe.int/webforms/documents/default.aspx?pdffile=CDL-AD(2021)005-e> (12.06.2025), Rz 48 ff und 183.

9.3 Krise der Rechtsstaatlichkeit: Verfassungsgerichtsbarkeit

Rechtsstaatlichkeit setzt sich aus mehreren Komponenten zusammen, die jeweils auf unterschiedliche Art verletzt werden können, weshalb sich eine „Krise der Rechtsstaatlichkeit“ auf vielfältige Weise manifestieren kann. So ist auch in „The Handmaid's Tale“ und „Years and Years“ die Verletzung sowohl formeller als auch materieller Rechtsstaatskriterien erkennbar. In „The Handmaid's Tale“ wird etwa offenbar, wie Gerichte ihre Unabhängigkeit und Unparteilichkeit vollständig verloren haben und nur mehr getreu den Interessen des Regimes agieren, wodurch die Individuen staatlicher Willkür ausgeliefert sind. In „Years and Years“ sind rechtsstaatliche Strukturen (zu Beginn) in weiten Teilen noch vorhanden, dennoch deuten einige Szenen an, welche Rolle Gerichte bei einer Erosion derselben spielen können, indem beispielsweise verfassungswidriges Verhalten der Legislative oder Exekutive von ihnen nicht sanktioniert wird. Unter dem Aspekt der Rechtsstaatlichkeit sollen im Folgenden krisenhafte Konstellationen in Bezug auf die Verfassungsgerichtsbarkeit behandelt werden. Diese stellt insbesondere aufgrund ihrer Kompetenz, Akte der Gesetzgebung oder der Verwaltung – wenngleich oft auf bestimmte Verfahren beschränkt – unabhängig und unparteilich auf ihre Verfassungskonformität zu überprüfen, eine wesentliche Säule des demokratischen Rechtsstaats dar.[628] Eine dahingehende Schwächung des Rechtsstaats kann vom (Verfassungs-)Gesetzgeber, von der Regierung oder auch vom Verfassungsgericht selbst ausgehen.

Grundsätzlich steht es dem (Verfassungs-)Gesetzgeber frei, im Rahmen der jeweiligen Rechtsordnung auch rechtliche Änderungen vorzunehmen, die Verfassungsgerichte betreffen. Aufgrund der zentralen Bedeutung der Verfassungsgerichtsbarkeit für den Rechtsstaat müssen jedoch insbesondere Verfassungs- bzw Gesetzesänderungen, die die Zusammensetzung von Verfassungsgerichten, deren Prüfkompetenzen oder den Bestellungsprozess von Verfassungsrichterinnen und -richtern betreffen, kritisch betrachtet werden.[629] Ein in Bezug auf die Zusammensetzung von Verfassungsgerichten immer wieder auftretendes Phänomen ist das sogenannte *court-packing*, womit prinzipiell eine Vergrößerung der Richterzahl an einem (Verfassungs-)Gericht bezeichnet wird.[630] Eine solche Änderung – sollte sie auch verfassungsrechtlich zulässig sein – kann im Hinblick auf die Rechtsstaat-

---

[628] Vgl oben 2.4.5. *Landau/Dixon*, UC Davis Law Review 53 (2020), 1320 f; *Varol*, Iowa Law Review 100 (2015), 1687 f.

[629] *Grabenwarter*, Resilience; *Lachmayer*, Courts 40 ff; *Varol*, Iowa Law Review 100 (2015), 1687 f.

[630] *Kosař/Šipulová*, How to Fight Court-Packing?, Constitutional Studies 6 (2020), 133 (134). Vgl aber auch *dies*, Comparative Court-Packing, ICON 21 (2023), 80 (81 ff), die darüber hinaus ein Element der Irregularität fordern bzw *Garcia Holgado/Sánchez Urribarri*, Court-Packing and Democratic Decay: A Necessary Relationship?, Global

lichkeit insbesondere dann problematisch sein, wenn der Anschein entsteht,[631] dass diese Maßnahme ergriffen wurde, um gezielt Personen mit einer bestimmten politischen oder ideologischen Ausrichtung in das Gericht zu berufen.[632] Von entscheidender Bedeutung ist in diesem Zusammenhang der Bestellungsprozess der Verfassungsrichterinnen und -richter: Ist dieser etwa nicht auf verfassungsrechtlicher Ebene geregelt, werden keine hohen Qualifikationserfordernisse für die zu bestellenden Personen festgelegt oder fehlen entsprechende Inkompatibilitätsregelungen, wächst die Gefahr, dass durch *court-packing* die Unabhängigkeit und Unparteilichkeit des Verfassungsgerichts beeinträchtigt werden.[633]

Vor diesem Hintergrund ist etwa die Erweiterung des venezolanischen *Supreme Court* von 20 auf 32 Mitglieder im Jahr 2004 zu sehen.[634] In Venezuela war die Richterbestellung dabei in den Händen der Nationalversammlung, die zu diesem Zeitpunkt von der Regierung unter Präsident *Hugo Chávez* dominiert wurde, wodurch die Unabhängigkeit der neu bestellten Richterinnen und Richter zumindest in Frage gestellt wurde.[635] Als vergleichbares Beispiel in Europa lässt sich unter anderem die Türkei anführen, wo das Verfassungsgericht im Jahr 2010 um sechs Mitglieder vergrößert wurde. Die Ernennung der zusätzlichen Richterinnen und

---

Constitutionalism 12 (2023), 350 (353), die eine bestimmte politische Motivation für die Qualifikation als *court-packing* verlangen.

[631] Im Einklang mit der Rechtsprechung des EGMR ist etwa das Recht auf ein faires Verfahren (Art 6 EMRK) bereits verletzt, wenn der Anschein besteht, dass die Anforderungen an die Unabhängigkeit und Unparteilichkeit eines Gerichts nicht gewahrt sind: EGMR, 22.02.1996, *Bulut/Österreich*, Nr 17358/90; EGMR, 24.05.1989, *Hauschildt/Dänemark*, Nr 10486/83. Vgl dazu auch *Berka/Binder/Kneihs*, Grundrechte 813.

[632] *Braver*, Court-Packing: An American Tradition?, Boston College Law Review 61 (2020), 2747 (2749 f); *Garcia Holgado/Sánchez Urribarri*, Global Constitutionalism 12 (2023), 352 ff; *Kosař/Šipulová*, ICON 21 (2023), 104; *Sánchez Urribarri*, Populism, Constitutional Democracy, and High Courts – Lessons from the Venezuelan Case, in Krygier/Czarnota/Sadurski (Hg), Anti-Constitutional Populism (2022) 185 (194 f).

[633] *Brinks/Blass*, The DNA of Constitutional Justice in Latin America (2018) 23 ff; *Gamper*, ZöR 76 (2021), 334 ff; *dies*, Verfassungsgerichtsbarkeit 39 f; *Garcia Holgado/Sánchez Urribarri*, Global Constitutionalism 12 (2023), 354; *Landau/Dixon*, UC Davis Law Review 53 (2020), 1376 f. Vgl auch *Venedig-Kommission*, The Composition of Constitutional Courts, Science and Technique of Democracy 20 (December 1997), CDL-STD (1997)020 <https://www.venice.coe.int/webforms/documents/default.aspx?pdffile=CDL-STD(1997)020-f> (12.06.2025), 21 f.

[634] *Brewer-Carías*, Duquesne Law Review 47 (2009), 829 f; *Corrales*, The Authoritarian Resurgence: Autocratic Legalism in Venezuela, Journal of Democracy 26 (2015), 37 (43 f); *Garcia Holgado/Sánchez Urribarri*, Global Constitutionalism 12 (2023), 370; *Haggard/Kaufman*, Backsliding 63; *Kosař/Šipulová*, ICON 21 (2023), 92; *Landau/Dixon*, UC Davis Law Review 53 (2020), 1364; *Sánchez Urribarri*, Courts between Democracy and Hybrid Authoritarianism: Evidence from the Venezuelan Supreme Court, Law & Social Inquiry 36 (2011), 854 (871 ff); *Walsh*, Law and Business Review of the Americas 16 (2010), 249.

[635] *Sánchez Urribarri*, Populism 206.

Richter oblag dem Präsidenten und dem Parlament, wobei beide Institutionen stark von der regierenden Partei AKP geprägt waren.[636] Der ungarische Verfassungsgerichtshof wurde 2012 ebenfalls vergrößert und besteht seitdem nicht mehr aus elf, sondern aus 15 Richterinnen und Richtern.[637] Zugleich wurde der Modus für die Bestellung von Verfassungsrichterinnen und -richtern geändert, sodass im Ergebnis die Partei Fidesz unter *Viktor Orbán* allein über die Ernennung der zusätzlichen Richter entscheiden konnte, was die politische Neutralität des Gerichts ebenfalls zumindest dem äußeren Anschein nach beeinträchtigte.[638]

Eine Senkung des verpflichtenden Pensionsantrittsalters von Richterinnen und Richtern als eine Variante des *court-packing*, bei der Nachbesetzungen verfrüht ermöglicht werden, konnte ebenfalls in Ungarn, aber etwa auch in Polen beobachtet werden,[639] worin der EuGH jeweils eine EU-Vertragsverletzung erkannte.[640]

[636] *Kosař/Šipulová*, ICON 21 (2023), 93; *Varol*, Authoritarianism 348 f; *Varol/Dalla Pellegrina/Garoupa*, An Empirical Analysis of Judicial Transformation in Turkey, The American Journal of Comparative Law 65 (2017), 187 (197 f).

[637] *Kosař/Šipulová*, ICON 21 (2023), 93; *Lachmayer*, Courts 45; *Landau/Dixon*, UC Davis Law Review 53 (2020), 1340; *Sólyom*, The Rise and Decline of Constitutional Culture in Hungary, in von Bogdandy/Sonnevend (Hg), Constitutional Crisis in the European Constitutional Area (2015) 14 (22); *Uitz*, Can You Tell When an Illiberal Democracy Is in the Making? An Appeal to Comparative Constitutional Scholarship from Hungary, ICON 13 (2015), 279 (292).

[638] *Bánkuti/Halmai/Scheppele*, Journal of Democracy 23 (2012), 139; *Kovács/Tóth*, Hungary's Constitutional Transformation, European Constitutional Law Review 7 (2011), 183 (193); *Landau/Dixon*, UC Davis Law Review 53 (2020), 1344. Vgl auch *Europäisches Parlament*, Entschließung des Europäischen Parlaments vom 3. Juli 2013 zu der Lage der Grundrechte: Standards und Praktiken in Ungarn (gemäß der Entschließung des Europäischen Parlaments vom 16. Februar 2012) (2012/2130(INI)) <https://eur-lex.europa.eu/legal-content/DE/ALL/?uri=CELEX%3A52013IP0315> (12.06.2025), Rz 14; *Venedig-Kommission*, Opinion on Act CLI of 2011 on the Constitutional Court of Hungary, adopted by the Venice Commission at its 91st Plenary Session (Venice, 15–16 June 2012), CDL-AD(2012)009 <https://www.venice.coe.int/webforms/documents/default.aspx?pdffile=CDL-AD(2012)009-e> (12.06.2025), Rz 8.

[639] *Gyulavari/Hos*, Retirement of Hungarian Judges, Age Discrimination and Judicial Independence: A Tale of Two Courts, Industrial Law Journal 42 (2013), 289; *Koncewicz*, Farewell to the Separation of Powers: On the Judicial Purge and the Capture in the Heart of Europe, VerfBlog 19.07.2017 <https://verfassungsblog.de/farewell-to-the-separation-of-powers-on-the-judicial-purge-and-the-capture-in-the-heart-of-europe/> (06.06.2025); *Kosař/Šipulová*, ICON 21 (2023), 96 f; *Landau/Dixon*, UC Davis Law Review 53 (2020), 1340; *Śledzińska-Simon*, The Rise and Fall of Judicial Self-Government in Poland: On Judicial Reform Reversing Democratic Transition, German Law Journal 19 (2018), 1839 (1840).

[640] EuGH, 06.11.2012, C-286/12, *Kommission/Ungarn*, ECLI:EU:C:2012:687 (Verletzung von Art 2 und 6 der Richtlinie des Rates 2000/78/EG vom 27. November 2000 zur Festlegung eines allgemeinen Rahmens für die Verwirklichung der Gleichbehandlung in Beschäftigung und Beruf [ABl EG Nr L 303 S 16]); EuGH, 24.06.2019, C-619/18, *Kommission/Polen*, ECLI:EU:C:2019:531 (Verletzung von Art 19 Abs 1 Unterabs 2 EUV).

Daneben schildert die Literatur noch zahlreiche andere Ausformungen des *court-packing*:[641] So wurde beispielsweise 2015 in Polen die Anzahl der Mitglieder des Verfassungsgerichts nicht verändert, sondern das neu gewählte Parlament erkannte die am Ende der vorigen Legislaturperiode vorgenommenen Bestellungen mehrerer Richterinnen und Richtern nicht an und ernannte stattdessen neue.[642] In eine ähnliche Richtung geht ein Vorschlag der seit Dezember 2023 amtierenden polnischen Regierung aus dem Jahr 2024: Mittels einer Verfassungsänderung sollen die Vorgänge von 2015 gewissermaßen rückgängig gemacht werden, indem man alle Richterposten des Verfassungsgerichts neu besetzt. Auch wenn dieser Vorschlag von der polnischen Regierung mit der Wiederherstellung der Rechtsstaatlichkeit begründet wurde, äußerte sich die *Venedig-Kommission* hierzu kritisch: Eine vollständige Neubesetzung würde den Grundsatz der Unversetzbarkeit und Unabsetzbarkeit von Richterinnen und Richtern verletzen und damit ihre Unabhängigkeit schwächen, insbesondere, da 12 der 15 Richterposten ordnungsgemäß besetzt wurden.[643]

Sowohl zu Ungarn als auch zu Polen hat sich außerdem die *Venedig-Kommission* kritisch geäußert: *Venedig-Kommission*, Opinion on the new Constitution of Hungary, adopted by the Venice Commission at its 87th Plenary Session (Venice, 17–18 June 2011), CDL-AD (2011)016 <https://www.venice.coe.int/webforms/documents/default.aspx?pdffile=CDL-AD(2011)016-e> (12.06.2025), Rz 108; *dies*, Opinion on the Draft Act amending the Act on the National Council of the Judiciary, on the Draft Act amending the Act on the Supreme Court, proposed by the President of Poland, and on the Act on the Organisation of Ordinary Courts, adopted by the Venice Commission at its 113th Plenary Session (Venice, 8–9 December 2017), CDL-AD(2017)031, Rz 44 ff.

641 Für einen Überblick, welche Maßnahmen bei einer weiten Definition zu *court-packing* gezählt werden können s *Kosař/Šipulová*, ICON 21 (2023), 89 f; vgl auch *Landau/Dixon*, UC Davis Law Review 53 (2020), 1339 ff.

642 Von *Sadurski* als „dynamic court-packing" bezeichnet: *Sadurski*, How Democracy Dies (in Poland): A Case Study of Anti-Constitutional Populist Backsliding, Sydney Law School Research Paper No. 18/01 17.01.2018 <ssrn.com/abstract=3103491> (12.06.2025) 18 ff; *ders*, Hague Journal on the Rule of Law 11 (2019), 65 ff. *Bugarič/Ginsburg*, The Assault on Postcommunist Courts, Journal of Democracy 27 (2016), 69 (73); *Kosař/Šipulová*, ICON 21 (2023), 94, 103; *Lachmayer*, Courts 45; *Landau/Dixon*, UC Davis Law Review 53 (2020), 1341; *Sadurski*, Constitutional Crisis in Poland, in Graber/Levinson/Tushnet (Hg), Constitutional Democracy in Crisis? (2018) 257 (260 f). *Venedig-Kommission*, Opinion on amendments to the Act of 25 June 2015 on the Constitutional Tribunal of Poland, adopted by the Venice Commission at its 106th Plenary Session (Venice, 11–12 March 2016), CDL-AD(2016)001 <https://www.venice.coe.int/webforms/documents/default. aspx?pdffile=CDL-AD(2016)001-e> (12.06.2025), Rz 13 ff; *dies*, Opinion on the Act on the Constitutional Tribunal, adopted by the Venice Commission at its 108th Plenary Session, (Venice, 14–15 October 2016) CDL-AD(2016)026, Abschnitt IV.

643 *Venedig-Kommission*, Poland – Opinion on the draft constitutional amendments concerning the Constitutional Tribunal and two laws on the Constitutional Tribunal, adopted by the Venice Commission at its 141st Plenary Session (Venice, 6–7 December

Neben Veränderungen in der Zusammensetzung können Verfassungsgerichte auch durch Einschränkungen ihrer Kompetenzen in ihrer Funktionsfähigkeit beeinträchtigt werden.[644] In Ungarn wurde dem Verfassungsgericht etwa untersagt, Gesetze, die den Staatshaushalt betreffen, zu überprüfen, solange die Staatsverschuldung die Hälfte des Bruttoinlandsprodukts übersteige.[645] Des Weiteren wurde festgelegt, dass die Überprüfung der Verfassung und deren Änderungen lediglich in formaler, nicht jedoch in inhaltlicher Hinsicht zulässig ist.[646] Die *Venedig-Kommission* des Europarats warnte in einer Stellungnahme bereits vor den Risiken, die diese Einschränkungen für die Rechtsstaatlichkeit und die Gewaltenteilung darstellen, da sie das System der *checks and balances* erheblich schwächen.[647] Eine indirekte Einschränkung der Prüfungskompetenz des Verfassungsgerichtshofs erfolgte zudem durch die Praxis des ungarischen Parlaments, einfachgesetzliche Bestimmungen, die vom Gerichtshof zuvor als verfassungswidrig aufgehoben worden waren, erneut im Verfassungsrang zu beschließen.[648] In einem solchen Fall steht das demokratische Mandat des Gesetzgebers der rechtsstaatlichen Normprüfungskompetenz des Verfassungsgerichts gegenüber. In Ungarn überwog hierbei ersteres, da das dortige Verfassungsrecht nicht mehrschichtig ist, wie zB das österreichische, wo Verfassungsbestimmungen immer noch am Gesamtänderungsmaßstab geprüft werden können.[649] Ein gehäuftes Auftreten solcher Fälle ist jedoch dennoch kritisch zu betrachten, da es die Rolle der Verfassungsgerichte als Hüter der Verfassung erheblich untergräbt.[650]

2024), CDL-AD(2024)035 <https://www.venice.coe.int/webforms/documents/default.aspx?pdffile=CDL-AD(2024)035-e> (12.06.2025), Rz 31. Vgl dazu noch unter 12.2.6.

644 „Court-curbing“: *Landau/Dixon*, UC Davis Law Review 53 (2020), 1339 ff.

645 Art 37 Abs 4 ungarisches Grundgesetz. *Bánkuti/Halmai/Scheppele*, Journal of Democracy 23 (2012), 139 f; *Chronowski/Varju*, Hague Journal on the Rule of Law 8 (2016), 280; *Jakab/Sonnevend*, Kontinuität mit Mängeln: Das neue ungarische Grundgesetz, ZaöRV 72 (2012), 79 (98 f); *Kovács/Tóth*, European Constitutional Law Review 7 (2011), 194 f; *Landau/Dixon*, UC Davis Law Review 53 (2020), 1343 f; *Venedig-Kommission*, CDL-AD(2011)016, 25 f; *dies*, CDL-AD(2012)009, 10. Vgl auch den mit der vierten Verfassungsänderung eingeführten Art 37 Abs 5 und die diesbezüglichen Bedenken der *Venedig-Kommission*, CDL-AD(2013)012, 26.

646 Art 24 Abs 5 ungarisches Grundgesetz. *Chronowski* et al, Hungary: Constitutional (R)evolution or Regression?, in Albi/Bardutzky (Hg), National Constitutions in European and Global Governance: Democracy, Rights, the Rule of Law (2019) 1439 (1442); *Chronowski/Varju*, Hague Journal on the Rule of Law 8 (2016), 281 f; *Halmai/Bugarič*, Autocracy 14; *Venedig-Kommission*, CDL-AD(2013)012, 23 ff.

647 *Venedig-Kommission*, CDL-AD(2013)012, 20.

648 Vor allem im Rahmen der vierten Verfassungsänderung des ungarischen Grundgesetzes: *Chronowski/Varju*, Hague Journal on the Rule of Law 8 (2016), 282; *Halmai*, Coup 247; *Halmai/Bugarič*, Autocracy 14.

649 Vgl die Judikatur des österreichischen VfGH zur schleichenden Gesamtänderung: VfSlg 11.756/1988; 11.829/1988; 11.927/1988; 15.887/2000. S auch *Venedig-Kommission*, CDL-AD(2013)012, Rz 85.

650 *Venedig-Kommission*, CDL-AD(2013)012, 19 f.

Neben Verfassungs- bzw Gesetzesänderungen können auch Akte der Regierung die Funktionsfähigkeit von Verfassungsgerichten beeinträchtigen, etwa indem deren Entscheidungen nicht veröffentlicht werden, wodurch diese oftmals keine rechtliche Wirkung erlangen und darüber hinaus die Autorität des Verfassungsgerichts untergraben wird.[651] Hierbei kann wiederum Polen als Beispiel herangezogen werden, wo die Arbeit des Verfassungsgerichts seit 2015 auf verschiedene Weise behindert wurde. Dazu zählt die Festlegung einer Sperrfrist hinsichtlich der Prüfung neu verabschiedeter Gesetze, die Normierung hoher Mehrheitserfordernisse für das Zustandekommen von Urteilen sowie die wiederholte Nichtveröffentlichung von Entscheidungen.[652] Letzteres stufte die *Venedig-Kommission* als „fundamental challenge to the court's authority and independence as the final arbiter on constitutional issues"[653] ein. Auch unter der neuen polnischen Regierung, die seit Dezember 2023 im Amt ist, wurden allerdings Urteile des Verfassungsgerichts nicht veröffentlicht.[654] Dieser Schritt erfolgte zwar im Zusammenhang mit weiteren Bemühungen, die Rechtsstaatlichkeit in Polen wiederherzustellen;[655] die *Venedig-Kommission* wies jedoch abermals daraufhin, dass alle Entscheidungen des Verfassungsgerichts in Einklang mit den geltenden (verfassungs-)rechtlichen Bestimmungen kundzumachen seien. Da Entscheidungen des Verfassungsgerichts nach der polnischen Verfassung erst ab dem Zeitpunkt ihrer Veröffentlichung Wirkung entfalten,[656] könnte die Regierung andernfalls deren Wirksamwerden beeinflussen, was sowohl der Unabhängigkeit des Verfassungsgerichts als auch der Rechtsstaatlichkeit insgesamt widersprechen würde.[657]

Nicht nur der Gesetzgeber oder die Regierung können auf rechtsstaatlich schädliche Weise in die Verfassungsgerichtsbarkeit eingreifen, auch Verfassungsgerichte selbst können zu einer Aushöhlung rechtsstaatlicher Standards beitragen. Als Folge der eben beschriebenen Eingriffe in die Verfassungsgerichtsbarkeit kann es etwa zu Formen des *abusive judicial review*[658] kommen, in deren Rahmen ein Verfassungsgericht seine Kompetenzen nicht mehr unabhängig, sondern missbräuch-

---

[651] *Gamper*, ZöR 76 (2021), 340; *Landau/Dixon*, UC Davis Law Review 53 (2020), 1341 ff. Vgl etwa auch *Venedig-Kommission*, CDL-AD(2016)001, Rz 143.

[652] *Drinóczi/Bień-Kacała*, German Law Journal 20 (2019), 1156; *Landau/Dixon*, UC Davis Law Review 53 (2020), 1344 f; *Sadurski*, Constitutional Crisis 262; *ders*, Hague Journal on the Rule of Law 11 (2019), 71 ff.

[653] *Venedig-Kommission*, CDL-AD(2016)026, Rz 77; *dies*, CDL-AD(2016)001, Rz 143.

[654] *Venedig-Kommission*, CDL-AD(2024)035, Rz 14.

[655] *Izdebski*, The Winding Road To The Mountaintop: A Year Of Restoring The Rule Of Law In Poland, VerfBlog 18.12.2024 <verfassungsblog.de/the-winding-road-to-the-mountaintop/> (26.05.2025). Vgl auch bereits oben Fn 643.

[656] Vgl Art 190 Abs 3 polnische Verfassung.

[657] *Venedig-Kommission*, CDL-AD(2024)035, Rz 64. *Szwed*, One Year After Wałęsa v. Poland: Challenges in Implementing ECtHR Rule of Law Judgments, VerfBlog 20.12.2024 <verfassungsblog.de/one-year-after-walesa-v-poland/> (26.05.2025).

[658] *Landau/Dixon*, UC Davis Law Review 53 (2020).

lich zugunsten der anderen Staatsgewalten ausübt.[659] Dieser Vorwurf richtete sich unter anderem gegen das polnische Verfassungsgericht, das seit 2015 wiederholt Gesetze im Zusammenhang mit der Organisation der ordentlichen und der Verfassungsgerichtsbarkeit als verfassungskonform bewertete, obwohl diese von der rechtswissenschaftlichen Literatur und anderen polnischen Gerichten teils deutlich als verfassungswidrig kritisiert wurden.[660] Auch dem ungarischen Verfassungsgericht wird vorgeworfen, seine Kompetenzen nicht mehr unabhängig auszuüben: Dies zeige sich in seiner auffälligen Zurückhaltung, Rechtsakte als verfassungswidrig zu erklären, und in einer Auslegung der Verfassung, die in vielen Fällen der Regierungspartei zugute komme.[661] Schließlich deuten auch zahlreiche Entscheidungen des obersten venezolanischen Gerichts, die Maßnahmen zum Machtausbau der Regierung bestätigten, auf dessen fehlende Unabhängigkeit hin.[662] Besondere Aufmerksamkeit erregten dabei jene Entscheidungen, die die Abschaffung der Begrenzung auf zwei aufeinanderfolgende Amtszeiten derselben Person im Präsidentschaftsamt als verfassungskonform erklärten.[663]

---

[659] *Gamper*, An „Instrument of Government" or „Instrument of Courts"? The Impact of Political Systems on Constitutional Interpretation and the Case of Populism, in Gárdos-Orosz/Szente (Hg), Populist Challenges to Constitutional Interpretation in Europe and Beyond (2021) 43 (55 f); *Landau/Dixon*, UC Davis Law Review 53 (2020), 1334 ff.

[660] Vgl etwa das Urteil des polnischen Obersten Gerichtshofs vom 5. Dezember 2019 III PO 7/18. *Landau/Dixon*, UC Davis Law Review 53 (2020), 1348 ff; *Radziewicz*, Judicial Change to the Law-in-Action of Constitutional Review of Statutes in Poland, Utrecht Law Review 18 (2022), 29 (35 ff); *Sadurski*, Constitutional Crisis 263 ff; *ders*, Democracy 11 ff, 31 f; *ders*, Hague Journal on the Rule of Law 11 (2019), 78.

[661] So bot etwa die Rechtsprechung zur Verfassungsidentität Ungarns der ungarischen Regierung eine Argumentationsgrundlage für ihre Weigerung, Asylsuchende auf Verlangen der EU aufzunehmen: Entscheidung des ungarischen Verfassungsgerichts 22/2016 (XII 5) AB. *Chronowski/Varju*, Hague Journal on the Rule of Law 8 (2016), 284 ff; *Drinóczi*, Hungarian Constitutional Court: The Limits of EU Law in the Hungarian Legal System, ICL Journal 11 (2017), 139 (148); *Drinóczi/Bień-Kacała*, German Law Journal 20 (2019), 1146, 1153 ff; *Halmai*, The Hungarian Constitutional Court and Constitutional Identity, VerfBlog 10.01.2017 <verfassungsblog.de/the-hungarian-constitutional-court-and-constitutional-identity/> (12.06.2025); *ders*, Coping Strategies of the Hungarian Constitutional Court since 2010, VerfBlog 27.09.2022 <verfassungsblog.de/coping-strategies-of-the-hungarian-constitutional-court-since-2010/> (23.04.2025); *Scheppele/Kochenov/Grabowska-Moroz*, EU Values Are Law, after All: Enforcing EU Values through Systemic Infringement Actions by the European Commission and the Member States of the European Union, Yearbook of European Law 39 (2021), 3 (85 bei Fn 429); *Vincze*, Die Interpretationsregeln des ungarischen Grundgesetzes: zwischen Konvention, Tradition und Voluntarismus, ZaöRV 80 (2020), 973 (987).

[662] *Corrales*, Journal of Democracy 26 (2015), 43 f; *Landau/Dixon*, UC Davis Law Review 53 (2020), 1346 f; *Sánchez Urribarri*, Law & Social Inquiry 36 (2011), 873 ff.

[663] Oberster Gerichtshof von Venezuela, 1974/04 und 1610/08. *Landau*, Presidential Term Limits in Latin America: A Critical Analysis of the Migration of the Unconstitutional Constitutional Amendment Doctrine, The Law & Ethics of Human Rights 12 (2018),

Hierbei tritt eine tieferliegende Problematik zutage: Unabhängig von den politischen Vorzeichen kann eine Überschreitung der Grenzen zulässiger Verfassungsauslegung durch Verfassungsgerichte nicht nur negative Auswirkungen auf Demokratie und Gewaltenteilung,[664] sondern auch auf den Rechtsstaat haben: Immer wieder wird in den gegenwärtig zu beobachtenden Angriffen auf Verfassungsgerichte eine Reaktion auf einen übermäßigen gerichtlichen Aktivismus gesehen.[665] Ein Beispiel hierfür ist Ungarn, wo das Verfassungsgericht nach 1989 eine zentrale Rolle in der zügigen Transformation hin zu einem demokratischen Rechtsstaat spielte, ohne dass sich notwendigerweise in gleichem Maße ein Wandel innerhalb der Bevölkerung vollzog.[666] Der Vorwurf, ihre jeweiligen Kompetenzen durch eine zu weite Auslegung zu überschreiten, trifft mitunter auch die europäischen Höchstgerichte, so etwa zuletzt den EGMR im Fall *KlimaSeniorinnen*:[667] Während das Urteil von manchen als wegweisend für den Grundrechtsschutz in Zusammenhang mit der Klimakrise gelobt wird,[668] verweisen andere auf die damit verbundene Einschränkung anderer Grundrechte sowie auf die Spannungen, die durch eine unbeschränkte evolutive Auslegung zu Demokratie und Gewaltenteilung entstehen.[669]

225 (236); *Landau/Dixon*, UC Davis Law Review 53 (2020), 1355 f; *dies*, Term Limits 356.

664 Vgl oben bei 3.4.2.3.

665 *Gamper*, Instrument 59 f; *Halmai*, Coup 251 f; *Jakab*, Resilience Rz 24; *Loughlin*, The Rule of Law: A Slogan in Search of a Concept, Hague Journal on the Rule of Law 16 (2024), 509 (518 ff).

666 *Arato*, Post-Sovereign Constitution-Making in Hungary: After Success, Partial Failure, Now What?, South African Journal on Human Rights 26 (2010), 19 (30 f); *Chronowski/Varju*, Hague Journal on the Rule of Law 8 (2016), 273 ff; *Halmai*, Coup 244 f; *Loughlin*, Constitutional Interpretation: What Can Europeans Learn from US Debates?, in Gárdos-Orosz/Szente (Hg), Populist Challenges to Constitutional Interpretation in Europe and Beyond (2021) 274 (287 ff).

667 EGMR, 09.04.2024 [GK], *Verein KlimaSeniorinnen Schweiz ua/Schweiz*, Nr 53600/20.

668 *Blattner*, Warum das KlimaSeniorinnen-Urteil nicht undemokratisch ist, VerfBlog 25.06.2024 <https://verfassungsblog.de/egmr-klimaseniorinnen-gewaltenteilung/> (28.05.2025); *Hollaus*, Das Urteil des EGMR im Fall KlimaSeniorinnen und seine Implikationen für den europäischen Grundrechtsschutz, JBl 146 (2024), 485 (503); *Rundel*, Klimakrise vor Gericht: (In-)Flexibilität des EGMR bei Klimaklagen, NR 2024, 256; *Weber*, KlimaSeniorinnen: Changing Legal Opportunity Structures in the Face of the Climate Crisis, ALJ 2024, 101.

669 *Gamper*, EGMR: Evolution oder Revolution?, AJP/PJA 2025, 109; *Piska/Winkler*, Klimaschutzjudikatur des EGMR – Rechtsfortbildung am Limit, ecolex 2024, 1066; *Wegener*, Menschenrecht auf Klimaschutz als „lebensrettende Behandlung“?, VerfBlog 18.04.2024 <https://verfassungsblog.de/menschenrecht-auf-klimaschutz-als-lebensrettende-behandlung/> (28.05.2025).

9.4 Krise der Grundrechte

Wie in Teil I dargelegt, besteht der liberale Kerngehalt des westlichen Verfassungsstaates im individuellen Grundrechtsschutz. Insbesondere die Meinungsfreiheit – die sich bei einem weiten Verständnis ebenso auf die Medien-, Wissenschafts- und Kunstfreiheit erstreckt – und die Versammlungs- bzw Vereinsfreiheit sind dabei Voraussetzung für das Funktionieren eines demokratischen Rechtsstaats, weil sie wesentliche Elemente der politischen Partizipation, der öffentlichen Kontrolle und der pluralistischen Willensbildung sichern.[670] Gerade diese subjektiven Rechte sind in den letzten Jahren allerdings auch in liberalen Demokratien immer öfter von unverhältnismäßigen Einschränkungen betroffen.[671] So ist im „Democracy Report 2024“ des *V-Dem Institute* etwa zu lesen, dass sich weltweit der Schutz der Meinungsfreiheit 2023 in 35 Staaten rechtlich oder faktisch verschlechtert habe, während es 2013 nur elf Staaten waren.[672]

Blickt man zum Vergleich auf die untersuchten Dystopien, finden sich sowohl in „The Handmaid's Tale“ als auch in „Years and Years“ viele Beispiele negativer grundrechtlicher Entwicklungen, die fragen lassen, ob auch in der realen Welt bereits Tendenzen in diese Richtung zu erkennen sind. Meinungs-, Medien-, Wissenschafts- und Kunstfreiheit sind im totalitären System von „The Handmaid's Tale“ etwa nicht mehr existent. Stattdessen durchdringt die staatlich vorgegebene Ideologie alle Lebensbereiche, Andersdenkende werden verfolgt und Bücher mit nicht genehmen Inhalten werden verbrannt. Das Unterbinden des freien Austausches von Meinungen soll das Aufkeimen von Widerstand verhindern, ebenso wie das Versammlungsverbot, das schon ab einer Zusammenkunft von mehr als zwei Personen greift. Die in „Years and Years“ dargestellten Staaten entfernen sich im Gegensatz dazu erst langsam von den Standards des westlichen Verfassungsstaates, weswegen die Grundrechtsverletzungen subtiler ausfallen. So wird etwa die Medienfreiheit durch rechtliche und faktische Vorgänge zunehmend ausgehöhlt, während technologische Entwicklungen ganz allgemein zunehmend grundrechtlich problematische Situationen erzeugen. Vor diesem Hintergrund werden

---

[670] *Berka/Binder/Kneihs*, Grundrechte 727 f; *Bezemek*, Die Unabhängigkeit der Medien vom Staat, in Berka/Grabenwarter/Holoubek (Hg), Unabhängigkeit der Medien (2011) 23 ff; *Gamper*, Staat 144; *Haggard/Kaufman*, Backsliding 7; *Huq/Ginsburg*, UCLA Law Review 65 (2018), 96 ff, 132 ff; *Landau*, UC Davis Law Review 47 (2013), 199 f; *Mayer/Kucsko-Stadlmayer/Stöger*, Grundriss des österreichischen Bundesverfassungsrechts[11] (2015) Rz 1466; *Prisching*, Die Unabhängigkeit der Medien in der Spätmoderne, in Berka/Grabenwarter/Holoubek (Hg), Unabhängigkeit der Medien (2011) 1 (5 f).

[671] Vgl etwa *Nord* et al, Democracy Report 2024 28; *Papada* et al, Democracy Report 2023 14 ff; *Freedom House*, Freedom in the World 2023: Marking 50 Years in the Struggle for Democracy <freedomhouse.org/sites/default/files/2023-03/FIW_World_2023_Digtal PDF.pdf> (13.05.2025) 13 ff.

[672] *Nord* et al, Democracy Report 2024 15 f; vgl die ähnlichen Ergebnisse in *Papada* et al, Democracy Report 2023 14 ff.

im Folgenden Verletzungen der Medienfreiheit, insbesondere der Pressefreiheit, und der Versammlungs- und Vereinsfreiheit näher beleuchtet. Dabei wird anhand ausgewählter Beispiele aufgezeigt, in welchen Staaten, deren Formalverfassungen noch den Prinzipien des westlichen Verfassungsstaats entsprechen, diese Grundrechte zuletzt vermehrt nicht ausreichend gewährleistet waren.

In demokratischen Gesellschaften erfüllen die Massenmedien einen wichtigen Zweck als „public watchdogs".[673] Die Rahmenbedingungen, die für Journalistinnen und Journalisten herrschen, sind daher ein wichtiger Gradmesser für die Beurteilung des Zustands der Medienfreiheit als Teilaspekt der Meinungsfreiheit in einem Land. Ein Bericht des Europarats zur Pressefreiheit aus dem Jahr 2024 thematisiert in diesem Zusammenhang mehrere Problembereiche von wirtschaftlichen Sanktionen bis hin zu physischer Gewalt.[674] Diese Formen von Einschränkungen der Medienfreiheit verfügen typischerweise über eine hohe abschreckende Wirkung, die auch zu einer präventiven Selbstzensur führen kann.[675]

Da Grundrechtseingriffe stets eine gesetzliche Grundlage brauchen und diese bei den meisten Grundrechtsverletzungen auch vorhanden sind,[676] kann als erstes auf Länder hingewiesen werden, in denen Gesetzesänderungen die Arbeit von Medienschaffenden zunehmend erschweren. So kritisierte die *Venedig-Kommission* etwa das ungarische Gesetz Nr CIV von 2010 über die Pressefreiheit und die Grundregeln für Medieninhalte sowie das Gesetz Nr CLXXXV von 2010 über Mediendienstleistungen und Massenmedien stark, da sie gewisse Äußerungen ohne sachliche Rechtfertigung schlichtweg verbieten und für Verstöße unverhältnismäßig schwere Sanktionen durch eine nicht ausreichend unabhängige Behörde vorsehen würden.[677] Im oben erwähnten Bericht zur Pressefreiheit hob der Europarat außerdem die Gefahr von zu unbestimmten gesetzlichen Bestimmungen hervor, die es ermöglichen würden, die freie Meinungsäußerung willkürlich einzuschränken, und führte in diesem Zusammenhang Gesetze bzw Gesetzesvorhaben in Kroatien, im Vereinigten Königreich und der Türkei als Beispiele an.[678]

[673] *Berka/Binder/Kneihs*, Grundrechte 669; vgl auch VfSlg 20.590/2022; 20.446/2021; EGMR, 23.09.1994, *Jersild/Dänemark*, Nr 15890/89; EGMR, 08.11.2016 [GK], *Magyar Helsinki Bizottság/Ungarn*, Nr 18030/11.

[674] *Europarat*, Press Freedom in Europe: Time to Turn the Tide. Annual Assessment of Press Freedom in Europe by the Partner Organisations of the Safety of Journalists Platform <rm.coe.int/annual-report-2024-platform-for-the-safety-of-journalists-web-pdf/1680aeb373> (12.06.2025) 12 ff; *Oster*, Media Freedom as a Fundamental Right (2015) 104 mit zahlreichen Judikaturbeispielen internationaler Gerichtshöfe.

[675] *Europarat*, Press Freedom 20; *Clark/Grech*, Journalists under Pressure (2017) 23; *McGonagle*, Freedom of Expression and Defamation (2016) 24 f.

[676] *Sajó*, Ruling by Cheating: Governance in Illiberal Democracy (2021) 227.

[677] *Venedig-Kommission*, CDL-AD(2015)015, 6 ff, 10 f, 18 ff. *Halmai*, Coup 248, 255; *ders/Bugarič*, Autocracy 8.

[678] *Europarat*, Press Freedom 19, 57 ff.

Immer wieder sind zudem Fälle von Grundrechtskollisionen zu beobachten, in denen die Medienfreiheit zugunsten des Schutzes anderer Grundrechte bzw anderer öffentlicher Interessen verletzt wird. Besonders häufig geschieht dies unter Bezugnahme auf die Aufrechterhaltung der öffentlichen Ordnung und Sicherheit: So berichtete der Europarat etwa von zahlreichen Verhaftungen türkischer Journalistinnen und Journalisten wegen Terrorverdachts, der sich in den meisten Fällen jedoch im Nachhinein als haltlos herausstellte.[679] Aber beispielsweise auch in Finnland oder Frankreich waren 2023 Fälle zu verzeichnen, wo sich Journalistinnen und Journalisten behördlicher und gerichtlicher Verfolgung wegen des Vorwurfs der Preisgabe von Informationen betreffend die nationale Sicherheit ausgesetzt sahen, was etwa im Hinblick auf den Schutz journalistischer Quellen[680] kritisiert wurde.[681] Unter diesem Gesichtspunkt sind auch staatliche Überwachungsmaßnahmen kritisch zu sehen: So wurde berichtet, dass Journalistinnen und Journalisten unter anderem in Frankreich, Griechenland, Spanien, Türkei und Ungarn mithilfe der Pegasus-Software überwacht wurden.[682] Solche Verletzungen der Medienfreiheit – also Eingriffe, die auch über allfällige zulässige zivil- und strafrechtlichen Beschränkungen hinausgehen – sind, wie oben angedeutet, über den individuellen Grundrechtsschutz hinaus bedenklich: Insbesondere können sie Journalistinnen und Journalisten davon abhalten, weiterhin staatliche Missstände aufzudecken bzw darüber zu informieren.[683]

Für die Medienfreiheit ebenfalls problematisch sind Verleumdungsgesetze, die so formuliert sind bzw so angewendet werden, dass sie sachliche Kritik, insbesondere an in der Öffentlichkeit stehenden Personen, im Grunde nicht mehr zulassen

679 *Ders*, Press Freedom 14, 18, 46, 48; *Cengiz*, Theoretical Framework to Interfere Free Speech and Turkish Constitutional Law Practice, Law and Justice Review 2023, 59.

680 *Department for the Execution of Judgments of the European Court of Human Rights*, Freedom of Expression: Thematic Factsheet April 2021 <rm.coe.int/thematic-factsheet-freedom-expression-eng/1680a235d0> (14.11.2024) 7 ff; *EGMR*, Protection of journalistic sources – Factsheet Jänner 2024 <echr.coe.int/documents/d/echr/FS_Journalistic_sources_ENG> (14.05.2025).

681 *Europarat*, Press Freedom 14 f; *Reporters without Borders*, The conviction of Finnish journalists for revealing state secrets sets a dangerous precedent for press freedom internationally, 27.01.2023 <rsf.org/en/conviction-finnish-journalists-revealing-state-secrets-sets-dangerous-precedent-press-freedom> (14.05.2025); *dies*, RSF demands overhaul of France's law on confidentiality of journalists' sources, 21.09.2023 <rsf.org/en/rsf-demands-overhaul-frances-law-confidentiality-journalists-sources> (14.05.2025).

682 *Europarat*, Press Freedom 15, 70 ff; *Di Salvo*, Dealing with the Black Box: European Journalists and the Threats of Spyware, Digital Journalism 2024, 1; *Freedom House*, Freedom in the World 2023 15; *Kaldani/Prokopets*, Pegasus Spyware and its Implications on Human Rights, Information Society Department DGI(2022)04, Council of Europe 2022 <rm.coe.int/pegasus-spyware-report-en/1680a6f5d8> (21.05.2025).

683 *Baumbach*, Chilling Effect as a European Court of Human Rights' Concept in Media Law Cases, BJCLCJ 6 (2018), 92 (99 f); *Ó Fathaigh*, Article 10 and the Chilling Effect (2019) 94 ff.

und Verstöße gegen diese Gesetze mit hohen Strafen sanktionieren.[684] Der EGMR befasste sich bereits mehrfach mit dieser Thematik, wobei jeweils die Frage im Zentrum stand, ob die verhängten Strafen in einer demokratischen Gesellschaft notwendig und verhältnismäßig waren.[685] So wurden unter anderem die Türkei,[686] Polen[687] und Irland[688] vom EGMR wegen Verletzung des Rechts auf freie Meinungsäußerung gem Art 10 EMRK verurteilt. Der Gerichtshof betonte dabei stets die abschreckende Wirkung,[689] die mit solchen Verurteilungen einhergehe, weswegen in diesen Fällen Verletzungen von Art 10 EMRK wiederum nicht nur den betroffenen Individuen schaden, sondern gesamtgesellschaftliche Auswirkungen haben würden.[690]

Von Beschränkungen der Meinungs- und Medienfreiheit können selbstverständlich nicht nur Journalistinnen und Journalisten betroffen sein: Insbesondere beim Kampf gegen Desinformation besteht die Gefahr, dass gesetzliche Regelungen die Meinungsfreiheit der Betroffenen im Ergebnis stärker einschränken, als sie diese zu schützen vermögen.[691] Als Beispiel sei hier nur der unionsrechtliche *Digital*

---

684 *Culloty/Suiter*, Media Control and Post-Truth Communication, in Sajó/Uitz/Holmes (Hg), Routledge Handbook of Illiberalism (2021) 365 (374 f).

685 Vgl etwa EGMR, 08.07.1986, *Lingens/Österreich*, Nr 9815/82. Für einen ausführlichen Überblick über die EGMR-Rechtsprechung s *Ó Fathaigh*, Article 10 151 ff.

686 EGMR, 04.03.2014, *Dilipak und Karakaya/Türkei*, Nr 7942/05 und 24838/05; vgl auch *Akdeniz/Altiparmak*, Silencing Effect on Dissent and Freedom of Expression in Turkey, in Andreotti (Hg), Journalism at Risk (2015) 145; *Varol*, Authoritarianism 342 ff. Zur ähnlichen Auswirkung auf die Meinungsfreiheit von Bestimmungen, die die Beleididung des Staatsoberhaupts unter Strafe stellen, s *Kurtul*, *Lèse-majestè* and Journalism in Turkey and Europe, in Grøndahl Larsen/Fadnes/Krøvel (Hg), Journalist Safety and Self-Censorship (2020) 65.

687 EGMR, 04.07.2017, *Kącki/Polen*, Nr 10947/11; EGMR, 21.06.2011, *Kania und Kittel/Polen*, Nr 35105/04.

688 EGMR, 15.06.2017, *Independent Newspapers (Ireland) Limited/Irland*, Nr 28199/15; vgl auch *Ó Fathaigh*, Article 10 201 ff.

689 „Chilling effect".

690 Vgl etwa EGMR, 17.12.2004 [GK], *Cumpănă und Mazăre/Rumänien*, Nr 33348/96; EGMR, 24.04.2007, *Lombardo ua/Malta*, Nr 7333/06. *Baumbach*, BJCLCJ 6 (2018), 112 f; *Ó Fathaigh*, Article 10 151 ff; vgl ebenso *Townend*, Freedom of Expression and the Chilling Effect, in Tumber/Waisbord (Hg), The Routledge Companion to Media and Human Rights (2017) 73 (74 f).

691 *Gärner*, Bekämpfung von Fake News, in Grabenwarter/Holoubek/Leitl-Staudinger (Hg), Regulierung von Kommunikationsplattformen (2022) 89 (107 ff); *Kaschka*, Die Risikominderungspflicht nach Art 35 DSA im Lichte der Kommunikationsfreiheit von Nutzern, in Berger et al (Hg), Recht innovativ – Das öffentliche Recht im (digitalen) Wandel (2025) 3; *Kraul*, Einführung, in ders (Hg), Das neue Recht der digitalen Dienste (2023) 29 (32); *Peukert*, Desinformationsregulierung in der EU – Überblick und offene Fragen, JuristenZeitung 78 (2023), 278 (286). Vgl auch *Europäische Kommission*, Gemeinsame Mitteilung an das Europäische Parlament, den Europäischen Rat, den Rat, den Europäischen Wirtschafts- und Sozialausschuss und den Ausschuss der Regionen

Services Act[692] genannt, der Online-Plattformen dazu verpflichtet, Maßnahmen gegen auf ihnen veröffentlichte Inhalte, von denen sogenannte systemische Risiken – wie etwa Desinformation –[693] ausgehen, zu ergreifen. Gerade im Fall von Desinformation dürfte es sich aber schwierig gestalten, diese treffsicher von zulässigen Formen der Meinungsäußerung zu unterscheiden.[694] Um Sanktionen für die Nichteinhaltung ihrer Risikominderungspflicht zu vermeiden, dürften Online-Plattformen zudem vor allem in Zweifelsfällen zu umfassenden Inhaltsbeschränkungen tendieren, was insgesamt zu unverhältnismäßigen Eingriffen in die Meinungsfreiheit der Nutzerinnen und Nutzer der Online-Plattformen führen kann.[695]

Neben der Meinungsfreiheit wird auch die Versammlungs- und Vereinsfreiheit in westlichen Verfassungsstaaten zunehmend eingeschränkt. Unter anderem davon betroffen sind zivilgesellschaftliche Organisationen, die für den demokratischen Rechtsstaat vor allem durch ihren Beitrag „zur Entwicklung und Realisierung der Demokratie und der Menschenrechte, insbesondere durch die Förderung des öffentlichen Bewusstseins, der Teilnahme am öffentlichen Leben und der Sicherung der Transparenz und Rechenschaftspflicht der staatlichen Stellen“[696] von Bedeutung sind.[697] Mit der Vereinsfreiheit nur schwer in Einklang zu bringen sind des-

---

Bekämpfung von Desinformation im Zusammenhang mit COVID-19 – Fakten statt Fiktion, JOIN(2020) 8 final, 10.06.2020 <https://eur-lex.europa.eu/legal-content/DE/ALL/?uri=CELEX:52020JC0008> (12.06.2025), 12 ff; *dies*, Mitteilung der Kommission an das Europäische Parlament, den Rat, den Europäischen Wirtschafts- und Sozialausschuss und den Ausschuss der Regionen: Europäischer Aktionsplan für Demokratie, COM/2020/790 final, 03.12.2020 <https://eur-lex.europa.eu/legal-content/DE/ALL/?uri=COM:2020:790:FIN> (12.06.2025), 14.

692 Verordnung (EU) 2022/2065 des Europäischen Parlaments und des Rates vom 19. Oktober 2022 über einen Binnenmarkt für digitale Dienste und zur Änderung der Richtlinie 2000/31/EG (Gesetz über digitale Dienste), ABl L 2022/277, 1.

693 Vgl etwa die Erwägungsgründe 83 f und 104 *Digital Services Act*.

694 *Kaschka*, Risikominderungspflicht 3 ff; *Peukert*, Zu Risiken und Nebenwirkungen des Gesetzes über digitale Dienste (Digital Services Act), KritV 105 (2022), 57 (74 ff); *ders*, JuristenZeitung 78 (2023), 280.

695 Zur Gefahr des „Overblocking“ vgl *Achleitner*, Der Digital Services Act als risikobasierte Regulierung. Zu den Auswirkungen des risikobasierten Ansatzes des DSA auf Desinformation und den Grundrechtsschutz, MR-Int 2022, 114 (120); *Peukert*, KritV 105 (2022), 63 ff. Zu dieser Thematik im Detail s *Kaschka*, Risikominderungspflicht 3 ff mwN.

696 *Ministerkomitee des Europarats*, Empfehlung des Ministerkomitees an die Mitgliedstaaten über den rechtlichen Status von Nichtregierungsorganisationen in Europa, durch das Ministerkomitee angenommen am 10. Oktober 2007, anlässlich der 1006. Sitzung der Delegierten der Minister, CM/Rec(2007)14 <https://rm.coe.int/09000016804ba08f> (12.06.2025), 5.

697 Vgl auch EGMR, 17.02.2024 [GK], *Gorzelik ua/Polen*, Nr 44158/98, Rz 88 zur Bedeutung der Vereinsfreiheit für die Demokratie: „Indeed, the state of democracy in the country concerned can be gauged by the way in which this freedom is secured under national legislation and in which the authorities apply it in practice (ibid.). In its case-

halb etwa gesetzliche Regelungen, die die Registrierung von solchen Organisationen mit hohen Kosten oder hohem Aufwand verknüpfen, ihnen überschießende Berichtspflichten auferlegen oder ihren Zugang zu finanziellen Mitteln stark einschränken. Oftmals sind diese Regelungen zudem nicht ausreichend determiniert, was deren willkürliche Anwendung ermöglicht.[698]

Ein in mehreren Staaten zu beobachtender Eingriff in die Vereinsfreiheit von NGOs ist das Verbot oder die strenge Reglementierung von Geldspenden aus dem Ausland.[699] Während es Staaten unbenommen ist, NGOs auch restriktiven Regelungen zu unterwerfen, solange sie legitimen öffentlichen Interessen dienen und verhältnismäßig sind,[700] sind solche gesetzlichen Vorgaben aus dem Blickwinkel des Grundrechtsschutzes kritisch zu beurteilen, die über diese völkerrechtlich anerkannten Eingriffsschranken hinausgehen.[701] In diesem Zusammenhang wurde etwa ein im Jahr 2017 verabschiedetes ungarisches Gesetz,[702] das strenge Auflagen für aus dem Ausland finanzierte NGOs festlegte, im Rahmen eines Vertragsverletzungsverfahrens wegen diskriminierender und ungerechtfertigter Beschränkungen der Kapitalverkehrsfreiheit, des Rechts auf Achtung des Privat- und Familienlebens, des Rechts auf Schutz personenbezogener Daten und des Rechts auf Vereinigungsfreiheit als EU-rechtswidrig[703] erklärt und nach Androhung eines

law, the Court has on numerous occasions affirmed the direct relationship between democracy, pluralism and the freedom of association and has established the principle that only convincing and compelling reasons can justify restrictions on that freedom."

[698] *Buyse*, Squeezing Civic Space: Restrictions on Civil Society Organizations and the Linkages With Human Rights, The International Journal of Human Rights 22 (2018), 966 (970 f); *Chaudhry*, The Assault on Civil Society: Explaining State Crackdown on NGOs, International Organization 76 (2022), 549 (553 ff); *Jenkins*, Nongovernmental Organizations and the Forces Against Them: Lessons of the Anti-NGO Movement, Brooklyn Journal of International Law 37 (2012), 459 (494 ff).

[699] *Buyse*, The International Journal of Human Rights 22 (2018), 971; *Chaudhry*, International Organization 76 (2022), 550 f; *Nägele*, Non-Governmental Organizations as Foreign Agents – Foreign Funding of NGOs in Domestic and International Law (2024) 209 ff, 229 ff.

[700] Vgl Art 11 Abs 2 EMRK, Art 22 Abs 2 ICCPR.

[701] *Buyse*, The International Journal of Human Rights 22 (2018), 980 ff; *Chaudhry*, International Organization 76 (2022), 555; vgl auch *Ministerkomitee des Europarats*, CM/Rec(2007)14; *Venedig-Kommission*, Report on Funding of Associations, adopted by the Venice Commission at its 118th Plenary Session (Venice, 15–16 March 2019), CDL-AD(2019)002 <https://www.venice.coe.int/webforms/documents/default.aspx?pdffile=CDL-AD(2019)002-e> (12.06.2025); *dies/OSZE/BDIMR*, Joint Guidelines on Freedom of Association, adopted by the Venice Commission at its 101st Plenary Session (Venice, 12–13 December 2014), CDL-AD(2014)046 <https://www.venice.coe.int/webforms/documents/default.aspx?pdffile=CDL-AD(2014)046-e> (12.06.2025). S auch EGMR, 14.06.2022, *Ecodefence ua/Russland*, Nr 9988/13 ua, Rz 139, 165.

[702] Gesetz Nr LXXVI von 2017 über die Transparenz von aus dem Ausland unterstützten Organisationen.

[703] EuGH, 18.06.2020, C-78/18, *Kommission/Ungarn*, ECLI:EU:C:2020:476.

neuerlichen Vertragsverletzungsverfahrens schließlich aufgehoben.[704] Bereits zuvor hatte die *Venedig-Kommission* des Europarats eine Stellungnahme zu diesem Gesetz veröffentlicht, in der eine Verletzung der Vereinsfreiheit unter anderem wegen der Verwendung von zu unbestimmten Begriffen festgestellt wurde.[705] Wegen Unbestimmtheit sah der EGMR Art 11 EMRK auch in einer richtungsweisenden Entscheidung im Juni 2022 verletzt: Die im russischen Gesetz über ausländische Agenten enthaltenen Begriffe „political activity“ und „foreign funding“ würden das Gesetz unvorhersehbar machen, wodurch NGOs abgeschreckt würden, jegliche Form von ausländischen Finanzierungen anzunehmen. Darüber hinaus seien die Schaffung des Status „ausländischer Agenten“ für NGOs und die gegenständlichen Beschränkungen von ausländischen Geldspenden in einer demokratischen Gesellschaft nicht erforderlich.[706]

9.5 Prinzipienübergreifendes Krisenphänomen: Staatsnotstand

Zu guter Letzt soll noch auf ein Phänomen eingegangen werden, das eng mit dem Krisenbegriff zusammenhängt und gleich für alle Elemente des westlichen Verfassungsstaates eine Bedrohung darstellen kann: der Staatsnotstand.[707] So definiert *Kaiser* den Ausnahmezustand auch als Summe der Regelungen, die „Relativierungen im Bereich der Freiheitsrechte und Verschiebungen bei der Gewaltenteilung“ beinhalten.[708] Blickt man auf die untersuchten Dystopien, sieht man, wie in „The Handmaid's Tale“ der Regimewechsel in Folge der Suspendierung der Verfassung aufgrund eines Terrorangriffs auf den Kongress gelingt, oder wie in „Years and Years“ von Krisen betroffene Staaten das Kriegsrecht ausrufen. In

---

[704] *CIVICUS Monitor*, EU court finds that NGO foreign funding law violates EU law, independent media under threat – Civic Space Developments in Hungary, 02.07.2020 <monitor.civicus.org/explore/eu-court-finds-ngo-foreign-funding-law-violates-eu-law-independent-media-under-threat/> (10.06.2025); *Drinóczi/Bień-Kacała*, German Law Journal 20 (2019), 1157 f; *Hien*, Ungarns Regierung geht weiter gegen NGOs vor, ZOiS Spotlight 24/2021 23.06.2021 <zois-berlin.de/publikationen/ungarns-regierung-geht-weiter-gegen-ngos-vor> (10.06.2025).

[705] *Venedig-Kommission*, Hungary – Opinion on the Draft Law on the Transparency of Organisations receiving support from abroad, adopted by the Venic-Commission at its 111th Plenary Session (Venice, 16–17 June 2017), CDL-AD(2017)015 <https://www.venice.coe.int/webforms/documents/default.aspx?pdffile=CDL-AD(2017)015-e> (12.06.2025). *Buyse*, The International Journal of Human Rights 22 (2018), 978 f.

[706] EGMR, 14.06.2022, *Ecodefence ua/Russland*, Nr 9988/13 ua. *Kriener*, Ecodefence v Russia, EJIL:Talk! 21.06.2022 <ejiltalk.org/ecodefence-v-russia-the-ecthrs-stance-on-foreign-funding-of-civil-society/> (22.05.2025); *Nägele*, Non-Governmental Organizations 250 ff.

[707] *Gamper*, Staat 71; *dies*, Verfassung 13; *Gross*, Exception 605; *ders*, Yale Law Journal 112 (2003), 1027 ff; *Klebelsberg*, Staatsnotstand 138.

[708] *Kaiser*, Ausnahmeverfassungsrecht 52.

Ausnahmesituationen, in denen schnelles Handeln gefragt ist, wird der parlamentarische Gesetzgebungsprozess oft als zu langwierig und unflexibel empfunden, weshalb Notstandsbestimmungen Spitzenexekutivorgane für solche Fälle üblicherweise mit umfassenden Verordnungsrechten ausstatten.[709] Aus demokratischer Sicht kritisch zu betrachten ist dies deswegen, weil damit das Parlament als Vertretung des Volkes umgangen wird und möglicherweise auch direktdemokratische Instrumente ausgesetzt werden. Hinzu kommen Bedenken in Bezug auf die horizontale Gewaltenteilung, weil das Kräfteverhältnis zwischen Legislative, Judikative und Exekutive zugunsten Letzterer aus dem Gleichgewicht gebracht wird;[710] negativ kann sich der Staatsnotstand allerdings auch auf die vertikale Gewaltenteilung auswirken.[711] Der Staatsnotstand berührt darüber hinaus das rechtsstaatliche Prinzip: Durch die erweiterten Befugnisse der Exekutive zur Erlassung von Verordnungen wird das Prinzip der Vorherrschaft des Gesetzes ausgesetzt, während parlamentarische und gerichtliche Kontrollmechanismen aus Effizienzgründen nur abgeschwächt zur Anwendung kommen.[712] Notstandsregeln befähigen den Staat zudem oftmals, Grundrechte über das normalerweise zulässige Ausmaß hinaus einzuschränken.[713] Die Verhängung des Staatsnotstands bedeutet – auch wenn sachlich gerechtfertigt – also in jedem Fall eine Relativierung der verfassungsstaatlichen Werte und birgt somit Potential für die Auslösung einer Krise des westlichen Verfassungsstaates, wenn adäquate verfassungsrechtliche Reglementierungen fehlen oder diese missachtet werden.[714]

Damit ein einmal ausgerufener Staatsnotstand trotzdem noch den Standards des westlichen Verfassungsstaats genügt, müssen mehrere Voraussetzungen erfüllt sein: Zum einen dürfen Notstandsregelungen nur in für den Staat existentiellen

---

709 *Gamper*, Verfassung 13; *Greene*, Permanent States of Emergency and the Rule of Law (2018) 20 f; *Gross*, Yale Law Journal 112 (2003), 1029; *Lührmann/Rooney*, Autocratization by Decree: States of Emergency and Democratic Decline, Comparative Politics 53 (2021), 617 (619 f); *Posner/Vermeule*, The Executive Unbound (2011) 8.

710 *Gamper*, Staat 71; *Guérin-Bargues*, The French Case or the Hidden Dangers of a Long-Term State of Emergency, in Auriel/Beaud/Wellman (Hg), The Rule of Crisis (2018) 213 (217); *Klebelsberg*, Staatsnotstand 110; *Lührmann/Rooney*, Comparative Politics 53 (2021), 623; *Ní Aoláin/Gross*, Law 8; *Ramraj/Guruswamy*, Emergency Powers, in Tushnet/Fleiner/Saunders (Hg), Routledge Handbook of Constitutional Law (2013) 85 (90, 95).

711 *Gamper*, Staat 71; *Gross*, Yale Law Journal 112 (2003), 1029; *Klebelsberg*, Staatsnotstand 112 ff.

712 *Fatovic*, Emergencies and the Rule of Law, Oxford Research Encyclopedia of Politics 23.05.2019 <oxfordre.com/politics/view/10.1093/acrefore/9780190228637.001.0001/acrefore-9780190228637-e-93> (29.05.2025); *Greene*, States 21; *Gross*, Yale Law Journal 112 (2003), 1030; *Zwitter*, The Rule of Law in Times of Crisis: A Legal Theory on the State of Emergency in the Liberal Democracy, ARSP 98 (2012), 95 (108).

713 *Gamper*, Staat 71; *Greene*, States 19 ff; *Gross*, Exception 605; *ders*, Yale Law Journal 112 (2003), 1029 f; *Klebelsberg*, Staatsnotstand 115 ff.

714 *Ders*, Staatsnotstand 138 f.

Krisen bzw Bedrohungslagen angewendet werden.[715] Zum anderen sollte der Notstand befristet, die einem Organ eingeräumten außerordentlichen Befugnisse beschränkbar bzw kontrollierbar sein und ein grundrechtlicher Mindeststandard aufrechterhalten bleiben.[716] Insbesondere Verfassungs- bzw Höchstgerichte sollten als unabhängige Kontrollinstanz die Kompetenz besitzen, die Rechtmäßigkeit der ergriffenen Notstandsmaßnahmen zu überprüfen.[717] Generell muss die Inkraftsetzung des Ausnahmezustandes Verhältnismäßigkeitsgesichtspunkten genügen, das heißt, sie muss einem öffentlichen Interesse dienen, zur Krisenbekämpfung geeignet, unbedingt erforderlich und in einer Gesamtabwägung im Hinblick auf die eingeschränkten verfassungsstaatlichen Werte angemessen sein.[718] In diesem Zusammenhang ist zu unterscheiden: Einerseits kann die Verfassung selbst keine hinreichenden Verhältnismäßigkeitskriterien für den Staatsnotstand normieren, auch nicht, was dessen Beginn und Ende betrifft. In einem solchen Fall genügt die verfassungsrechtliche Grundlage des Notstands nicht den Prinzipien der Demokratie, der Gewaltenteilung, der Rechtsstaatlichkeit sowie der Grundrechte des westlichen Verfassungsstaates. Andererseits könnte die Verfassung alle notwendigen Kriterien enthalten, um die Verhängung bzw Aufrechterhaltung des Staatsnotstands mit verfassungsstaatlichen Standards in Einklang zu bringen. Werden diese in der Praxis jedoch nicht eingehalten, stellt dies einerseits eine Verfassungswidrigkeit, andererseits eine Verletzung der verfassungsstaatlichen Werte dar.

Als besonders problematisch stellen sich dabei jene Szenarien heraus, in denen die notstandsbedingten Abweichungen von den Prinzipien des westlichen Verfassungsstaates nicht nur temporär sind – sei es aufgrund einer mangelnden Befristung bzw des Fehlens von klaren Regeln über das Ende des Notstands, sei es, weil sich die Vollziehung nicht an diesbezügliche Regeln hält.[719] Genau der Umstand, dass nach einer gewissen Zeit wieder vollumfänglich zum westlichen Verfassungsstaat zurückgekehrt werden kann, macht das Notstandsregime nämlich erst akzeptabel.[720] Wird der Notstand jedoch auf unbestimmte Zeit ausgerufen bzw kontinuierlich verlängert, stellt er keine Ausnahme mehr dar, sondern wird zur Normalität.[721] In Verfassungsordnungen, die eine Verhältnismäßigkeitsprüfung

---

[715] *Gamper*, Staat 72; *Gross*, Exception 585 f.

[716] *Gamper*, Staat 72; *dies*, Verfassung 13; *Gross*, Exception 586.

[717] *Gamper*, Verfassung 18; *Klebelsberg*, Staatsnotstand 126 ff.

[718] *Gamper*, Staat 72; *Greene*, States 19 f, 208 f; *Klebelsberg*, Staatsnotstand 138; *Ramraj/Guruswamy*, Emergency 92 f.

[719] *Klebelsberg*, Staatsnotstand 102 f.

[720] *Gross*, Yale Law Journal 112 (2003), 1036; *ders*, Exception 586; *Zwitter*, ARSP 98 (2012), 99.

[721] Das damit verknüpfte Problem wird in der Literatur als „Normalisierung" des Ausnahmezustandes bzw als permanenter Staatsnotstand bezeichnet. *Göztepe*, The Permanency of the State of Emergency in Turkey, Zeitschrift für Politikwissenschaft 28 (2018), 521 (532 f); *Greene*, States 34 ff; *Gross*, Exception 586 ff; *ders*, Emergency's Challenges, in Albert/Roznai (Hg), Constitutionalism Under Extreme Conditions (2020) 427 (429 f);

für die Aufrechterhaltung des Staatsnotstands vorsehen, steigen mit der Dauer des Staatsnotstands auch die Anforderungen an seine Rechtfertigung: Während erweiterte Befugnisse der Exekutive oder ein reduzierter Grundrechtsschutz zur Bekämpfung des krisenhaften Ereignisses anfangs als notwendig erscheinen mögen, kann sich die Erforderlichkeit dieser Maßnahmen nach einer gewissen Zeit ändern, etwa weil die Krise erfolgreich bewältigt wurde. Auch die Verhältnismäßigkeit im engeren Sinn kann nach einer gewissen Zeit wegfallen, da Eingriffe umso schwerer wiegen, je länger sie andauern und sich somit das Ergebnis der Güterabwägung verschieben kann. Am schwersten wiegen naturgemäß solche Fälle, in denen der Grund für die Verhängung des Notstands tatsächlich weggefallen ist, der Staatsnotstand aber dennoch aufrechterhalten wird. Sobald es keine Rechtfertigung mehr für den Staatsnotstand gibt, besteht die Gefahr, dass die verfassungsstaatlichen Prinzipien dauerhaft ausgehöhlt werden, weshalb in solchen Fällen von einer Krise des westlichen Verfassungsstaates gesprochen werden kann.[722] Insofern wird dem Staatsnotstand auch immer wieder ein transformativer Charakter[723] attestiert: Anstatt nach einer gewissen Zeit zum ursprünglichen Zustand zurückzukehren, ist er in der Praxis häufig Anlass für langfristige Verfassungs- und Gesetzesänderungen, die ein System hervorbringen, das den Grundwerten des westlichen Verfassungsstaats weniger entspricht als jenes vor der Ausrufung des Notstands.[724]

Im Zusammenhang mit der Problematik des permanenten Staatsnotstands wird oft Israel als Beispiel angeführt: Bereits 1948 wurde dort der Notstand ausgerufen und seither kontinuierlich verlängert.[725] 2016 wurde mit einem neuen Anti-Terror-

Gross, Yale Law Journal 112 (2003), 1069 ff; *Kaiser*, Ausnahmeverfassungsrecht 33 f; *Lurie*, Introduction 18; *Lührmann/Rooney*, Comparative Politics 53 (2021), 620; *Ní Aoláin/Gross*, Law 228 ff; *Turkut*, On 9/11 and Three Natures of a Permanent State of Emergency, VerfBlog 09.05.2022 <verfassungsblog.de/os7-three-natures/> (26.03.2025); *Vauchez*, Taming the Exception? Lessons from the Routinization of States of Emergency in France, ICON 20 (2022), 1793 (1807).

[722] *Gamper*, Staat 72; *Greene*, States 62; *Gross*, Exception 605; *ders*, Emergency 429 f; *Lührmann/Rooney*, Comparative Politics 53 (2021), 620; *Lurie*, Introduction 18.

[723] *Gross*, Exception 605; *Greene*, States 209 ff; *Guérin-Bargues*, Case 216; *Turkut*, Natures.

[724] *Gross*, Exception 600 ff; *Guérin-Bargues*, Case 227; *Pfersmann*, Der Zwischenzustand in Frankreich oder die Banalisierung des verfassungsrechtlichen Zustandspluralismus, in Müller (Hg), Krise der liberalen Demokratie? (2019) 191 (207); *Salzberger*, Counter-Terrorism Law and the Rule of Law Under Extreme Conditions: Theoretical Insights and Israeli Law and Jurisprudence, in Müller (Hg), Krise der liberalen Demokratie? (2019) 163 (188). Vgl auch *Vauchez*, ICON 20 (2022), 1819: „[B]ecause […] they are, conversely, presented as rule-of-law compatible, contemporary SOEs deserve to be included in the vast array of those ‚abusive' forces that threaten the ideal of liberal constitutionalism from the inside."

[725] *Greene*, States 47 f; *Gross*, Yale Law Journal 112 (2003), 1073 f; *Mizock*, The Legality of the Fifty-Two Year State of Emergency in Israel, UC Davis Journal of International

Gesetz jedoch prinzipiell die Grundlage dafür geschaffen, den permanenten Staatsnotstand langfristig zu beenden. Viele Notstandsbestimmungen wurden dabei in den normalen Gesetzesbestand aufgenommen.[726] Dieser auch in anderen Staaten zu beobachtende Vorgang wurde in einem Bericht der von 2017 bis 2023 amtierenden UN-Sonderberichterstatterin zu Menschenrechten bei der Bekämpfung von Terrorismus *Nì Aolàin* als „deceptive legal approach" kritisiert, bei dem das Notstandsregime aufrechterhalten bleibe, ohne dieses als solches zu bezeichnen.[727] Auch wenn es Israel bislang gelungen ist, Demokratie und Rechtsstaat im Sinne des westlichen Verfassungsstaates aufrecht zu erhalten,[728] wird das dortige Notstandsregime in der Literatur kritisch gesehen: So kämen dort regelmäßig Bestimmungen zur Anwendung, die in anderen liberalen Demokratien nur in Ausnahmesituationen rechtfertigbar seien, und die ständige Verfügbarkeit der Notstandsmaßnahmen führe dazu, dass auf diese oftmals vorschnell auch in Situationen zurückgegriffen werde, in denen diese gar nicht notwendig wären.[729]

Ungarn ist ebenso einer jener Staaten, dessen Handhabung des Staatsnotstands im Hinblick auf die Standards des westlichen Verfassungsstaates kritisch zu sehen ist: Dort wurde 2020 der Notstand ursprünglich aufgrund der Covid-19-Pandemie ausgerufen. Im Rahmen einer Verfassungsänderung im Mai 2022 wurden die Gründe, weswegen der Ausnahmezustand verhängt werden kann, um den Tatbestand eines bewaffneten Konflikts, Krieges oder einer humanitären Katastrophe in einem Nachbarland erweitert.[730] Alle weiteren Verlängerungen des Staatsnotstandes stützen sich vor dem Hintergrund des Russland-Ukraine-Kriegs seitdem auf diesen Grund; auch aktuell ist der Notstand noch in Kraft.[731] Gem Art 51

Law and Policy 7 (2001), 223; *Navot*, Emergency as a State of Mind – The Case of Israel, in Auriel/Beaud/Wellman (Hg), The Rule of Crisis (2018) 185 (188); *Navot/Lurie*, „When in doubt, detain!": Administrative Detentions and Emergency as a Permanent State of Mind in Israel, VerfBlog 10.05.2022 <verfassungsblog.de/os7-detain/> (16.05. 2025).

[726] Von *dies*, Detentions als „Permanent Emergency Legislation" klassifiziert, die nicht von der Ausrufung des Notstandes abhängig ist; vgl auch *Navot*, Emergency 198, 210 f; *Salzberger*, Counter-Terrorism.

[727] *Ní Aoláin*, Report of the Special Rapporteur on the Promotion and Protection of Human Rights and Fundamental Freedoms while Countering Terrorism on the human rights challenge of states of emergency in the context of countering terrorism (A/HRC/37/52), Genf 01.03.2018 <digitallibrary.un.org/record/1652155?v=pdf> (23.05.2025) Rz 30. Zur „normalization of the exception" vor allem im Zusammenhang mit Anti-Terrorismusgesetzgebung und die sich dadurch ergebenden Herausforderungen für den Grundrechtsschutz s ibidem Rz 16, 27, 61.

[728] *Navot*, Emergency 186, 197 f; *Salzberger*, Counter-Terrorism 164.

[729] *Navot*, Emergency 205 ff; *dies/Lurie*, Detentions; *Salzberger*, Counter-Terrorism 181, 188.

[730] Art 51 Abs 3 ungarisches Grundgesetz.

[731] Vgl die zehnte Verfassungsänderung des ungarischen Grundgesetzes. Zuletzt wurde der Notstand durch eine Änderung des Gesetzes Nr XLII von 2022 über die Prävention und

Abs 3 ungarisches Grundgesetz kann das Parlament die Regierung beliebig oft dazu ermächtigen, den Notstand zu verlängern, wenn die Umstände, aufgrund derer er verhängt wurde, noch andauern.[732] Da die Fidesz sowohl Regierungspartei ist als auch über eine Zweidrittelmehrheit im Parlament verfügt, kann in diesem Ermächtigungserfordernis keine wirksame Kontrolle gesehen werden.[733] Keine ausreichenden Kontrollmechanismen sind außerdem in Bezug auf die Befugnis der ungarischen Regierung, Gesetze per Dekret zu erlassen,[734] vorgesehen; dies ruft, wie oben geschildert, demokratische, rechtsstaatliche und gewaltenteilende Bedenken hervor.[735] Die einfachgesetzlichen Notstandsbestimmungen, die gem Art 52 Abs 5 ungarisches Grundgesetz den Ausnahmezustand näher regeln sollen, determinieren die Voraussetzungen für die Erlassung dieser Dekrete zudem kaum, sodass für sie ein weiter Anwendungsbereich verbleibt.[736] Ein ursprünglich vor-

---

Bewältigung der Folgen eines bewaffneten Konflikts oder einer humanitären Katastrophe in einem Nachbarland in Ungarn bis zum 14.11.2025 verlängert: <https://net.jogtar.hu/jogszabaly?docid=A2200042.TV&dbnum=1> (10.06.2025). *Daily News Hungary*, Parliament Prolongs State of Emergency in Hungary 29.04.2025 <dailynewshungary.com/hungarian-parliament-state-of-emergency/> (10.06.2025); *Freedom House*, Hungary; *Halmai/Bugarič*, Autocracy 7.

[732] In den letzten zwei Jahren ermächtigte das Parlament die Regierung wiederholt, den Ausnahmezustand je um ein halbes Jahr zu verlängern; vgl oben Fn 731.

[733] *Hungarian Helsinki Committee*, Government gains excessive powers from forever renewable state of danger, 24.02.2023 <helsinki.hu/en/wp-content/uploads/sites/2/2023/02/HHC_Hungary_state_of_danger_24022023.pdf> (10.06.2025) 1 ff; *dass*, State of danger to be extended again – with a one-sentence justification, 17.10.2023 <helsinki.hu/en/the-state-of-danger-would-be-extended-again-with-a-one-sentence-justification/> (10.06.2025); *Mészáros*, Exceptional Governmental Measures without Constitutional Restraints, Hungarian Helsinki Committee 2023 <helsinki.hu/en/wp-content/uploads/sites/2/2023/01/Meszaros_special_legal_order_02112022.pdf> (10.06.2025) 12 f.

[734] Art 53 Abs 1 ungarisches Grundgesetz.

[735] Vgl *Scheppele/Mészáros/Bárd*, In Hungary, the Law Changes Every Day but It Doesn't Get Better, VerfBlog 28.11.2022 <verfassungsblog.de/in-hungary-the-law-changes-every-day-but-it-doesnt-get-better/> (10.06.2025): „Some of the new laws hadn't yet taken effect and yet were already amended. Unfortunately, this is not a unique situation in Hungary. With his two-thirds parliamentary majority and unlimited decree power, Prime Minister Viktor Orbán can change the law from one day to the next and make exceptions to any laws in force by decree." S auch *Kádár*, 3.5 Year Long „State of Danger" in Hungary – Not Reasonable, but Extremely Convenient for the Government, Hungarian Helsinki Committee 27.11.2023 <helsinki.hu/en/3-5-year-long-state-of-danger-in-hungary-not-reasonable-but-extremely-convenient-for-the-government/> (10.06.2025), der auf die Wichtigkeit des regulären parlamentarischen Prozesses hinweist; ebenso *Hungarian Helsinki Committee*, Hungary's Fourth Authorization Act: Completing the Efforts to Grant the Government Excessive Regulatory Powers Once Again, 09.06.2022 <helsinki.hu/en/wp-content/uploads/sites/2/2022/06/HHC_HU_4th_Authorization_Act_09062022.pdf> (10.06.2025).

[736] *Hungarian Helsinki Committee*, Government 2; *dass*, State.

handenes parlamentarisches Kontrollrecht, wonach die Notstandsdekrete nach Ablauf von fünfzehn Tagen ohne parlamentarische Zustimmung außer Kraft treten, wurde ebenfalls mit der Verfassungsänderung im Mai 2022 abgeschafft.[737]

Der von Juli 2016 bis Juli 2018 andauernde Staatsnotstand in der Türkei, der nach dem gescheiterten Putsch gegen den türkischen Präsidenten ausgerufen worden war,[738] hatte ebenfalls Auswirkungen auf den Zustand der Verfassungsstaatlichkeit. Der Notstand kann vor allem deshalb als problematisch für den liberalen Rechtsstaat angesehen werden, weil die getroffenen Maßnahmen teilweise über die verfassungsrechtlichen Schranken hinausgingen, gleichzeitig aber auch keine ausreichende parlamentarische oder gerichtliche Kontrolle gegeben war.[739] Während der laut Verfassung ursprünglich auf sechs Monate begrenzte, aber jeweils um vier Monate verlängerbare Notstand[740] noch in Kraft war, wurde außerdem eine Volksabstimmung über eine Verfassungsänderung durchgeführt, was mit demokratischen Standards nur schwer zu vereinbaren ist. Die *Venedig-Kommission* wies in dieser Sache ebenfalls darauf hin, dass der demokratische Prozess während eines Staatsnotstandes durch die rechtsstaatlichen Einschränkungen beeinträchtigt sei.[741] Insbesondere im Hinblick auf die Medien- und Versammlungsfreiheit führte sie Folgendes aus:

„Following from all that precedes, and recalling that ‚*constitutional reform is a process which requires free and open public debate, and sufficient time for public opinion to consider the issues and influence the outcome*', the Venice Commission considers that it is highly doubtful that the constitutional referendum scheduled for 16 April 2017 could and would meet the democratic principles of the European democratic tradition. In addition, even if these standards were respected, the

[737] Vgl Art 53 Abs 3 ungarisches Grundgesetz vor und nach der zehnten Verfassungsänderung. *Freedom House*, Hungary; *Hungarian Helsinki Committee*, Government 3 f; *dass*, State; *Mészáros*, Governmental Measures 12.

[738] *Göztepe*, Zeitschrift für Politikwissenschaft 28 (2018), 530 ff; *Greene*, States 47, 210 f; *Kurt*, Turkey under the State of Emergency: Towards a New Regime and a New Legal Order?, in Müller (Hg), Krise der liberalen Demokratie? (2019) 209 (212).

[739] *Göztepe*, Zeitschrift für Politikwissenschaft 28 (2018), 530 ff; *Greene*, States 47, 210 f; *Kurt*, Turkey 212; *Mariniello*, Prolonged Emergency and Derogation of Human Rights: Why the European Court Should Raise Its Immunity System, German Law Journal 20 (2019), 46 (54 f, 59 ff); *Turkut*, Natures. S ebenso *Venedig-Kommission*, Turkey – Opinion on Emergency Decree Laws Nos. 667–676 adopted following the failed coup of 15 July 2016, adopted by the Venice Commission at its 109th Plenary Session (9–10 December 2016), CDL-AD(2016)037 <https://www.venice.coe.int/webforms/documents/default.aspx?pdffile=CDL-AD(2016)037-e> (12.06.2025); *dies*, Opinion on the Measures provided in the recent Emergency Decree Laws with respect to Freedom of the Media, adopted by the Venice Commission at its 110th Plenary Session (Venice, 10–11 March 2017), CDL-AD(2017)007 <https://www.venice.coe.int/webforms/documents/default.aspx?pdffile=CDL-AD(2017)007-e> (12.06.2025).

[740] Art 120 f türkische Verfassung vor der Änderung im Jahr 2017.

[741] *Venedig-Kommission*, CDL-AD(2017)005, 7 ff.

credibility of the results of a referendum held during a state of emergency that has been declared to consolidate government power would be compromised."[742]

Auch inhaltlich kritisierte die *Venedig-Kommission* die vorgeschlagenen Verfassungsänderungen, da sie den Weg zu einem autoritären System ebnen würden.[743] Aufgrund des positiven Ergebnisses der Volksabstimmung traten die vorgeschlagenen Verfassungsänderungen jedoch in Kraft. [744] Unter anderem wurde damit, wie oben in Kapitel 9.2 erwähnt, ein präsidiales Regierungssystem eingeführt, mit dem gleichzeitig die Gewaltenteilung zwischen Legislative und Exekutive sowie die richterliche Unabhängigkeit geschwächt wurden.[745]

Auch Frankreich hat in jüngerer Vergangenheit Erfahrungen mit länger andauernden Staatsnotständen gemacht: Infolge eines Terroranschlags in Paris wurde im November 2015 der Notstand ausgerufen. Dieser wurde mehrmals verlängert, bevor er im November 2017 schließlich aufgehoben wurde.[746] In dieser Zeit stellte sich mehrmals die Frage nach der Verhältnismäßigkeit der Aufrechterhaltung des Ausnahmezustands, indem etwa die Zweckmäßigkeit gewisser Maßnahmen bezweifelt wurde. Von den ohne richterlichen Befehl durchgeführten Hausdurchsuchungen hätten etwa nur ein Bruchteil tatsächlich zu weiteren Ermittlungen geführt.[747] Darüber hinaus wurde kritisiert, dass die Notstandsgesetze an vielen Stellen nicht bestimmt genug gewesen seien und den Exekutivorganen bei der Einschränkung von Grundrechten zu viel Spielraum überlassen worden sei, was auch nicht durch eine entsprechend strenge gerichtliche Kontrolle kompensiert worden sei.[748] Schließlich wurden in Frankreich Notstandsbestimmungen durch die Schaffung eines Anti-Terror-Gesetzes[749] in den normalen Gesetzesbestand übernommen, wodurch gewisse damit zusammenhängende verfassungsstaatliche Relativierungen dauerhaft wurden.[750] Ähnliche demokratische und rechtsstaatliche

---

[742] *Venedig-Kommission*, CDL-AD(2017)005, Rz 41.

[743] *Venedig-Kommission*, CDL-AD(2017)005, Rz 130: „In the light of the above, the Venice Commission finds that the proposed constitutional amendments would introduce in Turkey a presidential regime which lacks the necessary checks and balances required to safeguard against becoming an authoritarian one."

[744] Gesetz Nr 6771 aufgrund der Volksabstimmung vom 16.04.2017.

[745] *Göztepe*, Zeitschrift für Politikwissenschaft 28 (2018), 532 f; *Greene*, States 47, 210 f; *Kurt*, Turkey 210; *Turkut*, Natures.

[746] *Gross*, Exception 597 ff; *Guérin-Bargues*, Case 214 f; *Mariniello*, German Law Journal 20 (2019), 59 f; *Pfersmann*, Zwischenzustand 195 f.

[747] *Gross*, Exception 601; *Guérin-Bargues*, Case 216; *Mariniello*, German Law Journal 20 (2019), 52 ff.

[748] *Guérin-Bargues*, Case 217 ff; *Pfersmann*, Zwischenzustand 205 f; *Vauchez*, ICON 20 (2022), 1813 ff.

[749] Gesetz Nr 2017-1510 vom 30. Oktober 2017 zur Sicherheit im Inneren und der Terrorismusbekämpfung.

[750] Zu dieser Problematik vgl schon oben bei Fn 726 ff. Der *Conseil Constitutionnel* erklärte allerdings in den Entscheidungen Nr 2017-691 QPC vom 16.02.2018 und 2017-

Bedenken wurden auch im Zusammenhang mit dem französischen Gesundheitsnotstand während der Covid-19-Pandemie geäußert, der von 2020 bis 2022 in Kraft war.[751]

10. Zwischenfazit: Dystopie bereits Realität?

Setzt man die dystopischen Visionen aus „The Handmaid's Tale“ und „Years and Years“ in Beziehung zu aktuellen Entwicklungen in der westlichen Welt, wird deutlich, dass autoritäre Tendenzen und die zunehmende Einschränkung demokratischer und rechtsstaatlicher Prinzipien längst nicht mehr reine Fiktion sind – vielmehr nähert sich die Realität in einigen Bereichen schon bedenklich nah an die untersuchten Dystopien an. So können insbesondere Eingriffe in das Wahlrecht zu einer Demokratiekrise, eine zunehmende Zentralisierung der politischen Macht bei der Exekutive zu einer Krise der Gewaltenteilung, eine Schwächung der (Verfassungs-)Gerichtsbarkeit zu einer Rechtsstaatlichkeitskrise oder kontinuierliche Verletzungen der Medienfreiheit zu einer Krise der Grundrechte führen, während etwa ein permanenter Staatsnotstand alle verfassungsstaatlichen Prinzipien gleichzeitig beeinträchtigen kann. Diese Entwicklungen legen nahe, dass die Grenzen zwischen dystopischer Fiktion und der realen Welt in vielen Staaten zunehmend verschwimmen. Die Stabilität und Integrität westlicher Verfassungsstaaten werden durch diese Trends jedenfalls in Frage gestellt. Während in manchen Belangen eine Krise des westlichen Verfassungsstaats eindeutig bejaht werden kann, ist in anderen noch offen, ob eine solche Krise eintreten wird oder noch abgewendet werden kann. Im folgenden letzten Teil sollen daher Mechanismen untersucht werden, die in der Lage sind, die Rechtsordnungen westlicher Verfassungsstaaten zu schützen und das Eintreten einer dystopischen Realität zu verhindern oder – im Fall bereits eingetretener Beeinträchtigungen – eine demokratische und rechtsstaatliche Ordnung wiederherzustellen.

---

695 QPC vom 29.03.2018 die meisten Bestimmungen dieses Gesetzes mit ein paar Einschränkungen für verfasungskonform. *Gross*, Exception 602 ff; *Haguenau-Moizard*, The French Antiterrorist Bill: A Permanent State of Emergency, VerfBlog 09.08.2017 <verfassungsblog.de/the-french-antiterrorist-bill-a-permanent-state-of-emergency/> (26.03.2025); *Mariniello*, German Law Journal 20 (2019), 53; *Pfersmann*, Zwischenzustand 207; *Vauchez*, ICON 20 (2022), 1808, 1812; *Weill*, Terror in Courts – French Counter-Terrorism: Administrative and Penal Avenues, PSIA, Sciences-Po, Paris Mai 2018 <sciencespo.fr/psia/sites/sciencespo.fr.psia/files/Terror%20in%20Courts_2.pdf> (12.05.2025) 14.

[751] *Brunet*, The Hyper-Executive State of Emergency in France, in Kettemann/Lachmayer (Hg), Pandemocracy in Europe: Power, Parliaments and People in Times of COVID-19 (2022) 201; *Vauchez*, ICON 20 (2022), 1807 ff; *Platon*, From One State of Emergency to Another: Emergency Powers in France, VerfBlog 09.04.2020 <https://verfassungsblog.de/from-one-state-of-emergency-to-another-emergency-powers-in-france/> (26.03.2025).

Teil IV: Neue Wege für den westlichen Verfassungsstaat

11. Überblick

Nachdem die vorhergehenden Kapitel die Krise des westlichen Verfassungsstaates aus verschiedenen Perspektiven beleuchtet haben, gilt es nun, die gewonnenen Erkenntnisse zu einem Gesamtbild zu verdichten. Während Teil I den genauen Inhalt der Prinzipien des westlichen Verfassungsstaates und mögliche Formen ihrer Gefährdung dargelegt hat, wurden in Teil II die dystopischen Fernsehserien „The Handmaid's Tale" und „Years and Years" untersucht. An diesen wurde beispielhaft illustriert, wie sowohl ein plötzlicher, umfassender Verfassungsbruch als auch eine langsam vonstattengehende Verfassungserosion eine Abkehr vom Typus des westlichen Verfassungsstaates bewirken können. Teil III hat schließlich in Bezug auf reale Beispielfälle gezeigt, dass ein abrupter Wechsel von westlichen Verfassungsstaaten zu anderen Verfassungstypen[752] in den vergangenen Jahren nicht zu beobachten war. Vielmehr waren es schrittweise Veränderungen – die in den meisten Fällen in Einklang mit den jeweiligen Verfassungsänderungsregeln vorgenommen wurden –, die im Gesamtbild zu einer Aushöhlung der Werte des westlichen Verfassungsstaates führten.

Vor diesem Hintergrund ist die zentrale Frage des vierten und letzten Hauptkapitels zu betrachten: Wie ist es um die Zukunft des westlichen Verfassungsstaates bestellt und – daraus folgend – wie können die Prinzipien des westlichen Verfassungsstaates im Rahmen einer nationalen Verfassung geschützt werden? Es gilt also zu klären, welche Voraussetzungen erfüllt sein müssen, damit eine Verfassung weiterhin den Werten Demokratie, Gewaltenteilung, Rechtsstaatlichkeit und Grundrechtsschutz verpflichtet bleibt und eine dystopische Entwicklung verhindert wird. Dabei wird ein weiteres Mal ein kurzer Blick auf die analysierten Fernsehserien geworfen, um zu prüfen, ob sich aus ihnen Lehren ziehen lassen, die zur Bewahrung des westlichen Verfassungsstaates beitragen können. Schließlich kehrt die Arbeit noch einmal zu den Begriffen Utopie und Dystopie zurück, diesmal aber mit Fokus auf Erstere: Wie könnte eine positive Zukunft für den westlichen Verfassungsstaat als Gegenbild zu den aufgezeigten negativen Entwicklungen aussehen? Gibt es Utopien, die eine Alternative zu diesem oder eine Fortentwicklung desselben anbieten?

---

[752] *Gamper*, Staat 41 ff mwN; *Grimm*, Types of Constitutions, in Rosenfeld/Sajó (Hg), The Oxford Handbook of Comparative Constitutional Law (2012) 98 (115 ff).

12. Schutz des westlichen Verfassungsstaates

12.1 Allgemeines

Mit der Frage, wie der westliche Verfassungsstaat geschützt werden kann, sind mehrere verfassungstheoretische Konzepte eng verbunden. Während unter „Schutz der Verfassung" ganz allgemein jene Vorkehrungen verstanden werden können, die eine Rechtsordnung trifft, um die Einhaltung der Verfassung sicherzustellen,[753] werden die Begriffe Verfassungsschutz bzw Staatsschutz vor allem im sicherheitspolizeilichen und strafrechtlichen Kontext als vorbeugender Schutz vor verfassungsgefährdenden Angriffen verwendet.[754] Unter Schutz der Verfassung werden im Folgenden Maßnahmen bezeichnet, die speziell dem Schutz der freiheitlichen demokratischen Grundordnung dienen sollen und über die grundsätzliche Sicherung des Vorrangs des Verfassungsrechts hinausgehen.[755]

Ein anderes in diesem Zusammenhang einschlägiges Konzept ist die Verfassungsresilienz, wenn man darunter die Fähigkeit einer Verfassung versteht, Angriffen, die direkt auf sie gerichtet sind, standzuhalten und ihnen entgegen zu wirken.[756] Während Resilienz grundsätzlich nicht wertgebunden ist und als Beschreibung auch auf Verfassungen zutreffen kann, die nicht den Standards des westlichen Verfassungsstaates entsprechen,[757] soll im Folgenden die Frage im Vordergrund stehen, welche Resilienzinstrumente in der Lage sind, die Werte des westlichen Verfassungsstaates zu schützen.

---

753 *Denninger*, „Streitbare Demokratie" und Schutz der Verfassung, in Benda/Maihofer/Vogel (Hg), Handbuch des Verfassungsrechts der Bundesrepublik Deutschland^2 (1994) 675 (684 ff); *Haller/Kölz/Gächter*, Staatsrecht 133 ff; *Stern*, Staatsrecht I 182.

754 „Institutioneller" Verfassungsschutz: *Denninger*, Demokratie 683, 698; *Gärditz*, Verfassungsidenität und Schutz der Verfassung, in Stern/Sodan/Möstl (Hg), Das Staatsrecht der Bundesrepublik Deutschland im europäischen Staatenverbund, Bd I: Grundlagen und Grundbegriffe des Staatsrechts, Strukturprinzipien der Verfassung^2 (2022) 435 (491 f). Vgl auch *Denninger*, Verfassungstreue und Schutz der Verfassung, VVDStRL 37 (1979), 7; *Figl/Müller*, Verfassungsschutz neu: Ist der Nachrichtendienst (weiterhin) Kriminalpolizei?, JSt 9 (2022), 135; *Klein*, Verfassungstreue und Schutz der Verfassung, VVDStRL 37 (1979), 53; *Meier*, Politische Einheit im Dissens (2022) 301 ff; *Stern*, Staatsrecht I 218 ff; *Vogl*, Die Neuorganisation des Verfassungsschutzes in Österreich, JBl 143 (2021), 754.

755 *Gärditz*, Verfassungsidenität 489 ff; *Stern*, Staatsrecht I 180 ff.

756 Für dieses Verständnis plädierend *Gamper*, ZöR 80 (2025), 284. *Bublitz*, Verfassungstreue und Resilienz, in Schuppert/Repohl (Hg), Resilienz (2023) 91; *Contiades/Fotiadou*, ICL Journal 9 (2015); *Erkens*, Staat 87 ff; *Grabenwarter*, Resilience; *Jakab*, Resilience; *Reindl- Krauskopf/Schulev-Steindl*, Reaktionsfähigkeit 231 f; *Schaefer*, Resilienz der Verfassung, AöR 146 (2021), 401 (415 ff, 426).

757 *Gamper*, ZöR 80 (2025), 287.

Der Schutz des westlichen Verfassungsstaates wird auch mit der Idee der wehrhaften Demokratie[758] verfolgt: Um zu verhindern, dass die liberal-demokratische Ordnung durch Inanspruchnahme der in ihrem Rahmen gewährten Freiheiten untergraben wird,[759] werden Maßnahmen ergriffen, die – zumindest dem Anschein nach –[760] selbst nicht mit diesen Werten vereinbar sind.[761]

Im Zusammenhang mit Überlegungen zum Schutz der Verfassung taucht auch immer wieder der Begriff der Verfassungstreue auf. Dieser ist allerdings nicht als weiteres Konzept auf einer Ebene mit jenem der Verfassungsresilienz oder der wehrhaften Demokratie zu sehen, sondern stellt bereits ein spezifisches Resilienzinstrument bzw eine spezifische Ausprägung der wehrhaften Demokratie dar.[762] Es handelt sich dabei um ein über den allgemeinen Grundsatz der Bindung an das Gesetz hinausgehendes Gebot, für die Grundwerte der Verfassung einzustehen, und richtet sich etwa häufig an Beschäftigte im öffentlichen Dienst.[763]

Schließlich wird in Bezug auf den Schutz der Verfassung oftmals auf die Langlebigkeit einer Verfassung abgestellt.[764] Während die lange Bestandsdauer einer Verfassung sehr wohl auf die Verankerung von wirksamen, ihrem Schutz dienenden Instrumenten hindeuten kann,[765] muss nicht zwingend ein derartiger Zusammenhang bestehen: Wie Teil III gezeigt hat, können Verfassungen, auch wenn sie unter Beachtung der Verfassungsänderungsregelungen geändert werden, in Bezug auf die Grundwerte Demokratie, Gewaltenteilung, Rechtsstaatlichkeit und Grund-

---

[758] *Loewenstein*, Militant Democracy and Fundamental Rights, I, The American Political Science Review 31 (1937), 417; *ders*, Militant Democracy and Fundamental Rights, II, The American Political Science Review 31 (1937), 638 Vgl dazu auch noch unten bei 16.2.2.

[759] Demokratisches Dilemma bzw Paradoxon: *Gärditz*, Verfassungsidenität 442 ff; *Müller*, Militant Democracy, in Rosenfeld/Sajó (Hg), The Oxford Handbook of Comparative Constitutional Law (2012) 1253 (1254); *Wagrandl*, Transnational Militant Democracy, Global Constitutionalism 7 (2018), 143 (145 ff).

[760] Das „Paradoxon der wehrhaften Demokratie" auflösend *ders*, Global Constitutionalism 7 (2018), 146 ff.

[761] *Denninger*, Demokratie 690 ff, 715 f; *Gamper*, ZöR 80 (2025), 286 f; *Gutmann/Voigt*, Militant Constitutionalism: A Promising Concept to Make Constitutional Backsliding Less Likely?, Public Choice 195 (2023), 377; *Müller*, Democracy 1253 ff; *Schliesky*, Die wehrhafte Demokratie des Grundgesetzes, in Isensee/Kirchhof (Hg), Handbuch des Staatsrechts der Bundesrepublik Deutschland, Bd XII: Normativität und Schutz der Verfassung³ (2014) 847 (855 ff).

[762] *Bublitz*, Verfassungstreue 95 ff.

[763] *Dies*, Verfassungstreue 95 ff; *Gamper*, ZöR 80 (2025), 287; *dies*, Sezessionismus und Verfassungstreue, JRP 26 (2018), 119 (121); *Gärditz*, Verfassungsidenität 498 ff; *Klein*, VVDStRL 37 (1979), 80 ff.

[764] Vgl in der englischsprachigen Lit den Begriff „endurance": *Elkins/Ginsburg/Melton*, Endurance; *Ginsburg*, Constitutional Endurance, in ders/Dixon (Hg), Comparative Constitutional Law (2011) 112.

[765] *Klebelsberg*, Staatsnotstand 147.

rechte ausgehöhlt werden. Ebenso gibt es Verfassungen, die die Regelung gewisser verfassungstypischer Inhalte dem einfachen Gesetzgeber überlassen, weswegen in diesen Fällen der Blick allein auf die Verfassung nicht unbedingt Aufschluss darüber gibt, in welche Richtung sich ein Staat entwickelt.[766] Im Folgenden sollen daher zuerst ausgewählte verfassungsrechtliche Instrumente und Mechanismen näher betrachtet werden, die nicht nur die Langlebigkeit von Verfassungen erhöhen, sondern auch zur Resilienz der Prinzipien des westlichen Verfassungsstaates beitragen können. Dabei werden auch immer wieder innovative Ansätze berücksichtigt, die Möglichkeiten zu dessen Weiterentwicklung aufzeigen. Anschließend werden noch einige außerrechtliche Faktoren diskutiert, die für den Erhalt der freiheitlich-demokratischen Grundordnung ebenfalls eine Rolle spielen.

12.2 Verfassungsrechtliche Instrumente

12.2.1 Vorbemerkung: Starre als resiliente Verfassungen?

Wie in Teil III geschildert, kommt es oftmals nicht durch einen Bruch der Verfassung zu einer Krise des westlichen Verfassungsstaates, sondern durch mehrere formal einwandfreie Verfassungsänderungen, die in Summe den Werten des westlichen Verfassungsstaates nicht mehr gerecht werden. Um Verfassungen vor einer derartigen Aushöhlung zu schützen, ist die naheliegendste Lösung, an den Verfassungsänderungsregeln selbst anzusetzen. In der verfassungsrechtlichen Literatur werden dabei Verfassungen, je nachdem, wie leicht bzw wie schwer sie zu ändern sind, auf einem Spektrum von flexibel bis starr eingeordnet.[767] Starre Verfassungen sind insofern vor einer schleichenden Erosion und auch jeder sonstigen Form der Verfassungsänderung geschützt, als erst gewisse Hürden für eine Verfassungsänderung überwunden werden müssen.[768] Gegen eine erhöhte Resilienz von starren Verfassungen spricht hingegen, dass eine mangelnde Anpassungsfähigkeit eher zum Verfassungsbruch oder zur Erlassung einer neuen historisch ersten Verfassung verleiten kann.[769]

---

[766] *Contiades/Fotiadou*, ICL Journal 9 (2015), 20 ff; *Dixon*, Constitutional Design Deferred, in Landau/Lerner (Hg), Comparative Constitution Making (2019) 165 (173); *Gamper*, ZöR 80 (2025), 293 f.

[767] *Dies*, Änderung 52 ff; *Roznai*, Rigid (Entrenched) / Flexible Constitutions, in Grote/Lachenmann/Wolfrum (Hg), Max Planck Encyclopedia of Comparative Constitutional Law (2018).

[768] *Gamper*, ZöR 80 (2025), 288; *Jakab*, Resilience Rz 17; *ders*, ZöR 74 (2019), 387; *Landau/Dixon*, George Washington Law Review 86 (2018), 469 ff; *Stern*, Staatsrecht I 184; *Suteu*, Friends or Foes: Is Unamendability the Answer to Democratic Backsliding?, Hague Journal on the Rule of Law 16 (2024), 315 (318).

[769] *Von Achenbach*, No Case for Legal Interventionism: Defending Democracy Through Protecting Pluralism and Parliamentarism, VerfBlog 12.12.2018 <verfassungsblog.de/no-case-for-legal-interventionism-defending-democracy-through-protecting-pluralism-and-parliamentarism/> (03.03.2025); *Contiades/Fotiadou*, Constitutional Resilience and

Sollen Verfassungsänderungen erschwert werden, sind mehrere Möglichkeiten denkbar: Diese können von hohen Präsenz- und Konsensquoren im nationalen Parlament über Zustimmungserfordernisse von Gliedstaaten, zweiter Kammern oder des gesamten Volkes im Rahmen einer Volksabstimmung bis hin zu zeitlichen Sperrfristen reichen.[770] Im äußersten Fall kann eine Verfassung auch ihre eigene Unabänderlichkeit – in der Regel beschränkt auf gewisse Teile –[771] vorsehen.[772] Insbesondere hinsichtlich solcher Ewigkeitsgarantien stellt sich die Frage, wie sich diese auf die Resilienz einer Verfassung auswirken. Einerseits bietet die Unabänderlichkeit einen höheren Bestandsschutz als jede noch so schwer zu erfüllende Verfassungsänderungsbestimmung, andererseits erhöht sich, wie oben erwähnt, in gleichem Maße die Gefahr eines Verfassungsbruchs. Je schwerer eine Verfassungs zu ändern ist, desto eher entstehen zudem Spannungen zur demokratischen Selbstbestimmung.[773] Diese Diskrepanz wird naturgemäß umso größer, je mehr Bestimmungen oder Prinzipien einer Verfassung mit einer Ewigkeitsgarantie versehen sind.[774] Gerade im Hinblick auf bestimmte Grundwerte einer Verfassung kann deren Schutz durch eine erschwerte Ab- oder gänzliche Unabänderbarkeit jedoch gerechtfertigt sein: Dies gilt insbesondere, wenn man Demokratie nicht nur in einem sehr formalistischen Verständnis auf das Mehrheitsprinzip reduziert, sondern sie als Mittel zur Gewährleistung der größtmöglichen Freiheit für alle[775] versteht. Voraussetzung für eine funktionierende Demokratie in diesem Sinne ist aber ein gewisses Maß an Gewaltenteilung, Rechtsstaatlichkeit und Grundrechtsschutz.[776]

Unamendability, European Journal of Law Reform 21 (2019), 243; *dies*, ICL Journal 9 (2015), 22 f; *Gamper*, ZöR 80 (2025), 289; *dies*, Verfassung 16; *Ginsburg/Huq*, Democracy 173; *Gutmann/Voigt*, Public Choice 195 (2023), 381 f; *Klebelsberg*, Staatsnotstand 142.

770 *Contiades/Fotiadou*, European Journal of Law Reform 21 (2019), 252; *Gamper*, Hierarchiefragen 165 ff; *dies*, Änderung 54 ff.

771 Mit zahlreichen Beispielen *Albert*, Introduction 7.

772 *Gamper*, Änderung 52 f; *Roznai*, American Journal of Comparative Law 61 (2013), 665 ff; *Suteu*, Hague Journal on the Rule of Law 16 (2024), 318 ff.

773 *Landau/Dixon*, George Washington Law Review 86 (2018), 450 ff. Zur Problematik, wenn eine verfassungsändernde parlamentarische Mehrheit zahlreiche Bestimmungen in den Verfassungrang hebt und so der Disposition zukünftiger einfacher Mehrheiten entzieht vgl *Grabenwarter*, Resilience und *Venedig-Kommission*, CDL-AD(2011)016, Rz 24. Ebenso *von Achenbach*, Case; *Wiederin*, Welchen Rechtsrahmen braucht die Demokratie?, in Müller (Hg), Krise der liberalen Demokratie? (2019) 61 (71).

774 *Albert*, Constitutional Handcuffs, Arizona State Law Journal 42 (2010), 663 (698 ff); *Roznai*, Towards a Theory of Unamendability, NYU School of Law, Public Law & Legal Theory Research Paper Series No. 15-12 (2015), 1 (51 ff).

775 Vgl bereits oben bei Fn 327. Vgl auch *Venedig-Kommission*, CDL-AD(2012)026, Rz 74: „Democracy cannot be reduced to the rule of the majority; majority rule is limited by the Constitution and by law, primarily in order to safeguard the interests of minorities.“

776 Vgl oben bei 2.2. *Roznai*, NYU School of Law, Public Law & Legal Theory Research Paper Series No. 15-12 (2015), 51 ff.

In Bezug auf die Werte des westlichen Verfassungsstaates scheint sich daher die Verwendung von Ewigkeitsklauseln in einem auf diese Werte beschränkten Maß anzubieten. Wesentlich dabei ist, nicht jede Verfassungsänderung zu verbieten, die in irgendeiner Weise mit den Prinzipien der Demokratie, Gewaltenteilung, Rechtsstaatlichkeit oder den Grundrechten in Zusammenhang steht, sondern nur die Abschaffung dieser Prinzipien bzw Änderungen, die einer solchen gleichkommen. Auf diesem Weg würden die Grundwerte einer der Demokratie, Gewaltenteilung, Rechtsstaatlichkeit und den Grundrechten verpflichteten Verfassung geschützt werden, ohne die Anpassungsfähigkeit der Verfassung darüber hinaus zu beschneiden. In diesem Sinne scheint die Verankerung eines stufenweisen Verfassungsänderungsverfahrens am meisten zur Resilienz westlicher Verfassungsstaaten beizutragen: Je nach inhaltlichem Gewicht einer Verfassungsbestimmung könnte so zwischen einfachen und qualifizierten Verfassungsänderungsverfahren unterschieden und gewisse Teile als unabänderlich erklärt werden.[777] In gleicher Weise könnte nicht nur auf den Gegenstand einer Verfassungsänderung abgestellt werden, sondern auch auf den Zeitpunkt, an dem die Änderung vorgenommen werden soll. So könnte es beispielsweise sinnvoll sein, Verfassungsänderungen während eines Notstands zu erschweren bzw zu verbieten, um zu verhindern, dass eine temporär veränderte gesellschaftliche Stimmungslage oder notstandsbedingte Erleichterungen in Bezug auf das (Verfassungs-)Gesetzgebungsverfahren zu einer Aushöhlung der Prinzipien des westlichen Verfassungsstaates führen.[778] Eine andere Möglichkeit, den Faktor Zeit zu berücksichtigen, ist in Form eines mehrstufigen Verfassungsänderungsverfahrens gegeben, bei dem ein Parlamentsbeschluss, die Verfassung zu ändern, nach einer Wahl wiederholt werden muss.[779]

Angesichts des bisher Geagten wird die Bedeutung einer präzisen Verfassungssprache und eines ausreichenden Konkretisierungsgrades der Verfassung als Resilienzinstrument deutlich. Lässt eine Verfassung zu viel Interpretationsspielraum oder delegiert zentrale Inhalte an den einfachen Gesetzgeber, schützen auch die Verfassungsänderungsregeln nicht vor einer Kompromittierung der Werte des westlichen Verfassungsstaates.[780]

---

[777] *Albert*, Amending Constitutional Amendment Rules, ICON 13 (2015), 655 (665); *ders*, Arizona State Law Journal 42 (2010), 708 ff; *Dixon*, Constitutional Amendment Rules: A Comparative Perspective, in Ginsburg/Dixon (Hg), Comparative Constitutional Law (2011) 96 (103 f); *Gamper*, Hierarchiefragen 164 ff; *dies*, Änderung 56 f; *Landau*, UC Davis Law Review 47 (2013), 224 ff; *ders/Dixon*, George Washington Law Review 86 (2018), 469 ff, 476 ff, 495 ff.

[778] *Albert/Roznai*, Emergency Unamendability: Limitations on Constitutional Amendment in Extreme Conditions, Maryland Law Review 81 (2021), 243; *Gamper*, Verfassung 16 f; *Klebelsberg*, Staatsnotstand 139 ff.

[779] *Ginsburg/Huq*, Democracy 174 f.

[780] *Elkins/Ginsburg/Melton*, Endurance 84 ff; *Gamper*, Verfassung 16; *dies*, ZöR 80 (2025), 289 f.

Nach diesen anfänglichen Überlegungen sollen nun noch einmal die Prinzipien des westlichen Verfassungsstaates in den Fokus gerückt und Überlegungen angestellt werden, wie diese jeweils ausgestaltet werden können, sodass sie bestmöglich vor einem Angriff auf sie selbst geschützt sind. Dabei ist jeweils zu berücksichtigen, dass es nicht ein bestimmtes optimales institutionelles Design gibt, da westliche Verfassungen einerseits im Detail sehr unterschiedlich ausgestaltet sind, andererseits in unterschiedlichen sozialen, politischen und kulturellen Kontexten wirken und daher unter Umständen auch unterschiedlicher Regelungen bedürfen.[781] Abschließend soll noch erörtert werden, wie eine bereits eingetretene verfassungsstaatliche Erosion wieder rückgängig gemacht werden kann.

12.2.2 Resiliente Demokratie

In Teil II und III wurden verschiedene Gefahren für die Demokratie sowohl im Rahmen dystopischer Vorstellungen als auch anhand konkreter Länderbeispiele geschildert. Wie kann das demokratische Prinzip des westlichen Verfassungsstaates daher konzipiert werden, um einer Untergrabung standzuhalten und den Eintritt einer „Krise der Demokratie" zu verhindern? Zur Beantwortung dieser Frage soll im Folgenden untersucht werden, welches Wahlsystem und welche repräsentativ- bzw direktdemokratischen Instrumente am besten in der Lage sind, die Demokratie vor einer Aushöhlung zu schützen.

Insbesondere in Kapitel 9.1 wurde am Beispiel verschiedener Staaten offenbar, wie die Ausgestaltung von Wahlsystemen zu einer Krise der Demokratie beitragen kann. In dieser Hinsicht wird vor allem Verhältniswahlsystemen nachgesagt, besser als andere Wahlsysteme eine Erosion des demokratischen Prinzips verhindern zu können.[782] Dafür spricht einerseits die bessere Repräsentation verschiedener Gruppen, andererseits die Notwendigkeit, insbesondere in Form von Koalitionen Kompromisse einzugehen und politische Macht zu teilen.[783] Andererseits können Verhältniswahlsysteme durch Zersplitterung des Parteiensystems zur Instabilität des politischen Systems beitragen[784] und somit ebenfalls schädliche Auswirkungen für die Demokratie haben. Im Gegensatz zu Mehrheitswahlsystemen erleichtert das Konzept der proportionalen Repräsentation zudem die Teilhabe von sogenannten Anti-System-Parteien am politischen Diskurs.[785] Auch in proportionalen

[781] *Scheppele*, University of Chicago Law Review 85 (2018), 564.

[782] *Gamper*, ZöR 80 (2025), 294; *Jakab*, Resilience Rz 18; *ders*, ZöR 74 (2019), 387.

[783] *Ginsburg/Huq/Versteeg*, The Coming Demise of Liberal Constitutionalism?, University of Chicago Law Review 85 (2018), 239 (249 f); *Gutmann/Voigt*, Public Choice 195 (2023), 384 f; *Jakab*, Resilience Rz 18; *ders*, ZöR 74 (2019), 387; *Lijphart*, Patterns of Democracy (1999) 275 ff.

[784] *Gamper*, Staat 234.

[785] Vgl schon *Loewenstein*, The American Political Science Review 31 (1937), 424. *Ginsburg/Huq/Versteeg*, University of Chicago Law Review 85 (2018), 249 f; *Issacharoff*, Fragile Democracies, Harvard Law Review 120 (2007), 1405 (1418 ff).

Systemen kann es außerdem zum „minority to majority effect“[786] kommen, bei dem eine stimmenmäßige Minderheit durch das Wahlsystem die mehrheitliche politische Macht erlangt. Damit ein Verhältniswahlsystem demokratische Resilienz fördert, kommt es daher auf dessen spezifische Ausgestaltung an, wobei etwa eine hohe Sperrklausel oder ein Mehrheitsbonus die Vorteile proportionaler Repräsentation schwächen.[787]

Anhand der Länderbeispiele in Teil III wurde auch gezeigt, wie die bewusste Veränderung der Wahlkreisgrenzen zu einer Erosion des demokratischen Prinzips führen kann. Um dem zu begegnen, wird in der verfassungsrechtlichen Literatur etwa die Verankerung von unabhängigen Wahlkommissionen vorgeschlagen,[788] die neben der regelmäßigen Erneuerung der Wahlkreiseinteilung auch Sorge für den freien und fairen Ablauf von Wahlen übernehmen sollen.[789] Die *Venedig-Kommission* des Europarats empfiehlt zum Schutz vor Manipulation wahlrechtsbezogener Bestimmungen zudem, diese nicht als einfache Gesetze, sondern in einem höheren Rang zu erlassen und deren Änderung ein Jahr vor der nächsten Wahl zu untersagen bzw festzulegen, dass Wahlrechtsänderungen erst bei der übernächsten Wahl zur Anwendung kommen.[790]

Durch die Erwähnung von „Anti-System-Parteien“ muss hier auch ein klassisches Instrument der wehrhaften Demokratie angesprochen werden, nämlich das Parteienverbot. Sieht eine Verfassung die Möglichkeit vor, eine Partei, die mit dem westlichen Verfassungsstaat nicht vereinbare Werte vertritt, zu verbieten, ihr Förderungen zu entziehen oder ihre politischen Rechte auf andere Weise einzuschränken,[791] relativiert sich die oben angesprochene Gefahr, dass Parteien mit einer undemokratischen Gesinnung auf demokratischem Wege an die Macht gelangen und dies in der Folge für die Abschaffung des demokratischen Systems nutzen.[792] Geht man davon aus, dass eine solche Maßnahme – durch die Beschneidung der demokratischen Grundrechte der Betroffenen – nicht schon selbst die Demokratie gefährdet,[793] ist dennoch zu hinterfragen, ob sie wirklich ein geeignetes Mittel dar-

---

[786] *Van der Meer/Rijpkema*, European Constitutional Law Review 18 (2022).

[787] Vgl oben bei Fn 581 ff. *Gutmann/Voigt*, Public Choice 195 (2023), 385; *van der Meer/Rijpkema*, European Constitutional Law Review 18 (2022), 516.

[788] Wie es bereits einige Verfassungen vorsehen: *Ginsburg/Huq*, Democracy 199; *Gutmann/Voigt*, Public Choice 195 (2023), 385.

[789] *Ginsburg/Huq*, Democracy 199 ff; *Jakab*, Resilience Rz 21. Vgl auch *Venedig-Kommission*, CDL-AD(2002)023rev2-cor, 25.

[790] *Venedig-Kommission*, CDL-AD(2002)023rev2-cor, 10, 24.

[791] *Issacharoff*, Fragile Democracies (2015) 78 ff; *Jakab*, Resilience Rz 14; *Müller*, Protecting Popular Self-Government from the People? New Normative Perspectives on Militant Democracy, Annual Review of Political Science 19 (2016), 249 (258 ff).

[792] *Choudhry*, Resisting Democratic Backsliding: An Essay on Weimar, Self-Enforcing Constitutions, and the Frankfurt School, Global Constitutionalism 7 (2018), 54 (61).

[793] Vgl oben Fn 760 f. *Issacharoff*, Democracies 77 ff; *van der Meer/Rijpkema*, European Constitutional Law Review 18 (2022), 513.

stellt, die Demokratie vor einer Aushöhlung zu schützen. Insbesondere können solche Regelungen ohne eine strenge rechtsstaatliche Begrenzung[794] selbst dazu missbraucht werden, politische Gegner vom demokratischen Wettbewerb auszuschließen.[795] Darüber hinaus ist auch fraglich, ob dieses Instrument überhaupt die Aushöhlung des demokratischen Prinzips, wie sie beispielhaft in Teil III geschildert wurde, verhindern kann. Wird, wie in den beschriebenen Fällen, Demokratiefeindlichkeit nicht etwa im Parteiprogramm offen zur Schau gestellt, kann es sich als schwierig erweisen, die antidemokratische Gesinnung einer Partei nachzuweisen. Zudem handelt es sich bei den Akteuren oftmals nicht um Randparteien, sondern um Parteien mit beträchtlicher stimmenmäßiger Unterstützung. Das Verbot einer solchen Partei könnte somit erst recht einen destabilisierenden Effekt auf das demokratische System haben.[796] Vor diesem Hintergrund erscheint es sinnvoll, ergänzend oder alternativ mildere Maßnahmen zur Parteienregulation, wie etwa den Entzug von Förderungen,[797] verfassungsrechtlich zu verankern. So könnte es auch zielführender sein, nicht nur auf das Programm einer Partei abzustellen, sondern auch zu überprüfen, ob die interne Struktur einer Partei gemäß der Satzung demokratischen Standards entspricht – etwa dahingehend, ob das Leitungsorgan auf demokratischem Weg bestellt wird.[798]

---

794 Etwa durch entsprechende Kompetenzen eines Verfassungsgerichts: *Gärditz*, Verfassungsidenität 493 ff; *Müller*, Democracy 1266 f; *ders*, Annual Review of Political Science 19 (2016), 260 f. Vgl in diesem Zusammenhang auch *Venedig-Kommission*, Guidelines on Prohibition and Dissolution of Political Parties and Analogous Measures, adopted by the Venice Commission at its 41st plenary session (Venice, 10 – 11 December, 1999), CDL-INF (2000)001 <https://www.venice.coe.int/webforms/documents/default.aspx?pdffile=CDL-INF(2000)001-e> (12.06.2025) und *dies/OSZE/BDIMR*, Guidelines on Political Party Regulation – Second Edition, adopted by the Venice Commission at its 125th Plenary online session (11–12 December 2020), CDL-AD(2020)032 <https://www.venice.coe.int/webforms/documents/default.aspx?pdffile=CDL-AD(2020)032-e> (12.06.2025).

795 *Ginsburg/Huq*, Democracy 200; *Invernizzi Accetti/Zuckerman*, What's Wrong with Militant Democracy?, Political Studies 65 (2017), 182 (189 ff); *Müller*, Democracy 1266 f; *ders*, Annual Review of Political Science 19 (2016), 253, 260.

796 *Landau*, UC Davis Law Review 47 (2013), 217 ff; *Müller*, Annual Review of Political Science 19 (2016), 262; *Scheppele*, The Party's Over, in Graber/Levinson/Tushnet (Hg), Constitutional Democracy in Crisis? (2018) 495 (498).

797 Vgl oben bei Fn 791.

798 Vgl für Deutschland etwa Art 21 GG und §§ 6 ff deutsches Parteiengesetz (BGBl I S. 149 idF BGBl 2024 I Nr 70); für Österreich etwa den erst kürzlich novellierten § 1 Abs 4 Z 1 Parteiengesetz 2022 (BGBl I 2012/56 idF BGBl I 2022/125). *Gstöttner/Reiss*, In der Satzung die Macht verteilt: Gedanken zur innerparteilichen Demokratie der österreichischen Parteien, juridikum 2024, 293; *Kelsen*, Staatslehre 351; *Poier*, Politische Parteien, Wahlrecht und Demokratie: Innerparteiliche Demokratie und Bedeutungsverlust der politischen Parteien, in ÖJK/Müller (Hg), Demokratie – Zustand und Perspektiven – GS Rudolf Machacek (2015) 104 (112 ff); *Scheppele*, Party 510 ff.

Schließlich kann noch die Frage gestellt werden, ob eine repräsentative Demokratie mit wenigen bis kaum direktdemokratischen Elementen oder eine Demokratie mit stark ausgeprägten Instrumenten zur unmittelbaren Teilhabe des Volkes als resilienter zu beurteilen ist.[799] Für eine repräsentative Demokratie spricht die erwartete Expertise eines Berufsparlaments, womit die Hoffnung verbunden ist, dass dort sachgerechte, die demokratischen Werte wahrende Entscheidungen getroffen werden.[800] Der Einsatz von mehr direktdemokratischen Instrumenten hätte hingegen den Vorteil, dass der Gesetzgebungsprozess verlangsamt und so insbesondere Verfassungsänderungen länger beraten und reflektiert werden könnten.[801] Ebenso könnte mit direktdemokratischen Instrumenten besser sichergestellt werden, dass das Volk mit gewissen grundlegenden Entscheidungen tatsächlich einverstanden ist. In diesem Sinn sehen auch viele Verfassungen Volksabstimmungen als Teil des Verfassungsänderungsprozesses vor.[802] Ein möglicher Nachteil einer stärkeren Beteiligung der Bevölkerung am demokratischen Prozess kann jedoch deren mangelndes Fachwissen und fehlende Erfahrung sein, was einerseits zu unberechenbaren Entscheidungen, bei Fehlen einer entsprechenden rechtlichen Einhegung andererseits auch zur Verletzung verfassungsstaatlicher Werte führen kann.[803] Insbesondere der Grund- und Minderheitenschutz erscheint aufgrund der ungefilterten Anwendung des Mehrheitsprinzips in diesen Fällen gefährdet, weswegen gewisse grundrechtlich sensible Themen einer Volksabstimmung jedenfalls entzogen sein sollten. Dafür könnte vorab etwa eine verfassungsgerichtliche Prüfung der Fragestellung vorgesehen werden.[804] Immer wieder ist zudem zu beobachten, wie direktdemokratische Instrumente von Regierungen benutzt werden, um parteipolitische Interessen durchzusetzen. Zugang der Bevölkerung zu umfassenden, neutral formulierten Informationen im Vorfeld einer Volksabstimmung – gegebenenfalls mit Rechtsschutzmöglichkeiten im Fall der einseitigen Informa-

---

[799] Für einen Überblick über die Diskussion, ob direkte Demokratie die Qualität von Demokratien erhöht vgl *Morel*, Referendum, in Rosenfeld/Sajó (Hg), The Oxford Handbook of Comparative Constitutional Law (2012) 501 (505 ff).

[800] *Gamper*, Staat 214 f.

[801] *Dies*, Staat 216; *Merli*, Langsame Demokratie, in Jabloner et al (Hg), GS Robert Walter (2013) 487 (504 f).

[802] *Gamper*, Änderung 54 mwN.

[803] *Dies*, Staat 243; *Morel*, The Democratic Criticism of Referendums, in dies/Qvortrup (Hg), The Routledge Handbook to Referendums and Direct Democracy (2018) 149.

[804] *Klatt*, Democracy in 2030, in Bezemek (Hg), Constitutionalism 2030 (2022) 13 (15); *Konrath*, Demokratie und Rechtsstaat. Zur Bewertung von Vorschlägen zum Ausbau direkter Demokratie, in Bußjäger/Balthasar/Sonntag (Hg), Direkte Demokratie im Diskurs (2014) 127 (132 ff); *Merli*, Demokratie 500 ff; *ders*, Illiberal Direct Democracy, ICL Journal 14 (2020), 199 (201) mwN; *Stefanini*, Referendums, Minorities and Individual Freedoms, in Morel/Qvortrup (Hg), The Routledge Handbook to Referendums and Direct Democracy (2018) 371.

tion – ist daher essentiell.[805] Schließlich können mit „Ja/Nein“ zu beantwortende Fragestellungen es erschweren, differenzierte Lösungen zu finden.[806]

In der Literatur wird daher häufig eine Mischung aus repräsentativer Demokratie mit direktdemokratischen Elementen befürwortet, sodass Stärken beider Modelle miteinander vereint und Schwächen ausgeglichen werden. Es ist naheliegend, dass eine hohe Qualität eines demokratischen Regimes auch dessen Widerstandsfähigkeit stärkt, weshalb einer repräsentativen Demokratie, die durch direktdemokratische Instrumente ergänzt wird, wohl auch eine höhere Resilienz zu attestieren ist.[807] Themenbeschränkungen, Anforderungen an die Mindestbeteiligung, Vorgaben bezüglich der Fragestellung, institutionalisierte bzw unabhängige Information der Bevölkerung, Kontrolle durch ein Gericht oder zeitliche Beschränkungen können zudem helfen, die oben beschriebenen negativen Effekte einer unmittelbaren Teilhabe des Volkes hintanzuhalten.[808]

Schließlich gibt es viele innovative Ideen, wie Bürgerinnen und Bürger stärker in den demokratischen Prozess eingebunden werden können, um die Distanz zwischen Repräsentierenden und Repräsentierten zu vermindern und dem sinkenden Vertrauen in die Politik entgegenzuwirken. Die Vorschläge reichen dabei vom vermehrten Einsatz von Bürger- und Bürgerinnenräten[809] bis hin zur Einführung

---

[805] Vgl etwa das „Abstimmungsbüchlein“ bei Volksabstimmungen in der Schweiz (Art 10a, 11 Schweizer Bundesgesetz über die politischen Rechte, SR 161.1). *Braun-Binder*, Instrumente der direkten Demokratie im Mehrebenensystem: Erfahrungen aus Deutschland und der Schweiz unter Berücksichtigung des Verfahrens im Vorfeld (Vorbereitungs- und Informationsszenarien), in Bußjäger/Balthasar/Sonntag (Hg), Direkte Demokratie im Diskurs (2014) 61 (70 ff); *Merli*, Demokratie 502 f; *ders*, ICL Journal 14 (2020), 200 ff; *Müller*, Freiheit, Gleichheit, Ungewissheit: Wie schafft man Demokratie? (2021) 38 f; *Tierney*, Democratic Credentials and Deficits of Referendums, in Morel/Qvortrup (Hg), The Routledge Handbook to Referendums and Direct Democracy (2018) 192 (195 ff).

[806] *Merli*, ICL Journal 14 (2020), 201; *Morel*, Referendum 505 f.

[807] *Gamper*, ZöR 80 (2025), 294; *Morel*, Criticism 166.

[808] *Merli*, Demokratie 500 ff; *ders*, ICL Journal 14 (2020), 202 ff; *Morel*, Criticism 150 ff; *Stefanini*, Referendums 380 ff; *Tierney*, Credentials 195 ff. Vgl auch *Venedig-Kommission*, Code of Good Practice on Referendums, adopted by the Council for Democratic Elections at its 19th meeting (Venice, 16 December 2006) and the Venice Commission at its 70th plenary session (Venice, 16–17 March 2007), CDL-AD(2007)008rev-cor <https://www.venice.coe.int/webforms/documents/default.aspx?pdffile=CDL-AD(2007)008rev-cor-e> (12.06.2025); *dies*, Revised Guidelines on the Holding of Referendums, approved by the Council of Democratic Elections at its 69th online meeting (7 October 2020) and adopted by the Venice Commission at its 124th online Plenary Session (8–9 October 2020), CDL-AD(2020)031 <https://www.venice.coe.int/webforms/documents/default.aspx?pdffile=CDL-AD(2020)031-e> (12.06.2025).

[809] *Alber*, Die Governance der Zukunft: Lernender Föderalismus und deliberative Demokratie, in Biwald et al (Hg), Nachhaltig wirken (2019) 192 (202 ff); *Bußjäger/Schramek*, Die Praxis der direkten und deliberativen Demokratie in Österreich, in Alber/Zwilling

eines Losverfahrens[810] als Alternative zu Wahlen. Solche Instrumente haben sicherlich das Potential, einige Defizite der repräsentativen Demokratie auszugleichen, betrachtet man sie jedoch isoliert, mangelt es ihnen oft selbst an demokratischer Legitimation. Sie bergen daher die Gefahr, willkürliche Entscheidungen hervorzubringen, weshalb solche Instrumente vor allem für beratende Funktionen geeignet sind.[811]

12.2.3 Resiliente Gewaltenteilung

Nachdem der Frage nachgegangen wurde, wie das demokratische Prinzip im Rahmen eines westlichen Verfassungsstaates resilienter ausgestaltet werden könnte, soll nun auch die Resilienz durch Gewaltenteilung untersucht werden. Dafür sollen noch einmal das parlamentarische und das präsidiale Regierungssystem einander gegenübergestellt, verschiedene Modelle der Verfassungsgerichtsbarkeit diskutiert, der Wert eines bundesstaatlichen Systems beleuchtet und Vorschläge für neue Formen der Gewaltenteilung analysiert werden.[812]

Eine Verfassung ist unter dem Gesichtspunkt der Gewaltenteilung dann resilienzfördernd gestaltet, wenn sie eine übermäßige Machtkonzentration verhindert, die ihre eigenen Leitprinzipien untergraben könnte. Ob ein parlamentarisches oder präsidiales Regierungssystem dafür besser geeignet ist, lässt sich nur schwer beurteilen. Vielfach werden dem parlamentarischen Regierungssystem bessere Chancen eingeräumt, obwohl das präsidiale Regierungssystem in der Theorie für eine striktere Form der Gewaltentrennung steht.[813] Begründet wird die präsidialen Systemen immer wieder entgegengebrachte Skepsis unter anderem mit den weit-

---

(Hg), Von Government zu Governance (2021) 103 (122 f); *Hellrigl*, Bürgerräte in Vorarlberg, in Bußjäger/Balthasar/Sonntag (Hg), Direkte Demokratie im Diskurs (2014) 163; *Pfeffer/Sahl*, Bürgerräte und die parlamentarische Demokratie, ZRP 2021, 153; *Smith/Setälä*, Mini-Publics and Deliberative Democracy, in Bächtiger et al (Hg), The Oxford Handbook of Deliberative Democracy (2018) 299.

[810] Vor allem *van Reybrouck*, Gegen Wahlen (2016). *Buchstein*, Wählen, Losen und politische Gerechtigkeit – Plädoyer für einen „demokratisch-deliberativen pouvoir neutre“, ZPol 22 (2012), 395; *Franke*, „Drawing of Lots“ Instead of „Voting“ – The Only Way to Restore Democracy?, in ders (Hg), Die gefährdete Demokratie (2017) 79.

[811] *Gamper*, Tertium non datur? Bürgerbeteiligung zwischen repräsentativer und direkter Demokratie, in Wallenstorfer (Hg), Demokratie. Idealkonstrukt oder Auslaufmodell? (2025) 97 (110 ff); *Gamper*, ZöR 80 (2025), 292 bei Fn 72; *Kaiser*, Die Organisation politischer Willensbildung: Parteien, VVDStRL 81 (2022), 118 (156 ff); *Smith/Setälä*, Mini-Publics 306 ff.

[812] Zur Bedeutung der (Verfassungs-)Gerichtsbarkeit für den Schutz des westlichen Verfassungsstaates s noch unten 12.2.4.

[813] *Dawood*, Democratic Dysfunction and Constitutional Design, Boston University Law Review 94 (2014), 913 (923); *Gamper*, ZöR 80 (2025), 294 ff; *dies*, Staat 209; *Ginsburg/Huq*, Democracy 176 ff; *Gutmann/Voigt*, Public Choice 195 (2023), 384; *Jakab*, Resilience Rz 13; *ders*, ZöR 74 (2019), 385 f.

reichenden monokratischen Entscheidungsbefugnissen des Präsidenten bzw der Präsidentin, aber auch mit dem Konfliktpotenzial, das durch die getrennte demokratische Legitimation von Legislative und Exekutive entsteht.[814] Im präsidialen System kann etwa ein vorzeitiges Ende einer Präsidentschaft typischerweise nur nach einer strafrechtlichen Verurteilung oder bei einer sonstigen schweren Verfehlung – und selbst dies nur im Rahmen gewisser Verfahren – erzwungen werden, während dies bei einer Regierung im parlamentarischen System jederzeit aus beliebigen Gründen mittels Misstrauensvotums erreicht werden kann.[815] Insbesondere beim präsidialen Regierungssystem ist daher eine verfassungsrechtlich verankerte – hinsichtlich Zahl und Dauer der Funktionsperioden präzise – Amtszeitbeschränkung des Staatsoberhaupts entscheidend.[816] Dessen Befugnisse sollten zudem insbesondere dahingehend begrenzt werden, dass Verfassungsänderungen nicht in seiner alleinigen Kompetenz liegen und (Not-)Verordnungsrechte einer strengen parlamentarischen oder gerichtlichen Kontrolle unterliegen sowie zeitlich und inhaltlich beschränkt sind.[817]

Aber auch parlamentarische Regierungssysteme sind nur bedingt dazu geeignet, die verfassungsstaatlichen Werte vor einer Erosion zu schützen: Die enge Verflechtung von Exekutive und Legislative kann nämlich ebenfalls zu einer starken Machtkonzentration führen. Dies zeigt sich etwa daran, dass eine Partei mit absoluter Mehrheit nicht nur allein eine Regierung stellen, sondern im Parlament auch Gesetze ohne die Zustimmung anderer Fraktionen beschließen kann. Diese Machtkonzentration tritt auch auf, wenn mehrere Parteien eine Regierungskoalition bilden, weil die parteistaatliche Logik jedenfalls die verfassungsmäßig vorgesehene Gewaltenteilung zwischen Legislative und Exekutive überlagert. Das parlamentarische Regierungssystem bietet also ebenso wenig ausreichenden Schutz davor, dass etwa Regelungen erlassen werden, die einen demokratischen Machtwechsel erschweren.[818] Eine umso wichtigere Rolle für die Begrenzung autoritärer Tenden-

---

[814] *Dawood*, Boston University Law Review 94 (2014), 923; *Gutmann/Voigt*, Public Choice 195 (2023), 382 ff; *Linz*, The Perils of Presidentialism, Journal of Democracy 1 (1990), 51 (62 ff); *Maeda*, Two Modes of Democratic Breakdown: A Competing Risks Analysis of Democratic Durability, The Journal of Politics 72 (2010), 1129 (1132 ff).

[815] *Ginsburg/Huq*, Democracy 181; *Linz*, Journal of Democracy 1 (1990), 64 ff; *Maeda*, The Journal of Politics 72 (2010), 1132.

[816] Vgl zuletzt die Änderung von Art 268 der dominikanischen Verfassung, mit der die Bestimmung, die nur eine einmalige Wiederwahl des Präsidenten bzw der Präsidentin zulässt, für unantastbar erklärt wurde, um eine zukünftige Umgehung dieser Beschränkung zu verhindern: *Hernandez*, Antidote; vgl dazu bereits oben Fn 625. *Gamper*, ZöR 80 (2025), 296; *Ginsburg/Huq*, Democracy 186; *Gutmann/Voigt*, Public Choice 195 (2023), 383; *Jakab*, Resilience Rz 13; *ders*, ZöR 74 (2019), 385 f; *Landau/Dixon*, Term Limits 351 ff. Hinsichtlich verschiedener Alternativen zur klassischen Amtszeitbeschränkung s *Ginsburg/Melton/Elkins*, William & Mary Law Review 52 (2011), 1855 ff.

[817] *Gamper*, ZöR 80 (2025), 295 f; *Klebelsberg*, Staatsnotstand 125 ff.

[818] Vgl oben Teil III hinsichtlich Ungarn. *Dawood*, Boston University Law Review 94 (2014), 934; *Ginsburg/Huq*, Democracy 184; *Lienbacher*, Autokratieresistenz 79 ff.

zen spielen daher parlamentarische Minderheitsrechte, wie das Rede- und Initiativrecht, das Recht auf Information, das Recht auf Einsetzung eines Untersuchungsausschusses oder das Recht, eine Prüfung von Gesetzen durch das Verfassungsgericht zu beantragen. Auch entsprechend hohe Zustimmungserfordernisse für Verfassungsänderungen, die in der Regel ein Mitwirken der Opposition erfordern, schränken die Macht der Regierung ein.[819]

Bei der Verhinderung übermäßiger Machtkonzentration spielt insbesondere auch das Institut der Verfassungsgerichtsbarkeit eine wichtige Rolle: Die mit dieser Aufgabe betrauten Gerichte sind im Rahmen der Gewaltenteilung nicht nur zur Kontrolle der anderen Staatsorgane berufen, sondern auch prinzipiell dafür verantwortlich, die Einhaltung der Verfassung sicherzustellen.[820] Insofern liegt die Annahme nahe, dass ein starkes Modell der Normenkontrolle, das die Aufhebung verfassungswidriger Rechtsakte ermöglicht,[821] in besonderem Maß zur Resilienz einer Verfassung beiträgt.[822] Demgegenüber scheinen Modelle, die Gerichten lediglich einen Hinweis auf die Verfassungswidrigkeit einer Norm ohne weitergehende Sanktionen gestatten[823] und somit grundsätzlich die Fortgeltung verfassungswidriger Gesetze begünstigen,[824] weniger geeignet, eine Verfassung wirksam zu schützen. Neben der Tatsache, dass durch eine zu starke Verfassungsgerichtsbarkeit Spannungen zur Demokratie und Gewaltenteilung entstehen können,[825] besteht im Hinblick auf die in Teil III beschriebenen Formen der Aushöhlung des westlichen Verfassungsstaates allerdings auch die Gefahr, dass eine starke, zentralisierte Verfassungsgerichtsbarkeit den (Verfassungs-)Gesetzgeber dazu verleitet, das Verfassungsgericht durch Maßnahmen wie *court-packing*[826] unter seine Kontrolle zu bringen. Ist dies einmal gelungen, können die weitreichenden Kompetenzen eines nicht mehr unabhängigen Verfassungsgerichts die Erosion verfassungsstaatlicher Werte noch schneller vorantreiben.[827] In dieser Hinsicht erscheinen

---

819 *Von Achenbach,* Case; *Ginsburg/Huq,* Democracy 212 ff; *Ginsburg/Huq/Versteeg,* University of Chicago Law Review 85 (2018), 249; *Kaiser,* VVDStRL 81 (2022), 146 ff; *Payandeh,* Die Organisation politischer Willensbildung: Parlamente, VVDStRL 81 (2022), 171.

820 *Kelsen,* VVDStRL 5 (1929), 54 f.

821 *Strong-form constitutional review*: *Tushnet,* The Relation Between Political Constitutionalism and Weak-Form Judicial Review, German Law Journal 14 (2013), 2249 (2250).

822 Grundsätzlich zur Auswirkung der verfassungsgerichtlichen Normenkontrolle auf die Langlebigkeit einer Verfassung vgl *Elkins/Ginsburg/Melton,* Endurance 106 ff, 141, 212.

823 *Weak-form constitutional review*: *Tushnet,* German Law Journal 14 (2013), 2250 f.

824 *Gamper,* Verfassungsgerichtsbarkeit 29.

825 Vgl oben bei 3.4.2.3 bei Fn 350 ff. *Dies,* Verfassungsgerichtsbarkeit 30 ff.

826 Vgl oben Kapitel 9.3.

827 *Garcia Holgado/Sánchez Urribarri,* Global Constitutionalism 12 (2023), 370 ff; *Kühn,* Centralized Judicial Review and the Problem of its „Over-Centralization“, in Bobek et al (Hg), Transition 2.0: Re-establishing Constitutional Democracy in EU Member States (2023) 277 (282 ff); *Landau/Dixon,* UC Davis Law Review 53 (2020), 1335 ff, 1379.

Formen einer schwachen[828] oder dezentrierten Normenkontrolle, bei der auch ordentlichen Gerichten Normprüfungskompetenzen zukommen, als förderlicher für die Aufrechterhaltung einer funktionierenden Gewaltenteilung und somit für die Resilienz eines westlichen Verfassungsstaates.[829]

Zum Schutz des westlichen Verfassungsstaates auf Ebene der Gewaltenteilung können grundsätzlich auch bundesstaatliche Strukturen beitragen. Die politische Macht wird diesfalls nämlich nicht nur horizontal, sondern auch vertikal verteilt, was eine zu große Machtakkumulation bei Organen derselben Ebene verringert. Theoretisch sollten die Gliedeinheiten eines Bundesstaates sowohl im Gesetzgebungsprozess als auch auf Ebene der Vollziehung in der Lage sein, einer von der Bundesebene ausgehenden Aushöhlung liberal-demokratischer Werte entgegenzuwirken.[830] Dass dieser Effekt tatsächlich eintritt, hängt jedoch davon ab, wie stark die Rechte der staatlichen Gliedeinheiten verfassungsrechtlich ausgestaltet sind und ob diese realpolitisch – insbesondere im Hinblick auf die Parteienlandschaft – auch genutzt werden.[831]

Schließlich wird in der staatsrechtlichen Literatur immer wieder betont, dass nicht ein Element allein, sondern das Zusammenspiel von mehreren die Werte des westlichen Verfassungsstaates am besten vor einer Erosion bewahre. Insbesondere Institutionen wie Ombudsstellen, Rechnungshöfe, Wahlkommissionen oder Antikorruptionsbehörden könnten dabei als vierte Gewalt die Verfassungsordnung schützen, indem sie, unabhängig von parteipolitischen Interessen, andere Staatsorgane, aber auch sich gegenseitig kontrollieren.[832] Hierbei kommen jedoch Spannungen bezüglich dem demokratischen Prinzip zum Vorschein, denn mit größerer Unabhängigkeit geht typischerweise auch eine geringere demokratische Legitimation und politische Verantwortlichkeit einher.[833]

---

[828] *Gardbaum*, Are Strong Constitutional Courts Always a Good Thing for New Democracies?, Columbia Journal of Transnational Law 53 (2015), 385.

[829] *Kühn*, Judicial Review 290 ff. Überlegungen zur Frage, wie Verfassungsgerichte vor politischer Einflussnahme geschützt werden können und in dieser Hinsicht resilienter ausgestaltet werden können, folgen sogleich unter 12.2.4.

[830] *Gardner*, Democratic Backsliding in Federal States, in Wejnert (Hg), The Global Rise of Autocracy (2025) 295 (312 ff); *Ginsburg/Huq/Versteeg*, University of Chicago Law Review 85 (2018), 250 f; *Jakab*, Resilience Rz 16; *ders*, ZöR 74 (2019), 387.

[831] *Gardner*, Backsliding; *Kaufman/Kelemen/Kolcak*, Federalism and Democratic Backsliding in Comparative Perspective, Perspectives on Politics 2024, 1 (2, 16).

[832] *Ginsburg/Huq*, Democracy 194 ff; *Jakab*, Resilience Rz 21; *ders*, ZöR 74 (2019), 389; *Tushnet*, The New Fourth Branch (2021); *ders*, Institutions Protecting Democracy: A Preliminary Inquiry, Law & Ethics of Human Rights 12 (2018), 181 (190 ff).

[833] *Jakab*, Resilience Rz 21; *ders*, ZöR 74 (2019), 389; *Tushnet*, Branch; *ders*, Law & Ethics of Human Rights 12 (2018), 181 ff, 197 ff.

12.2.4 Resilienter Rechtsstaat

In Teil II und III wurde bereits aufgezeigt, in welchen Formen eine Rechtsstaatlichkeitskrise (*rule of law backsliding*) auftreten kann und dass es sich auch hierbei in den meisten Fällen um einen Erosionsprozess handelt. Im Folgenden soll daher insbesondere auf die Bedeutung der richterlichen Unabhängigkeit und auf den Effekt internationaler bzw supranationaler Verpflichtungen für die Resilienz des Rechtsstaats eingegangen werden.

Angriffe auf den Rechtsstaat gehen, wie in den vorigen Kapiteln dargelegt, sehr oft mit der Beeinträchtigung der richterlichen Unabhängigkeit einher.[834] Um dem vorzubeugen, empfiehlt es sich, neben der grundsätzlichen Weisungsfreiheit jedenfalls gewisse Objektivitätskriterien hinsichtlich der Bestellung und Abberufung von Richterinnen und Richtern verfassungsrechtlich zu verankern. Idealerweise sollten jeweils mehrere Organe an diesen Prozessen beteiligt sein, da auf diese Weise noch ein gewaltenteilendes Element hinzutritt und so die Gefahr der politischen Einflussnahme reduziert wird.[835] Verfassungsrechtliche Garantien richterlicher Unabhängigkeit sollten zudem über ein allgemeines Bekenntnis hinausgehen und möglichst konkret formuliert werden, da nur so deren Einhaltung wirklich überprüft werden kann. Dies gilt etwa in Bezug auf die Amtsdauer, die bis zur Erreichung des verpflichtenden Pensionsantrittsalters reichen bzw lebenslang sein sollte, die Ab- und Versetzbarkeit, die nur in wenigen wichtigen Fällen zulässig sein sollte, sowie hinsichtlich Regelungen zur Pensionierung und zum Gehalt.[836] Zur Wahrung der Unabhängigkeit ist es darüber hinaus entscheidend, dass den Gerichten genügend Mittel zur Verfügung stehen und diese nicht willkürlich entzogen werden können.[837]

---

[834] *Ginsburg/Huq/Versteeg*, University of Chicago Law Review 85 (2018), 252; *Petrov*, Countering Democratic Decay Judicially: Is Resistance Futile?, ICL Journal 18 (2024), 595 (600 f).

[835] *Gamper*, ZöR 80 (2025), 296; *Ginsburg/Huq*, Democracy 190 f; *Landau/Dixon*, UC Davis Law Review 53 (2020), 1376 f; *Markel*, Einige Gedanken zur Stellung des Richters, in Matscher/Pernthaler/Raffeiner (Hg), Ein Leben für Recht und Gerechtigkeit – FS Hans R. Klecatsky (2010) 419 (430); *Melton/Ginsburg*, Does De Jure Judicial Independence Really Matter?, Journal of Law and Courts 2 (2014), 187 (192 ff); *Petrov*, ICL Journal 18 (2024), 608 f.

[836] *Lienbacher*, Autokratieresistenz der österreichischen Bundesverfassung, ZöR 75 (2020), 67 (82 f); *Markel*, Gedanken 428 ff; *Melton/Ginsburg*, Journal of Law and Courts 2 (2014), 192 ff. Vgl auch die Empfehlungen des Europarats zur Unabhängigkeit der Gerichtsbarkeit *Ministerkomitee des Europarats*, Judges: Independence, Efficiency and Responsibilities – Recommendation CM/Rec(2010)12 adopted by the Committee of Ministers of the Council of Europe on 17 November 2010 <https://search.coe.int/cm?i=090000016805afb78> (12.06.2025).

[837] *Lienbacher*, ZöR 75 (2020), 83, 89; *Markel*, Gedanken 431. Vgl auch *Ministerkomitee des Europarats*, CM/Rec(2010)12 10 f.

Als „Staatsorgan, das seiner Funktion nach die Autokratieresistenz stärkt, indem e[s] Machtanmaßung, die sich in Form von Rechtsakten zeigt, durch Aufhebung dieser Rechtsakte verhindert und beseitigt",[838] ist ein Verfassungsgericht in besonderem Ausmaß gefährdet, Ziel von politisch motivierten Angriffen zu sein.[839] Um solchen standzuhalten, gilt das zur richterlichen Unabhängigkeit Gesagte umso mehr für die Verfassungsgerichtsbarkeit.[840] Zur Aufrechterhaltung der Akzeptanz verfassungsgerichtlicher Entscheidungen kann es für Verfassungsgerichte zudem ratsam sein, sich in *judicial self-restraint* zu üben und aktivistische Entscheidungen nur zum Schutz demokratischer und rechtsstaatlicher Kerngehalte zu treffen.[841] Auch die Rückbesinnung auf die Tatsache, dass die meisten Verfassungen Ausdruck eines politischen Kompromisses sind, mahnt dazu, eine Verfassung nicht übermäßig stark in eine Richtung weiterzuentwickeln, sondern vielmehr Zurückhaltung bei der verfassungsgerichtlichen Auslegung zu wahren.[842]

Wie Teil II und Teil III gezeigt haben, kann sich eine Rechtsstaatlichkeitskrise darin äußern, dass die formellen Elemente des rechtsstaatlichen Konzepts zulasten der materiellen Garantien überhand gewinnen. Es kommt so vermehrt zu einer rein formalistischen Herrschaft durch Gesetz (*rule by law*),[843] ohne dass diese Gesetze inhaltlich zwingend an Demokratie, Gewaltenteilung und Grundrechten ausgerichtet werden.[844] Die Wahrung nicht nur der formellen,[845] sondern auch der materiellen Rechtsstaatsgarantien ist für die Aufrechterhaltung des westlichen Verfassungsstaates daher essentiell. Dies kann auf verfassungsrechtlicher Ebene mit bereits angesprochenen Mitteln, wie dem Schutz gewisser Normen durch ihre Hebung in den Verfassungsrang, den Hürden für das Verfassungsänderungsver-

---

838 *Lienbacher*, ZöR 75 (2020), 83.

839 Vgl auch *Grabenwarter*, Resilience, der die Ernennung von Richterinnen und Richtern, gezielte Änderungen des Verfahrensrechts und die Missachtung von Entscheidungen als die drei Achillesfersen von Verfassungsgerichten bezeichnet.

840 Vgl oben Fn 834 ff. *Gamper*, Verfassung 18 f; *Jakab*, Resilience Rz 19 f; *ders*, ZöR 74 (2019), 388; *Lienbacher*, ZöR 75 (2020), 83 ff.

841 *Jakab*, Resilience Rz 24 f; *ders*, ZöR 74 (2019), 390.

842 *Loughlin*, Interpretation 279 ff.

843 Vgl oben 2.4.3 und 6.7.

844 *Chronowski/Varju*, Hague Journal on the Rule of Law 8 (2016); *Krygier*, The Potential for Resilience of Institutions to Sustain The Rule of Law, Hague Journal on the Rule of Law 12 (2020), 205 (209 f); *Roznai*, The Rule of Law in 2030, in Bezemek (Hg), Constitutionalism 2030 (2022) 31 (38 ff); *Scheppele*, University of Chicago Law Review 85 (2018), 561 ff; *Uitz*, Academic Freedom in an Illiberal Democracy: From Rule of Law through Rule by Law to Rule by Men in Hungary, 13.10.2017 <verfassungsblog.de/academic-freedom-in-an-illiberal-democracy-from-rule-of-law-through-rule-by-law-to-rule-by-men-in-hungary/> (30.05.2025).

845 Zur Bedeutung auch der formalen Elemente für die Aufrechterhaltung des westlichen Verfassungsstaates vgl *Kazai*, Autocratic (Il)legalism, VerfBlog 21.02.2024 <verfassungsblog.de/autocratic-illegalism/> (25.02.2025).

fahren oder einer starken gerichtlichen Normenkontrolle, gelingen.[846] Gerade in diesem Bereich stellt sich die Frage, ob inter- bzw supranationale Verpflichtungen der Aushöhlung des Rechtsstaats auf nationaler Ebene entgegenwirken können. Verfahren wegen der Verletzung völkerrechtlicher Abkommen können etwa dazu beitragen, die Bevölkerung auf rechtsstaatswidriges Verhalten von Staatsorganen aufmerksam zu machen. Die oftmals damit verbundenen finanziellen Sanktionen entfalten zudem eine disziplinierende Wirkung und können Staaten zu rechtsstaatlichem Handeln anhalten. Internationale und supranationale Verpflichtungen eines Staates haben somit jedenfalls das Potential, seine rechtsstaatliche Resilienz zu stärken und als Schutzmechanismus gegen eine Erosion zu wirken, auch wenn sie kein Allheilmittel darstellen.[847]

12.2.5 Resiliente Grundrechte

Nachdem oben bei den Ausführungen zur resilienten Demokratie bereits das Problem angesprochen wurde, inwieweit Grundrechte zum Schutz der anderen Prinzipien des westlichen Verfassungsstaates eingeschränkt werden dürfen,[848] wird in der rechtswissenschaftlichen Literatur auf der Kehrseite auch immer wieder die Bedeutung eines effektiven gerichtlichen Grundrechtsschutzes für das Hintanhalten einer Aushöhlung des liberal-demokratischen Rechtsstaates betont.[849] Daher stellt sich nun die Frage, wie die Grundrechtsordnung als Prinzip des westlichen Verfassungsstaates selbst am besten geschützt werden kann.

Die naheliegendste Möglichkeit, Grundrechte resilienter auszugestalten, ist deren Verankerung im Verfassungsrang, allenfalls auch unter Festlegung ihrer Unabänderlichkeit. Gerade eine Ewigkeitsgarantie könnte jedoch im Hinblick auf die notwendige Elastizität[850] von Grundrechten einen nachteiligen Effekt haben. Würden alle Grundrechte absolut gelten, würden diese teilweise miteinander kollidieren und ein geregeltes Zusammenleben in einer demokratischen Gesellschaft unmöglich machen.[851] Voraussetzung für einen effektiven Grundrechtsschutz ist es

[846] *Scheppele*, University of Chicago Law Review 85 (2018), 563 f. Zur Bedeutung der Zivilgesellschaft und einer gewissen politischen Kultur in diesem Zusammenhang vgl noch unten 12.3.

[847] *Gamper*, ZöR 80 (2025), 290; *Ginsburg*, International Courts and Democratic Backsliding, Berkeley Journal of International Law 37 (2019), 265; *Jakab*, ZöR 74 (2019), 386 f; *ders*, Resilience Rz 15; *Landau*, UC Irvine Journal of International, Transnational and Comparative Law 2017, 99 ff; *Scheppele*, Restoring Democracy through International Law, American University International Law Review 39 (2024), 587 (630 ff).

[848] *Lienbacher*, ZöR 75 (2020), 88 ff.

[849] *Ginsburg/Huq/Versteeg*, University of Chicago Law Review 85 (2018), 251; *Huertas*, Protecting Individual Rights to Counteract Democratic Backsliding: Human Rights Law as a Partial Response to Autocratic Populism, Proceedings of the ASIL Annual Meeting 116 (2022), 136.

[850] *Gamper*, ZöR 80 (2025), 294 f.

[851] Vgl bereits oben Fn 218. *Dies*, Staat 267 ff; *Haller/Kölz/Gächter*, Staatsrecht 374 f.

daher, dass in einem bestimmten Ausmaß in Grundrechte eingegriffen werden kann.[852] Erklärt eine Verfassung subjektive Rechte für unabänderlich, ist es für die Aufrechterhaltung ihrer Elastizität notwendig, dass die jeweiligen Eingriffsvorbehalte entsprechend weit formuliert sind. Gleichzeitig sollen aber Grundrechtseingriffe nicht in einem Ausmaß ermöglicht werden, das dem Wesensgehalt der Grundrechte widersprechen würde.[853]

Dieser Balanceakt lässt sich insbesondere am Beispiel eines Staatsnotstandes illustrieren: Für den Fall einer existenziellen Bedrohung des Staates ermöglichen Verfassungen häufig erweiterte Eingriffe in Grundrechte oder sogar deren vorübergehende Aussetzung, um die Reaktionsfähigkeit des Staates nicht zusätzlich zu behindern.[854] Genau aus diesem Grund sind Grundrechte in solchen Fällen jedoch besonders gefährdet.[855] Eine zwingend vorgesehene Verhältnismäßigkeitsprüfung kann helfen, dass von diesen Maßnahmen wirklich nur Gebrauch gemacht wird, wenn ein gewichtiges öffentliches Interesse vorliegt, das in einer Gesamtabwägung schwerer wiegt als die Beeinträchtigung der Grundrechte, und kein gelinderes Mittel zur Verfügung steht.[856] Darüber hinaus können besonders sensible Rechte als notstandsfest erklärt werden, wie dies etwa Art 15 Abs 2 EMRK vorsieht.[857] Schließlich müssen effektive Kontrollmöglichkeiten der Grundrechtseinschränkungen vorgesehen sein, wofür sich insbesondere (Verfassungs-)Gerichte eignen.[858]

12.2.6 Rückgängigmachen von verfassungsstaatlicher Erosion?

Nachdem untersucht wurde, wie die einzelnen Prinzipien des westlichen Verfassungsstaates möglichst resilient ausgestaltet werden können, um ihre Aushöhlung zu verhindern, sollen nun noch Überlegungen angestellt werden, wie eine bereits eingetretene Krise des westlichen Verfassungsstaates mit rechtlichen Mitteln rückgängig gemacht werden könnte.[859] Die im Teil II analysierten dystopischen

---

[852] *Gamper*, ZöR 80 (2025), 294 f.

[853] Zur Wesensgehaltstheorie vgl oben Fn 217.

[854] Vgl nur Art 15 Abs 1 EMRK und die Nachweise bei *Gamper*, Relativer Grundrechtsschutz, in Feik/Winkler (Hg), FS Walter Berka (2013) 59 (73 bei Fn 56). *Klebelsberg*, Staatsnotstand 115 ff.

[855] *Ashauer*, Die Menschenrechte im Notstand. Eine Untersuchung zu den Voraussetzungen der Derogation nach Artikel 15 EMRK unter besonderer Berücksichtigung der Figur des überpositiven Notstandes, Archiv des Völkerrechts 45 (2007), 400 (401); *Ginsburg/Huq*, Democracy 245; *Greene*, States 145; *Mariniello*, German Law Journal 20 (2019).

[856] *Gamper*, Grundrechtsschutz 74; *Klebelsberg*, Staatsnotstand 120 ff.

[857] *Greene*, States 145; *Klebelsberg*, Staatsnotstand 292 ff.

[858] *Ders*, Staatsnotstand 127 ff. Kritisch *Chilton/Versteeg*, Courts' Limited Ability to Protect Constitutional Rights, The University of Chicago Law Review 86 (2018), 293; *Ginsburg/Huq/Versteeg*, University of Chicago Law Review 85 (2018), 252.

[859] Vgl dazu die Beiträge von Juli 2021 bis März 2022 zum Thema „Restoring Constitutionalism" auf VerfBlog, abrufbar unter <https://verfassungsblog.de/category/debates/

Fernsehserien bieten dahingehend nur wenig Anhaltspunkte: In „Years and Years“ scheint es so, als sei die Rückkehr zum westlichen Verfassungsstaat im Vereinigten Königreich mit dem Sturz der Premierministerin, deren Regierung für die Erosion verfassungsstaatlicher Prinzipien verantwortlich war, gelungen. Der Sturz wurde jedoch nicht durch eine Revolution herbeigeführt, sondern durch eine gerichtliche Verurteilung wegen strafrechtlicher Vergehen während ihrer Amtszeit, was wiederum die Bedeutung einer starken und unabhängigen Gerichtsbarkeit hervorhebt. Ob und wie im Anschluss die beeinträchtigten verfassungsstaatlichen Werte aus rechtlicher Sicht wieder vollkommen hergestellt wurden, bleibt hingegen im Dunkeln. Angedeutet wird nur, dass gewisse Maßnahmen mit entsprechenden Gegenmaßnahmen wieder aufgehoben wurden.[860] Ebenso wenig erfährt man, wie es um andere in der Serie gezeigte Staaten bestellt ist und ob auch diese einen Weg zurück zu einem friedlichen Zusammenleben innerhalb eines verfassungsstaatlichen Systems finden. Die untersuchte erste Staffel von „The Handmaid's Tale“ endet ebenfalls offen, genauso wie die Romanvorlage von *Atwood*. Die theokratische Diktatur besteht nach wie vor, und es fehlt an Anhaltspunkten, die auf einen baldigen Zusammenbruch dieses Regimes hindeuten könnten. Da es keine Wahlen mehr gibt, scheint eine Wiederherstellung eines demokratischen Rechtsstaats jedenfalls nur mittels Revolution und Bruch der rechtlichen Kontinuität möglich. In „The Handmaid's Tale“ wurde der westliche Verfassungsstaat durch die Neugründung des Staates Gilead auf dem Gebiet der heutigen USA allerdings in einem Streich beseitigt, weshalb dieses Beispiel hier nur bedingt weiterhilft, da, wie die Analyse in Teil III gezeigt hat, in realen Staaten aktuell eher die langsame Aushöhlung als eine gänzliche Abschaffung der verfassungsstaatlichen Werte zu beobachten ist.

Auch die verfassungs- und staatstheoretische Literatur hat sich zuletzt vermehrt mit der Frage beschäftigt, wie eine Rückkehr zum westlichen Verfassungsstaat nach einer Phase des *democratic* und *rule of law backsliding* gelingen kann. *Dixon/Landau* sprechen sich in diesem Zusammenhang etwa dafür aus, dass die liberale Demokratie mit denselben Mitteln wiederhergestellt werden könne, mit denen sie auch angegriffen wurde. Sie verweisen dabei in erster Linie auf Verfassung- und Gesetzesänderungen, wofür natürlich ein entsprechender Wille der parlamentarischen Mehrheit Voraussetzung ist.[861] Dieser Ansatz liegt daher wohl am nächsten, sollte ein demokratischer Wechsel gelingen und sich eine neue, sich von

restoring-constitutionalism/> (05.03.2025).

[860] Vgl etwa *Davies*, Years and Years Ep 6 Min 40, als die BBC ihre Sendelizenz wieder erhält.

[861] *Dixon/Landau*, Toward Restorative Constitutionalism?, VerfBlog 10.12.2021 <verfassungsblog.de/toward-restorative-constitutionalism/> (12.06.2025); *dies*, Healing Liberal Democracies: The Role of Restorative Constitutionalism, Ethics & International Affairs 36 (2022), 427 (430 ff).

früheren illiberalen und antidemokratischen Entwicklungen distanzierende Mehrheit finden.[862]

So schlägt auch *Jakab* für den Fall, dass in Ungarn eine neue Regierung an die Macht käme, die sich vom jetzigen Kurs der „illiberalen Demokratie" abwenden möchte, einen in diese Richtung gehenden Drei-Stufen-Plan zur Wiederherstellung des demokratischen Rechtsstaates vor: Da die neue Regierung höchstwahrscheinlich nur über eine einfache Mehrheit im Parlament verfügt, sollen als erstes Maßnahmen vorgenommen werden, die keiner qualifizierten Mehrheit bedürfen. Dies könne etwa die Neubesetzung von Behördenleitungen, die Aufklärung von Korruptionsfällen und ein klares Bekenntnis zur EU[863] umfassen. Auf dieser Stufe wäre aber beispielsweise auch die Umsetzung von Vorschlägen der *OSZE* und der *Venedig-Kommission*[864] zur Demokratisierung einfachgesetzlicher Wahlvorschriften denkbar.[865] Finde sich im Parlament irgendwann eine parteiübergreifende verfassungsändernde Mehrheit, empfiehlt *Jakab*, in einem zweiten Schritt die für die Stärkung von Demokratie, Gewaltenteilung, Rechtsstaatlichkeit und Grundrechtsschutz notwendigen Verfassungsänderungen durchzuführen. Vor dem Hintergrund der Analyse in Teil III könnten also etwa Beschränkungen der Kompetenzen des Verfassungsgerichts wieder aufgehoben oder die Regelungen zur Ausrufung und Verlängerung eines Notstandes stärker rechtsstaatlich eingehegt werden.[866] In einem letzten Schritt könne laut *Jakab* schließlich die Erlassung einer neuen Verfassung diskutiert werden, die einerseits symbolisch für die Wiederherstellung der Rechtsstaatlichkeit stehen, andererseits dafür genutzt werden könnte, den demokratischen Rechtsstaat institutionell zukünftig besser vor autoritären Entwicklungen zu schützen.[867] Die Alternative zur Wiederherstellung des Verfassungsstaates durch (verfassungs-)gesetzliche Maßnahmen wäre laut *Jakab*

---

[862] *Mader*, Rechtsstaatlichkeit und Haushalt: Der Stand des Werteschutzes in der EU nach dem Streit über die Rechtsstaatsverordnung, EuZW 2021, 133 (134); *Přibáň*, The Liberation of Illiberal Democracy: On Limits of Democratization after the Authoritarian Backlash, in Bobek et al (Hg), Transition 2.0: Re-establishing Constitutional Democracy in EU Member States (2023) 33 (39 ff).

[863] Etwa in Form einer lückenlosen Umsetzung von EuGH-Urteilen und sonstiger Empfehlungen der EU zur Steigerung der Rechtsstaatlichkeit, vgl etwa *Europäische Kommission*, Bericht über die Rechtsstaatlichkeit 2024, COM(2024) 800 final/2, 24.07.204 <https://eur-lex.europa.eu/legal-content/EN/TXT/?uri=celex:52024DC0800> (12.06.2025); *Europäisches Parlament*, Entschließung des Europäischen Parlaments vom 1. Juni 2023 zu der Missachtung der Rechtsstaatlichkeit und der Grundrechte in Ungarn und eingefrorenen EU-Geldern (2023/2691(RSP)) <https://eur-lex.europa.eu/legal-content/DE/ALL/?uri=CELEX:52023IP0216> (12.06.2025). Vgl auch *Mader*, EuZW 2021, 134 ff.

[864] *OSZE/BDIMR*, Hungary 2022; *Venedig-Kommission/OSZE/BDIMR*, CDL-AD(2021)039.

[865] Vgl oben Kapitel 9.1.

[866] Vgl dazu oben Kapitel 9.3 und 9.5.

[867] *Jakab*, Wie man von einem hybriden Regime zu einem demokratischen Rechtsstaat zurückkehrt, ZöR 78 (2023), 555 (567 ff).

nur der revolutionäre Weg mit Bruch der rechtlichen Kontinuität, wobei dies aufgrund der Rechtswidrigkeit, der mangelnden Planbarkeit und dem Schaden für die politische und rechtliche Kultur abzulehnen sei.[868] *Jakab* betont stattdessen die Bedeutung einer objektiv-teleologischen Rechtsauslegung, die in einem Rechtsstaat auch grundlegenden Gerechtigkeitsanforderungen Rechnung tragen muss, um dem westlichen Verfassungsstaat nach einer Erosionsphase wieder zum Durchbruch zu verhelfen.[869]

Dennoch ist die Aussage, der westliche Verfassungsstaat könne mit denselben Mitteln wiederhergestellt werden, mit denen er angegriffen wurde, mit Vorsicht zu betrachten – insbesondere, wenn damit auch der Rückgriff auf verurteilte Praktiken gemeint ist. Ein prominentes Beispiel in der verfassungsrechtlichen Literatur ist hierfür das *court-packing*, das in Teil III als potentielle Gefährdung der Unabhängigkeit und Unparteilichkeit von Gerichten und daher als Mittel zur Aushöhlung des Rechtsstaats angeführt wurde. Um die Effekte des *court-packing* rückgängig zu machen,[870] ist es naheliegend, Richterinnen und Richter ihres Amtes zu entheben und diese durch neue zu ersetzen. Die Schwierigkeit ist hierbei, dass sich solche Maßnahmen selbst nur schwer vom ursprünglich kritisierten *court-packing* unterscheiden.[871] Vielmehr scheint es sich um die noch problematischere Variante des „dynamic court-packing“[872] zu handeln.[873] Wird nun unter dem Begriff des „good court-packing“[874] vorgeschlagen, zu unterscheiden, in welchem Kontext und zu welchen Zwecken die Maßnahme vorgenommen wird,[875] führt dies zu Wertungsschwierigkeiten: Wer entscheidet und kontrolliert, ob die Erhöhung der Richterzahl zur Stärkung der Rechtsstaatlichkeit beiträgt oder ihr schadet?[876] Zudem besteht bei solchen Szenarien die Gefahr, dass es zur Norm wird, Gerichte nach einem Machtwechsel neu zu besetzen.[877]

---

868 *Ders*, ZöR 78 (2023), 567 ff, 577 ff.

869 *Ders*, ZöR 78 (2023), 575.

870 Vgl den Begriff „court-unpacking“ bei *Kosař/Šipulová*, Court-Unpacking: A Preliminary Inquiry, in Bobek et al (Hg), Transition 2.0: Re-establishing Constitutional Democracy in EU Member States (2023) 323.

871 *Kosař/Šipulová*, Court-Unpacking 343 ff.

872 *Sadurski*, Hague Journal on the Rule of Law 11 (2019), 65.

873 Vgl auch die Bezeichnung „swapping strategy“ als eine von drei Arten von *court-packing* bei *Kosař/Šipulová*, ICON 21 (2023), 95 ff.

874 Vgl das Symposium von März bis Mai 2022 zur Frage „Can ‚Good‘ Court-Packing Repair Democracy?“ auf IACL-AICL Blog, abrufbar unter <https://blog-iacl-aidc.org/can-good-courtpacking-repair-democracy> (05.03.2025).

875 *Daly*, „Good“ Court-Packing? The Paradoxes of Constitutional Repair in Contexts of Democratic Decay, German Law Journal 23 (2022), 1071 (1096 ff); *Dixon/Landau*, Ethics & International Affairs 36 (2022), 434; *Kosař/Šipulová*, Court-Unpacking 331 ff.

876 Vgl dazu ausführlich *Gamper*, ZöR 80 (2025), 298 ff; ebenso *Kosař/Šipulová*, ICON 21 (2023), 107 ff.

877 *Kosař/Šipulová*, Court-Unpacking 343.

Die *Venedig-Kommission* des Europarats äußerte sich zu dieser Thematik im Zusammenhang mit mehreren polnischen Verfassungs- und Gesetzesänderungsentwürfen, die Teil eines Aktionsplans[878] der polnischen Regierung zur Wiederherstellung der Rechtsstaatlichkeit bildeten.[879] Dabei ging es unter anderem um die Frage, ob aus rechtsstaatlicher Sicht irregulär besetzte Mitglieder des polnischen Justizrates und des Verfassungsgerichts frühzeitig aus ihrem Amt entlassen werden dürfen.[880] Zudem stand zur Diskussion, ob aus demselben Grund Entscheidungen des Justizrates – der unter anderem für die Bestellung ordentlicher Richterinnen und Richter zuständig ist – sowie Entscheidungen des Verfassungsgerichts für ungültig erklärt werden können. Hinsichtlich des rechtsstaatlichen Erfordernisses der Unabsetzbarkeit von Richterinnen und Richtern, das dadurch beeinträchtigt wird, hielt die *Venedig-Kommission* fest, dass dieses Prinzip nur zur Anwendung kommen könne, wenn sie auf rechtmäßigem Weg in ihr Amt gekommen seien:

„To hold otherwise would mean that it would be possible for a government to disregard or circumvent the constitutional provisions on appointment and subsequently invoke the constitutional principle of security of tenure to make such appointment irreversible, a situation which would defeat the rule of law. It would indeed be contradictory to provide constitutional protection to an unconstitutional situation."[881]

Insbesondere die vorgeschlagenen Änderungen zum Verfassungsgericht, die nicht nur die Absetzung der tatsächlich irregulär ins Amt gekommenen Richterinnen und Richter, sondern eine komplette Neubesetzung vorsahen, beurteilte die *Venedig-Kommission* jedoch als überschießend und warnte vor der Gefahr einer

---

[878] Vgl die Pressemeldung der polnischen Regierung vom 21.02.2024, abrufbar unter https://www.gov.pl/web/justice/polish-minister-of-justice-presents-action-plan-for-restoring-the-rule-of-law (07.03.2025).

[879] *Venedig-Kommission*, Urgent Joint Opinion of the Venice Commission and the Directorate General of Human Rights and Rule of Law of the Council of Europe on the draft law amending the Law on the National Council of the Judiciary of Poland, issued on 8 May 2024, pursuant to Article 14a of the Venice Commission's Revised Rules of Procedure, endorsed by the Venice Commission at its 139th Plenary Session (Venice, 21–22 June 2024), CDL-AD(2024)018 <https://www.venice.coe.int/webforms/documents/default.aspx?pdffile=CDL-AD(2024)018-e> (12.06.2025); *dies*, Poland – Joint Opinion of the Venice Commission and the Directorate General Human Rights and Rule of Law (DGI) on European Standards Regulating the Status of Judges, adopted by the Venice Commission at its 140th Plenary Session (Venice, 11–12 October 2024), CDL-AD (2024)029 <https://www.venice.coe.int/webforms/documents/default.aspx?pdffile=CDL-AD (2024)029-e> (12.06.2025); *dies*, CDL-AD(2024)035. Zu verschiedenen Ansätzen, wie dieser Übergang in Polen gelingen kann vgl die Beiträge in *Bobek* et al (Hg), Transition 2.0: Re-establishing Constitutional Democracy in EU Member States (2023).

[880] Vgl bereits oben bei Fn 643.

[881] *Venedig-Kommission*, CDL-AD(2024)018, Rz 60. Vgl dazu auch EGMR, 01.12.2020 [GK], *Guðmundur Andri Ástráðsson/Island*, Nr 26374/18, Rz 240 und noch unten.

politischen Instrumentierung.[882] Die Aufhebung von gerichtlichen Entscheidungen durch den Gesetzgeber wirke sich zudem nicht nur negativ auf die Rechtssicherheit, sondern auch auf die Gewaltenteilung aus, weswegen eine solche Maßnahme strengen Verhältnismäßigkeitskriterien genügen müsse. Dies könne in Bezug auf die Entscheidungen des Justizrates mit Einzelfallbetrachtungen besser erreicht werden als mit einer generellen Außerkraftsetzung, während statt einer Aufhebung von Entscheidungen des Verfassungsgerichts die Möglichkeit einer Wiederaufnahme des Verfahrens zu bevorzugen sei.[883]

Die *Venedig-Kommission* betont in den verschiedenen Stellungnahmen immer wieder, dass jede Maßnahme, die der Wiederherstellung der Rechtsstaatlichkeit dienen soll, auch selbst den allgemeinen Anforderungen der Rechtsstaatlichkeit entsprechen muss.[884] Hierin scheint genau die Krux zu liegen: Da die verschiedenen Rechtsstaatsprinzipien mitunter verschiedene Ziele verfolgen, können zwischen ihnen Spannungen auftreten, sodass manche Maßnahmen – je nach Blickwinkel – die Rechtsstaatlichkeit sowohl verletzen als auch fördern können.[885] Als Orientierungshilfe können hierbei inter- und supranationale Normen dienen, denen insofern nicht nur Bedeutung in Zusammenhang mit der Eindämmung ver-

---

[882] *Venedig-Kommission*, CDL-AD(2024)035, Rz 71. Vgl auch *Bodnar*, Poland After Elections in 2023: Transition 2.0 in the Judiciary, in Bobek et al (Hg), Transition 2.0: Re-establishing Constitutional Democracy in EU Member States (2023) 299 (303); zu möglichen Szenarien, wie durch den Justizrat vorgenommene Richterbestellungen überprüft werden könnten ibidem 307 ff.

[883] *Venedig-Kommission*, CDL-AD(2024)035, Rz 38 ff; *dies*, CDL-AD(2024)029, Rz 21 ff. Zur Wiederaufnahme von Gerichtsverfahren vgl auch *Bodnar*, Poland 309. Kritisch *Scheppele*, Blinded by Legality: The Venice Commission's Change of Heart on Restoring the Rule of Law in Poland, VerfBlog 23.12.2024 <verfassungsblog.de/blinded-by-legality/> (07.03.2025). Diese Problemstellungen ausführlich behandelnd vgl etwa *Filipek*, Defective Judicial Appointments and their Rectification under European Standards, in Bobek et al (Hg), Transition 2.0: Re-establishing Constitutional Democracy in EU Member States (2023) 425 und *Kosař/Šipulová*, Court-Unpacking.

[884] *Venedig-Kommission*, CDL-AD(2024)018, Rz 31; *dies*, CDL-AD(2024)029, Rz 29; *dies*, CDL-AD(2024)035, Rz 20. Vgl dazu auch *von Bogdandy/Spieker*, EU Values as Constraints and Facilitators in Democratic Transitions, in Bobek et al (Hg), Transition 2.0: Re-establishing Constitutional Democracy in EU Member States (2023) 113 (120 ff); *Jakab*, ZöR 78 (2023), 613.

[885] *Biagi*, Constitutional Repair in Poland: The Venice Commission's Opinion on the Draft Law Amending the Law on the National Council of the Judiciary, IACL-IADC Blog 31.10.2024 <blog-iacl-aidc.org/2024-posts/2024/10/31/constitutional-repair-in-poland-the-venice-commissions-opinion-on-the-draft-law-amending-the-law-on-the-national-council-of-the-judiciary> (05.03.2025); *Halmai*, Can the Rule of Law Be Restored by Violating Its Principles? The Current Polish Debate, VerfBlog 03.01.2025 <verfassungsblog.de/can-the-rule-of-law-be-restored-by-violating-its-principles/> (07.03.2025); *Kosař/Šipulová*, ICON 21 (2023), 107 ff; *Scheppele*, Legality; *Szwed*, Rebuilding the Rule of Law: Three Guiding Principles, VerfBlog 29.04.2024 <verfassungsblog.de/rebuilding-the-rule-of-law/> (07.03.2025).

fassungsstaatlicher Erosion zukommt,[886] sondern auch bei der Wiederherstellung des liberal-demokratischen Rechtsstaates.[887] So schlagen *von Bogdandy/Spieker* etwa die Schaffung einer Möglichkeit vor, Richterinnen und Richter bei schwerwiegender und absichtlicher Missachtung von EU-Recht straf- oder disziplinarrechtlich zur Verantwortung ziehen und gegebenenfalls absetzen zu können.[888] Zudem stellt sich die Frage, ob es zur Wiederherstellung verfassungsstaatlicher Standards gerechtfertigt sein kann, nationales Recht zugunsten überstaatlichen Rechts zu verletzen.[889] Dies scheint jedoch vor allem vor dem Hintergrund, dass sich auch überstaatliches Recht in eine Richtung entwickeln kann, die Demokratie und Rechtsstaatlichkeit widerspricht, bedenklich. Eine Wiederherstellung aller Prinzipien des westlichen Verfassungsstaates in Einklang mit geltendem nationalem Recht ist aufgrund der höheren Legitimität jedenfalls zu bevorzugen, auch wenn der Transitionsprozess sich dadurch schwerfälliger und langwieriger gestalten dürfte.

Ein wehrhaftes Verständnis von Rechtsstaatlichkeit könnte ein weiterer Ansatz sein, den Konflikt zwischen widerstreitenden Rechtsstaatsgarantien aufzulösen: Laut *Sajó* ist es insbesondere nach einer Phase der Rechtsstaatlichkeitserosion entscheidend, Rechtsstaatlichkeit nicht auf das Gesetzmäßigkeitsprinzip zu reduzieren, sondern auch anderen rechtsstaatlichen Maximen Beachtung zu schenken.[890] Militante Rechtsstaatlichkeit, die in ihrer Stoßrichtung Ähnlichkeiten zum Konzept der *militant democracy*[891] aufweist,[892] bedeutet für *Sajó* in diesem Zusam-

---

[886] Vgl oben bei Fn 847.

[887] *Bodnar*, Poland 313 ff; *von Bogdandy/Spieker*, EU Values 123 ff; *Kosař/Šipulová*, Court-Unpacking 341 f; *Scheppele*, Escaping Orbán's Constitutional Prison: How European Law Can Free a New Hungarian Parliament, VerfBlog 21.12.2021 <verfassungsblog.de/escaping-orbans-constitutional-prison/> (10.03.2025); *dies*, Asymmetric Rupture: Stabilizing Democratic Transitions 2.0 with Transnational Law, in Bobek et al (Hg), Transition 2.0: Re-establishing Constitutional Democracy in EU Member States (2023) 249; *Scheppele*, American University International Law Review 39 (2024), 670 ff; *dies*, Legality. Vgl zudem nur die in Fn 879 genannten Stellungnahmen der *Venedig-Kommission.*

[888] *Von Bogdandy/Spieker*, EU Values 123 ff. Vgl auch *Bodnar*, Poland 316 ff; *Filipek*, Appointments 469 f.

[889] Als *ultima ratio* befürwortend *Scheppele*, Rupture 273 ff: Verletzung der „rule of law writ small" zugunsten der „rule of law writ large".

[890] *Sajó*, Militant Rule of Law and Not-so-Bad Law, Hague Journal on the Rule of Law 16 (2024), 525. Vgl auch die in diese Richtung gehende Kritik von *Scheppele*, Legality an den zuletzt zu Polen ergangenen Stellungenahmen der *Venedig-Kommission.* Auch *Jakab*, ZöR 78 (2023), 567 ff, 575 weißt darauf hin, dass der Rechtsstaat grundlegende Gerechtigkeitsanforderungen erfüllen muss, was für ihn insbesondere im Rahmen einer objektiv-teleologischen Auslegung des Rechts erreicht werden kann.

[891] Vgl oben Fn 758 ff.

[892] *Sajó*, Hague Journal on the Rule of Law 16 (2024), 526 f; *ders*, Militant Rule of Law, VerfBlog 20.12.2023 <verfassungsblog.de/militant-rule-of-law/> (12.03.2025).

menhang, vorhandene rechtsdogmatische Spielräume bei der Rechtsanwendung zu nutzen, indem zwischen kollidierenden rechtsstaatlichen Prinzipien abgewogen und dasjenige zurückgestellt wird, dessen Einschränkung die geringere Beeinträchtigung des Rechtsstaats insgesamt darstellt. Dass ein solches Vorgehen rechtsstaatlich vertretbar bzw unter Umständen sogar geboten ist, zeigt sich laut *Sajó* daran, dass punktuelle Einschränkungen eines rechtsstaatlichen Prinzips zugunsten eines anderen schon bisher in vielen westlichen Rechtsordnungen zu finden sind.[893] Formen wehrhafter Rechtsstaatlichkeit würden sich zudem etwa in den Urteilen des EGMR, mit dem es die Unabsetzbarkeit von unrechtmäßig ernannten Richterinnen und Richtern zugunsten des Rechts auf Entscheidung durch ein unabhängiges und unparteiliches, auf Gesetz beruhendes Tribunal gemäß Art 6 EMRK einschränkte,[894] oder in der Entwicklung des *non-regression*-Prinzips durch den EuGH[895] finden.[896]

Sajó schreibt den Gerichten insgesamt eine zentrale Rolle bei der Wiederherstellung des Rechtsstaates zu, was insbesondere durch die Nutzung von Interpretationsspielräumen gelingen soll.[897] Er plädiert dafür, Gesetze über den grundrechtlichen Bereich hinaus auf ihre sachliche Rechtfertigung bzw Verhältnismäßigkeit

---

[893] *Ders*, Hague Journal on the Rule of Law 16 (2024), 527.

[894] EGMR, 01.12.2020 [GK], *Guðmundur Andri Ástráðsson/Island*, Nr 26374/18, Rz 240: „[U]pholding those principles [of legal certainty and irremovability of judges] at all costs, and at the expense of the requirements of ‚a tribunal established by law‘, may in certain circumstances inflict even further harm on the rule of law and on public confidence in the judiciary.“; EGMR, 22.07.2021, *Reczkowicz/Polen*, Nr 43447/19; EGMR, 08.11.2021, *Dolińska-Ficek und Ozimek/Polen*, Nr 49868/19 und 57511/19; EGMR, 03.02.2022, *Advance Pharma sp. z o.o./Polen*, Nr 1469/20; EGMR, 06.10.2022, *Juszczyszyn/Polen*, Nr 35599/20. Vgl dazu *Szwed*, Fixing the Problem of Unlawfully Appointed Judges in Poland in the Light of the ECHR, Hague Journal on the Rule of Law 15 (2023), 353.

[895] Dieses Prinzip verbietet nationale Regelungen, die zu einer Verringerung des Schutzes jener Werte, denen alle Mitgliedsstaaten mit ihrem Beitritt zur EU zugestimmt haben, führen könnten: EuGH, 20.04.2021, C-896/19, *Repubblika/Il-Prim Ministru*, ECLI:EU:C:2021:311, Rz 61 ff. Dies ist in der Wissenschaft sowohl auf Lob als auch Kritik gestoßen: *Kaiser*, A New Chapter in the European Rule of Law Saga? On the European Commission’s Attempt to Mobilise Art. 2 TEU as a Stand-Alone Provision, VerfBlog 04.03.2023 <verfassungsblog.de/a-new-chapter-in-the-european-rule-of-law-saga/> (12.03.2025); *Leloup/Kochenov/Dimitrovs*, Non-Regression: Opening the Door to Solving the „Copenhagen Dilemma“? All the Eyes on Case C-896/19 Repubblika v Il-Prim Ministru, RECONNECT Working Paper No. 15 (2021), 1; *Mickonytė*, Rechtsstaatlichkeit auf dem Prüfstand: Aktuelle Entwicklungen in der Judikatur des EuGH und EGMR, in Sild (Hg), Potentiale und Grenzen europäischer Integration (2022) 275; *Scholtes*, Constitutionalising the End of History? Pitfalls of a Non-Regression Principle for Article 2 TEU, European Constitutional Law Review 19 (2023), 59.

[896] *Sajó*, Rule.

[897] *Ders*, Hague Journal on the Rule of Law 16 (2024), 544 ff. Vgl auch *Jakab*, ZöR 78 (2023), 575.

zu prüfen, sodass sich die gerichtliche Kontrolle nicht darauf beschränkt, ob ein Gesetz formell korrekt erlassen wurde, sondern auch, ob die dahinterstehende Absicht des Gesetzgebers legitimen Zielen dient und diese durch das gegenständliche Gesetz tatsächlich erreicht werden können.[898] Schließlich entspreche es einer militanten Auslegung des Missbrauchsverbots in Art 18 EMRK, dieses auch auf Fälle des systematischen Missbrauchs von Recht in anderen als dem grundrechtlichen Bereich anzuwenden.[899] Ein solcher Ansatz wirft jedoch wiederum die grundsätzliche Frage auf, inwieweit Gerichte – auch internationale wie der EGMR – zu derartigen Auslegungen ohne normative Grundlage befugt sind. Auch in der Überschreitung richterlicher Kompetenzen kann schließlich eine Gefahr für Demokratie und Rechtsstaatlichkeit liegen.[900] Auch wenn *Sajó* in der Anwendung der genannten Interpretationstechniken keine willkürliche Machtausweitung sieht, sondern sie aus den qualitativen Anforderungen, denen Recht generell genügen muss, ableitet,[901] wäre es – nicht zuletzt aus demokratischer Sicht – vorzuziehen, entsprechende Auslegungsspielräume ausdrücklich festzulegen.

12.3 Außerrechtliche Faktoren

Nachdem verschiedene Wege diskutiert wurden, um den westlichen Verfassungsstaat im Rahmen einer nationalen Verfassung resilienter auszugestalten, wurde auch untersucht, wie eine Rückkehr von einem hybriden Regime zu einem liberaldemokratischen Rechtsstaat mit (verfassungs-)rechtlichen Mitteln gelingen kann. Im Folgenden soll noch kurz ein Blick auf außerrechtliche Faktoren und deren Rolle beim Schutz des westlichen Verfassungsstaates geworfen werfen. Während das institutionelle Design sicher vieles zur Resilienz einer Verfassung beitragen kann, wird in der Realität die rechtliche Ebene doch nicht allein dafür verantwortlich sein, ob eine Erosion verfassungsstaatlicher Werte eintritt bzw ein Rückgängigmachen derselben gelingt. Vielmehr kommt es auf das Zusammenspiel zwischen rechtlichen, sozialen und politischen Gesichtspunkten an.[902]

In diesem Zusammenhang wird besonders oft auf die Bedeutung der politischen Kultur eines Landes verwiesen. So ist es etwa entscheidend, dass sich die politische Vertretung des Volkes klar zu demokratischen und rechtsstaatlichen Werten

---

[898] *Sajó*, Rule 541 ff; *ders*, Hague Journal on the Rule of Law 16 (2024), 545 ff. Vgl auch *Jakab*, ZöR 78 (2023), 575.

[899] *Sajó*, Rule.

[900] Vgl oben 3.4.2.3 bei Fn 346 ff.

[901] *Sajó*, Hague Journal on the Rule of Law 16 (2024), 542 ff.

[902] *Von Achenbach*, Case; *Ginsburg/Huq*, Democracy 245; *Ginsburg/Huq/Versteeg*, University of Chicago Law Review 85 (2018), 253; *Jakab*, ZöR 74 (2019), 382 ff; *ders*, Resilience Rz 1, 7 und 28; *Jellinek*, Staatslehre 788 ff; *Jiménez/Castiglione*, Reversing Authoritarianism in the EU: Transformative Politics and the Role of Opposition, in Bobek et al (Hg), Transition 2.0: Re-establishing Constitutional Democracy in EU Member States (2023) 59 (69 ff, 83 ff); *Petrov*, ICL Journal 18 (2024), 606.

bekennt, ihre Machtpositionen nicht ausnutzt und im politischen Alltag dem Gegenüber, aber auch verfassungsstaatlichen Institutionen ein Mindestmaß an Respekt entgegen bringt – einschließlich einer grundsätzlichen Bereitschaft zum Dialog, zur Zusammenarbeit und zu fairen politischen Auseinandersetzungen.[903] Genauso wichtig ist ein funktionierender politischer Pluralismus, der nicht nur der Opposition genügend Raum zur Artikulation einräumt, sondern auch unterschiedliche politische Standpunkte in der Gesellschaft zulässt.[904] Darüber hinaus kann eine verfassungsstaatliche Erosion aber auch weder verhindert noch rückgängig gemacht werden, wenn es an einem diesbezüglichen demokratischen Willen des Volkes fehlt:[905] Es liegt auch an der Bevölkerung, autokratischen Tendenzen durch eine informierte Wahlentscheidung etwas entgegenzusetzen,[906] wofür entsprechende staatliche Vorkehrungen notwendig sind, wie etwa eine umfassende politische Bildung in Schulen[907] oder das Bereitstellen neutraler Informationen im Vorfeld von Wahlen oder Volksabstimmungen.[908] Zur Information der Bevölkerung sind aber auch nicht-staatliche Akteure essentiell: Unabhängige Medien[909] und zivilgesellschaftliche Organisationen[910] übernehmen eine wichtige Kontrollfunktion, indem sie Missstände aufdecken, öffentliche Aufmerksamkeit schaffen und so zur Rechenschaft staatlicher Organe beitragen.[911] Dass diese Akteure selbst nicht immer unabhängig oder fehlerfrei agieren, wird durch eine hohe Medien-

---

903 *Choudhry*, Democracy 571 f; *Ginsburg/Huq*, Democracy 173; *Grabenwarter*, Resilience; *Jakab*, ZöR 74 (2019), 391; *Scheppele*, University of Chicago Law Review 85 (2018), 563 f. Vgl auch *Venedig-Kommission*, CDL-AD(2024)035, Rz 20: „Restoring the rule of law means rejecting the root of its backsliding: the idea that the winner takes all, that the majority may rule disregarding the rights and legitimate aspirations of the minority." Vgl ebenso oben Fn 355 f.

904 *Von Notz*, Democracy; *Voßkuhle*, Der Staat 57 (2018), 122 ff.

905 *Ginsburg/Huq*, Democracy 245; *Jakab*, ZöR 74 (2019), 391.

906 *Ginsburg/Huq*, Democracy 4.

907 *Forsthuber*, Demokratie – Menschenrechte – Rechtsstaat, ZVG 6 (2019), 498; *Schambeck*, Betrachtungen über die wehrhafte Demokratie – ein Beitrag zum Verständnis der Parteienstaatlichkeit, in Janko et al (Hg), Beiträge zum Verfassungs- und Europarecht (2014) 117 (137); *Wagrandl*, Wehrhafte Demokratie in Österreich (2019) 115 ff.

908 Wie etwa die „Abstimmungsbüchlein" in der Schweiz; vgl oben Fn 805.

909 Zur Rolle der Medien als *public watchdogs* vgl bereits oben Fn 673.

910 Zur Rolle zivilgesellschaftlicher Organisationen vgl bereits oben Fn 696f.

911 *Palmstorfer*, Die öffentliche Aufgabe der Massenmedien: Demokratiepolitische Aspekte, in Berka/Grabenwarter/Holoubek (Hg), Qualitätssicherung im Rundfunk und in den Online-Medien (2015) 41 (44 f); *Prisching*, Unabhängigkeit 9 f; *Scheppele*, University of Chicago Law Review 85 (2018), 582 f. Vgl auch die Rolle der Verfassungs- und Staatsrechtswissenschaft in diesem Zusammenhang: *Petersen*, Verantwortung der Staatsrechtslehre im Spannungsfeld von Recht und Politik, VVDStRL 84 (2025), 443 (462 ff).

pluralität und die dadurch bewirkte gegenseitige Kontrolle zumindest teilweise ausgeglichen.[912]

Selbstverständlich ist auch jeder und jede Einzelne gefragt, sich am demokratischen Diskurs zu beteiligen und sich im kritischen Denken zu üben, insbesondere indem man Dinge hinterfragt, mit Personen anderer Ansichten in Dialog tritt und eigene Standpunkte reflektiert. Demokratie erschöpft sich nicht in der Abhaltung von Wahlen, sondern lebt von einer engagierten, politischen Öffentlichkeit. Auch der stetig steigenden Polarisierung kann auf diese Weise begegnet werden.[913] *Ginsburg/Huq/Versteeg* weisen zudem auf die Wirksamkeit von friedlichen Protesten hin, um eine Erosion des westlichen Verfassungsstaates zu stoppen bzw wieder rückgängig zu machen.[914]

13. Zukunft des westlichen Verfassungsstaates

Trotz aller Überlegungen zur Stärkung der Resilienz des westlichen Verfassungsstaates stellt sich abschließend die Frage, ob dieser modernen Herausforderungen noch gewachsen ist,[915] oder ob die Zeit reif für alternative Ordnungssysteme ist.[916] *Kumm* et al nennen drei weltweit zu beobachtende Ideologien, die alle die konstitutionalistische Idee ablehnen: religiöser Fundamentalismus, nationalistisch-autoritärer Populismus bzw nationalistisch-autoritärer Technokratismus. Sie räumen diesen jedoch nicht das Potential ein, den westlichen Verfassungsstaat zu verdrängen, da sie einzeln betrachtet noch zu wenig verbreitet und im Vergleich zum Verfassungsstaat auch zu wenig überzeugend seien, zugleich aber auch zu unterschiedlich, um gemeinsam eine tragfähige Alternative zu bilden.[917] Stattdessen zeigen sie sich zuversichtlich, dass die verfassungsstaatlichen Werte fortbestehen werden – nicht nur wegen des Fehlens eines starken ideologischen Gegenentwurfs, sondern auch dank einer wachsenden Zahl von Staaten außerhalb des Westens und eines dichten Netzwerks internationaler Verträge und Institutionen, die den Schutz von Demokratie, Gewaltenteilung, Rechtsstaatlichkeit und Grundrechten gewährleisten.[918] Dies bringen sie wie folgt auf den Punkt: „[T]he story is unlikely to be the demise of Global Constitutionalism, rather than a significantly more complex

[912] *Haller/Kölz/Gächter*, Staatsrecht 423 f; *Merkel*, Die Herausforderungen der Demokratie, in ders (Hg), Demokratie und Krise (2014) 7 (17 ff); *Newton/Merz*, Regieren die Medien?, in Merkel (Hg), Demokratie und Krise (2014) 439 (453 ff).

[913] *Klatt*, Democracy 29 f; *Loughlin*, The Contemporary Crisis of Constitutional Democracy, Oxford Journal of Legal Studies 39 (2019), 435 (453 f).

[914] *Ginsburg/Huq/Versteeg*, University of Chicago Law Review 85 (2018), 253.

[915] Vgl neben dem demokratischen Rückschritt etwa auch die digitale Revolution oder den Klimawandel: *Barroso*, ICON 18 (2020).

[916] Vgl in diesem Zusammenhang auch die Kritik des – auf eine gewisse Art verstandenen – Konzepts *constitutionalism* bei *Loughlin*, Against Constitutionalism (2022).

[917] *Kumm* et al, Global Constitutionalism 6 (2017), 4 ff.

[918] *Dies*, Global Constitutionalism 6 (2017), 2 ff.

story in which elements of demise and decay are complemented by resistance, reconfiguration and innovation."[919]

Innovation ist hier ein passendes Stichwort: Zur Inspiration, wie der westliche Verfassungsstaat weiterentwickelt bzw zukunftsfähig gemacht werden könnte, kann man zunächst losgelöst von bestehenden Strukturen die grundsätzliche Frage stellen, wie ein ideales Zusammenleben aussehen müsste, um ein gutes Leben für alle zu ermöglichen.[920] Auch wenn die Frage nach dem „idealen System [...] sinnlos [ist], weil es das ideale System nicht gibt",[921] lohnt es sich doch – als Gegenstück zum bisherigen Fokus auf Dystopien und negative Entwicklungen im Bereich von Demokratie, Gewaltenteilung, Rechtsstaatlichkeit und Grundrechten – Überlegungen anzustellen, wie eine positive, wenn auch utopische Zukunft ausschauen könnte. Utopien können schließlich als Denkanstoß dienen, um gegenwärtige Probleme zu überwinden und so zu gesellschaftlichen – sowie rechtlichen – Veränderungen anregen.[922]

Wie eine Analyse von *Platons* „Der Staat",[923] *Morus*' „Utopia"[924] und *Le Guins* „The Dispossessed"[925] als Beispiele politischer Utopien aus der Antike, der Frühen Neuzeit und dem 20. Jahrhundert gezeigt hat,[926] erweist sich doch die Idee des westlichen Verfassungsstaates als das bislang überzeugendste Modell des gesellschaftlichen Zusammenlebens. Dieses beruht auf einem Staat, der den Werten Freiheit und Gleichheit gleichermaßen Rechnung trägt und einen Ausgleich schafft zwischen dem größtmöglichen Wohlbefinden der Mehrheit bei möglichst geringen Nachteilen für die Minderheit, wodurch ein friedliches Zusammenleben ermöglicht wird. Geht man davon aus, dass auch in Zukunft der verfasste Staat – und nicht eine Anarchie –[927] die beste Möglichkeit bleibt, diese Ziele zu erreichen, und

---

919 *Dies*, Global Constitutionalism 6 (2017), 4.

920 Vgl *Barroso*, ICON 18 (2020), 369: „Finally, in a world where defeating death and colonizing space are already being considered realistic possibilities, the only safe guidance is the perennial values shared by humanity since ancient times, amongst which are: good, justice, and respect for others, as cornerstones of the emancipation of people and the protection of human dignity."

921 *Pöschl*, juridikum 2022, 355.

922 Vgl oben bei Kapitel 4.1.

923 *Platon*, Der Staat.

924 *Morus*, Utopia; vgl bereits oben Fn 365.

925 *Le Guin*, The Dispossessed (1974).

926 *Klema*, Das Streben nach dem idealen Staat: Die Utopien von Platon, Morus und Le Guin im Lichte des westlichen Verfassungsstaates. Unveröffentliche Diplomarbeit zur Erlangung des akademischen Grades eines Mag. iur. an der rechtswissenschaftlichen Fakultät der Leopold-Franzens-Universität Innsbruck (2021).

927 *Benda*, Rechtsstaat 20: „Wer die bestehende Rechtsordnung aufheben will, mag sich ein utopisches Reich unbegrenzter Freiheit für alle vorstellen; aber garantieren kann er für nichts." Vgl dazu die anarchistische Utopie *Le Guin*, Dispossessed und deren Einordnung bei *Klema*, Streben 52 ff.

deshalb auch auf die Prinzipien Demokratie,[928] Gewaltenteilung,[929] Rechtsstaatlichkeit[930] und Grundrechte[931] nicht verzichtet werden kann, eröffnen sich vor allem innerhalb dieses Rahmens Spielräume für Innovationen. Utopien, in denen das Konzept nationalstaatlicher Souveränität überwunden wird und die verfassungsstaatlichen Prinzipien stattdessen auf globaler Ebene in einer „Weltrepublik" vertreten werden,[932] scheinen angesichts aktueller nationalistischer Tendenzen in weiter Ferne, aber sind vielleicht gerade deshalb besonders relevant. Ein Weltstaat beschreibt ein politisches System, das die gesamte Menschheit als Ausdruck globaler Volkssouveränität unter einer einheitlichen Autorität vereint. Er soll auf demokratischen und rechtsstaatlichen Grundsätzen basieren, eine gleichberechtigte Vertretung aller garantieren und durch das Subsidiaritätsprinzip sowohl der globalen Heterogenität Rechnung tragen als auch die tatsächliche Regierbarkeit sicherstellen.[933] Nicht zuletzt aufgrund des Fehlens äußerer Kontrollinstanzen müssten in einem solchen Weltstaat jedenfalls ausreichend Vorkehrungen getroffen werden, um einer übermäßigen Macht der globalen Institutionen vorzubeugen.[934] Genauso wie das weniger weitgehende Konzept des *global constitutionalism* rücken solche Utopien jedoch über Staatsgrenzen hinweg geteilte Überzeugen in den

---

[928] Vgl etwa die oben genannten Utopien bei *Klema*, Streben 68: Die Philosophenkönige bei *Platon* sollen weise und uneigennützig regieren, wobei außer Acht gelassen wird, dass Glück für jede Person etwas anderes bedeuten kann. Bei *Le Guin* liest man hingegen von einer Gesellschaft, die durch Abschaffung jeglicher Form von zentralisierter Macht allen Menschen ein (geordnetes) Leben in Freiheit garantieren soll, was letztendlich an den Zwängen entstehender, nicht-institutionalisierter Machtstrukuren scheitert.

[929] *Klema*, Streben 68 f: Die oben genannten Utopien verwirklichen vor allem das Element der zeitlichen Gewaltenteilung, aber lassen größtenteils eine unabhängige und unparteiliche Gerichtsbarkeit vermissen.

[930] Vgl etwa wiederum die oben genannten Utopien bei *dies*, Streben 69, die kaum Mechanismen vorsehen, wie Entscheidungen überprüft oder Regierende zur Verantwortung gezogen werden können.

[931] Vgl etwa wiederum die oben genannten Utopien bei *dies*, Streben 69 f, die die individuelle Freiheit zugunsten eines harmonisches Zusammenlebens zum Großteil stark einschränken.

[932] Bezugnehmend auf *Kant*, *Habermas*, Hat die Konstitutionalisierung des Völkerrechts noch eine Chance, in ders (Hg), Der gespaltene Westen (2004) 113; *ders*, Eine politische Verfassung für die pluralistische Weltgesellschaft?, Kritische Justiz 38 (2005), 222. Vgl auch *Brudermüller/Demko/Seelmann* (Hg), Kosmopolitismus in einer globalisierten Welt (2019); *Duller* et al, Weltstaat: Zwischen Utopie und Untergang, in Senn/Kraxberger (Hg), Eine Welt der Ordnungen – Weltpolitische Ordnungsformen des 20. und 21. Jahrhunderts (2022); *Höffe*, Demokratie im Zeitalter der Globalisierung (1999) 227 ff; *Lutz-Bachmann/Bohman* (Hg), Weltstaat oder Staatenwelt? Für und wider die Idee einer Weltrepublik (2002); *Steiger*, Brauchen wir eine Weltrepublik?, Der Staat 42 (2003), 249.

[933] *Duller* et al, Weltstaat 197 ff; *Höffe*, Globalität statt Globalismus: Über eine subsidiäre und föderale Weltrepublik, in Lutz-Bachmann/Bohman (Hg), Weltstaat oder Staatenwelt? Für und wider die Idee einer Weltrepublik (2002) 8.

[934] *Duller* et al, Weltstaat 216; *Höffe*, Demokratie 315 ff.

Vordergrund und heben somit Verbindendes statt Trennendes hervor, wodurch der Fokus wieder verstärkt auf das Wesentliche gelenkt wird.[935]

Angesichts des technologischen Fortschritts gibt es auch zahlreiche Überlegungen, wie neue Errungenschaften in diesem Bereich zur Förderung von Demokratie, Rechtsstaatlichkeit und Grundrechtsschutz eingesetzt werden können, wie etwa um die Objektivität gerichtlicher Entscheidungen zu erhöhen, die demokratische Mitbestimmung zu erleichtern oder die öffentliche Verwaltung effizienter zu gestalten.[936] Besonders der Einsatz künstlicher Intelligenz eröffnet jedoch nicht nur Chancen, sondern bringt auch erhebliche Risiken mit sich.[937] Viele Zukunftsentwürfe legen den Fokus zudem auf gesellschaftliche Solidarität[938] und einen

---

[935] Vgl hierzu *Kumm* et al, Global Constitutionalism 6 (2017), 9: „The commitment to human rights, democracy and the rule of law is not a commitment to abolish or flatten national cultures, but to change national culture and identity to make it more reflexive and inclusive, opening it up to the wider world, creating more opportunity and a wider cognitive horizon, recognising difference, embracing pluralism and allowing for the contestation of structures of domination, whatever form they may take. Similarly, Global Constitutionalism is not about abolishing sovereign states, but about integrating them globally and building the appropriate legal and institutional infrastructure to empower them to better fulfil their function to respect, protect and fulfil the rights of those under their jurisdiction." Zum Konzept des *global constitutionalism* vgl die Beiträge in *Lang/Wiener* (Hg), Handbook on Global Constitutionalism[2] (2023); ebenso *Peters*, Global Constitutionalism, in Gibbons (Hg), The Encyclopedia of Political Thought (2014) 1484.

[936] *Csuk/Poechhacker*, Objektive Maschinen? Zum Potenzial der Objektivitätssteigerung bei rechtlichen Entscheidungen durch KI, juridikum 2024, 235; *Dollinger*, Beobachtungen aus dem Ausland: USA und Kanada, JRP 31 (2023), 50; *Favaro*, Artificial Intelligence in Italian Public Administration. Challenges, Case Studies and Regulatory Perspectives, JRP 31 (2023), 60; *Mader*, Die Utopie einer digitalen Richterschaft, juridikum 2020, 180; *Risse*, Artificial Intelligence and the Past, Present, and Future of Democracy, in Voeneky et al (Hg), The Cambridge Handbook of Responsible Artificial Intelligence: Interdisciplinary Perspectives (2022) 85; *Schneeberger*, Machine Learning in der Verwaltung (2024) 17 ff; *Voßkuhle*, Auf dem Weg zur Online-Demokratie – Bringt Digitalisierung mehr Demokratie?, in Adamovich et al (Hg), FS Gerhart Holzinger (2017) 767. Zur „digitalen Utopie" allgemein: *Thiel*, juridikum 2014.

[937] *Eisenberger/Merli*, Automatisierung, Algorithmen und künstliche Intelligenz in der öffentlichen Verwaltung. Eine Positionsbestimmung, JRP 31 (2023), 25; *Gschwindt/ Potocnik-Manzouri*, Artikel 3 – Künstliche Intelligenz, juridikum 2022 (2022), 502 (504 ff); *Klaushofer*, Die menschenrechtliche Dimension Künstlicher Intelligenz, ZöR 74 (2019), 399 (411 ff); *Lachmayer*, Künstliche Intelligenz, Pluralität und Demokratie, in Janisch et al (Hg), Am Glasfaserpuls – FS Dietmar Jahnel (2025) 443 (449 ff); *Vasse'i*, Erwartungen an den Rechtsstaat in der digitalen Transformation, JRP 28 (2020), 38 (41 ff); *Schneeberger*, Machine 127 ff, 207 ff, 309 ff; *Wagner* et al, Der AMS-Algorithmus, juridikum 2020, 191.

[938] *Eicker/Inkermann*, Solidarische Lebensweisen als reale Utopie für die kritische politische Bildung, in Chehata et al (Hg), Handbuch Kritische politische Bildung (2023) 142; *Teršek*, Political Alternatives for Constitutional Democracy: Between Utopia, Pan-

verantwortungsbewussten Umgang mit begrenzten Gütern als grundlegende Voraussetzung dafür, das Gemeinwohl langfristig zu gewährleisten.[939]

14. Fazit: Der westliche Verfassungsstaat zwischen Utopie und Dystopie

Die Beschäftigung mit den einzelnen Elementen des westlichen Verfassungsstaates und seiner Entstehungsgeschichte im ersten Teil hat gezeigt, warum es auch heute noch erstrebenswert ist, sich um das Fortbestehen dieses Staatstypus zu bemühen: Der Ausgangspunkt jedes westlichen Verfassungsstaates ist das souveräne Volk, dem die originäre Macht zukommt, eine Verfassung zu erlassen. Jegliche in weiterer Folge aus der Verfassung abgeleitete Staatsgewalt geht daher vom Volk aus und wird durch dieses legitimiert. Im westlichen Verfassungsstaat ist es jedoch nicht ausreichend, dass dem Volk die verfassungsgebende Gewalt zukommt; auch die verfasste Gewalt muss vom Volk ausgeübt werden, wodurch die Demokratie zur einzigen akzeptablen Regierungsform wird. Durch die auf diese Weise ausgeübte Selbstherrschaft wird die Abgabe eines Teils der eigenen Freiheit zugunsten des Staates zumutbar.

Die aus der Verfassung erfließende Macht muss verteilt und begrenzt werden, um einen Missbrauch durch staatliche Organe zu verhindern und die größtmögliche Freiheit aller Rechtsunterworfenen zu erhalten. Nach dieser Zielsetzung kann eine – sich nicht in einer strikten Gewaltentrennung erschöpfende – Gewaltenteilung durch die Zuweisung der Staatsaufgaben an unterschiedliche Organe, durch zeitliche Beschränkungen oder auch durch das Zusammenwirken mehrerer Organe im Sinne von *checks and balances* gelingen.

Rechtsstaatlichkeit zielt darauf ab, die demokratisch legitimierte Staatsgewalt zum Schutz der individuellen Freiheit zu beschränken und willkürliche Machtausübung zu verhindern. Entscheidend ist dabei nicht nur, ob ein Staat Recht als Herrschaftsinstrument nutzt, sondern ob Recht zur Mäßigung staatlicher Macht beiträgt – etwa durch die Vorrangstellung des Gesetzes gegenüber dem Vollzugshandeln, den Grundsatz der Vorhersehbarkeit von Recht oder die Verankerung eines effektiven Rechtsschutzsystems. Dem Grundrechtsschutz als materielle Rechtsstaatskomponente kommt dabei eine solche Bedeutung zu, dass er als eigenständige Säule des westlichen Verfassungsstaates betrachtet werden kann. Auch wenn Grundrechte nicht schrankenlos gelten können, sorgen auch sie für eine Begren-

demic and Dystopia, Open Political Science 4 (2021), 45 (54 f); *Ungericht*, Die große Transformation, pm 2024, 108 (110).

[939] *Callenbach*, Ökotopia (1990); *Graver*, Judging for Utopia: Climate Change and Judicial Action, European Review of Private Law 28 (2020), 885; *Lueger*, Recht auf Umweltschutz und Recht der Umwelt auf Schutz, juridikum 2020, 260 (268 f); *Schalk*, Souveränität und Staatlichkeit in Zeiten der Klimakrise, juridikum 2020, 170 (173 ff).

zung der Staatsgewalt. Nur wenn alle Elemente des westlichen Verfassungsstaates zusammenspielen, kann sichergestellt werden, dass dem Willen des Volkes Rechnung getragen wird, dieser zugleich aber nicht auf Kosten Einzelner unbegrenzt gilt.

Mit dem Ziel, ein vollständiges theoretisches Fundament für die weiteren Untersuchungen zu schaffen, wurde anschließend der Begriff der „Krise“ zuerst anhand allgemeiner Überlegungen näher beleuchtet, bevor auf seine Bedeutung im (verfassungs-)rechtlichen Kontext und schließlich auf die zentrale Frage eingegangen wurde, was unter einer Krise des westlichen Verfassungsstaates zu verstehen ist. Dabei wurde festgehalten, dass es sich bei Letzterer immer um eine Krise der Prinzipien des westlichen Verfassungsstaates handeln muss. Wie bei Krisen in anderen Kontexten kann von einer Krise des westlichen Verfassungsstaates jedoch immer nur im Fall von Situationen gesprochen werden, die eine gewisse Intensität erreichen und in irgendeiner Form einen Wendepunkt markieren – sei es infolge rechtmäßiger oder rechtswidriger Akte der Gesetzgebung oder der Vollziehung, oder aber durch tatsächliche, außerrechtliche Handlungen. Bereits ein einziger solcher Akt kann eine Krise des westlichen Verfassungsstaates auslösen, sofern er gravierend genug ist – ebenso kann jedoch auch erst die Häufung problematischer Akte zu einer solchen Krise führen.

Als letztes Kapitel des ersten Teils erfolgte eine Auseinandersetzung mit dem Konzept der „Dystopie“, das – im Gegensatz zur Utopie – negative Zukunftsvisionen unserer Gesellschaft zum Gegenstand hat. Dystopien üben eine Warnfunktion aus, die sie auch für die Verfassungs- und Staatstheorie nützlich machen. Insbesondere Krisenerscheinungen des westlichen Verfassungsstaates können so danach beurteilt werden, inwiefern sie bereits Züge einer Dystopie erkennen lassen. Indem Dystopien zudem veranschaulichen, in welche Richtung sich bestimmte Entwicklungen noch zuspitzen könnten, lassen sich aus ihnen auch Handlungsanleitungen gewinnen, um eine vollständige Verwirklichung der Dystopie zu verhindern.

Vor diesem Hintergrund wurden in Teil II die zwei dystopischen Fernsehserien „The Handmaid's Tale“ und „Years and Years“ analysiert: Während „The Handmaid's Tale“ eine fiktionale Zukunft zeigt, in der die Demokratie im Grunde in einem einzigen Akt durch eine autoritäre, theokratische Oligarchie und der Rechtsstaat durch einen reinen Gesetzesstaat, der Grundrechte und ein effektives Rechtsschutzsystem vermissen lässt, ersetzt wurde, erfolgt im Fall der dargestellten Staaten in „Years and Years“ erst allmählich eine Verschlechterung demokratischer und rechtsstaatlicher Standards durch autoritäre, illiberale Tendenzen.

Die in diesen beiden Serien dargestellten dystopischen Szenarien dienten im dritten Teil jeweils als Anknüpfungspunkt für die Untersuchung verschiedener Krisenerscheinungen in real existierenden westlichen Verfassungsstaaten. Die Analyse spezifischer Gefahren für Demokratie, Gewaltenteilung, Rechtsstaatlichkeit und Grundrechte hat gezeigt, dass einige der in den Dystopien gezeigten Entwicklungen bereits in der Realität erkennbar sind. Während sich zentrale Themen sowohl aus „The Handmaid's Tale“ als auch aus „Years and Years“ in aktuellen Krisenerscheinungen realer Verfassungsstaaten wiederfinden, ähneln die gegenwärtig zu beobachtenden Entwicklungen stärker den Vorgängen in „Years and Years“: Anstelle eines abrupten Regimewechsels kommt es häufiger zu einer schleichenden Erosion verfassungsstaatlicher Werte. Beispielhaft genannt werden können etwa Entwicklungen in Polen, der Türkei, Ungarn oder Venezuela, wo in den letzten Jahren erhebliche Rückschritte in Bezug auf verfassungsstaatliche Standards zu verzeichnen waren. Berücksichtigt wurden dabei ausschließlich (verfassungs-) rechtliche Entwicklungen; tatsächliche politische oder gesellschaftliche Vorgänge wurden bewusst ausgeklammert.

Demokratisch bedenklich ist vor allem die zu beobachtende Beeinträchtigung allgemeiner, gleicher, freier und geheimer Wahlen – etwa durch Wahlrechtsänderungen oder ungleiche Wahlkampfbedingungen zugunsten der Regierungspartei. Aber auch stark disproportionale Wahlsysteme können zu einer Verschlechterung der Demokratie in einem Land beitragen. Im Bereich der Gewaltenteilung stellen insbesondere Entwicklungen in Richtung einer immer stärkeren präsidialen Machtkonzentration eine Gefahr für den Verfassungsstaat dar, etwa durch die Aufhebung oder Lockerung von Beschränkungen der Amtszeit und der Wiederwahl. Aus rechtsstaatlicher Sicht sind hingegen vor allem Eingriffe in Verfassungsgerichte zu beanstanden, die ihre Unabhängigkeit und Unparteilichkeit – etwa durch *court-packing* oder ähnliche Praktiken – oder ihre Funktionsfähigkeit beeinträchtigen. Jedoch kann auch eine allzu dynamische Rechtsauslegung durch Verfassungsgerichte selbst im Widerspruch zu verfassungsstaatlichen Grundsätzen stehen; in Fällen des *abusive judicial review* tragen Verfassungsgerichte sogar aktiv zur Aushöhlung verfassungsstaatlicher Werte bei. Schließlich wurden auch auf Ebene der Grundrechte bedenkliche Entwicklungen festgestellt – insbesondere betreffend die Meinungsfreiheit und die Versammlungs- und Vereinsfreiheit. Nicht zuletzt kommt es auch im Zuge eines Staatsnotstandes mitunter zu einer Aushöhlung des westlichen Verfassungsstaates, insbesondere indem verfassungsrechtliche Beschränkungen ignoriert werden oder diese von vornherein so weit gefasst sind, dass ihnen kaum eine begrenzende Wirkung zukommt. Verschärft wird dies dadurch, dass Ausnahmebefugnisse oftmals durch Aufnahme in den normalen Rechtsbestand perpetuiert werden.

Teil IV hat sich schließlich mit der Frage beschäftigt, wie eine vollständige Verwirklichung der dystopischen Szenarien verhindert werden kann. Dabei hat sich gezeigt, dass es im Rahmen westlicher Verfassungen vor allem darum geht, die Werte Demokratie, Gewaltenteilung, Rechtsstaatlichkeit und Grundrechte vor einer Aushöhlung oder Abschaffung zu bewahren, ohne zugleich die Anpassungsfähigkeit der jeweiligen Verfassung zu stark zu beschneiden. Dafür erweisen sich weder übermäßig starre noch übermäßig flexible Verfassungen als geeignet; zielführender sind vielmehr stufenweise Verfassungsänderungsverfahren, die je nach inhaltlichem Gewicht der betroffenen Verfassungsbestimmung unterschiedliche Anforderungen an deren Abänderung stellen.

In Bezug auf die Frage, wie die einzelnen verfassungsstaatlichen Prinzipien auszugestalten sind, um ihre Resilienz zu erhöhen, lässt sich zudem Folgendes festhalten: Es kommt nicht so sehr darauf an, ob eine Verfassung ein Verhältniswahlsystem oder ein Mehrheitswahlsystem, ein präsidiales oder ein parlamentarisches Regierungssystem vorsieht; viel entscheidender ist, ob die unweigerlich vorhandenen Nachteile des jeweiligen Systems durch entsprechende Vorkehrungen – etwa in Form parlamentarischer Minderheitsrechte oder einer klaren verfassungsrechtlichen Begrenzung präsidialer Machtbefugnisse – abgemildert werden. Zudem ist es essentiell, demokratische Wahlen aufrechtzuerhalten: Dafür bedarf es der effektiven Gewährleistung eines politischen Pluralismus, etwa durch Schutz der Rechte der Opposition, und verschiedener Grundrechte, aber auch unabhängige Wahlkommissionen oder zeitliche Beschränkungen von Wahlrechtsänderungen können zu ihrer Absicherung beitragen. Ebenso spielt die Verfassungsgerichtsbarkeit beim Schutz westlicher Verfassungsstaaten eine zentrale Rolle: Hierbei kommt vor allem der Sicherstellung der verfassungsgerichtlichen Unabhängigkeit große Bedeutung zu – etwa durch die idealerweise verfassungsrechtlich abgesicherte Festlegung von Objektivitätskriterien bei der Bestellung von Richterinnen und Richtern und von klaren Vorschriften hinsichtlich ihrer Amtsdauer und Pensionierung. Im Hinblick auf den Grundrechtsschutz als materielle Rechtsstaatskomponente ist es außerdem entscheidend, einerseits eine Beeinträchtigung des Wesensgehalts der Grundrechte durch entsprechende verfassungsrechtliche Regelungen zu verhindern, andererseits aber auch die Elastizität der Grundrechte zu bewahren. Dazu könnten etwa eine verpflichtende Verhältnismäßigkeitsprüfung sowie die Notstandsfestigkeit bestimmter Grundrechte beitragen.

Sollen bedenkliche Rechtsänderungen ohne Bruch der rechtlichen Kontinuität rückgängig gemacht werden, muss sich zuerst eine demokratische Mehrheit finden, die zu entsprechenden Gegenmaßnahmen bereit ist. Bei den in der Folge zu ergreifenden „Reparaturmaßnahmen“ ist vor allem darauf zu achten, in Einklang mit den Standards des westlichen Verfassungsstaates nicht auf zuvor verurteilte Praktiken zurückzugreifen, auch wenn sie einem legitimen Ziel – der Wiederherstellung von Demokratie und Rechtsstaatlichkeit – dienen mögen. Das Schicksal einer Verfassung hängt jedoch nicht nur von institutionellen Faktoren, sondern auch von den konkreten sozialen und politischen Gegebenheiten in einem Land ab.

Auch wenn die anfänglich formulierte Forschungsfrage, ob sich der westliche Verfassungsstaat in einer Krise befindet, bejaht werden muss, bleibt dennoch zu hoffen, dass sich das System aus Demokratie, Gewaltenteilung, Rechtsstaatlichkeit und Grundrechtsschutz – das ein friedliches Zusammenleben auf der Grundlage der Gleichheit und Freiheit aller Menschen ermöglicht – auch in Zukunft behauptet. Die gewaltenteilende, rechtsstaatliche und liberale Demokratie wird aktuell auf die Probe gestellt, was jedoch dazu zwingt, sich die Prinzipien des westlichen Verfassungsstaates neu zu vergegenwärtigen und grundlegende Fragen des gesellschaftlichen Zusammenlebens wieder verstärkt in unterschiedliche Richtungen zu reflektieren – ein Prozess, zu dem auch politische Utopien beitragen können. Angesichts des technologischen Fortschritts und immer knapper werdenden Ressourcen werden die Herausforderungen für den westlichen Verfassungsstaat jedenfalls nicht geringer werden.